29.95$

Les saisons de la vie

Du même auteur:
La famille à la recherche d'un nouveau souffle.
Fides, Montréal, 1985

Les saisons de la vie

- Les étapes de
  la croissance
  de l'individu et
  du couple
- Les étapes
  prévisibles du divorce

Claude Michaud

Méridien
ÉDITIONS DU MÉRIDIEN

Les Éditions du Méridien bénéficient du soutien financier du Conseil des arts du Canada pour son programme de publication.

LE CONSEIL DES ARTS DU CANADA DEPUIS 1957 | THE CANADA COUNCIL FOR THE ARTS SINCE 1957

Données de catalogage avant publication (Canada)

Michaud, Claude

Les Saisons de la vie: Les Étapes de la croissance de l'individu et du couple, les étapes prévisibles du divorce.

3e éd.

(Psychologie)
Comprend des réf. bibliogr.
ISBN2-89415-174-8

1. Mariage. 2. Couples. 3. Maturation (Psychologie). 4. Divorce. I. Titre.
II. Collection: Méridien/Psychologie.

HQ728.M457 1996   306.8   C96-940437-9

Mise en pages: Mégatexte inc.
Révision linguistique: Lucie Daigle
Photo page couverture: Catherine Kozminski

© Éditions du Méridien
Dépôt légal - Bibliothèque nationale du Québec, 1997

Imprimé au Canada

Avant-propos de la nouvelle édition

*S*i le cycle de vie, scandé par les grands passages de l'existence (enfance, jeunesse, âge adulte, avec ses étapes délimitées, et vieillesse), constitue un repère précis du comportement de l'individu, l'affaire est moins évidente si on s'interroge sur la signification du cycle conjugal à notre époque. En effet, pour peu qu'on observe les couples et les familles d'aujourd'hui, on est placé devant une réalité sociale qui se révèle touffue et complexe. Quand commence le couple? Quelles sont ses chances de durée? Quel est le statut de l'enfant? Le mariage, qui se raréfie, ne marque plus le début de la conjugalité. Sa finalité, traduite autrefois dans la formule «on se marie pour le meilleur et pour le pire» ne retient présentement que «le meilleur». Les couples se font et se défont en dehors des normes auxquelles un passé relativement récent nous avait habitués.

La structure du couple a été brusquement et profondément bouleversée depuis la fin des années soixante et rien n'indique que ce soit terminé. L'évolution des indicateurs statistiques est, à cet égard, impressionnante. Le nombre de mariages diminue, le nombre de divorces augmente fortement, l'union de fait se généralise, les naissances hors mariage se multiplient de même que le nombre de familles monoparentales et celui des personnes vivant seules. La famille «typique» de cette fin de siècle est donc constituée de plusieurs couples aux liens fragiles (ils passent souvent successivement par l'union libre, le mariage et le divorce) et par les enfants de ces couples, qui s'inscrivent dans des réseaux de parenté dépassant l'horizon de leurs seuls père et mère à l'intérieur de familles reconstituées. «Jamais sans doute, de mémoire d'historien,

écrit le démographe français Louis Roussel (1987), bouleversement, en ce domaine, ne fut aussi important et aussi
brusque.»

C'est dire que la vie conjugale (trajectoire matrimoniale)
ne peut plus être vue comme une relation unique et durable.
Elle n'est plus rythmée par des cycles relativement immuables
qui vont, au lendemain du mariage, de l'installation domestique
jusqu'au décès d'un des conjoints en passant par la naissance
des enfants, leur éducation et leur départ. Et la société s'en
accommode bien. La neutralité croissante du «public» à l'égard
des modes d'organisation du «privé» est établie sans que plus
personne ne songe ou n'ose intervenir. Il y a déjà un bon
moment que les grands-parents ont appris à se taire! Bref,
tout se passe comme si on ne savait que faire de la stabilité
dans la société actuelle. Dans ce contexte, peut-on encore
parler du cycle de la vie du couple et de la famille? La réponse
est oui, mais de façon différente.

Que nous soyons en présence de couples liés autrement et
d'une famille de nature différente n'est pas en question. Mais
voilà, la primauté accordée au sentiment amoureux et la valorisation de l'autonomie individuelle qui ont bouleversé l'ordre
établi n'ont pas pour autant entraîné la mort de la famille. Au
contraire, et de façon paradoxale, les enquêtes faites au Canada,
aux États-Unis et dans plusieurs pays d'Europe arrivent toutes
au même résultat: la «valeur famille» continue à figurer en
tête de liste des valeurs jugées fondamentales pour plus de
90 % de tous les répondants (Cordero, 1995, 164).

La famille résiste et demeure une valeur essentielle dans
nos sociétés, malgré la diversité de ses formes (conjugale,
recomposée ou monoparentale). Pour tous ses membres, elle
constitue un milieu sécurisant dans un monde incertain, un
lieu d'affection dans une société froide et dépersonnalisée.
Bref, les solidarités conjugales et parentales ne sont pas dispa-
rues. Elles impliquent par la force des choses une certaine
durée, à défaut de permanence. Or, la durée ne va pas sans

passer par des étapes. Même si les seuils d'entrée dans la vie conjugale, comme ceux de la sortie, sont devenus mouvants et incertains, les couples n'en continuent pas moins de se former, mus par le sentiment de l'amour. Et celui-ci ne va pas sans évoluer et donc, il se situe à l'intérieur d'un cycle qui a sa structure propre.

On se retrouve, à l'évidence, devant des cycles flous puisque les indicateurs signalant les passages sont difficiles à repérer. À ceci s'ajoute, pour presque le tiers de toutes les unions, des changements de partenaires, sans parler de la diversité des situations. Mais la référence au cycle conjugal ne demeure pas moins un exercice précieux pour rendre compte d'une réalité sociale qui, dans le concret, s'avère complexe. Il ne faut pas perdre de vue non plus les deux autres tiers de tous les couples qui se forment et qui durent. En effet, les statistiques révèlent que c'est le cas de deux premières unions sur trois. Même si, pour ces couples, les conditions d'existence ont évolué et les finalités se sont transformées, il est permis de croire que la référence au cycle de la vie du couple et de la famille (conjugale) n'a rien perdu de sa pertinence.

Le chapitre trois, qui porte sur l'analyse du concept de vie conjugale, ainsi que le chapitre six, qui traite de la formation du couple, ont subi d'importantes modifications en vue de mieux refléter la problématique liée à la réalité mouvante des couples d'aujourd'hui. Tous les chapitres ont fait l'objet d'une mise à jour pour ce qui est des données démographiques et en ce qui a trait aux résultats des nombreuses recherches poursuivies au Canada, aux États-Unis ainsi qu'en Europe au cours des dernières années dans ce domaine d'autant plus intéressant qu'il colle à l'expérience humaine la plus intime, celle de nos amours.

Avant-propos de la première édition

*L*es publications traitant des stades du développement de l'individu et ceux du développement de la vie du couple et de la famille se sont multipliées au cours des dernières années.

La perspective développementale appliquée à l'un et à l'autre a heureusement contribué à nous sensibiliser aux étapes normales de la croissance et aux tâches qui s'y rattachent ainsi qu'aux crises qui en marquent le passage.

Avancer dans la vie c'est franchir des étapes et assumer les tâches inhérentes à son développement. Il y a un temps pour apprendre à marcher, un temps pour définir son identité, un temps pour apprendre à aimer et être fécond, un temps pour vieillir et se préparer à la mort. Pour chacun la route est unique et elle n'est pas tracée d'avance.

Au long du parcours, des routes se croisent. Des couples se constituent. Commence alors l'aventure à deux au cours de laquelle femme et homme franchiront ensemble, mais chacun à son rythme, les grandes étapes de l'existence. Aventure au cours de laquelle les conjoints relèvent, alternativement appuyés l'un sur l'autre et provoqués l'un par l'autre, les défis de leur propre développement en tant qu'individus uniques et ceux de leur développement en tant que couple.

Que de chemin à parcourir et de tâches à assumer dans l'évolution du couple depuis la lune de miel, la décision d'avoir des enfants, la gestion de leur adolescence, les retrouvailles dans la maison devenue trop grande et le face à face retrouvé... Bref, le cycle de la vie de l'adulte et celui de la vie du couple sont irrémédiablement enchevêtrés.

Chose étonnante, très peu d'études ont été faites pour articuler le rapport de l'un par rapport à l'autre. Pourtant, il y aurait un avantage certain à mieux cerner comment ces saisons de la vie de l'individu et du couple se mêlent de façon inextricable. Si le développement de l'adulte est unique et obéit à ses propres lois, en ce sens qu'il implique le passage à travers une série de stades séquentiels, peut-on oublier par contre que personne ne se construit seul? Il renvoie donc au cheminement à deux, normalement celui du couple. Cheminement qui lui aussi est placé sur une trajectoire avec ses étapes successives, ses tâches et ses moments de crise. Dans cette conjoncture, tant le développement de l'individu que celui du couple se retrouve donc mesuré à l'autre et vice-versa.

Pourquoi et comment ces stades en étroite interrelation deviennent-ils routes de croissance pour des milliers de femmes et d'hommes? Que s'est-il passé pour que tant d'autres, s'étiolant dans leur développement personnel, aboutissent à la rupture du projet qui les avait unis? «Le mariage, écrit Nena O'Neil (1980), est une sorte de creuset dans lequel se forge ce qu'il y a de plus intime dans notre être. Nos émotions les plus profondes, nos faiblesses et nos forces personnelles, tout est soumis au feu de l'être à deux.» Les risques sont énormes. Mais il est possible aussi que le vécu de chacun en sorte profondément enrichi.

Admettant l'existence d'une étroite synergie entre les deux cycles, l'auteur tente d'en préciser les rapports et d'offrir ainsi un nouvel éclairage sur une dynamique vieille comme le monde. Il aura atteint son objectif si elle contribue à soutenir l'analyse des intervenants sociaux, si elle aide les jeunes à entrevoir l'avenir avec plus de lucidité, et enfin, si elle permet à des couples, au-delà des crises inévitables, de faire un pas de plus sur une trajectoire promise à l'intimité en plus d'atteindre un niveau plus élevé d'humanité.

L'ouvrage est divisé en trois parties. La première est constituée de trois chapitres visant à établir les bases théoriques en même temps qu'à indiquer les possibilités et les limites de l'approche. Ces trois chapitres ont un caractère plus austère que les suivants. Les lecteurs moins intéressés par l'aspect académique pourraient choisir de passer directement au chapitre quatre. La deuxième partie, axée sur les obstacles et les risques de la vie à deux, s'attarde aux causes et aux conséquences du divorce (chapitre 4) pour ensuite proposer une typologie des étapes prévisibles qui mènent à la rupture. La troisième partie étudie les cinq étapes principales de la vie des couples qui progressent en traversant les crises inévitables de l'existence et en assumant les tâches inhérentes à leur développement. Cette partie couvre les chapitres six à dix.

Nous avons favorisé tout au long du livre un langage non sexiste. Dans certains chapitres toutefois, le genre masculin est utilisé pour éviter de trop alourdir le texte.

Enfin, l'auteur tient à exprimer sa profonde gratitude à toutes les personnes qui, de près ou de loin, ont contribué à cette publication.

Première partie

ASPECTS DU DÉVELOPPEMENT

Les étapes du développement de l'adulte ainsi que celles du couple et de la famille ont fait l'objet d'études nombreuses au cours des trente dernières années. Les trois chapitres qui suivent font un rapide survol de ce champ stimulant de la recherche contemporaine (chapitre 1) et abordent la question complexe du rapport entre les deux (chapitres 2 et 3).

Chapitre 1

Les saisons de la vie : route de croissance ou pierre d'achoppement

Parler de saison de la vie c'est reconnaître qu'il y a une série de périodes ou de stades à l'intérieur du cycle de la vie [...]. On ne peut passer de l'un à l'autre qu'en accomplissant les tâches spécifiques de chacun et en construisant une nouvelle structure de vie.

Daniel Levinson

*D*ans son livre *L'Enfant et la vie familiale sous l'Ancien Régime,* l'historien Philippe Aries (1973) rappelle comment, aux XVe et XVIe siècles, bien longtemps avant l'avènement de la psychologie moderne, on considérait trois étapes dans la vie de l'individu : l'enfance, l'âge adulte et la vieillesse. La perception de l'existence d'étapes dans la vie n'est donc pas nouvelle.

Ce n'est pas d'aujourd'hui non plus, concernant le mariage, que l'on a commencé à parler du charme de la lune de miel, de la phase exigeante que traverse la famille avec les enfants et les adolescents, des réajustements nécessaires du foyer qui se vide, du calme du troisième âge, bref, de ces moments de la vie auxquels tant de souvenirs sont rattachés.

Mais ce qui est plus récent c'est que l'on parle de plus en plus, et de façon systématique, de saisons de la vie de l'individu, de cycles de la vie du couple et de la famille, de transitions, de passages, de tâches du développement et de défis.

À l'heure de «l'homo psychologicus» et de la révolution sexuelle, ce qui constituait hier le champ de l'expérience de chacun est devenu aujourd'hui un objet d'observation et de recherche. En observant de plus près le vécu du couple et de la famille, on s'est aperçu que le parcours était jalonné d'expériences multiples et inédites; que les sources de ses joies comme de ses peines n'étaient pas les mêmes au long de la vie; que les tâches et les défis changent selon les moments; qu'il y a des exigences de dépassement, une qualité de l'amour, comme aussi des risques d'écueil qui varient selon les étapes parcourues.

C'est au cours des années soixante-dix que ces recherches concernant les étapes de la vie de l'individu, aussi bien que celles de la vie du couple et de la famille, ont commencé à rejoindre la conscience populaire.

Les étapes de la vie

En 1976, la journaliste et écrivaine américaine Gail Sheehy publiait un premier livre intitulé *Passages : les crises prévisibles de l'âge adulte*, suivi d'un second en 1981, *Franchir les obstacles de la vie*. Ses livres, qui sont le reflet de la pensée de plusieurs auteurs importants de la psychologie moderne, Carl Jung, Erik Erikson, Robert Havigurst, Daniel Levinson, Georges Vaillant, Roger Gould, pour mentionner les principaux, se sont vendus à des millions d'exemplaires.

C'est au cours de la même période que les travaux de Reuben Hill, amorcés dans les années cinquante, firent également leur percée. Empruntant aux concepts de stades et de tâches du développement qui, jusqu'ici, avaient servi à éclairer la trajectoire suivie par l'individu, Hill lançait l'idée de cycle de la vie du couple et de la famille, en précisant les stades ou les étapes ainsi que les tâches qui permettent de mieux saisir le chemin emprunté par la plupart.

La thèse de Hill (1964), peut se résumer ainsi : comme l'individu se développe de la naissance à la mort en franchissant une série de stades, de même une famille naît avec la décision d'un couple de faire vie commune, se développe en traversant des étapes et en assumant les tâches qui sont propres à chacun de ces moments. Ce *nouveau champ d'observation a stimulé la recherche chez de nombreux scientifiques intéressés au couple et à la famille*, amenant une série ininterrompue de publications. Les bouleversements profonds qui ont affecté le couple et la famille au cours des deux dernières décennies nous ont forcé toutefois à relativiser cette thèse. Si l'entrée en vie commune marque pour la majorité la naissance d'une famille avec la stabilité qu'elle implique, il n'en est pas ainsi pour une proportion importante de jeunes pour qui la décision de faire vie commune n'implique plus l'intention de durée.

Les tâches du développement

Parler des cycles de la vie, qu'il s'agisse de l'individu, du couple ou de la famille, c'est parler de stades, mais du même coup, c'est renvoyer à une autre réalité déterminante, celle des tâches du développement. Cette notion, proposée par Havigurst (1972), a d'abord été appliquée à la croissance de l'individu. Il y a un âge pour apprendre à marcher et à parler. Il y a un âge pour définir sa propre identité et faire un choix de vie. Vient une étape où l'individu est suffisamment structuré pour s'engager dans l'amour et donner la vie à son tour. Bref, avancer dans la vie c'est assumer des tâches et relever des défis propres à chaque grand tournant de l'existence, depuis la naissance jusqu'à la mort.

La même réalité s'applique aux saisons de la vie du couple et de la famille. Chacune des étapes comporte ses tâches spécifiques. Chaque tournant pose ses défis. Il peut en résulter une situation de crise au cours de laquelle le couple vacille ou au contraire se renouvelle.

Un outil d'analyse important

Les concepts de stade et de tâche du développement constituent un outil d'analyse important auprès des individus et des couples. On comprend l'attention qu'ont reçue et que continuent à recevoir ces concepts chez les chercheurs ainsi que chez les divers intervenants dans leurs travaux, selon la double perspective éducationnelle et thérapeutique.

Malheureusement, aux fins de l'intervention, on demeure devant deux structures indépendantes même s'il existe entre le cycle de la vie adulte et le cycle de la vie du couple et de la famille un lien existentiel évident. Après tout, ce sont les mêmes personnes qui en font l'expérience.

Plusieurs ont posé la question : Est-il possible de proposer une typologie intégrée des deux cycles?

Une telle typologie comporterait des limites évidentes à cause de la réalité mouvante qu'elle veut décrire, l'individu d'une part et la famille d'autre part, dans un environnement lui-même mouvant; mais aussi un intérêt certain quant à la possibilité qu'offrirait ce cadre conceptuel de mieux cerner la réalité au cœur même de sa croissance. Voilà pourquoi plusieurs auteurs utilisent dans leurs recherches les deux cadres conceptuels sans nier ni confirmer les rapports entre les deux. C'est le cas de Datan (1980), Lidz (1980), McCullough (1980), Olson et McCubbin (1983). Par contre, d'autres auteurs, plus récents, tel Kaufmann (1995) vont plus loin en soulignant que «le cycle conjugal s'inscrit dans le cycle de vie» et que les repères fournis par l'un et l'autre contribuent à «rendre intelligible une réalité sociale» même si elle est devenue plus complexe.

Les limites du concept de stade

Quelles sont les principales limites du concept de stade du développement appliqué à l'adulte et au couple ou à la famille?

1. Les stades ne peuvent pas tout expliquer. Au fond, ce sont les valeurs incarnées par les personnes et le sens donné aux moments importants de l'existence et aux événements qui affectent le plus la vie de l'adulte ainsi que celle du couple et

de la famille. Les stades ont essentiellement un caractère descriptif.

2. Si l'âge est un facteur déterminant dans la définition des stades à l'enfance et à l'adolescence, elle l'est beaucoup moins pour l'être adulte. La race, le sexe, la classe sociale, la situation économique modifient considérablement la trajectoire du développement. Selon Lacy et Hendrick (1980), l'âge a seulement une valeur d'indicateur. Et ceci s'avère encore plus vrai lorsqu'il s'agit du cycle de la vie du couple et de la famille où l'âge, venant interagir avec les événements et la perception mouvante des rôles sociaux, n'est finalement plus qu'un facteur parmi d'autres.

3. On doit retenir que les âges moyens susceptibles de correspondre à chacune des étapes ont moins d'importance que les étapes elles-mêmes. En d'autres mots, si, pour un couple, la décision d'avoir un premier enfant au début de la vingtaine plutôt que d'attendre à trente ans n'est pas indifférente à la façon dont on va faire l'expérience de ce tournant, il reste que c'est l'étape elle-même, située dans son enchaînement séquentiel, qui compte le plus.

4. Les stades doivent être envisagés dans une perspective psychosociale. C'est l'individu dans son réseau relationnel, comme le couple dans son environnement total, qui évolue à travers des étapes. Les stades sont donc construits à partir d'une double référence : celle de l'âge — plusieurs auteurs parlent d'horloge biologique — et celle de la réalité socio-culturelle. Neugarten (1979) a introduit à ce sujet les concepts d'horloge sociale et de temps historique. Les attentes posées au stade de l'adolescence ne sont pas les mêmes pour un jeune Canadien que pour un jeune dans un pays en voie de développement, par exemple. Certains des défis auxquels le couple doit faire face au lendemain du mariage sont également très différents de ceux affrontés par leurs grands-parents. Que l'on songe seulement aux sensibilités actuelles en ce qui a trait à la durée ou à la permanence de l'engagement.

5. Les stades sont les passages successifs qui caractérisent la vie de tout être humain ainsi que la vie du couple et de la famille. Appliqués à cette dernière réalité, ils représentent, selon une séquence bien établie, la trajectoire suivie par la moyenne des unions conjugales. Notons que le nombre important de couples qui se brisent force théoriciens et praticiens à s'interroger sur la pertinence de cette approche dans la compréhension et l'accompagnement des familles reconstituées après divorce et remariage ainsi que des familles monoparentales. Si les situations très variées qu'elles représentent rendent difficile la tentative de les situer à l'intérieur d'un cycle, avec les étapes qui le caractérisent, considéré comme normal aux fins de l'analyse, par contre, de nombreuses recherches permettent présentement d'en dégager les traits communs. Ajoutons enfin que l'on ne saurait réduire la vie à une série de stades à franchir. Le cheminement de chaque individu, en particulier à l'âge adulte, de même que celui de chaque couple, est marqué par des choix. Enfin, il faut compter avec des événements souvent imprévisibles (guerre, crise économique, déplacement, héritage, coup de foudre, maladie, mort, etc.) qui peuvent bouleverser la vie et en changer le cours.

6. Bien que les stades soient séquentiels, il arrive souvent que deux stades se chevauchent. Ceci s'applique particulièrement au cycle de la vie du couple et de la famille. Dans bien des familles, en effet, on retrouve à la fois des adolescents et des petits enfants.

7. Le passage d'une étape ou d'un stade à un autre est déclenché par un événement particulier : aménager ensemble, donner naissance à un enfant, voir partir le dernier, etc. Cet événement, qui peut s'étaler dans le temps, comme s'effectue présentement l'entrée en couple ou encore la prise de conscience par les parents que l'enfant est maintenant un adolescent, implique une nouvelle adaptation. Chacune représente un passage ou une transition. Or, cela dérange. Le couple qui, après deux ans de vie à deux se retrouve tout à coup avec un premier bébé est radicalement désinstallé. Bien des auteurs utilisent le mot crise pour parler des passages d'un stade à l'autre.

8. Le mot crise ne veut pas dire une catastrophe ou un drame. Pour Erikson (1968), il s'agit d'un tournant important, une période cruciale au cours de laquelle l'individu ou le couple est provoqué à découvrir une nouvelle façon d'être. La crise se traduit en général par un état de questionnement, de malaise, parfois d'angoisse, qui peut entraîner une régression plus ou moins prolongée. La crise est une phase normale dans la recherche d'un nouvel équilibre. Lorsqu'elle est résolue, c'est-à-dire à partir du moment où l'on s'adapte à la réalité nouvelle, on assiste à une restructuration de la personnalité et à un progrès sur la route du développement total.

Selon Bédard (1983), certains passages peuvent être vécus sous le mode d'une véritable crise. Ils déclenchent des sentiments de bouleversement et même de confusion. En revanche, d'autres étapes sont franchies comme une adaptation et une transformation sans que soient ressentis un tel déséquilibre et un degré prononcé d'anxiété.

9. Enfin, une autre limite au concept de cycle et des stades qu'il comporte, appliqué à l'individu d'une part et au couple d'autre part, est lié à la difficulté d'intégrer les deux phénomènes à la fois. Cette difficulté tient au fait qu'hommes et femmes traversent les mêmes stades chacun à leur façon et à des âges qui peuvent varier. Par exemple, la recherche révèle que les hommes de 65 ans ressentent leur âge en fonction de leur position et de leur santé alors que les femmes le définissent en terme d'événements familiaux (Sheehy 1977, 308). De plus, la réalité sociale n'a pas le même impact sur chacun. On est donc forcé de conclure que s'il y a un intérêt évident à construire des ponts entre les deux cycles, il reste que ces ponts relient deux terres en mouvement.

Les rapports entre les deux cycles

Si l'intégration structurelle du cycle de la vie de l'individu et du cycle de la vie du couple est difficile, il reste que les ponts entre les deux sont multiples. Ils constituent autant de pistes intéressantes en vue de mieux cerner le vécu du couple dans les diverses étapes de la vie de chacun des conjoints et, en sens inverse, à mieux saisir l'impact de la vie à deux dans le développement de la personne.

Perspectives pratiques

En quoi l'étude des cycles de la vie individuelle par rapport à ceux de la vie du couple et de la famille peut-elle être pratique?

Si l'on doit demeurer conscient des limites de cet outil de compréhension humaine que l'on n'a certes pas fini d'affiner, on aurait tort d'en ignorer les possibilités. Il peut s'avérer précieux pour l'individu, pour le couple et pour l'intervenant psychosocial ou pastoral.

Pour l'individu et pour le couple

L'individu aussi bien que le couple peut s'inspirer des concepts et des grilles d'analyse fournies par la recherche touchant les deux cycles. Ceci devrait permettre à l'un et à l'autre de mieux se situer dans son évolution, d'apprendre à se regarder et à donner un sens à son existence. Cela peut être particulièrement utile au moment où la vie amène à traverser des périodes plus critiques.

Pour l'intervenant psychosocial

La nécessité, pour l'intervenant psychosocial, d'être familier avec les concepts de cycles est bien établie. Les questionnements du couple et de chacun des conjoints, leurs remises en question, leurs insatisfactions, leurs réajustements ne sont pas simplement tolérés. Dans la mesure où ils sont l'expression de l'évolution dans le développement de la personne, ils sont accueillis comme des indices et des appels à la croissance. C'est à partir de là que l'intervenant peut venir à la rencontre du couple, de l'intérieur de son histoire, en mettant l'accent sur son *continuum*.

Avancer dans la vie : un dépassement

Il y a un prix à payer si l'on veut inscrire sa vie sur une trajectoire de croissance. Le psychanalyste Robert Gould (1980) en dégage les grandes lois.

— On n'a jamais fini de se développer. Le processus de transformation se caractérise d'abord par son caractère dynamique et continu ;

— La transformation comporte toujours un conflit intérieur. Se développer comme adulte est d'autant plus menaçant que cela remet en question et donc dérange le système de sécurité ou d'assurance personnelle que chacun s'est construit ;

— La transformation affecte l'être en profondeur. Le projet de croissance implique la découverte que certaines des idées sur lesquelles on a fondé sa vie sont discutables et parfois fausses et qu'il importe de changer ;

— La transformation est un processus solitaire. Même si ce sont les autres qui nous affectent, nos parents quand on est petit, notre conjoint, nos enfants quand on est adulte, il reste que chacun est le premier agent de sa marche vers une plus grande perfection.

La transformation de soi a un effet énergisant. Chaque transformation réussie, chaque passage amène une nouvelle joie, une nouvelle passion de vivre à laquelle s'ajoute un sens plus grand de liberté et de force intérieure.

RÉSUMÉ

L'observation et l'analyse scientifique des étapes de la vie de l'individu ainsi que celles du couple et de la famille ont permis de faire un pas important en vue de dégager les grandes lois du comportement humain.

Cette recherche, malgré ses limites, est très utile pour l'intervenant psychosocial. Elle peut aussi s'avérer précieuse pour l'individu et pour le couple, au fur et à mesure qu'ils avancent dans la vie, en leur permettant d'accepter les défis normaux de l'existence. L'expérience, confirmée en ceci par la recherche, montre que le savoir qui porte sur les transitions prévisibles de la vie, s'il n'enlève rien à l'intensité des remises en question sinon des crises qui les accompagnent, en rend plus facile le passage, en disposant au dialogue et au partage. Dialogue et partage qui, en certains cas, peuvent avoir une véritable valeur thérapeutique.

Nous abordons dans le chapitre suivant le cycle de la vie adulte en mettant l'accent sur les chances et les risques que comporte chaque étape. Nous conserverons la même perspective lorsque nous traiterons des saisons de la vie du couple et de la famille.

Chapitre 2

Le cycle de la vie de l'adulte

Avancer dans la vie, c'est franchir des étapes, relever des défis.

Carl Jung

La vie entière de l'individu n'est rien d'autre que le processus de donner naissance à soi-même.

Eric Fromm

L'observation et l'étude des étapes de la vie adulte est un phénomène tout à fait récent. Il n'y a pas si longtemps encore, on considérait le passage à l'âge adulte comme marquant la fin de la croissance. Au sortir de l'adolescence, on se voyait comme des individus arrivés à leur maturité qui allaient bien changer un peu au fil des années, mais on n'y attachait pas ou peu d'importance! Bref, on ne s'était pas ou peu arrêté à la dynamique propre à l'âge adulte. Pourtant, tout comme l'enfant, l'adulte se développe par périodes ou par étapes, chacune se caractérisant par une tâche particulière à accomplir.

La recherche moderne, surtout à partir des travaux de Jung, a heureusement permis d'entrevoir un peu plus le fil conducteur du cheminement de l'adulte. Que l'aventure humaine, de la naissance à la mort, soit jalonnée d'étapes ne fait plus de doute pour personne. Du même coup, on a pris conscience que l'on ne saurait comprendre les stades de la vie du couple et de la famille sans en tenir compte.

Les stades du développement à l'enfance et à l'adolescence

Les stades et les tâches qui caractérisent la première partie de la vie sont bien connus. De nombreux théoriciens, depuis le début du siècle (Sigmund Freud, Erik Erikson, Arnold Gesell, Henri Wallon, Jean Piaget, pour n'évoquer que les plus connus), nous ont sensibilisés aux stades séquentiels qui caractérisent le développement physique, affectif, intellectuel de l'enfant et de l'adolescent, ainsi que les transitions qui scandent le passage de l'un à l'autre. Nous ne ferons ici qu'un rapide survol. Certains aspects particuliers seront abordés dans un chapitre ultérieur alors que nous traiterons du rapport parent-adolescent. Une étude plus élaborée des étapes du développement de l'enfant et de l'adolescent dans une perspective psychosexuelle a déjà été publiée par l'auteur (Michaud, 1988).

Au cours de la petite enfance, on apprend à marcher, à parler; on découvre que l'on est une petite fille ou un petit garçon! On fait comme maman. On fait comme papa. Un peu plus tard, vers cinq ou six ans, c'est le début de l'enfance scolaire. On apprend à lire, à écrire, on commence à réaliser qu'il faut tenir compte des autres, on sait lire l'heure. À neuf ou dix ans, le sommet de cette étape, filles et garçons sont pleins d'initiatives, ils sont capables de satisfaire eux-mêmes à presque tous leurs besoins, ils peuvent contribuer à quantité de tâches concrètes dans leur milieu familial et scolaire.

À l'adolescence, c'est l'heure de l'ébranlement. Ébranlement personnel... et des autres!

L'étude de l'adolescence, qui est perçue présentement comme une phase critique dans le développement de l'individu, est une préoccupation qui est née de la société industrielle. Bernice Neugarten (1987), une des pionnières dans l'étude du cycle de la vie, le rappelle encore dans un article récent. Ce n'est qu'au tournant du xxe siècle, avec la généralisation et l'allongement de l'éducation formelle, que le passage à l'état adulte a été retardé. Et c'est plus récemment encore, soit au lendemain de la Seconde Guerre mondiale, que l'on a commencé à parler de la société jeunesse comme strate sociale à part. Les jeunes d'aujourd'hui jouissent de la richesse collective. Ils sont essentiellement des consommateurs de biens matériels et d'éducation. Du même coup, cela leur donne le temps d'explorer une variété de rôles.

On distingue en général trois phases de l'adolescence : la puberté, l'adolescence proprement dite et la jeunesse. Au départ, même si l'on est fier d'être en train de devenir femme ou homme, la puberté entraîne passablement de malaises. Le fait d'être sexué occupe tout à coup beaucoup de place ! S'accepter comme fille, comme garçon, ne va pas toujours de soi, pas plus que l'orientation de ses tendances sexuelles. De plus, quand on atteint treize ou quatorze ans, commencer à se définir comme une personne qui a ses propres valeurs, et sa façon à soi de voir la vie, représente un lourd défi. Le calme relatif et la sécurité de l'enfance ont fait place aux remises en question qui agiteront le climat des années à venir.

On parle souvent d'adolescence proprement dite pour identifier la phase suivante. Être un jeune adolescent ou une jeune adolescente, c'est prendre une certaine distance par rapport à ses parents et en même temps assumer la tâche de se structurer soi-même, ce qui veut dire discipline personnelle, maîtrise de soi, décentration de soi, construction de son idéal de vie, etc. Tâches emballantes encore une fois, mais aussi fort exigeantes.

Enfin, vers l'âge de dix-sept ou dix-huit ans commence une troisième phase, celle de la grande adolescence ou de la jeunesse. Durant cette période, le jeune doit se préparer à faire le double choix inhérent à la construction de son identité, choix de carrière et choix de vie. Il s'apprête ainsi à sortir de la dépendance de sa famille et à assumer son autonomie. (*Voir tableau p. 28.*)

LES SAISONS DE LA VIE D'ADULTE	
Étapes	*Les tâches à entreprendre*
1. Le passage dans le monde adulte (23-28) « Faire ce qu'il faut ! »	1. Quitter le monde de ses parents : – Ne plus être l'enfant de personne ; – Développer en soi l'image de l'adulte 2. Incarner son rêve de vie : tâche professionnelle. 3. Fonder une famille : – Trouver la femme, l'homme de sa vie ; – Développer une véritable intimité. 4. Assumer des responsabilités dans le milieu.
2. L'essoufflement de la trentaine (28-35) « C'est quoi la vie ? »	1. Réexaminer ses raisons de vivre et ses valeurs : – Mesurer l'écart entre ses rêves et la réalité ; – Sens critique face à certains choix vitaux, par exemple : maternité vs carrière. 2. Conscience de contrôler son existence. 3. Se fixer des buts à long terme. 4. Attiser la volonté de faire un succès de sa vie. 5. Faire une place véritable aux enfants qui grandissent. 6. Accueillir son conjoint comme personne. 7. Développer des loisirs adultes.

3. L'affirmation de soi du mitan de la vie (35-45)

« Ai-je fait les bonnes choses ? »

(la transition la plus importante de la vie adulte)

1. Consolider sa carrière – « faire sa place ! »
2. Volonté de plénitude et d'authenticité :
   – Intériorité ;
   – Autonomie.
3. Se prendre davantage en mains, devenir soi-même.
4. Accepter de vieillir – « la mort fait partie de la vie. »
5. Réévaluer les dimensions magiques de « son rêve de vie » :
   – Les illusions ne peuvent durer indéfiniment ;
   – Cesser de me prendre pour un autre ;
   – Construire un projet de maturité.
6. Réévaluer ses priorités.

4. L'assurance de la maturité (45-55)

« Il me reste moins de temps... Il y a des choses que je veux faire. »

1. Développer la fierté de soi... de sa compétence.
2. Se réjouir de son choix de vie et de sa façon de vivre : résister au désenchantement face à ses limites.
3. Approfondir le sens donné à sa vie.
4. Réexaminer le rapport entre sa situation de vie et ses besoins profonds.
5. Volonté de se renouveler : productivité, créativité, « générativité ».
6. Valoriser les relations familiales : conjoint, parents, grands-parents.

	7. Approfondir son expérience de Dieu.
5. L'entrée en soi-même (55-65) «Il y a de la joie à m'accepter moi-même et mon conjoint avec douceur.»	1. Accepter lucidement de vieillir et s'y adapter. 2. Développer la reconnaissance positive de soi. Être capable de dire «C'est moi, ça!» et être content. 3. Aller jusqu'au bout dans la poursuite des objectifs que l'on s'est fixés. 4. Se préparer activement à la retraite. 5. Apprécier l'importance de son conjoint.
6. L'heure de la retraite (65 et plus) «Vivre pleinement le présent tout en regardant la mort en face.»	1. Apprendre à se désengager sans rien perdre de sa créativité. 2. Évaluer sa vie de façon réaliste et positive – «intégrité» et sagesse. 3. S'ouvrir davantage à la foi et l'espérance. 4. Intensifier la relation avec son conjoint. 5. S'entraîner à faire face au départ éventuel de l'autre. 6. Accepter une plus grande dépendance sans perdre l'estime de soi.

Les étapes dans la vie de l'adulte

L'âge, qui constitue un facteur déterminant des passages chez l'enfant, devient plus relatif à mesure que l'individu avance dans la vie, en ce sens que la réalité socioculturelle et économique devient un facteur de plus en plus déterminant dans la définition des stades. Personne ne songe donc à proposer une typologie qui prétendrait englober tout le vécu des individus. Toutefois, il existe une convergence chez les principaux chercheurs qui permet d'identifier six stades séquentiels du cycle de la vie de l'adulte (Erikson [1959 et 1982]; Levinson [1978]; Vaillant [1977]; Colarusso et Nemiroff [1981]; Gould [1978]).

Ajoutons que ce sont surtout des théoriciens intéressés à l'éducation adulte et à la psychothérapie qui se sont livrés à cet effort de synthèse, dont en particulier Vivian McCoy (1978) et Patricia Cross (1982). La description et le tableau que l'on trouve aux pages 28 à 30 s'inspirent de ces deux niveaux de recherche.

Le passage au monde adulte

La plupart des auteurs s'entendent pour situer le passage de la grande adolescence au stade du jeune adulte au début de la vingtaine. Levinson et Gould en particulier le situent à vingt-deux ans. Mais le chiffre, rappelons-le, n'a rien de magique. Il est même tout à fait probable que dans la conjoncture socioculturelle et économique actuelle le passage survienne plus tard, soit vers le milieu de la vingtaine. Dans son livre *Interminable adolescence*, le psychanalyste français Tony Anatrella (1988) explique le retard d'une proportion significative de jeunes à faire ce passage.

En quoi consiste le passage au monde adulte? Il consiste essentiellement à quitter l'univers fantaisiste et idéaliste de l'enfance et de l'adolescence. Jusqu'ici, on a forgé son identité et défini son projet de vie à l'intérieur d'un univers psychique renvoyant à un monde sans frontières. Dorénavant, on va s'employer à faire sa place dans la société à l'intérieur d'un univers psychique qui s'éveille à la conscience de ses propres limites et de celles imposées par le milieu.

Enjeux et défis

La transition au monde adulte implique une certaine rupture avec le monde de ses parents. Le temps est maintenant venu de s'assumer soi-même. Le choix des responsabilités du jeune, en tant qu'architecte de sa propre existence, tourne autour de trois tâches principales : s'engager professionnellement, fonder une famille, et assumer sa part de responsabilités dans le milieu. Cette triple démarche permet d'accéder à l'autonomie personnelle, à se donner une structure de vie stable, à prendre racine autrement et à être en mesure de se définir de manière définitive comme adulte (Levinson, 1978, 1971).

Enfin, après avoir reçu de sa famille d'origine et de la société, vie, nourriture, affection, éducation, c'est à son tour de donner. À la question de savoir ce qu'une personne normale de cet âge devrait être capable de bien faire, Freud avait un jour répondu simplement : «Aimer et travailler» (Erikson, 1968, 136).

L'essoufflement de la trentaine

Gail Sheehy (1977, 308) parle de «l'écueil de la trentaine». Chose certaine, le jeune adulte qui, au cours des années précédentes, a investi énormément d'énergie pour se tailler une place dans la société adulte (travail, mariage, logement, enfant), risque tôt ou tard de se retrouver essoufflé. Une transition importante s'amorce, au cours de laquelle un nouvel équilibre est à mettre en place. La phase de l'adulte apprenti est terminée. La plupart des observateurs situent ce moment de transition entre 28 et 34 ans.

Pour Levinson (1978a, 41ss), l'essoufflement de la trentaine permet d'évaluer jusqu'où ses choix correspondent à son rêve de vie, autrement dit, de mesurer l'écart entre le rêve et la réalité. Les remises en question qui touchent certains engagements — celui de son mariage en particulier — peuvent être bouleversantes.

Le malaise est certes relié à des causes profondes. Il tient pour une large part à la prise de conscience plus ou moins claire d'avoir été victime d'un ensemble de forces culturelles, religieuses, parentales, économiques et sociales qui ont agi sur soi. Ces forces qui ont tenu le rôle de normes ou d'impératifs, ont brimé la liberté et ont laissé l'adulte dans un état d'aliénation profonde. Certains ont l'impression d'être avalés. Ils se sentent étouffés dans la situation qui est la leur. Ils éprouvent une espèce de violation de leur personnalité en plus de réaliser que des pans entiers de leur être demeurent inassouvis.

À trente ans, on se demande : «Est-ce bien ce que j'ai voulu faire de ma vie?» «Ce que je suis représente-t-il pour moi la seule façon d'être?» Bref, «qui suis-je véritablement?» Artaud (1985, 43) résume ainsi le sens de cette interrogation : «La crise d'identité de l'adulte, c'est fondamentalement cette prise de conscience de son inachèvement qui le conduit à réaliser que la part de lui-même laissée dans l'ombre commence à revendiquer ses droits et qu'une confrontation s'impose, qu'il n'a pas été engendré une fois pour toutes par sa culture mais doit continuellement «redonner naissance à lui-même».

La perception du temps

Un des phénomènes importants de la première transition dans la vie de l'adulte, c'est celle de la perception du temps. On prend conscience pour la première fois que le temps devant soi n'est pas illimité, qu'il ne nous permettra pas d'explorer tous les sentiers, et que l'on ne peut pas tout faire. Un peu plus tard, au cours de la quarantaine, on s'aperçoit que le temps file, qu'il passe sans qu'on le voit, ce qui peut engendrer le sentiment de l'urgence d'agir. Cette étape est suivie dans la cinquantaine par l'idée de la mort qui lentement entre dans l'esprit, entraînant chez la plupart une nouvelle façon de se voir, une transformation de la relation avec son conjoint, une attitude différente par rapport au travail. Cette évolution se poursuit jusqu'à la vieillesse, alors que la proximité inéluctable de la mort et la brièveté du temps vient altérer profondément la totalité des perceptions (Gould, 1982, 22-29).

Le courage d'être

Au moment où la vision utopique d'hier fait place à un regard lucide et réaliste, il faut une bonne dose de courage pour relever les défis des prochaines années.

Il s'agit rien de moins que de se donner un nouveau souffle en s'éveillant à l'intériorité et en renégociant le pacte fait avec soi-même, avec son conjoint, avec le milieu. Pareil ajustement, on le sait, suscite de fortes résistances en soi et autour de soi. Remettre en question les normes collectives, accepter pour un moment la perte des points de repère sur lesquels on a construit son existence est insécurisant. Bien des individus ont l'impression de se retrouver seuls, voire de trahir cet univers des personnes et des institutions qui les ont pour ainsi dire sculptés.

«Il faut du courage, écrit encore Artaud (1985, 69), pour cesser de se référer à un plan d'existence et à un programme de développement défini de l'extérieur, et tracer soi-même son propre chemin.»

Les défis à relever, les tâches à entreprendre

Le défi majeur de la trentaine consiste essentiellement à réexaminer ses raisons de vivre et d'approfondir le sens de ses engagements. Trois choses peuvent se produire :

— ou bien il essaie de taire à lui-même le malaise qui l'habite. «C'est ça la vie... mon père, ma mère ont dû passer par là... je dois demeurer conforme à ce que l'on m'a appris...» Le combat refusé et reporté à plus tard ne sera que plus redoutable;

— ou bien il fait tout sauter et part à l'aventure. C'est l'individu qui abandonne son travail et cherche ailleurs sans avoir vraiment analysé la situation. C'est la personne qui lâche son conjoint. La fuite en avant ne règle rien;

— ou bien il prend la route de l'intériorité. Il accueille le malaise, il tente d'en comprendre les causes, il évalue ses raisons de vivre, il cherche un meilleur équilibre humain, il tente de saisir le sens profond de ses engagements de vie. Il est sur la piste exigeante de la croissance.

Pour l'homme, cela peut signifier redéfinir ses buts à long terme, mieux contrôler son existence du point de vue professionnel, se donner le temps d'aimer son épouse et ses enfants et, s'il n'est pas marié, y songer sérieusement. Pour la femme, cela peut constituer une invitation à s'appartenir davantage et à réviser ses choix touchant la carrière et la maternité.

Pour les deux, il s'agit de prendre conscience que «ses rêves ne vont pas devenir réalité par la magie du désir ni par l'intensité de l'activité et des conformismes». Le temps est venu d'aller puiser aux sources profondes de l'être, là où sont enracinés les dynamismes qui font de chacun une personne unique.

L'affirmation de soi au mitan de la vie

Le tournant le plus remarquable de la vie adulte survient autour de la quarantaine, alors qu'une nouvelle sensibilité émerge au cœur des événements qui tissent la vie de l'individu : carrière, mariage, enfants, succès, maladie, échec, mortalité peut-être. Une perception différente de la réalité passée s'installe. Elle est faite de la conjugaison de la mémoire du passé et d'une vision de l'avenir qui, chez la plupart, s'altère de façon décisive. C'est un peu comme si la vie était en train de basculer. Les forces physiques s'amenuisent. On n'a plus la même résistance; chacun commence à réaliser qu'il vieillit. Les autres d'ailleurs se chargent de nous le rappeler!

La nouvelle perception du temps passé, présent et futur ainsi que l'expérience de ses limites ont pour effet de déclencher une remise en question à laquelle peu d'individus peuvent échapper. Malheureusement, parce qu'elle risque de le bouleverser profondément, la tentation de s'y soustraire est forte. Surtout chez les hommes.

L'analyse de Carl Gustav Jung

Jung est le premier psychologue à avoir évoqué de façon formelle l'idée de crise du «midi de la vie». Pour lui, la vie de l'individu est partagée en deux grands moments, avant et après quarante ans.

«La tâche de la première partie de la vie, écrit-il, est d'initier à la réalité extérieure par l'affermissement du moi [...]. Elle vise à l'adaptation de l'homme à son environnement. Il s'agit, pour l'individu, de prendre pied dans le monde, d'ancrer solidement son conscient dans le monde réel. La tâche de la seconde moitié est de conduire à l'initiation à la réalité intérieure, à un approfondissement de la connaissance de soi et de l'humanité [...] à un élargissement de la personnalité» (Jacobi, 1964, 169-170).

Jung utilise le terme «d'individuation» pour qualifier ce processus. Il consiste finalement dans la capacité de la personne de renouer avec son mystère profond, et de devenir véritablement soi-même.

Les recherches récentes

Les psychologues qui, au cours des dernières décennies, se sont penchés sur cet enjeu ont permis de faire un pas important dans la perception de cette période de l'existence. À peu près toutes les questions ont été abordées. La crise du midi se présente-t-elle au même moment chez la femme que chez l'homme, et quelles en sont les composantes chez l'un et l'autre? Comment certains tentent-ils de l'éviter? Quelles formes prend-elle alors qu'elle se déploie non seulement au tournant de la quarantaine mais dans les années qui suivent?

Il ne fait plus de doute que la crise du mitan de la vie joue un rôle aussi décisif dans le développement de la personne que dans celle de l'adolescence. On se rend compte en effet que ce moment critique de l'existence exerce, en certains cas, une pression plus forte encore que celle vécue à l'adolescence. L'enjeu consistait alors à se mesurer avec son entourage. Il faut maintenant se mesurer avec soi-même!

Le tournant chez la femme

Le malaise diffus indiquant que tout ne tourne pas rond en soi, vers la quarantaine, se manifeste plus tôt chez les femmes. Les enfants grandissent, les tâches familiales sont réduites; pour certaines, le retour au travail est problématique; pour d'autres, la poursuite de la carrière s'accompagne d'insatisfactions; le désir d'une vie affective et sexuelle plus pleine est fortement ressenti alors que l'époux semble préoccupé par autre chose; l'impression de représenter bien peu aux yeux du mari se fait persistante; le déclin physique, les rides et la peur de voir se flétrir sa beauté hantent l'esprit; le goût de la diversion se fait pressant; la magie d'une nouvelle expérience amoureuse habite l'imaginaire; le sentiment de la dernière chance devient aigu. Bref, le malaise est bel et bien lancinant, indéniable, souvent accompagné d'un sentiment de dé-pression.

On s'est interrogé depuis quelques années sur l'expérience de la femme de carrière. Sa façon de vivre la transition de la quarantaine se rapproche-t-elle de celle de l'homme? Les ré-sultats préliminaires d'une recherche sur *Le Mitan de la vie et le travail* faite par le Centre de recherche en administration de l'Université de Montréal, indiquent que oui (Dupuis, 1987). En revanche, on constate qu'il existe toujours une différence notable pour ce qui est des femmes dans la population en général. De toute manière, dans les deux cas, les femmes sont renvoyées à des questions qui émergent de leur intérieur et les poussent à réévaluer leurs choix et leurs rôles.

Le tournant chez l'homme

Les travaux du Centre de recherche de l'Université de Montréal mettent en lumière le fait que chez les hommes le malaise arrive plus tard, et qu'il ne le vit pas avec la même intensité que la femme. Il préfère en général en retarder l'échéance. Enfin, il est davantage porté à esquiver la transition qui s'amorce.

Cette différence tient vraisemblablement au fait que chez l'homme, la perception des changements physiques externes est moins aiguë, même s'il commence à s'inquiéter de son déclin sexuel. Son expérience professionnelle est aussi moins problématique en général. Le risque majeur qui le guette est de faire comme si le malaise n'existait pas : « Il n'y a pas de problèmes ! » Il s'enferme dans l'illusion. Ou bien, reconnaissant l'existence du malaise, il refuse le voyage intérieur.

Dans les deux cas, l'activité professionnelle intense ou la plongée dans les formes multiples de diversions et de distractions vont constituer l'échappatoire plus ou moins consciemment recherchée.

« Ces individus, écrit Sheehy (1977, 223), se consument à l'extérieur pour éviter d'avoir à découvrir la pauvreté de leur vie intérieure [...]. Si l'on s'entête à garder ses œillères, on bloque son développement psychologique, on devient étroit d'esprit [...] en fin de compte on est rempli d'amertume. » Le problème c'est que les remises en question refoulées ressortiront plus tard avec plus d'acuité. « Si un homme passe la transition du milieu de la vie sans rien ressentir, son évolution sera limitée. Beaucoup d'hommes qui n'ont pas fait de crise à quarante ans perdent vite le souffle et la vitalité dont ils ont besoin pour continuer à traverser les autres phases de la vie adulte » (Levinson ; 1978a, 198).

Les défis à relever, les tâches à entreprendre

Le défi majeur du midi de la vie c'est de renouer avec son être profond. Intérieurement, l'individu renaît à lui-même. Dans le monde extérieur, il taille sa place. Il s'agit d'une étape décisive dans l'affirmation de soi. Ce trait se manifeste de façon particulièrement nette chez les femmes, pour qui il implique souvent une lutte tenace pour accéder à plus d'autonomie. Cette volonté d'autonomie fondée sur la conscience de sa personnalité véritable et sa capacité de se prendre en main se traduit en général par une affirmation de soi à la fois forte et sereine.

À l'inverse, le trait sans doute le plus caractéristique chez les hommes, c'est l'ouverture à la sensibilité. Tout se passe comme si une dimension importante de son être, tenue en captivité, se libérait soudain. Il s'agit, selon Jung (Jacobi 1964, 106), de l'émergence de la dimension féminine chez l'homme, de même que chez la femme l'affirmation de soi exprime le développement de la dimension masculine de son être. On assiste alors à la réorganisation et la conjugaison en quelque sorte des forces féminines et masculines qui sont enfouies en chaque être (Levinson, 1978a, 197). C'est sans doute ce phénomène qui explique la volonté de plénitude et d'authenticité qui jaillit à ce moment de la vie. Volonté qui s'accompagne d'un subtil retour à l'adolescence souvent provoqué par ses propres adolescents, dont l'impact sur la réévaluation de soi est inévitable.

Le mitan de la vie sonne l'heure du renouvellement de sa capacité d'aimer en même temps que celle du désir de consolider sa carrière ou en tout cas de redéfinir son espace dans la société. Cela constitue une tâche particulièrement exigeante pour les femmes. Ajoutons enfin que l'insistance de la population en général, comme celle de bien des observateurs, sur la crise du mitan de la vie, ne doit pas faire perdre de vue qu'elle n'est pas la seule crise de l'existence, comme elle n'est pas non plus la seule période de la vie au cours de laquelle les individus peuvent être ébranlés. En fait, «Le divorce, le désenchantement

par rapport à son travail, la dépression arrivent à une fréquence à peu près égale à travers le cycle de la vie adulte»,
rappelle Vaillant (1977, 223). En réalité, la vie est mouvement,
pour le meilleur ou pour le pire. Et personne n'exerce un
contrôle total, ni sur l'un ni sur l'autre.

L'assurance de la maturité

Vers quarante-cinq ans, l'adulte entre sans contredit dans
l'étape la plus productive de son existence. La transition du
mitan de la vie a marqué un tournant décisif dans sa marche
vers la maturité humaine. Elle a entraîné un ébranlement
général de sa vision, de ses attitudes et une modification de
ses comportements. On peut dire que la période qui suit est
celle de l'appropriation d'un acquis même s'il demeure toujours fragile.

À quarante-cinq ans, l'adulte est prêt à poursuivre avec
plus d'assurance la tâche amorcée. Progressivement, c'est la
vie menée de l'intérieur qui prévaut. C'est l'époque où l'individu est susceptible d'aller le plus loin dans l'utilisation de ses
talents et d'apporter la plus grande contribution à la société.
La conscience «que le temps file, qu'il est peut-être un peu
tard mais qu'il y a des choses que je voudrais faire dans la
seconde partie de ma vie» agit comme une motivation subtile
mais puissante.

Les défis à relever, les tâches à entreprendre

Éveillé au besoin d'authenticité, à la volonté d'autonomie,
à la capacité de tendresse, l'individu est pressé de rendre
opérantes ces forces de transformation qui l'habitent. On doit
au grand psychanalyste Eric Erikson d'avoir inventé le terme
de «générativité» et, à l'opposé, celui de «stagnation» pour
désigner la tâche majeure de ce stade. Les mots qu'il utilise le
plus souvent pour le décrire sont soin, amour, autorité, créativité, productivité (Erikson, 1964, 130ss; 1968, 138ss; 1982,
667ss). Ce qui est en cause c'est le souci du bien-être des plus

jeunes et la volonté de rendre le monde plus viable. L'adulte a besoin de sentir que l'on a besoin de lui. Il développe le sens de la continuité en se sentant responsable des générations montantes. Bref, c'est le temps où le goût de léguer quelque chose doit se développer.

La générativité chez la femme

Femmes et hommes vivent différemment la générativité de l'âge adulte. Le service des autres est précisément ce à quoi les femmes ont consacré toute leur vie. S'occuper des enfants, «servir» le mari, s'impliquer dans des activités bénévoles paraît lié à leur expérience. Dans la seconde moitié de sa vie, la femme est appelée à assumer cette tâche autrement. «Ce n'est pas en continuant sur la même lancée, écrit Sheehy (1977, 257), qu'une femme trouve un nouvel épanouissement dans la seconde moitié de sa vie. Mais plutôt en cultivant les talents qu'elle a laissés en attente, en permettant à ses ambitions de s'exprimer, en approfondissant ses convictions [...]. Ceci ne veut pas dire qu'une femme s'arrête ou doit s'arrêter de penser aux autres. Au contraire, la maison qui se vide la libère [...] et lui permet de se consacrer davantage aux jeunes, à la politique, aux mouvements, etc. C'est toute la société qui bénéficie de cette énergie et de cette activité.»

La générativité chez l'homme

Sans négliger cette dimension communautaire et sociale, l'exercice de la générativité fera souvent chez l'homme le chemin inverse en ce qui touche sa propre famille. La tendresse et l'attention à sa femme et à ses enfants sont le lieu premier de sa générativité. Elle est souvent le premier fruit de la prise de conscience que son avancement et la poursuite de certains projets personnels ne sont pas si importants. La redéfinition de ses priorités lui permet de rediriger ses énergies tant du côté de sa famille, y compris sa famille d'origine, que du côté des grands enjeux de la société.

Pour la femme comme pour l'homme, le grand danger de cette époque est de sombrer dans un certain état de stagnation pas facile à différencier par ailleurs de la dépression. Les individus qui n'arrivent pas à développer leur créativité et à prendre de nouveaux engagements se retrouvent absorbés en eux-mêmes, concernés avant tout par leur propre confort et finalement envahis par un sentiment de vide. Malheureusement, personne n'est complètement à l'abri de ce risque.

Les formes de la générativité

Le combat pour la générativité est exigeant. À quarante-cinq ans, à cinquante ans, l'individu connaît ses limites sur tous les plans et il a vraisemblablement connu des échecs. Comment résister au sentiment de désenchantement qui le menace ? Il est permis de perdre ses illusions mais pas son idéal. À l'inverse, l'adulte d'âge mûr connaît aussi ses talents, ses possibilités, ses richesses. Le temps n'est-il pas venu de développer une saine fierté de soi, d'apprécier sa compétence et d'être content de ses réalisations ? Cette double démarche est étroitement liée au besoin de réexaminer le rapport entre sa situation de vie et ses besoins profonds. Tel est le chemin à prendre pour approfondir le sens de sa vie et activer la volonté de se renouveler. La sagesse, depuis toujours, et maintenant l'observation scientifique, nous apprennent que le développement de la dimension spirituelle de l'être et l'expérience de Dieu s'avèrent précieuses à cette fin (Vaillant et Milofsky, 1980). Si elle n'est pas une voie de solutions faciles, elle est par contre pour le croyant un point de repère important dans le débat intérieur face aux grandes questions de l'existence. Le non-croyant, quant à lui, doit trouver ailleurs et autrement les lieux de signification qui sous-tendent son expérience humaine profonde.

L'entrée en soi de l'âge avancé

La tâche principale de l'âge avancé (cinquante-cinq, soixante-cinq ans) est de progresser sur la voie de l'intériorité de façon à maintenir un sens à sa vie.

Au terme de l'étape précédente de consolidation et d'assurance, l'adulte traverse, avant d'avoir à faire face aux adaptations de la retraite, une période particulièrement favorable à l'entrée en soi-même. Elle se traduit par la perspicacité et la richesse du jugement, qui sont le fruit de l'approfondissement du sens de l'existence et d'une saine philosophie de la vie. Levinson (1978a, 62) croit que cette étape constitue le point culminant de l'expérience humaine.

Les défis à relever, les tâches à entreprendre

À cinquante-cinq ans, on n'a plus la même résistance. On sent que l'on n'occupera pas indéfiniment ce poste que l'on détient présentement. Certains de nos amis sont morts. Peut-être aussi de nos parents. Sa propre mort commence à apparaître comme inéluctable. On sent la pression des générations plus jeunes. C'est comme si, petit à petit, le monde nous échappait. Il n'est pas simple, dans cette conjoncture, de maintenir un sens à la vie et d'éviter la rigidité. Seul l'individu qui fait la vérité sur lui-même, qui accepte les limites de l'existence et qui ne nourrit plus de rêves impossibles y arrive.

Une des tâches qui s'imposent dans ce sens c'est de s'ouvrir à la relativité. Faite de flexibilité mentale et d'assurance intérieure, elle permet de comprendre et d'accepter que les modèles et les normes qui ont guidé sa vie jusqu'à maintenant ne sont pas des absolus. Cette ouverture d'esprit devient même une condition indispensable pour empêcher l'individu qui approche de la soixantaine de voir le monde extérieur comme complexe et dangereux et de se fermer sur tout ce qui est nouveau.

Il faut aussi beaucoup de ressources intérieures pour être capable d'investir dans de nouvelles relations quand les parents meurent, que le conjoint et les amis disparaissent, que les enfants sont loin du foyer. La flexibilité émotionnelle est alors une garantie d'équilibre humain. Enfin, accepter lucidement de vieillir, donner un espace beaucoup plus grand au conjoint, se préparer activement à la retraite constituent les autres défis importants de cette étape. C'est ainsi que l'adulte d'âge avancé continue à se développer et à valoriser la sagesse tout en poursuivant jusqu'au bout les objectifs qu'il s'était fixés.

L'heure de la retraite

L'heure de la retraite représente certainement un tournant majeur dans l'histoire de tout individu. Non seulement la vie n'est plus la même sur le plan de la réalité extérieure mais surtout, elle n'a plus la même signification. L'individu qui s'approche de soixante-cinq ans est assailli par un mélange d'émotions souvent contradictoires. Il suffit de penser à la réception de son premier chèque de pension de vieillesse. Maintenant ça y est! Il est bel et bien entré dans la catégorie des gens du «troisième âge»!

Expérience complexe et ambiguë. Elle est faite de la prise de conscience que la mort s'inscrit sur un horizon qui n'est plus tellement éloigné. L'évidence est d'autant plus forte que des personnes aimées et des amis partent. Les limites du corps sont davantage ressenties. Les capacités qui diminuent laissent entrevoir une certaine dépendance à plus ou moins brève échéance. Elle n'est jamais réjouissante. Elle l'est d'autant moins que nous nous retrouvons dans une société qui célèbre presque exclusivement la jeunesse. On comprend dans ce contexte que la personne âgée se sent facilement renvoyée à l'insignifiance et à l'inutilité. Il est probable qu'avec l'allongement de la vie et la proportion plus élevée de gens retraités par rapport à la population totale, la place qui leur est réservée s'améliorera, ne serait-ce qu'en raison du nombre. Mais ceci change peu de choses à la conjoncture globale. Dans un monde caractérisé par les changements rapides dans tous les domaines, les connaissances accumulées dans le passé et avec elles une sagesse certaine ont bien peu de poids pour les nouvelles générations.

Des sous-stades

Les dernières années ont vu se multiplier les études sur le troisième âge. On différencie trois phases à l'intérieur de cette période de la vie qui s'allonge de façon remarquable. Vivre jusqu'à cent ans, compte tenu des soins accessibles présentement, n'est plus l'exploit que l'on considérait avec étonnement il y a quelques années.

On observe l'existence d'une première phase que l'on pourrait qualifier de vieillesse active. Vient ensuite la vieillesse avancée, qui commence en moyenne vers soixante-quinze ans. L'état de santé est évidemment le facteur déterminant dans ce passage qui n'enlève toutefois pas à l'individu ou au couple la capacité de répondre à ses besoins. C'est la vieillesse au ralenti. L'espoir pour les années à venir est réduit. Mais on a toujours le goût et le pouvoir de se rendre utile. La grande préoccupation est d'éviter d'être à la charge de quelqu'un. La troisième phase s'amorce avec l'incapacité physique de subvenir à ses propres besoins. C'est l'entrée dans la dépendance. Pour plusieurs, il ne reste plus guère autre chose que d'attendre la mort, mystérieux et ultime passage qu'ils se préparent à affronter avec sérénité malgré le poids inévitable d'angoisse qui l'accompagne.

Les défis à relever, les tâches à entreprendre

L'affirmation peut sembler étrange, mais il y a des tâches à entreprendre et des défis à relever jusqu'à la fin. Le grand défi de l'âge de la retraite et de la vieillesse, c'est la capacité d'intégrer la totalité de sa propre histoire : celle de son passé, avec ses réussites et ses échecs, le vécu actuel, avec ses joies et ses peines, et, dans l'ouverture sur l'au-delà, la mort qui borde l'horizon. C'est la conscience d'avoir, en fin de compte, réalisé sa vie sans fausse fierté comme sans découragement ou désespoir.

Le combat de la sérénité

On le comprend bien, cette attitude qu'Erikson (1968, 139-140) appelle l'«intégrité» ne va pas de soi. Quel vieillard ne traverse pas des périodes d'angoisse et n'éprouve pas à certaines heures le sentiment de l'abandon et de la solitude ? La capacité d'intégration de la totalité de son existence constitue l'enjeu d'un combat qui ne se terminera qu'avec la mort. De fait, la tentation du désespoir est une menace qui n'évacue jamais complètement le terrain, surtout après la mort du conjoint, alors que l'expérience de la solitude croissante qui s'ajoute à l'approche de sa propre mort apparaît comme un défi tellement au-dessus des forces humaines. Malgré cette réalité, il semble bien que l'immense majorité des vieillards acceptent avec sérénité l'inéluctable.

La mort avec dignité

La vieillesse active ne dure pas toujours. À mesure que le vieillard voit s'accentuer sa situation de dépendance et la proximité de la mort, il est renvoyé à son propre mystère. Seul le recours à ses ressources intérieures profondes lui permet de préparer son voyage vers l'au-delà, ou la rencontre avec Dieu, s'il est croyant. L'entourage doit le supporter en ce sens.

Le psychanalyste américain Theodore Lidz (1980, 37) soutient que c'est une erreur d'empêcher une personne de savoir qu'elle va mourir. Il s'agit d'un droit étroitement relié à la dignité humaine. De plus, la façon dont une personne meurt et la façon dont les autres l'accompagnent a un impact important pour ceux et celles qui suivent, car c'est ainsi que, génération après génération, se transmet une expérience limite. Au terme, la question à laquelle aucune science humaine ne peut prétendre apporter une réponse totale demeure posée : est-il possible d'attendre la mort sans perdre l'estime de soi ? Comment mourir avec dignité ? Telle est la tâche ultime à laquelle l'être humain est confronté.

RÉSUMÉ

La vie humaine est un peu comme un long voyage. Elle est jalonnée d'étapes, chacune comportant ses enjeux propres et posant ses défis particuliers. Que d'expériences accumulées et de richesses acquises depuis la petite enfance jusqu'au troisième âge ! Que de déceptions aussi et d'échecs qui forcent à tout relativiser ! Bref, entre les certitudes du jeune adulte et les interrogations du vieillard, que de chemin parcouru !

L'étude du cycle de la vie adulte avec ses étapes et ses tâches éclaire certes la trajectoire commune, mais elle ne peut en rendre totalement compte. Il restera toujours des événements imprévus. La réaction inédite qu'ils déclenchent échappe à l'analyse et à la généralisation. Mais surtout, il importe de respecter ce vaste espace constitué par le mystère de chacun qui en fait un être unique.

Si les saisons de la vie concernent essentiellement l'individu qui en fait l'expérience, force est de reconnaître par ailleurs qu'il les traverse rarement seul. Former un couple, fonder une famille est la route normale. D'où l'intérêt que représente l'étude du cycle de la vie du couple et de la famille et de son rapport avec les stades du développement de l'individu. Tel est l'objet du prochain chapitre.

Chapitre 3

Le cycle de la vie du couple et de la famille

Tomber amoureux est une chose, apprendre à s'aimer de façon durable en est une autre !

De la lune de miel aux connivences affectueuses du vieux couple au lendemain du départ des enfants et du face à face retrouvé, que de chemin parcouru...

Claude Michaud

À partir du moment où une femme et un homme se sont choisis et décident de faire vie commune, une nouvelle unité sociale est formée. En principe, une famille naît, qui va se développer et se transformer en franchissant une série d'étapes prévisibles. On peut dans cette perspective parler des saisons de la vie du couple et de la famille un peu comme on parle des saisons de la vie de l'individu.

Parler des saisons de la vie du couple et de la famille, c'est évoquer l'expérience de tous ces couples qui, après avoir célébré les joies de la fusion amoureuse, ont découvert progressivement la différence profonde qui existe entre les êtres, le besoin de réinventer l'amour en même temps qu'ils apprenaient à définir leurs rôles et à partager les tâches de la vie à deux.

Parler d'étapes, c'est évoquer les souvenirs de l'arrivée d'un premier enfant, d'un deuxième, d'un troisième... des joies, des peines, de «la liberté perdue»; c'est laisser remonter à la mémoire la sensation d'indifférence affective, de froideur amoureuse qui subrepticement, à un certain moment, menace de s'établir dans le couple ; c'est se rappeler le vague malaise lié à l'interrogation : est-ce vraiment cela que j'ai voulu faire de ma vie ? C'est ressentir la fierté de voir ses enfants grandir tout en éprouvant un certain vide intérieur et la peur de se retrouver seul. Au lendemain de leur départ, c'est, pour la femme, faire l'expérience de l'autonomie retrouvée, et, pour l'homme, faire l'expérience de la tendresse qui s'éveille ; c'est pour les deux la possibilité d'une nouvelle conjugaison amoureuse. Telle est la trajectoire parcourue par la plupart des couples.

L'observation systématique de cette aventure humaine a permis d'en dégager les tournants majeurs et de faire apparaître les défis propres à chacun.

Nous avons noté au chapitre précédent que l'étude des stades de la vie adulte nous met devant une réalité qui, pour être prévisible, n'en demeure pas moins fort mouvante. Il faut donc une bonne dose d'audace pour aller plus loin et aborder l'étude des saisons de la vie du couple et de la famille dont la réalité est encore plus complexe. Pourtant, l'entreprise en vaut la peine.

Le concept de cycle de la vie familiale

Ce n'est pas d'aujourd'hui que l'on se réfère aux étapes de la vie de la famille, ne serait-ce que pour démarquer la période qui précède l'arrivée des enfants de celle qui la suit. En Angleterre, au tournant du siècle, une étude sur la pauvreté distinguait trois grandes phases de vécu familial : état de pauvreté durant la période d'éducation des enfants, situation économique relativement bonne au moment où les fils gagnent un salaire et retour à la pauvreté dans la vieillesse.

Dans les années trente, aux États-Unis, les sociologues commenceront à parler du cycle familial pour étudier divers aspects de la vie des couples et des familles. Progressivement, une grille d'analyse va se préciser. Quelques chercheurs, dont Evelyn Duvall (1957) et Reuben Hill (1964), reconnus comme les pionniers dans le domaine lors de la première Conférence de la Maison-Blanche sur la famille en 1946, vont alors rendre publique une étude dans laquelle le cycle familial était présenté en quatre stades :

1. Les premières années du mariage ;

2. Les années occupées avec les jeunes enfants ;

3. La période cruciale de la famille avec des adolescents ;

4. Les dernières années après le départ des enfants (Gutheim, 1948).

Quelques années plus tard, en s'appuyant sur les statistiques établies par le démographe Paul Glick (1955), Duvall (1957) concluait à l'existence de sept stades du cycle familial tout en précisant le temps moyen passé dans chacun. Ces stades étaient d'autant plus nettement différenciés qu'elle avait réussi à identifier les tâches propres à chacun, ou la préoccupation principale des conjoints en tant que couple et en tant que parent par rapport à chacun. Depuis quelques années, les auteurs parlent tantôt de cinq, tantôt de sept stades, selon les aspects spécifiques que l'on veut observer (Aldous, 1990).

Les nouveaux modèles de famille

Les bouleversements que connaissent le couple et la famille depuis quelques années ont forcé les chercheurs à élargir le champ de leur analyse afin de tenir compte de la diversité des situations nouvelles : celle des familles monoparentales, celle des familles reconstituées, à la suite d'un second mariage ou d'une union de fait, à quoi s'ajoute présentement celle des unions précaires.

Si l'on se fie aux résultats de la recherche en cours en ce qui a trait aux familles monoparentales, il semble bien que la différence dans la référence au cycle conjugal tient moins aux phases parcourues qu'au nombre, au moment et à la durée des étapes ou des passages dont elles font l'expérience. Selon Hill (1986, 28), la grande différence est liée à l'absence à un

51

moment donné (celui de la rupture) du second parent, susceptible d'assumer sa part des tâches familiales et son rôle de
modèle masculin ou féminin, et d'être un compagnon ou une
compagne de route pour le conjoint seul. Parler de cycle dans
cette conjoncture renvoie donc essentiellement au rapport
parent-enfant. Pour ce qui est des couples et familles recons-
titués, plusieurs indices permettent d'affirmer qu'elles ont les
mêmes défis à relever et passent essentiellement par les mêmes
étapes que les familles de première union. Les particularités
principales tiennent à l'adaptation des enfants issus des deux
familles d'origine, lorsqu'il y en a.

Mais là où le concept de cycle de la vie du couple et de la
famille est peut-être davantage remis en question, c'est lorsqu'il est confronté, selon l'expression du sociologue français
Jean-Claude Kaufmann (1995, 63), à la «légèreté conjugale».
En effet, il devient de plus en plus difficile à notre époque de
répondre aux questions «quand commence le couple» et «à
quel moment se terminera-t-il»? Les passages d'une étape à
l'autre sont devenues floues.

Jusqu'au tournant des années 1970, le couple commençait
avec le mariage. Aujourd'hui, l'entrée en couple est devenue
progressive et on ne sait plus trop s'il durera, non seulement
en raison des situations ambiguës dans lesquelles il se
retrouve (visiteur occasionnel, invité permanent partageant le
logis de l'autre, partenaire impliqué dans l'organisation
domestique), mais surtout en raison de l'intention qui habite
chacun des individus. S'agit-il d'un engagement pour la vie?
Cette volonté de durée est-elle voulue par les deux ou par un
seul? S'agit-il d'un essai ou plus simplement de rencontres
sexuelles sans plus? Parler de légèreté conjugale renvoie aussi
à la fragilité du sentiment amoureux comme base du projet de
vie commune. L'échec douloureux de ce sentiment, entraînant
la mort de l'union, est intime et de l'ordre du privé. Résultat :
la mort de l'un des conjoints en tant qu'étape décisive marquant
la fin de l'union occupe de moins en moins d'espace dans les
registres civils ou religieux servant à en consigner les causes.

Dans cette perspective, on comprend qu'il faille aborder avec un regard plus critique le concept de cycle de la vie du couple et de la famille, ce qui nous force à le relativiser. Les bases mêmes sur lesquelles cette structure de référence est construite sont ébranlées. Toutefois, l'absence d'indicateurs clairs, comme autrefois le mariage pour marquer le début de l'union et la mort pour en signaler la fin, ne peut faire perdre de vue la réalité profonde qu'à un certain moment, une femme et un homme se choisissent et décident de s'unir dans un projet promis à la durée. On sait aussi que cette durée est le fait de la première union de deux couples sur trois, ce qui ouvre la trajectoire à la série des étapes normales qui scandent la vie conjugale. Autrement dit, la fluidité des seuils d'entrée et de sortie dans la vie conjugale n'entraîne pas le rejet d'une structure d'analyse qui demeure significative à plusieurs égards, ne serait-ce, à la limite, que pour mesurer l'écart entre la famille d'hier et celle d'aujourd'hui. À défaut du mariage, il semble bien que l'organisation de la vie domestique à deux (achat d'instruments ménagers en commun) soit l'indicateur le plus net du commencement d'une union promise à une certaine durée, suivie de la naissance d'un enfant. Malgré cette fluidité, on estime que 50 % des Canadiens et Canadiennes continuent à passer par les étapes typiques de la vie conjugale. (Statistique Canada 1995, Cat. 91-543, p. 156).

Les variations dans le cycle familial

Ajoutons que les variations dans le cycle conjugal tiennent aussi à l'inédit de chaque famille. En effet, chacune est unique, de même qu'est unique sa façon de parcourir le cycle familial. Telle famille n'a pas d'enfant ; dans celle-ci, un des grands adolescents n'arrive pas à quitter le foyer, réduisant du même coup la durée du stade suivant, celui des parents seuls au seuil de la retraite ; certains couples se marient beaucoup plus tard que l'âge moyen ; ailleurs, la mort d'un parent peut mettre fin prématurément au cycle. Il n'est donc pas question de modèle unique.

Les phases du cycle de la vie du couple et de la famille n'ont pas de valeur normative. Elles rendent simplement compte des étapes, avec leurs tâches propres, que traversent la moyenne des familles dans leur séquence, leur apparition et leur durée.

Il convient d'ajouter toutefois que si les étapes du cycle familial ne sont pas normatives, elles ne sont pas moins fort suggestives : il y a en effet un temps pour fonder un foyer, un temps pour avoir des enfants, un temps pour les voir quitter la maison et se marier à leur tour, etc. Qui sait si les générations à venir ne puiseront pas dans cette structure des fonctionnements humains une certaine sagesse qui leur permettra de bâtir un projet susceptible de mieux répondre à leur attente profonde de bonheur? Les recherches ont aussi permis de conclure que le cycle de la vie du couple et de la famille est universel (Hill, 1986, 20). Mais, répétons-le, le repère qu'il constitue est sérieusement affecté par les bouleversements que connaît la vie conjugale en cette fin de siècle.

Se développer seul ou avancer à deux

Cycle de vie et cycle conjugal ne sont pas deux phénomènes indépendants, le second s'inscrivant dans le premier. Si chacun possède sa structure propre, les deux sont toutefois caractérisés par la définition progressive de normes et de rôles. On peut dire que le cycle de la vie de couple c'est, d'une certaine façon, le cycle de la vie adulte multiplié par deux mais avec quelque chose en plus : les transitions normales de la vie de chacun des conjoints viennent s'imbriquer à l'intérieur des tournants majeurs de leur vie et parfois les provoquer. Or, il n'est pas certain que le processus de maturation dans lequel chaque individu est engagé soit rendu plus facile à deux. Le moins que l'on puisse dire, c'est que la forte augmentation des divorces au cours des dernières années force à s'interroger.

Que le phénomène des ruptures coïncide avec une forte poussée de l'individualisme, «chaque individu doit se réaliser et a droit à l'épanouissement », ne fait que rendre plus subtil le rapport entre les étapes de la vie de l'individu et les étapes de la vie du couple. Ce courant a d'ailleurs donné le coup de grâce aux tenants de l'amour fusionnel mis de l'avant par certains mouvements au cours des années soixante-dix. On le sait, en effet, l'intimité véritable entre les êtres suppose une forte dose d'autonomie.

Dans cette perspective, on comprend la question d'un nombre de plus en plus grand d'individus : la relation conjugale a-t-elle la flexibilité suffisante pour permettre l'évolution normale des partenaires ? Est-il possible de franchir les étapes de la croissance de façon autonome et ensemble à la fois ? Bref, est-il possible d'avancer sur la route du développement en tant qu'individus à part entière et en tant que couple rêvant du bonheur à deux ?

La dynamique de l'amour

La stabilité du couple et de la famille au cours des grandes étapes de la vie tient pour une large part à la lucidité des choix et à la capacité d'engagement des deux adultes qui forment le couple, chacun avançant à sa façon et à son rythme propre sur une trajectoire de vie éminemment personnelle. Ceci met en relief un phénomène bien de notre époque, à savoir que la permanence a peu à voir avec la pression sociale et encore moins avec la force du contrat matrimonial. La décision réfléchie et l'engagement personnel des conjoints sont non seulement antérieurs à l'institution mais continuent de primer sur elle. L'individu occupe maintenant beaucoup de place. Trop, diront certains. La question dorénavant cruciale est de savoir qui, sur le plan des législations sociales, a priorité : l'individu ou l'institution. Un nouvel équilibre est à trouver entre le poids excessif exercé hier par l'institution et l'affirmation exagérée des droits de l'individu aujourd'hui.

Le second élément qui préside et sous-tend à la fois la vie du couple et de la famille c'est l'amour, en tant que réalité évolutive et dynamique. C'est sous cet angle que l'étude du cycle de la vie familiale revêt son intérêt principal. Il s'agit de l'amour en tant que pratique d'un pouvoir humain, exercé librement.

Considéré dans sa dimension évolutive, il consiste dans la capacité de créer des liens par le biais des plaisirs comme des tâches de l'existence assumées ensemble, dans le partage des espoirs et des peines au long des années. C'est ainsi qu'il devient une force décisive dans le développement de chacune des personnes. Les saisons de la vie du couple et de la famille ne sont finalement que le reflet des multiples expressions de l'amour tel qu'il est appelé à se déployer au long de la vie.

Les étapes de la vie du couple : chance et risque

Passer de la lune de miel à la décision d'avoir un enfant n'est pas une affaire banale. Aider ses enfants à prendre leur vie en main pour ensuite se retrouver seuls au foyer est une étape qui ne va pas de soi non plus. Il apparaît à l'évidence qu'il faille une personnalité bien structurée pour que s'opère la longue et difficile transition de l'amour idéalisé du départ à la maturité de l'amour.

Autrement dit, franchir les étapes de la vie du couple et de la famille est à la fois une chance et un risque. L'expérience à cet égard ne manque pas de nous le rappeler.

Certaines transitions peuvent, plus que d'autres, devenir des pierres d'achoppement. Les statistiques nous apprennent que le taux de divorces culmine à deux moments, après quatre ans de mariage et plus tard, entre quinze et vingt ans (Statistique Canada, 1987, 209). Il y avait une étape à franchir, la crise a été intense, le couple a échoué. Pourquoi ? Le risque n'était-il pas prévisible ? À quelles conditions le couple aurait-il été capable de traverser l'épreuve, de relever le défi ? On peut formuler l'hypothèse que si ces questions étaient posées au bon moment, plusieurs ruptures douloureuses seraient évitées.

Par contre, les étapes qui jalonnent la vie des couples constituent la route normale du développement. À côté de certaines transitions qui se font presque imperceptiblement, il en est d'autres qui ne vont pas sans remises en question sérieuses, et sans provocations au dépassement. Ce sont ces passages qui permettent aux couples de progresser dans le sens d'un approfondissement de leur amour et d'une affirmation de leur autonomie propre. De fait, de tous les premiers mariages célébrés au Canada, les deux tiers durent. Sans doute, on ne saurait conclure au bonheur parfait. De nombreux sondages révèlent cependant un degré de satisfaction conjugale qui indique, selon l'expression populaire, que le meilleur l'a emporté sur le pire.

Pourquoi ces couples continuent-ils à avancer? Comment sont-ils arrivés à franchir les étapes incontournables du développement et à faire de cette expérience difficile de la vie à deux une route de croissance? Où ont-ils puisé leur force? Il n'existe pas de réponse toute faite à ces questions. Toutefois, l'étude du cycle de la vie familiale, en permettant d'accéder à une meilleure compréhension de cette trajectoire inédite du développement, ouvre des pistes intéressantes. Avant de l'aborder d'une façon systématique, il est important de rappeler un concept clé qui lui est étroitement associé, celui des tâches du développement.

Le concept de tâches du développement

Le concept de tâches du développement de l'individu dont nous avons parlé au chapitre précédent (Havigurst, 1948; 1972) a été appliqué assez rapidement au couple et à la famille (Rodgers, 1973; Duvall, 1977; et Aldous, 1978). En quoi consistent-elles? Les tâches du développement de la famille sont constituées par l'ensemble des devoirs qu'elle doit assumer en vue de satisfaire aux besoins de ses membres et aux exigences de la société. Ces tâches ont trait au logement, à la santé, à la division des rôles, à la vie sexuelle, à la communication, aux

57

relations extérieures, à la vie sociale, à la philosophie de la vie, à l'expérience religieuse et au domaine des valeurs. Il s'agit de l'ensemble des fonctions de la famille. Lorsqu'elles sont assumées avec succès, la famille se développe. Lorsque la famille n'arrive pas à mobiliser suffisamment d'énergies pour répondre adéquatement à l'ensemble de ces exigences, elle se désagrège. À l'occasion, la société vient prêter main forte au couple et à la famille, trop secouée pour pouvoir traverser la crise, par le biais du *counselling* et de l'assistance sociale.

Dans l'étude des transitions prévues et normales de la vie du couple et de la famille, il a été possible de mettre en relief celles qui constituent des tournants importants et parfois des crises en raison des exigences d'adaptation particulières qu'elles entraînent. Selon Rapoport (1963), les quatre transitions suivantes seraient les plus décisives : le mariage (on dirait maintenant la décision de faire vie commune) ; la décision d'avoir un premier enfant et sa naissance ; la maison qui se vide avec le départ des enfants ; enfin, la retraite.

La présentation du cycle de la vie de la famille en cinq stades majeurs

Les pionniers de la recherche sur l'évolution et le développement de la famille ont distingué sept grands stades. D'autres auteurs en proposent cinq. Il nous est apparu avantageux aux fins poursuivies dans ce travail d'utiliser cette dernière typologie :

1. La formation du couple : le mariage, la vie à deux ;

2. La famille avec des enfants : naissance du premier enfant, soin des tout-petits, enfants à l'école (des auteurs distinguent ici deux stades) ;

3. La famille avec des enfants à l'âge de l'adolescence (13-22 ans) ;

4. Le foyer qui se vide : le départ des enfants (22 ans et plus), les parents qui se retrouvent seuls (des auteurs distinguent ici deux stades) ;

5. Le couple à l'heure de la retraite.

Que se passe-t-il à chacun de ces stades et comment les définir? Comment s'opère la transition de l'un à l'autre? Quelles sont les tâches et les défis propres à chacun de ces moments de la vie d'un couple et d'une famille? Comment les stades de la vie de l'individu viennent-ils s'articuler à ceux du couple? Telles sont les questions qui seront maintenant abordées en traitant ces étapes selon leur séquence. Le tableau présenté aux pages suivantes en fournit un premier aperçu.

LES SAISONS DE LA VIE DU COUPLE ET DE LA FAMILLE

Étapes	*Les tâches à entreprendre*

1. La formation du couple
– Le mariage
– La vie à deux
 	
Durée : 2-3 ans
Âge moyen : 21-26 ans
	Le défi majeur : Investir à fond dans la relation de couple.
	1. Apprendre à vivre à deux :
	  – Définition des rôles et partage des tâches ;
	  – Réponse aux besoins de chacun (social, affectif, intellectuel, spirituel, sexuel, économique).
	2. Développer l'intimité vs la fusion :
	  – Importance première du conjoint ;
	  – Accepter la différence ;
	  – Réajuster la relation :
	    • avec famille d'origine ;
	    • l'ensemble des amis.

2. Famille avec des enfants – Naissance du premier – Soin des tout-petits – Enfants à l'école *Durée :* 12-15 ans *Âge moyen :* 23-40 ans	**Le défi majeur :** Devenir parents... mais demeurer couple. 1. Se réajuster sur tous les plans : physique, affectif, sexuel, social, économique. 2. Approfondir sa relation de couple. 3. Préparer un espace physique et psychologique à l'enfant. 4. Connaître les lois du développement de l'enfant. 5. Redéfinir les rôles et la division du travail. 6. Construire un équilibre entre le domestique et le public.

2. *(suite)*

7. Réaligner les relations avec la grande famille : grands-parents, oncles, tantes.
8. Établir des rapports de collaboration avec jardin d'enfants et école.

3. La famille avec des adolescents

Durée : 7-10 ans
Âge moyen : 35-50 ans

Le défi majeur : Accepter de modifier son rôle – chacun des membres de la famille.

1. Accompagner l'enfant sur la route de l'autonomie :

   – Entente entre les parents ;
   – Flexibilité et évaluation de ses normes et valeurs ;
   – Établir des relations de personne à personne exemptes de transferts et de stéréotypes ;
   – Attitude d'empathie avec le jeune ;
   – Partage des tâches et responsabilités familiales.

2. Se recentrer sur ses besoins en tant que couple.

3. Redéfinir son mariage, du rêve à la réalité :

   – Compréhension nouvelle de la fidélité ;
   – Époux : développer la tendresse et résister aux tendances narcissistes... redevenir adolescent ;
   – Épouse : développer un accueil positif et résister aux tendances à la peur... et à l'agressivité.

3. *(suite)*

4. Réajustement de carrière – femme.

5. Tourner son attention vers ses propres parents qui avancent en âge.

---

4. Le foyer qui se vide
– Le départ des enfants (19 et plus)
– Les parents seuls

Durée : 10-12 ans
Âge moyen : 45-60

Le défi majeur : stabiliser la relation de couple et s'ouvrir à l'évolution.

1. Développer un nouvel équilibre dans le couple :
   – Réapprendre à vivre à deux et y investir sur tous les plans : affectif, sexuel, activités communes, rôles, estime de soi, etc. ;
   – Transition cruciale pour la mère ;
   – Réévaluer ses besoins, buts, priorités et réorienter son mariage en fonction de ces priorités ;

2. Établir les relations adultes avec les enfants :
   – Ne pas les retenir... intégrer les départs ;
   – Les aider à quitter.

3. S'ouvrir à de nouvelles relations gratifiantes : les conjoints de ses enfants... les petits-enfants.

4. Accepter les réalités de la vie : conjoint malade, mort de ses vieux parents.

---

5. Le couple à l'heure de la retraite

Durée : 15 ans et plus
Âge moyen : 60 ans et plus

Le défi majeur : Intégrer la réduction de son fonctionnement physique, économique, social...

1. Développer un nouveau style de vie :

   – Activités et intérêts communs – social, intellectuel, spirituel, loisirs, etc. ;

   – Redistribution des tâches et responsabilités ;

   – Restructuration du cercle d'amis.

2. Confirmer l'image de soi de son conjoint : « intégrité » vs découragement.

3. Accueillir la totalité de son vécu comme couple, comme famille dans la trajectoire des générations.

4. Partager son expérience de vie avec les générations montantes... créativité.

5. Saisir l'importance de la relation grands-parents/petits-enfants.

6. Resserrer les liens avec ses sœurs et frères.

7. Faire face à la mort : la sienne, celle de l'autre, des sœurs et frères, des amis :

   – Maladie, dépendance, centre d'hébergement ;

   – Mort, expérience du deuil ;

   – Veuvage, remariage ;

   – Rapport entre les générations.

RÉSUMÉ

Il faut une certaine audace pour parler des saisons de la vie du couple et de la famille, compte tenu de la complexité que cette expérience recouvre. C'est donc avec réserve que l'on se référera à ce schème de pensée. Pourtant, l'observation systématique du vécu du couple et de la famille permet de conclure à l'existence d'une série d'étapes que chacun et chacune, à leur façon, ont à franchir tôt ou tard. Cette analyse constitue un point de repère non négligeable dont les couples peuvent profiter. Enfin, la capacité d'assumer les tâches du développement liées à chacune des étapes constitue la mesure de l'évolution positive de tous les membres de la famille, de la même façon que la croissance d'un individu est mesurée à sa capacité de relever les défis normaux propres à chacun des grands tournants de la vie. (*Voir tableau p. 60*)

LES RISQUES DE LA VIE À DEUX

Si, au jour du mariage, les promesses du bonheur rêvé semblent se profiler sur un horizon sans nuages, malheureusement, la réalité vient trop souvent le démentir. Pour bien des couples, en effet, la lune de miel débouche sur un sentier parsemé d'embûches où viennent se briser les espoirs déçus avant d'aboutir dans la désunion et le divorce. Cette partie comporte deux chapitres. Le premier offre une analyse du phénomène complexe qu'est le divorce, de ses causes et de ses conséquences (chapitre 4). Le second propose une typologie des étapes prévisibles qui scandent la désintégration du couple (chapitre 5).

Chapitre 4

Le divorce : l'envers de l'amour

Le mariage comme un arrangement entre deux personnes au profit d'une seule est inacceptable.

Natalie Rogers

Quand un homme et une femme partagent la volonté et le courage de s'engager à long terme [...] rêvant d'amour et de stabilité,s presque rien dans les valeurs collectives ne vient le supporter.

Maurice Gilbert-Champagne

*L*e divorce n'est pas plus instantané que la formation du couple. Il est le point d'arrivée du long processus de désintégration d'une relation intime. Il marque l'effondrement d'un amour suffisamment fort pour avoir lié le projet de vie de deux personnes. Bien qu'il soit question, dans les pages suivantes, du divorce avec ce qu'il implique sur le plan juridique, l'analyse du vécu s'applique vraisemblablement aussi bien aux couples qui se brisent après avoir été conjoints de fait.

Plusieurs étapes avaient préparé la formation de ce projet de vie à deux et en avaient scandé le déroulement : l'expérience du fort attrait réciproque, la volonté partagée de s'unir pour la vie, le rituel du mariage, la lune de miel, l'arrivée des enfants, etc. Un processus inverse prépare le divorce. Les ex-partenaires reconnaissent que la rupture a été un exercice troublant marqué par des années de distanciation graduelle sur tous les plans : affectif, intellectuel, spirituel, sexuel et social.

Nous proposons dans ce chapitre une brève analyse des causes du divorce en même temps qu'un tour d'horizon des descriptions qu'en fournit la recherche actuelle. Nous terminerons avec une réflexion sur ses conséquences. Rappelons d'abord la législation canadienne sur le divorce et les données de la statistique.

La loi canadienne sur le divorce, qui avait subi une première refonte en profondeur en 1968, a été l'objet d'une modification importante en 1985 avec l'introduction du concept du divorce sans coupable. Il existe présentement trois avenues pour obtenir le divorce :

1. Le divorce par consentement mutuel ou sans faute : il peut être prononcé à la requête des deux conjoints ou à la demande d'un seul et accepté par l'autre ;

2. Le divorce avec coupable ou pour fautes : adultère et cruauté physique ou mentale sont les principaux motifs évoqués ;

3. Le divorce par rupture de la vie commune : après une année de séparation physique, le divorce est accordé sur demande.

L'évolution de la loi sur le divorce au Canada a suivi sensiblement la même trajectoire que dans la plupart des pays industrialisés. Une étude récente est parvenue à la conclusion que même si on relève des différences assez importantes dans la législation d'un pays à l'autre, on retrouve les mêmes courants : il est de plus en plus facile d'obtenir un divorce ; le support au conjoint tend à disparaître ; par contre, l'importance de payer une pension alimentaire pour les enfants est affirmée ; enfin, la garde partagée est encouragée (Fine & Fine 1994).

Après avoir enregistré une très forte augmention du taux de divorce au Canada à la suite des changements majeurs affectant la loi du divorce en 1968, on a pu observer un ralentissement à partir de 1981 et jusqu'en 1985, alors que le nombre de divorces diminuait de 67 671 à 61 980. Mais en 1986, au lendemain de l'adoption de la seconde refonte de la loi, le taux de divorce est de nouveau monté en flèche, inversant la tendance à la baisse qu'il avait connue au cours des années précédentes. De 61 980 divorces enregistrés en 1985, on passait en 1986 à 78 160 divorces sur un total de 5 394 390 couples mariés. Cette courbe va toutefois s'atténuer jusqu'en 1990, alors que 77 020 divorces sont enregistrés, avant de s'inverser à nouveau dans une courbe descendante qui se poursuit encore. C'est ainsi qu'en 1993, dernière année pour laquelle on dispose de données, on compte 78 226 divorces alors qu'on en dénombrait 79 034 l'année précédente (Statistique Canada, 1995, Cat. 84-213).

Au même moment, on relevait une augmentation de 37 % des couples vivant en union libre à travers le pays, ce qui explique en partie la réduction du taux de divorce. Selon les estimés, environ 60 % de ces unions vont se briser mais ces ruptures ne sont pas comptabilisées comme des divorces. Ajoutons enfin que la réduction du nombre de divorces que l'on observe présentement ne veut pas dire que les couples mariés sont plus stables. Alors qu'en 1991, sur 1 000 nouveaux mariages, on enregistrait 447 divorces, le chiffre montait à 491 en 1993. Bref, s'il y a moins de divorces en chiffres absolus, c'est qu'il y a moins de mariages au départ. On observe les mêmes tendances dans la plupart des pays industrialisés. Chez nos voisins du Sud, par ailleurs, les choses ne changent pas. En 1981, on comptait 500 divorces pour 1 000 nouveaux mariages ; on enregistre le même nombre en 1991, dix ans plus tard (National Center for Health Statistics, 1995).

On s'aperçoit que la durée moyenne des mariages pour les personnes qui divorcent a peu changé depuis dix ans. Elle était de 12,2 années en 1983. Elle est de 12,3 en 1993. En chiffres absolus, sur les 78 226 divorces enregistrés en 1993, on en compte 16 437 qui se sont produits entre un et quatre ans de mariage, et 19 807 qui sont survenus entre cinq et neuf ans de mariage. Par contre, l'âge au moment du divorce est un peu plus élevé. En 1983, les hommes qui divorçaient avaient en moyenne 37,8 ans et les femmes, 35,1. En 1993, les hommes ont 39,7 ans et les femmes, 37,0. Enfin, c'est toujours dans la même catégorie d'âge au mariage qu'on récolte le plus haut taux de divorce. Autrement dit, ce sont parmi les couples qui se sont mariés entre vingt et vingt-quatre ans qu'on retrouve le plus grand nombre de ruptures au cours des années qui suivent. On enregistre le même phénomène aux États-Unis (South, 1995). Ce tableau est toutefois appelé à changer avec le recul du mariage à un âge plus avancé. Ce qui ne veut pas dire qu'il y aura moins de ruptures parmi les jeunes de cet âge qui cohabitent sans se marier. On n'a simplement pas les moyens de les comptabiliser.

I – LES CAUSES DU DIVORCE

Même s'il est vécu comme un drame personnel, le divorce est d'abord le résultat d'un changement de société et de civilisation. Selon le sociologue Benoît Bégin (1994), «les valeurs de la société technologique affectent, jusque dans la plus grande intimité, les femmes et les hommes d'aujourd'hui». Rien dans les grands courants de la société moderne ne semble encourager l'amour conjugal, dont les grandes lois de durée et de fidélité sont battues en brèche par «le chacun pour soi» et l'éphémère. Dans cette perspective, on comprend les interrogations du magazine Anglais *The Economist,* qui se demandait dans un numéro récent «si le temps ne serait pas venu pour les gouvernements de rendre le divorce de plus en plus difficile, plutôt que le contraire».

L'étude des causes du divorce ne permet pas d'établir une relation de cause à effet susceptible d'être généralisée, faute de cadre théorique satisfaisant à ce stade de la recherche. On décrit plus que l'on explique. La recherche se poursuit dans trois directions : l'étude des facteurs associés au divorce, l'étude comparative entre les mariages qui fonctionnent et ceux qui se brisent; enfin, l'étude cherchant à identifier les causes spécifiques du divorce (White, 1990).

Les principaux facteurs associés au divorce

Plus l'écart de la position sociale et du revenu est important entre les deux conjoints, plus le risque de divorce est grand. Les autres facteurs qui, en Amérique, semblent avoir une incidence significative sur le divorce sont le mariage précoce, l'absence d'enfant, l'expérience par l'un ou l'autre des sujets d'un premier divorce, et enfin, le fait d'avoir des parents divorcés (Booth, A. *et al.*, 1986). Ailleurs, d'après une étude récente faite auprès de soixante-six pays, les facteurs les plus étroitement associés à l'augmentation du taux de divorce seraient le développement socio-économique, la participation des femmes au travail et le débalancement de la proportion des sexes (Trent et South, 1989).

Études comparatives : mariages réussis et mariages brisés

Dans une étude visant à isoler les indicateurs de la durée du mariage par rapport à ceux qui laissent présager la rupture, deux chercheurs ont découvert que la raison qui revient le plus souvent chez les couples stables est la suivante : «Je suis impliqué dans une relation intime avec une personne que j'aime». Autrement dit, la perception de la nature de la relation est déterminante pour l'avenir du mariage. Le second indicateur est la conviction profonde que le mariage est un engagement permanent. Enfin, la présence des enfants est le troisième facteur qui contribue à la durée du couple. À l'inverse, l'absence de ces facteurs est associée au divorce ou à la séparation éventuelle (Lauer et Lauer, 1986).

Une autre étude, faite à partir d'une échelle visant à mesurer l'instabilité maritale, est arrivée à la conclusion que les individus sont plus aptes à divorcer dans les cas suivants : premièrement, s'ils ont des possibilités attrayantes, par exemple un autre partenaire en vue et l'indépendance financière ; deuxièmement, s'il y a moins de barrières à la rupture, telles des convictions religieuses qui s'y opposent, la propriété commune d'une maison, un avoir financier commun important et la présence d'enfants. À l'inverse, l'absence de choix et l'existence de barrières sont des facteurs de stabilité, sinon de bonheur (Booth *et al.*, 1985).

Identification des causes spécifiques

La majorité des recherches essaient d'expliquer le divorce en se basant sur les raisons sociales, juridiques, psychologiques et enfin, sur les motifs évoqués par les divorcés eux-mêmes. Nous reprenons ces causes dans le même ordre.

Causes d'ordre socio-économique et culturel

Le mouvement féministe, du fait qu'il recouvre la volonté d'indépendance économique de la femme et du changement de son statut marital et social, se situe au premier plan des explications socio-économiques et culturelles que l'on donne au divorce. Le mariage sera égalitaire ou il ne sera pas.

De nombreuses études en provenance de plusieurs pays convergent pour affirmer en effet qu'au fur et à mesure que les femmes accèdent à une plus grande autonomie financière et à un statut d'égalité avec les hommes, le taux de divorce est à la hausse (Hendrix & Pearson, 1995).

Le second élément d'ordre culturel est l'absence de support social offert au mariage et à la famille. «Quand un homme et une femme, écrit Maurice Gilbert-Champagne (1987), partagent la volonté et le courage de s'engager à long terme [...] rêvant d'amour et de stabilité, presque rien dans les valeurs collectives ne vient les supporter.»

La crise institutionnelle du mariage constitue une troisième réalité d'ordre socioculturel dont l'impact est profond sur les couples. Les traits qui hier étaient à la base du mariage, la survie du groupe et l'institution en tant que régulateur du comportement sont choses du passé. Depuis quelques décennies, on assiste à un déplacement radical des raisons du mariage : on se marie désormais parce qu'on s'aime et pour être heureux. Dans ce contexte, le rapport affectif est intense et de première importance ; avec lui, le soutien et la gratification occupent une place majeure. Malheureusement, ces points d'appui éminemment significatifs sont aussi des éléments fragiles (Roussel, 1989, 21).

Causes d'ordre juridique

Quant aux causes d'ordre juridique, la recherche est unanime : l'augmentation du nombre de divorces est en corrélation directe avec l'assouplissement des lois. Qu'on le veuille ou non, la loi exerce une fonction pédagogique importante en plus de constituer la norme sociale de ce que nous avons le droit de faire et, à l'inverse, de ce que nous n'avons pas le droit de faire. Plus ou moins instinctivement, une proportion importante d'individus en viennent à penser qu'est bien ce qui est légalement permis.

Dans une société où la législation et la promulgation des lois sont fondées presque exclusivement sur les sondages, on peut se demander si l'on réussira longtemps à conserver un équilibre minimal entre les valeurs fondamentales qui sont à la base de la construction d'une société humaine et les courants multiples et souvent contradictoires qui la traversent.

Causes d'ordre psychosocial et religieux

La crise des valeurs et de la morale ainsi que la chute de la pratique religieuse sont en corrélation directe avec l'augmentation du divorce. Le stress de la société moderne, avec ses effets sur la santé physique et mentale, est un second facteur d'ordre psychosocial qui a un impact négatif sur la durée du couple. Enfin, un autre phénomène particulièrement significatif de notre époque est l'immaturité affective d'une plus forte proportion de conjoints. Immaturité qui ne peut qu'exacerber les crises normales de la vie à deux et augmenter le nombre de ruptures (Anatrella, 1988).

Les motifs des personnes divorcées

Un dernier volet, qui est loin d'être négligeable, dans l'étude des causes du divorce est ce que disent les divorcés eux-mêmes. Nous empruntons à trois Américaines, Gary Kitson, Karen Babri et Mary Roach (1985), le compte rendu de l'analyse de neuf enquêtes faites pour la plupart au cours des années 1980 auprès de plusieurs centaines d'ex-partenaires. Les cinq motifs pour lesquels ces personnes se sont séparées ou les principaux problèmes évoqués sont les suivants :

1. Les problèmes d'ordre sexuel, depuis l'incompatibilité jusqu'à l'infidélité. Ce motif revient dans toutes les enquêtes, sauf une ;

2. Les problèmes de personnalité, depuis l'immaturité jusqu'aux attitudes et aux comportements jugés pathologiques. Ce motif, dont une des principales manifestations est l'alcoolisme, est le second en importance ;

3. Les problèmes d'ordre économique, qui recouvrent les situations de pauvreté et l'incapacité de supporter la famille, constituent le troisième motif. Il est plus fréquent chez les jeunes ;

4. Suivent les problèmes de communication qui ont trait à l'interaction dans le couple. Ils s'expriment de diverses façons, «manque de vie familiale», sentiment de n'être pas aimé, hyperactivité d'un des conjoints, etc. ;

5. Enfin, les problèmes liés au partage des rôles et les conflits touchant les responsabilités familiales arrivent en cinquième place. Ce problème a un impact négatif plus important chez les ex-conjoints jeunes.

De la légèreté du divorce

Pourquoi le divorce est-il devenu tellement populaire ?, se demande la sociologue canadienne Elisabeth Stewart (1995). Que se passe-t-il dans notre génération qui fait que le divorce apparaît comme la solution à n'importe quelle insatisfaction ou à l'impression du manque de réalisation de soi ? Voici, écrit-elle, les trois motifs mis de l'avant :

1. Il ou elle ne me rend pas heureux (heureuse) ;

2. Je ne ressens plus l'amour que nous avons éprouvé au départ ;

3. Il est temps de m'occuper de moi, de donner priorité à mes besoins, que je me concentre sur mon bonheur, que je décide vraiment de ce que je veux dans la vie !

Les causes de divorce sont complexes, peu importe qu'on l'observe dans la perspective du sociologue, du juriste ou du psychologue. Mais une chose paraît évidente. Les raisons du divorce évoquées par les uns et les autres, incluant les ex-partenaires eux-mêmes, renvoient aux grands enjeux et aux problèmes de la société industrielle avancée, dont la sensation de l'éphémère, celle de l'instabilité et du «jetable après usage». Ces caractéristiques de notre époque sous-tendent pour une large part l'éclatement des couples et de la famille. De façon paradoxale, ce sont précisément «les attentes individuelles d'autonomie et de bonheur dans le mariage qui le rendent si problématique» (Gove *et al.*, 1990, 20).

II – LE DIVORCE, UNE EXPÉRIENCE COMPLEXE : TYPOLOGIES DIVERSES

«Ne vous mariez pas si vous n'avez pas les moyens de divorcer!» écrit Albert Brie (1989) avec un humour féroce. Les couples qui se marient aujourd'hui sont confrontés aussi bien à la possibilité de l'échec que du succès de leur mariage. En même temps, un bon nombre de jeunes ont compris que l'amour, comme une fleur délicate, a besoin d'être cultivé. Ils savent aussi, par ce qu'ils ont entendu et vu, que le divorce n'est pas un événement subit, qu'il se produit au terme d'une expérience ambiguë et douloureuse, enfin qu'il se situe presque au sommet de la liste des expériences perçues comme les plus traumatisantes de la vie (Bloom et Hodges, 1988; Moody, 1990; Safransky, 1990). Non seulement le divorce implique-t-il la réorganisation de la vie mais surtout, il s'inscrit en rupture avec le rêve initial. En ce sens, il est toujours un échec. Par contre, les jeunes perçoivent avec raison qu'il y a des cas où le divorce est inévitable ou qu'il existe des situations impossibles à vivre sans mettre gravement en danger l'équilibre d'un des conjoints et des enfants.

Beaucoup de recherches ont été faites touchant les causes de la séparation et du divorce, mais peu d'études se sont employées à dégager ce qu'implique dans le temps, de façon graduelle, le processus de désintégration de la relation du couple sur tous les plans : affectif, physique, sexuel, économique, parental, social, etc. Toutefois, cinq ou six études se sont imposées, chacune mettant en lumière un aspect ou l'autre de la distanciation graduelle entre les conjoints, tout en essayant d'en dégager les tournants les plus décisifs (La Rossa et Wolf, 1985).

Certains auteurs parlent de crises séquentielles et d'étapes, d'autres parlent plutôt d'expériences, d'autres enfin d'états psychologiques ou de transitions développementales. Notons que ces études, faites surtout auprès de couples mariés, sont applicables aux unions de fait, puisque dans les deux cas, il s'agit de l'étude du parcours d'un couple qui, d'une relation intime promise à la durée, passe à la rupture. Nous présentons les conclusions majeures de ces recherches dans l'ordre de leur publication.

Les «crises» du divorce

Les sociologues américains Willard Waller et Reuben Hill (1951) ont été les premiers à se pencher sur le phénomène complexe du divorce et les crises qui le caractérisent. Dans une présentation devenue classique, ils ont d'abord mis en lumière trois conclusions qui reflètent bien l'observation générale, à savoir que :

— La croissance du couple demande beaucoup plus d'efforts que le glissement vers la banalité, sinon la rupture. «Il est beaucoup plus facile de flotter en descendant le courant que de nager en montant ! » écrivent les auteurs ;

— L'amour romantique ne peut durer plus longtemps que la lune de miel. Il doit être remplacé par un amour plus «mature», c'est-à-dire par des attitudes relationnelles plus profondes ;

— Enfin, l'aliénation et la frustration sont jusqu'à un certain point inhérentes à toute relation de couple. Lorsque les relations sont gratifiantes, c'est que le couple a été capable de négocier des accords de façon positive.

Les auteurs se sont par la suite attardés à décrire, en les situant dans un ordre prévisible, les crises qui se succèdent au fur et à mesure que l'aliénation s'installe et que les conjoints s'éloignent l'un de l'autre : l'appauvrissement puis la mort de la communication ; l'éloignement sur tous les plans, affectif, sexuel, spirituel, etc. ; la montée inévitable de l'agressivité ; le durcissement du malentendu profond qui se transforme en attitude de rejet de la part de l'un ou l'autre et parfois des deux ; enfin, la séparation.

Les «stations du divorce»

Un autre sociologue américain, Paul Bohannan (1970), a lancé l'expression les «stations du divorce» pour décrire les six aspects de la rupture qu'il implique : le divorce juridique, qui constitue l'élément formel de la rupture ; le divorce émotionnel, qui résulte de la perte d'un être cher ; le divorce économique, qui a trait à la division des biens et au partage des responsabilités financières ; le divorce coparental, qui renvoie aux arrangements touchant les enfants : garde, logement, soutien, visite, etc. ; le divorce avec la communauté, impliquant la redéfinition et la réorganisation des rapports avec sa famille, celle des beaux-parents, les amis, le milieu, etc. ; enfin, le divorce psychique, qui a trait à tous les problèmes psychologiques inhérents à l'expérience de rupture.

Bohannan conclut son «chemin de croix» en soulignant que la plupart de ces expériences sont mal vécues par les couples dans une société qui leur offre peu d'assistance.

Les transitions de la famille nucléaire à la famille binucléaire

La psychologue américaine Constance Ahrons (1983) décrit le phénomène de dissolution du mariage non pas tant comme une rupture, que comme une transition dans le développement de la personne. C'est à elle que nous devons le concept de famille binucléaire. Elle retrace, dans cette perspective, six transitions associées aussi bien au divorce qu'à la reconstitution de la famille dite binucléaire et du remariage. Les trois premières transitions ont trait à la prise de conscience par le conjoint insatisfait, ensuite par tous les membres de la famille, du mauvais mariage, suivi de la séparation physique ou la désintégration du système. Les trois transitions suivantes consistent dans l'établissement de deux nouveaux systèmes, la réorganisation physique et relationnelle des membres de l'ex-famille nucléaire suivi du remariage de l'un ou des deux ex-partenaires, qui entraîne une redéfinition de la famille maintenant formellement binucléaire. Ahrons s'attarde à l'idée d'un divorce «bien réussi» qui, selon elle, serait un bon pronostic de la capacité de construire un nouveau projet.

Les points tournants de la désunion

Une autre recherche menée par la sociologue américaine Diane Vaughan (1986) auprès d'une centaine de personnes divorcées, a plutôt voulu décrire comment se fait le passage d'une relation intime à la désunion. Elle a relevé onze points tournants, depuis le secret gardé au début par le conjoint insatisfait, les expressions ambiguës de malaise, la comparaison avec d'autres couples, l'éclatement de la tension jusqu'à la séparation en passant par l'ébruitement de la situation douloureuse, les tentatives de réconciliation et la considération d'un autre projet de vie. Vaughan conclut en parlant du «rituel de la désunion», qu'elle assimile aux formalités du divorce.

Le voyage intérieur face au divorce

Harvey et Judith Rosenstock (1988) se sont penchés, eux, sur l'expérience intérieure. À partir de l'observation clinique et de leur expérience personnelle, ils sont parvenus à la conclusion que le divorce comporte une série prévisible de quatre états d'âme : 1. La négation (*denial*), c'est-à-dire l'effort pour nier ce qui arrive — on veut continuer à croire au charme de l'amour ; 2. Ce sentiment est en général suivi de la colère — on en veut au partenaire qui a trompé son rêve et brisé son projet de bonheur ; 3. Vient ensuite la prise de décision qu'il faut se donner un autre projet ; 4. Enfin, la guérison ou le sentiment de la reprise en main de sa vie après avoir surmonté le choc de la rupture et relevé le défi de la réadaptation à la vie.

Les «quatre cavaliers de l'apocalypse»

Pour le psychologue américain John M. Gottman (1994), quatre facteurs observables sont présents à la dissolution maritale : la critique constante, le mépris, l'agressivité et l'isolement. Comme les quatre cavaliers de l'apocalypse, ces facteurs agissent comme des forces destructives à l'intérieur d'une série d'étapes qui vont de l'insatisfaction ou des frustrations liées à des enjeux relationnels spécifiques aux conflits non solutionnés et à la séparation pour aboutir au divorce.

III – LES CONSÉQUENCES DU DIVORCE

Le divorce, c'est la consommation de l'échec d'un amour en même temps que la solution à une situation de vie perçue comme intolérable par l'un ou l'autre des conjoints, parfois les deux. Ses conséquences sont incalculables tant auprès des personnes impliquées (les conjoints, les enfants, les parents et les amis) que vis-à-vis la société. Il apparaît à l'évidence comme un des drames majeurs de notre époque (Kitson & Morgan, 1990). Il implique la remise en question des frontières de l'intimité et du pouvoir à l'intérieur du système familial, entraînant du même coup un ébranlement qui atteint l'être profond de chacun des membres (Emery & Dillon, 1994).

L'impact sur les conjoints

Il n'est malheureusement pas de désunion de couple sans douleur et tension. L'observation courante aussi bien que la recherche sont ici unanimes : déchirement intérieur, colère, agressivité, conflit d'intérêt touchant le partage des biens, la garde des enfants, etc. sont les fruits du divorce. Pour 65 % des individus passés par le divorce, il s'agit d'une expérience bouleversante et traumatisante. En fait, 23 % la déclarent carrément traumatisante (Albrecht, 1980). Bref, « le divorce constitue souvent une transition incroyablement difficile » (Emery & Dillon, 1994). On comprend qu'à peu près toutes les recherches arrivent à la même conclusion, à savoir que « les divorcés éprouvent considérablement plus de stress et sont moins heureux que les gens mariés » (Mastekaasa, 1994).

De nombreuses études ont mis en lumière le fait que c'est la totalité de la vie de chaque conjoint qui est affectée. La relation avec leurs parents, qui sont souvent brisés par l'échec de leur fille ou de leur fils, devient tendue (Spitze *et al.*, 1994) ; les relations avec ses propres enfants, qui ont atteint l'âge de l'adolescence ou sont de jeunes adultes, sont souvent chargées d'ambiguïté, masquant avec plus ou moins de succès la tristesse qu'ils éprouvent sinon la colère (Aquilino, 1994 ; Cooney, 1994 ; Leather *et al.*, 1995) ; enfin, les conjoints divorcés, en raison de la réorganisation de leur vie, se retrouvent eux-mêmes dans une situation de distanciation par rapport à leurs enfants, sauf pour celui ou celle qui en a la garde (Marks, 1995).

Femmes et hommes font diversement l'expérience du divorce. Les ex-maris se retrouvent davantage désorganisés sur le plan de la vie quotidienne. Ils se sentent déracinés. On enregistre trois fois plus de suicides chez eux que chez les femmes (Allgeier & Allgeier, 1988). Le fait que dans 40 % des séparations ce soit l'homme qui quitte le foyer explique en partie ce phénomène ; d'ailleurs, la façon de négocier la séparation est tout à fait différente chez eux (Arendell, 1995). Les hommes sont aussi davantage perturbés en tant que parent. Les ex-épouses de leur côté sont surtout bouleversées par des sentiments d'abandon et d'impuissance. Ces sentiments perdurent plus longtemps. Leur confiance en elles-mêmes est plus sérieusement ébranlée. On sait par ailleurs que les femmes nées depuis les années cinquante divorcent plus rapidement que les hommes (Statistique Canada, 1995, Cat. 91-543, p. 143). Enfin, pour l'un et l'autre, la source de souffrance la plus vive est liée à l'impression d'une faillite personnelle (Guttman, 1989).

L'expérience du divorce est aussi vécue différemment par le conjoint qui l'initie et par celui qui en est victime, et cela, peu importe qui a été le responsable principal des souffrances du couple. Le deuil, en effet, n'est pas vécu sous le même mode. Alors que l'initiateur est davantage aux prises avec des sentiments de culpabilité, le conjoint qui se sent abandonné éprouve de son côté des sentiments de rejet. Les deux ne vivent pas non plus au même moment l'ensemble des émotions douloureuses liées à la rupture, en ce sens qu'au moment de la séparation, il est possible que l'initiateur ait déjà fait son deuil alors que l'autre se retrouve en plein état de choc. Par contre, selon une étude faite aux États-Unis, il semble bien que deux ans après le divorce, homme et femme, initiateur et victime partagent sensiblement les mêmes sentiments touchant leur expérience (Buehler, 1987). Enfin, on a observé qu'il faut en moyenne deux ans aux personnes divorcées pour retrouver leur équilibre et le calme intérieur.

Les enfants du divorce

Selon des estimés récents, on compte présentement au Canada un million d'enfants de moins de dix-huit ans victimes du divorce, cinq millions aux États-Unis et un million sept cent mille en France (Statistique Canada, 1995a). Les recherches sont unanimes par ailleurs pour affirmer que la presque totalité de ces enfants s'opposent au divorce de leurs parents et cela, même si le mariage est sérieusement en crise (McCubbin, 1985).

Dans nos pays dits développés à haute incidence de divorce, soutenir dans cette conjoncture que l'on assiste à une violation effarante des droits de l'enfant n'est pas exagéré. Un des faits sans doute le plus frappant tient dans l'augmentation des cas où l'enfant est transformé en otage au sein des luttes parentales (Clawar & Rivlin, 1991). Il y a de quoi être ahuri en effet en mesurant l'écart entre cette réalité et l'affirmation contenue dans l'article 6 de la Déclaration des droits de l'enfant des Nations unies :

> « L'enfant, pour l'épanouissement harmonieux de sa personnalité, a besoin d'amour et de compréhension. Il doit autant que possible grandir sous la sauvegarde et sous la responsabilité de ses parents dans une atmosphère d'affection et de sécurité morale et matérielle. »

Cet article a été explicité dans le cadre du colloque international multi-disciplinaire sur la situation de l'enfant, tenu à Paris en décembre 1986 :

> « L'enfant a droit à ses père et mère. Il ne peut être privé de l'un d'eux que pour des motifs graves impliquant un danger moral ou physique extrêmement important » (Colloque, 1986).

Le moins que l'on puisse dire, c'est que l'enjeu est loin d'être simple, surtout que pendant ce temps le taux de séparation et de divorce continue d'être à la hausse.

Quel est donc l'impact du divorce sur les enfants ? Toutes les études faites auprès des enfants de moins de dix-huit ans parviennent à la même conclusion : sans exception, les enfants sont affectés profondément par la séparation de leurs parents. Ils sont atteints sur tous les plans, celui de l'adaptation émotionnelle, de l'orientation psychosexuelle et des comportements. On a relevé en effet une étroite corrélation chez les enfants entre le divorce d'une part et l'adaptation personnelle ou émotive, l'estime de soi, le fonctionnement intellectuel, les relations interpersonnelles ainsi que les comportements antisociaux d'autre part (Demo & Alcock, 1988 ; Amato, 1990, 1993 ; Kline, Johnston & Tschann, 1991 ; Morrison & Cherlin, 1995).

Un résumé de la recherche

Voici les principales conclusions auxquelles parviennent les recherches les plus récentes. Nous donnons quelques références particulièrement pertinentes :

1. Tous les enfants sont atteints par le divorce de leurs parents. Plus l'enfant est jeune, plus le risque de perturbation profonde à long terme est élevé. L'effet varie selon l'âge : les petits enfants à la maison se pensent coupables, les enfants âgés entre sept et onze ans éprouvent un sentiment de rejet et d'abandon. Les grands enfants (à l'adolescence) sont partagés entre la colère et la tristesse en plus d'être envahis par un sentiment de perte (Chapman, 1991 ; Furstenberg & Teitler, 1994). L'effet varie aussi selon le sexe : les garçons sont plus perturbés que les filles dans la période qui suit le divorce. Il semble par contre que les filles, plus que les garçons, en conservent un souvenir douloureux. Cet aspect de la perturbation émotive a été particulièrement mis en lumière par le travail remarquable de la psychologue américaine Judith Wallerstein (1984).

2. Les enfants du divorce se voient d'un œil défavorable. Leur niveau d'estime d'eux-mêmes est moins élevé que celui

des enfants de familles intactes (Smith, 1990; Clark & Barber, 1994).

3. Le fonctionnement intellectuel et la performance scolaire sont négativement affectés (Forehand *et al.*, 1994). Une étude faite auprès de 1 300 enfants du divorce, dont les résultats viennent tout juste d'être publiés, révèle que le risque d'échec scolaire est deux fois plus élevé chez eux que chez les autres enfants (Levine, 1990).

4. Les jeunes enfants tendent davantage à s'isoler. Les adolescents compensent par une activité sexuelle plus intense et plus précoce (Wallerstein, 1984).

5. Enfin, les comportements antisociaux (violence, vandalisme, drogue, alcool, suicide) sont plus élevés chez les enfants du divorce, surtout dans la période qui suit la rupture. Une étude québécoise a mis en lumière en particulier la corrélation entre le suicide chez les jeunes et le divorce. Selon Pronovost *et al.* (1990), «les problèmes familiaux viennent au premier rang des déclencheurs des idéations suicidaires».

La force d'adaptation des enfants

Malgré ces données, la plupart des experts croient que la majorité des enfants finissent par s'en sortir sans cicatrices trop profondes. On a découvert entre autres qu'un certain nombre d'adolescents et d'adolescentes de familles monoparentales démontrent plus de maturité que leurs pairs de familles intactes (Guidubaldi & Perry, 1985). Enfin, plusieurs recherches soulignent la capacité d'adaptation remarquable de la plupart des enfants (Lachance, 1979; Bourguignon, 1986; Roussel, 1989; Freeman, 1989; Amato, 1993).

Les conséquences sociales du divorce

Les observateurs s'entendent pour reconnaître que le divorce est plus qu'une épreuve individuelle, et qu'il a des retombées sociales évidentes (Bégin, 1988). Les recherches se multiplient en vue de mesurer son impact sur un certain nombre de phénomènes spécifiques, dont la violence (Gest, & Minesbrook, 1988), le suicide (Trovata, 1987) et la santé mentale (Ledingham, & Crambie, 1988). Pour ces auteurs, ce qui est en cause finalement, c'est la cohésion même de la société appuyée sur la famille. Malgré ses limites, en effet, la famille demeure toujours la première cellule où se tissent les rapports humains les plus significatifs d'amour, de respect et de solidarité, qui agissent comme un ferment régénérateur de la société plus large. Une famille qui se brise c'est donc presque invariablement un pas en arrière qui affecte l'ensemble de la communauté humaine.

Une responsabilité collective

L'accroissement des séparations et des divorces est l'indice des bouleversements profonds qui agitent la société industrielle avancée. Cette situation douloureuse commande un consensus autour d'un certain nombre de règles à suivre, sinon de sagesse : il importe de réagir au risque de banaliser le divorce. Il faut le prévenir en donnant aux jeunes une meilleure formation (éducation à la vie sexuelle et familiale en milieu scolaire, cours de préparation au mariage, et en aidant les gens mariés, service d'accompagnement des couples, service de thérapie familiale, etc.). Il faut soutenir les divorcés alors qu'ils vivent une situation d'échec et de souffrance et tenter d'en atténuer les effets en facilitant l'adaptation intellectuelle, émotionnelle, sociale, ainsi que l'établissement de rapports fonctionnels avec l'ex-conjoint en particulier dans l'exercice de la «coparentalité» (Sutton et Sprenkle, 1985; Wallerstein et Kelly, 1989; Trapet, 1989). Enfin, il est indispensable d'assurer un accompagnement aux enfants victimes de la rupture : information sur ce qui se passe, consultation, écoute et soutien, adaptés à l'âge (Neal, 1983).

RÉSUMÉ

Les causes du divorce sont multiples et complexes à la fois. Multiples, parce que liées à l'expérience inédite du conjoint qui, en cours de route, s'est senti profondément troublé, ce qui entraîne la perturbation du couple; complexes, parce qu'insérées, et inévitablement accentuées, dans la conjoncture plus large de la réalité socio-économique et culturelle de notre époque. Le moins que l'on puisse dire, c'est que la société de l'éphémère et du «jetable après usage» crée une situation qui semble peu favoriser la durée du couple. Si le divorce peut s'avérer une libération en certains cas, on reconnaît par contre que ses effets sur les conjoints et sur les enfants sont en général dramatiques. Bref, le prix à payer pour la «libération» demeure douloureusement élevé.

Chapitre 5

Les étapes prévisibles du divorce

Le divorce n'est pas un événement banal quelconque [...]. Il se situe presque au sommet des expériences perçues comme les plus traumatisantes de la vie.

Psychology Today

Le divorce s'inscrit en rupture avec le rêve initial [...] en ce sens, il est toujours un échec.

Claude Michaud

L'observation systématique des couples divorcés permet d'établir la séquence qui mène à la rupture. Il est possible en effet, en observant la moyenne des couples qui aboutissent au divorce, de relever six étapes principales qui constituent autant de tournants sur la route pénible de la désunion. Malgré ses limites, cette présentation des étapes du divorce peut s'avérer un outil de compréhension et d'analyse significatif pour les couples, mariés ou en union de fait, qui disposent alors d'un point de repère dans l'évolution de leur relation, ainsi que pour les intervenants sociaux. On peut se demander en effet si, à notre époque, il n'est pas devenu aussi important de travailler à établir les étapes prévisibles du divorce que de définir les stades du développement du couple et de la famille. On ne dispose malheureusement pas de données sûres en ce qui a trait aux unions de fait, tant pour ce qui est de leur début que de leur fin. On sait toutefois qu'il existe des unions de fait stables, différenciées d'ailleurs des unions provisoires du genre cohabitation à l'essai. On peut estimer que le parcours de ces unions de fait est confronté aux mêmes étapes de développement et, à l'inverse, aux mêmes étapes de désunion que les couples mariés.

Avant de proposer cette grille, il n'est peut-être pas inutile de rappeler qu'un couple heureux n'est pas autre chose que deux individus qui ont traversé victorieusement une série de crises. À l'inverse, les couples qui se brisent sont ceux qui n'ont pas su ou n'ont pas pu relever les défis de l'existence. Ils se sont engagés dans un projet qui les dépassait.

Les statistiques sur l'état de la famille permettent d'établir qu'environ les deux tiers des premiers mariages relèvent les défis inhérents au développement du couple. Pour ceux-ci, les tâches accordées aux saisons de la vie du couple et de la famille sont un chemin de croissance. Pour l'autre tiers, elles mènent à l'échec. Pour des raisons multiples, ces derniers n'ont pas su assumer les tâches inhérentes à l'épanouissement de leur projet. Parler des étapes successives du divorce revient donc, en quelque sorte, à observer l'envers de la croissance des couples.

Nous tenterons dans ce chapitre de jeter un peu de lumière sur les deux questions suivantes. Comment deux individus font-ils le passage d'une relation amoureuse intime devenue projet de vie à la désintégration de leur relation et à la rupture, ou, autrement dit, comment ce qui promettait d'être le chemin de croissance et de bonheur rêvé au début s'est-il transformé en échec en cours de route ? Deuxièmement, comment la distanciation progressive des conjoints, qui s'achève dans le divorce, comporte-t-elle une série d'étapes prévisibles ?

Soulignons au départ que si l'observation systématique des couples qui se brisent permet de préciser les étapes principales du divorce, il va sans dire que ces étapes n'ont qu'une valeur descriptive. Chacune des étapes renvoie à ce que vivent, chacun à leur façon et à leur rythme, la plupart des couples aux prises avec les défis qu'ils n'arrivent pas à relever adéquatement, depuis la première expérience de désenchantement jusqu'à la désintégration totale de la relation. Notons aussi que bien des couples traversent plusieurs étapes sans en venir au divorce. La réconciliation est toujours possible. Le processus peut être renversé, arrêté ou retardé, comme il peut aussi être accéléré par l'action des individus concernés.

Dans la description des six étapes séquentielles prévisibles du divorce, nous empruntons à la psychologue américaine Diane Vaughan (1986) le terme d'«initiateur» pour référer au conjoint qui initie le mouvement de désunion, qu'il ou qu'elle soit ou non le principal responsable de la misère du couple, et celui de «partenaire» pour désigner la personne qui est dans la position de rejet. Rappelons que la personne considérée comme rejetée aux fins de l'analyse systémique n'est pas nécessairement la victime dans les faits. Il arrive en effet qu'un conjoint qui rend l'union intenable, à cause de la violence physique et mentale, par exemple, «se trouve bien» dans le mariage et ne songe nullement à la séparation. C'est alors l'autre qui se trouve placé dans la situation d'initiateur. Pour éviter la surcharge du texte, nous nous excusons d'utiliser les termes «initiateur» et «partenaire» sans référence au sexe.

ÉTAPE 1 – LE DÉSENCHANTEMENT SECRET

Parler de désenchantement secret est probablement la meilleure façon de définir la première étape du divorce. L'expérience du désenchantement n'est-elle pas partagée à un moment ou à un autre par tous les couples, autant ceux qui se brisent que ceux qui durent? La différence entre l'un et l'autre c'est que les derniers auront réussi à le dépasser. Le couple a rêvé de bonheur. La lune de miel a permis de le goûter un moment. L'amour romantique dont on savoure les plaisirs est une expérience merveilleuse qui, croit-on, va durer toujours. Et pourquoi pas? L'amour aveugle face auquel le jeune couple moderne affirme être prémuni ne l'empêche pas de voir les défauts de l'autre! De toute manière, «quand on s'aime, les défauts ne créent pas un obstacle, on est capable de passer par-dessus»!

Et pourtant, tôt ou tard, les époux sentent monter en eux des moments d'impatience ou d'agacement. En général, il s'agit d'un mécontentement passager, qui concerne la façon de ranger les armoires ou le partage des tâches ménagères, et que l'on passe souvent sous silence. Tout le monde sait bien que la vie à deux ne peut aller sans exigences d'adaptation après tout! Mais il arrive aussi que le malaise persiste. Il tient à autre chose que l'adaptation aux tâches quotidiennes. L'un des conjoints a l'impression de ne plus avoir son espace, d'être frustré dans ses attentes, de ne pas avoir fait le bon choix. Son insatisfaction jaillit de la situation globale. C'est la relation même avec l'autre qui est en cause. Lentement, cette insatisfaction s'installe à demeure sans qu'il sache trop clairement ce qui arrive.

L'histoire de deux transitions

Le divorce est l'histoire de deux transitions. Celle de la personne qui déclenche le processus de rupture et celle de la personne qui le subit. Si les deux conjoints doivent traverser les mêmes étapes avant d'aboutir à la désunion ultime, il reste que chacun les vit à sa façon et à son rythme. L'initiateur est le partenaire malheureux ou insatisfait. Souvent, sans en connaître clairement les causes, il réagit de façon ambiguë pour manifester son insatisfaction et y remédier. Inconsciemment, il amorce le mouvement de désunion. Plus tard, ce qui était non intentionnel le deviendra.

Le partenaire, quant à lui, ignore ce qui se passe véritablement; ce qui n'exclut pas qu'il puisse être la cause réelle de la rupture. Au moment où il l'apprend, il se retrouve en général loin derrière l'initiateur en terme de compréhension et de sensibilité à la crise en cours. Il lui arrivera même d'être tout à fait étonné. Cette attitude peut durer des années. Elle durera en fait jusqu'à ce qu'une confrontation vienne clarifier la situation et fasse éclater les raisons profondes de l'insatisfaction. Or, cela ne se produit qu'à la troisième étape, sur le chemin de la rupture. Jusque-là, le partenaire s'accommode d'une relation que, lentement, il a perçue comme troublée mais sans prendre conscience de l'acuité de la crise. Il se trouve donc peu habilité à réagir de façon positive à la situation. Il arrive aussi que les rôles alternent à l'intérieur du système. Pendant un certain temps, l'un des conjoints tient le rôle d'initiateur, puis c'est l'autre.

L'état d'âme qui sous-tend les attitudes et les comportements du conjoint aux prises avec la désillusion et le désenchantement en est un de négation ou de refus de reconnaître ce qui lui arrive. Il se place sur une trajectoire sans issue, en refusant de croire qu'il a pu se tromper et qu'un échec est possible. Surtout, il veut continuer à croire au bonheur rêvé, au charme de l'amour, et cela, même s'il n'y investit pas ou peu, soit parce qu'il en est incapable pour des raisons d'ordre psychique, soit à cause de l'ampleur de l'illusion dans laquelle il s'enferme (Rosenstock & Rosenstock, 1988). De façon paradoxale, on s'aperçoit que celui des deux conjoints qui déstabilise l'union ou amorce la crise, est celui qui attend le plus de la relation. L'initiateur est, au départ, plus vulnérable que le partenaire qui lui, se sent heureux. On comprend dès lors son silence. En quelque sorte, il se cache, à lui-même et à l'autre, le sentiment de déception qui l'accompagne.

Toutefois, il ne saurait conserver totalement sous silence le désenchantement secret qui l'habite. Il réagit de façon ambiguë. Le retour du travail est de plus en plus retardé. Le temps passé avec les amis ou à des occupations extérieures s'allonge. En même temps, il tente de compenser le vide affectif éprouvé et la dévalorisation qui en découle en s'impliquant dans des activités multiples : cours de perfectionnement personnel, éducation aux adultes, culture physique, activités bénévoles, immersion dans le travail professionnel, etc. En fait, il tente de trouver ailleurs ce que la relation maritale ne lui donne plus. Cette immersion dans l'activité fébrile a aussi d'autres fonctions : elle le distrait du vrai problème ; elle justifie son incapacité de le traiter avec sérieux — il n'a pas le temps ! ;

elle lui redonne confiance en lui-même — si ça ne va pas trop bien dans son mariage, ailleurs, ça fonctionne !

L'initiateur tente aussi, de façon plus ou moins adroite, de remédier à la relation. Par des remarques et des suggestions, il essaie de changer le partenaire. Il voudrait en faire une personne différente. Il peut lui suggérer de lire, de se faire maigrir, de voir un psychologue, de moins boire, etc. On observe qu'assez souvent, des initiateurs décident de modifier la structure même de la relation en ajoutant un nouveau membre à la famille, un bébé. L'expérience de la maternité peut s'avérer réconfortante et redonner à l'épouse le sens de sa valeur. Pour l'homme, cette fonction est remplie par l'établissement d'une relation privilégiée avec un enfant.

La stratégie du détour

Pendant ce temps, selon l'expression de Vaughan (1986), le secret perdure et le partenaire demeure étranger à l'enjeu en cours. C'est l'étape au cours de laquelle triomphe la stratégie du détour. Les conséquences pour le partenaire sont douloureuses en plus d'être source de confusion. Il a le sentiment d'être exclu de la vie de l'autre, il se sent menacé par les amis de ce dernier ou de cette dernière. Il souffre des remarques désagréables et des critiques plus ou moins larvées dont il est l'objet. L'effort pour partager ce qu'il vit avec des tiers lui apparaît énorme. Bref, il est habité par un malaise confus qu'il tente de dissiper en se disant qu'après tout, la vie à deux, ce n'est pas facile et que, somme toute, ce qui se passe est assez normal. Surtout, il ne prend pas conscience que son conjoint est en train de construire son propre univers en disjonction avec lui, et encore moins que c'est peut-être lui-même ou elle-même qui est éventuellement le problème.

Des sentiers opposés

En l'absence d'une relation saine à l'intérieur de laquelle les conjoints avancent à leur propre rythme, où chacun peut déployer ses talents dans divers domaines et ce, dans une interdépendance stimulante, l'état de la désunion est caractérisé par la poursuite de solutions de rechange qui, au lieu de resserrer les liens, contribuent à leur désintégration. Progressivement, l'initiateur se laisse pénétrer par le sentiment et par la pensée que cette relation ne saurait plus le rendre heureux. Il oublie les bons moments. Les qualités du conjoint s'estompent. Le positif d'une relation qui a été source de bonheur disparaît. Bref, l'atmosphère est au noir et le discrédit s'abat sur le partenaire qu'il tend à dévaloriser même auprès des autres, en plus de le traiter de façon désagréable et parfois irrespectueuse, ce qui déclenche souvent en lui des sentiments de culpabilité.

La recherche de confidents, et parfois la consultation d'un conseiller, ont souvent pour but de le sécuriser et de l'aider à sortir de l'indécision et de l'ambiguïté de son état. L'entreprise de discrédit et de dévalorisation du partenaire auprès de confidents prépare le moment où il pourra accepter l'idée de rupture et se mettre résolument à la recherche de solutions. Déjà, au terme de cette première étape, le couple vit un début de séparation sociale. Cette étape de désenchantement porte déjà la prochaine au cours de laquelle le couple se refugie dans le silence, entraînant la mort de toute communication véritable. Cette première étape de distanciation et de froideur larvée, avec la suivante, peuvent durer quatre ans — le moment où l'on enregistre la plus haute proportion de divorces — comme elles peuvent aussi durer quinze, vingt ans ou plus.

ÉTAPE 2 – LA MORT DE LA COMMUNICATION

La deuxième étape sur le chemin de la séparation, c'est la mort de la communication. Lentement, au fil des mois et des années, ce qui restait de dialogue significatif disparaît. La distanciation s'accentue. La pensée de rupture qui, à la première étape, était passagère dans l'esprit du conjoint insatisfait occupe de plus en plus de place, quand elle ne s'établit pas carrément à demeure.

Les forces de désintégration de la relation

L'initiateur est de plus en plus habité par l'idée de l'impossibilité d'une relation intime gratifiante. Il fait l'expérience d'un nouvel état d'âme. Il se sent déprimé, trahi. Un sentiment de dévalorisation le hante, qui alterne avec un sentiment de colère qui se tourne contre la personne qu'il juge responsable de son sort. Conscient qu'il n'est pas le seul à vivre cette situation frustrante et potentiellement destructive, il entreprend de faire l'inventaire des possibilités qui s'offrent à lui.

La recherche de possibilités

En observant les gens qu'il connaît et qui sont dans une situation semblable, en lisant et en s'informant, le conjoint frustré compare et analyse. Il évalue les coûts et les bénéfices qu'il peut escompter en poursuivant la relation ou en la laissant. A-t-il seulement le courage de le faire ? Le partenaire offre-t-il une opposition violente ? Les enfants vont-ils vraiment en souffrir beaucoup ? Peut-il s'arranger financièrement ? Et surtout, évidemment, trouvera-t-il un jour le grand amour ? Enfin, il y a la peur de la solitude. Bref, son bilan peut l'amener à conclure que la désunion est une aventure qui risque de déboucher sur une terre étrangère peu rassurante et éventuellement aussi peu gratifiante. Résultat : il décide d'essayer de reconstruire la relation. Par contre, cette recherche lui aura fourni non seulement des renseignements concernant la transition, mais elle aura contribué aussi à la démystifier. Il se sent plus sûr de lui, davantage prêt à marcher vers une séparation si telle devait être la route à suivre plus tard.

Une autre conséquence importante dans la recherche de possibilités, c'est que la démarche elle-même, ainsi que les personnes avec qui il tend à s'identifier ou à s'associer, se transforment en source de légitimation et en modèles. Il est impossible en effet de penser à la rupture et d'arriver éventuellement à la décider sans effectuer une révision idéologique et se dégager de son inhibition. Malgré le nombre élevé de divorces dans les pays industrialisés, en effet, l'affirmation de l'importance du couple et de la famille continue à être l'idéologie acceptée. Le conjoint malheureux a besoin de s'en «libérer». Il doit donc se convaincre que la responsabilité envers lui-même est plus importante que la responsabilité vis-à-vis de l'autre et vis-à-vis de ses enfants, s'il en a. La priorité est au «moi».

Une distanciation progressive

Au fur et à mesure que l'initiateur arrive à penser que la séparation et le divorce sont après tout des réalités acceptables, ses attitudes et ses comportements contribuent de plus en plus à accentuer l'éloignement. Il réduit l'interaction avec le partenaire en utilisant toutes les échappatoires : télévision, *hobbies*, temps avec les enfants, etc. Il peut aussi poser des gestes dont il ne mesure pas bien la portée à long terme, comme avoir une aventure extra-maritale. Il est porté à multiplier les secrets, tout en créant son monde à part.

Pendant ce temps, le partenaire qui se sent rejeté réagit en se retirant. Il se cuirasse, sans par ailleurs mettre en question le mariage et sans chercher de l'aide. Dans la perspective des tâches du développement, force est de constater que le couple, à ce stade de la désunion, se prépare plus ou moins consciemment à l'échec. Les conjoints font l'expérience douloureuse du chemin à rebours. Au lieu d'avancer, ils reculent. Le déclin et la mort de la communication portent en effet le germe de la désintégration de la relation et éventuellement du mariage ou de l'union.

Le paradoxe de la vie commune

Le temps est venu de s'arrêter à l'une des questions posées au départ : «Comment est-ce possible qu'un conjoint puisse glisser si loin de l'autre sans même que ce dernier s'en aper-çoive véritablement, et cela tout en vivant sous le même toit... Bref, comment expliquer que puisse s'effondrer ainsi la communication?» Le problème tient au fait que la vie au quotidien n'est pas en soi promotrice de dialogue véritable. La communication, si elle doit exister, a besoin d'être voulue, décidée, organisée.

Malgré des débuts prometteurs de développement de l'in-timité interpersonnelle, avec le temps, les conjoints évoluent de façon quasi inéluctable vers un système de rapports qui réduit et même supprime la communication véritable plutôt qu'il ne la facilite et ne la promeut. On en arrive à ne plus se donner que des indications et des signes. On se contente des échanges routiniers : «As-tu passé une bonne journée?» «Où sont les enfants?» On planifie ensemble une fête de famille, d'amis, on se fait un cadeau d'anniversaire avec une carte portant quelques mots, on a des relations sexuelles grati-fiantes, etc., mais on ne communique pas vraiment dans le sens de l'ouverture à l'autre, du partage de ses joies et de ses peines, de ses intérêts et de ses découvertes significatives, de ses attentes profondes dans la relation et de ses déceptions. «L'un dit sans parler; l'autre sait sans savoir» (Vaughan, 1986, 85). Bref, les signes ont remplacé la communication.

Un dialogue de sourds

Chose étonnante, même en cas de tension et de crise, les conjoints, pendant une période, en l'occurrence à ce deuxième stade de la désunion, tendent à éviter la confrontation sur l'enjeu véritable qui les affecte, c'est-à-dire la détérioration de leur relation. Cette confrontation aurait pourtant l'avantage de les mettre sur la route de la clarification du malaise, de les forcer à la négociation. Malheureusement, la majorité des couples demeurent enfermés dans le système de signes der-rière lequel chacun se cache. L'un ou l'autre et souvent les deux ne sont pas conscients de l'importance vitale de l'effort à faire pour assurer la communication. Ou ils ne le veulent pas. Il se peut aussi que l'un ou l'autre n'en ait pas la capacité.

Finalement, les conjoints contribuent, chacun à sa manière, à la mise en place et au maintien du système des signes au détriment du dialogue. Au début, l'initiateur garde son malaise secret. Au fur et à mesure que sa frustration augmente, il manifeste son mécontentement mais de façon détournée et ambiguë. La plainte : «Tu passes trop de temps devant la télévision» peut vouloir dire, tu ne t'occupes pas de moi, je voudrais te parler, tu n'investis pas assez dans le développement intellectuel, tu deviens insignifiant(e) pour moi, etc. Le risque est grand que le vrai message ne passe pas faute de dialogue ouvert et franc. Une chose qui n'aide pas c'est qu'en général l'initiateur n'a pas envie non plus de trop ébranler la relation. Il y a tout de même quelques bons moments à préserver. Ce trait de la première étape se prolonge au cours de la majeure partie de la deuxième. Bref, l'initiateur demeure «silencieux». Il n'est pas prêt à la confrontation qui fera éclater de façon claire et bouleversante la crise profonde qui le déchire.

La dévitalisation des signes

La contribution du partenaire à la réduction et, éventuellement, à la mort de la communication est aussi subtile et ambiguë. Il est facilement convaincu que leur amour est fort, capable de résister à tout, que le mariage est fait pour durer. Il est porté instinctivement à fermer les yeux sur les aspects négatifs, ce qui évite d'affecter son rêve. Les malaises qu'il éprouve suite aux signaux négatifs de l'autre, de même que les inévitables difficultés de l'adaptation au quotidien, n'ébranlent pas davantage son univers affectif et mental. Une fois de plus, il se redit : «C'est la vie !» et il accepte comme normaux ces problèmes de l'existence à deux. Il n'y a donc pas lieu de s'alarmer. Rien ne commande un effort sérieux de dialogue. Après tout, les attitudes et les comportements désobligeants, de même que les plaintes du conjoint, ne tiendraient-ils pas à la fatigue, au stress ? Cela va s'arranger avec le temps !

En conséquence, le partenaire tire la conclusion que le problème est du côté de l'initiateur et non dans la relation. Il peut donc garder secrets les quelques malaises qu'il éprouve occasionnellement. Pourquoi se livrer à l'effort d'en parler ? Il faudrait trouver une occasion... or, ce n'est pas facile... on n'en a pas l'habitude ! Il reste donc enfermé dans le système des signes. Résultat : les deux conjoints se retrouvent complices pour observer le silence.

Les défis de la communication

Aucun couple n'est à l'abri de la détérioration de la communication qui constitue pourtant la tâche la plus importante du développement du couple. Il ne s'agit pas pour autant de nier la place des signes ni d'exclure ce genre de relations commodes qui peuvent même recouvrir de riches connivences dans les échanges du couple, mais il s'agit de ne pas s'y enfermer, et de les dépasser. Mieux encore, il s'agit de les nourrir par la profondeur de la communication qui vient les sous-tendre et leur donner leur saveur.

Dans l'évolution des conjoints, la confrontation et les conflits sont des éléments normaux. Certains couples ont atteint une qualité de communication telle que les prises de décision et la résolution des conflits, qui touchent aux attentes profondes de l'être, se font sans heurt ou sans affrontement trop douloureux. Mais on n'arrive pas à ce niveau d'intimité ou de compréhension mutuelle en un jour. Au départ, les confrontations parfois douloureuses sont sans doute inévitables. Elles créent l'occasion de clarifier et de négocier. Conditions du progrès dans la relation, elles sont finalement un élément indispensable à toute évolution dans un couple. Ceux qui n'arrivent pas à les résoudre par la communication ouverte vont vers la rupture.

ÉTAPE 3 – LA CONFRONTATION

La confrontation, qui met à nu le malaise profond sinon l'agonie de la relation conjugale, constitue la troisième étape sur la route du divorce. La confrontation, c'est la minute de vérité. Avec elle, la complicité du silence est rompue, le secret est éventé, la distanciation occulte entre les conjoints et la reconnaissance du fossé qui les sépare sont au clair. La tentation, sinon la volonté, chez un des conjoints d'en finir avec une relation sérieusement appauvrie est maintenant reconnue.

L'initiateur révèle de façon évidente et catégorique ce qui le ronge. Après l'étape qui a pu durer des années au cours de laquelle, envahi par la désillusion, il a tenté de changer l'autre pour sauver leur amour, et une seconde étape où s'est manifesté avec toujours plus de dureté le mécontentement qui l'a amené à chercher des solutions, la probabilité de l'affrontement n'a pas cessé d'augmenter. Ayant d'une certaine manière le contrôle de la situation, il fait face à un partenaire qui se refuse à admettre que leur relation est profondément troublée. Il va donc exprimer sa frustration avec suffisamment de clarté et de force pour que l'autre soit obligé de voir la réalité et de conclure que le risque de rupture est grave sinon inévitable.

Le silence pour la vie

Quantité de conjoints douloureusement éloignés l'un de l'autre n'arrivent jamais à cette minute de vérité. Pour des raisons d'ordre idéologique, pour le bien des enfants ou à défaut de possibilités, ils demeurent enfermés dans la complicité du silence. Ils acceptent de vivre ensemble comme deux solitudes cherchant ailleurs la réponse à leurs besoins inassouvis.

Il faut aussi souligner que même si la confrontation marque une étape décisive sur la route de la désunion, elle ne l'entraîne pas nécessairement. Plusieurs couples franchissent ce seuil pour se retrouver avec lucidité face à une tâche qui, pour exigeante qu'elle soit, n'est pas impossible. Un tournant positif, un nouveau départ est toujours possible.

Quelle est la portée de la confrontation sur la voie de la rupture ? Que se passe-t-il chez le conjoint qui l'initie ? Que déclenche-t-elle chez l'autre ? Enfin, quelles en sont les conséquences pour le couple ?

Les éléments de la confrontation

La confrontation ouvre la porte à des transformations imprévisibles. Elle peut consister en un affrontement verbal au cours duquel l'initiateur déclare son secret. Elle peut aussi être un signal négatif mais évident, par exemple le refus de l'intimité sexuelle accompagné d'indices de la présence d'une autre personne dans sa vie. De toute manière, la confrontation, qu'elle soit directe ou indirecte, place devant l'évidence de la désintégration avancée de la relation. Elle modifie radicalement l'expérience du couple, qui passe de l'étape du secret ou du non-dit à celle de la guerre chaude. Il s'agit plus que d'une éruption. Les sentiments profonds ne sont plus les mêmes, les règles du jeu sont changées.

Cela est vrai même pour l'initiateur, qui est pourtant perturbé depuis longtemps par l'idée de la rupture et qui s'y prépare. Au terme de la confrontation, il n'est plus la même personne. Les années frustrantes de l'insatisfaction, des signes ambigus, des détours, des secrets, sont choses du passé. Non pas que le mécontentement ait disparu, mais maintenant c'est clair. Il a livré le double message qui l'étouffait : «Je ne t'aime plus... Je voudrais en finir avec cette relation ! » Dans certains cas, il ressent une libération après avoir partagé le poids qu'il portait. Il va sans dire que les choses se passent rarement de façon aussi simple que cette description peut le laisser croire. À côté de la révélation directe, possiblement brutale, on sait que le conjoint qui est à bout, le plus souvent, décide de procéder indirectement en empruntant des méthodes non moins claires et efficaces que la parole. Nous reviendrons sur le processus de la confrontation indirecte. Mais de toute manière, l'initiateur, qui jusqu'à présent hésitait dans l'embrasure de la porte, a maintenant un pied dehors.

Les cartes entre les mains de l'initiateur

Un autre élément important lié à la confrontation, c'est qu'elle arrive au moment où l'initiateur est prêt. Il peut ruminer pendant des années cette minute de vérité. Ce n'est qu'après s'être convaincu qu'il fait bien, après avoir exploré les possibilités et établi le bilan du pour et du contre que la bombe éclate.

Établir un bilan clair n'est pas chose facile. La séparation n'est pas simple. Bien des individus demeurent dans une union où ils sont malheureux parce qu'ils ne sont pas prêts à payer le prix économique, social et émotionnel qu'implique la désunion : la solitude, la perturbation émotive, la réduction du standard de vie, la peine éprouvée par le partenaire, la surprise et la colère des parents, la tristesse des enfants, la condamnation de l'Église, etc.

Seuls les initiateurs qui ont trouvé d'autres solutions valables ou des compensations suffisantes vont exprimer la volonté ou poser des gestes qui mènent à la séparation immédiate. Les autres la remettent à plus tard et continuent à inventorier les possibilités qui s'offrent à eux. Certains tentent de prévoir pour le partenaire et tiennent compte de situations particulières, comme le recouvrement d'une meilleure santé, un nouvel emploi, etc.

L'observation démontre que plusieurs initiateurs utilisent le subterfuge de la séparation en deux temps. Ils s'emploient à découvrir ou à créer une situation de séparation physique officiellement temporaire. Le cas par excellence est celui du couple forcé de vivre séparé pour des raisons professionnelles. Elle travaille à Toronto, lui à Montréal, ou encore l'un ou l'autre doit voyager. Il ne reste qu'à prolonger la session de travail, à les multiplier ou à faire durer le voyage. Cette séparation naturelle est la formule toute trouvée pour aboutir à la transition finale. Elle a l'avantage d'atténuer le choc émotif et social de la rupture ultime mais surtout, elle a une valeur pacificatrice pour l'initiateur. De cette façon, il vit déjà la désunion tout en conservant un lien. Cela peut aussi lui permettre de rester dans l'ambivalence pour un temps, ce qui évite un trop fort sentiment de culpabilité, ce qui est le cas lorsque l'initiateur est en fait le principal responsable de la division.

Le partenaire en état de choc

Pendant ce temps, qu'arrive-t-il au partenaire? Qu'est-ce que la confrontation sous une forme ou sous une autre a déclenché chez lui? Il vit le choc de l'effondrement du rêve, même si ce rêve d'union heureuse promis à la permanence a pu être sérieusement ébranlé au cours des années. Chose certaine, l'illusion n'est plus possible. La vérité qu'il tentait de se cacher apparaît toute nue. Heureusement qu'elle est une force de libération. Sorti de l'ignorance de la situation réelle et des faux espoirs, il est maintenant en mesure, en principe, de faire face à la réalité avec lucidité. Il peut enfin s'impliquer sans détour dans la recherche de solutions au mécontentement profond du conjoint. Il est provoqué à s'interroger sur lui-même et sur sa relation avec l'autre de même qu'à prendre conscience de sa part de responsabilité. Ce changement d'attitude revêt une importance capitale si la cause majeure du désordre est surtout de son côté. Le partenaire devient capable de collaborer avec l'initiateur à la découverte de solutions pour remédier à l'état avancé de désintégration du mariage. Bref, la confrontation permet aux deux conjoints d'entreprendre une négociation.

Renversement des rôles

Au cœur de cette étape de la confrontation, une chose subtile et intrigante se produit souvent: le partenaire se transforme en initiateur. On observe en effet que dans bien des cas, le véritable initiateur, de façon intentionnelle ou non, fait en sorte que la responsabilité de la rupture soit assumée par l'autre. Il transfère ainsi sur le partenaire le blâme de la rupture éventuelle. Sans en être trop conscient, ce dernier fournit à l'initiateur de nouveaux alibis et se prépare à contredire la réalité. C'est bien lui qui est abandonné, mais il pourra dire : «C'est moi qui l'ai voulu!» Par contre, si c'est lui qui est le principal responsable de la situation intenable du couple, il pourra en plus se dire à lui-même qu'étant coupable, il a pris l'option qui s'imposait. Reconnaissant qu'il est la cause, il prend sur lui la responsabilité de la rupture, un peu comme le Japonais pour qui la façon noble de reconnaître sa culpabilité est de se suicider.

On distingue trois motifs derrière ce transfert :

1. Face à l'escalade du mécontentement exprimé par le conjoint qui prend l'initiative de la rupture, le partenaire réagit de façon tellement radicale que le premier n'a plus qu'à lui dire : «C'est toi la cause de la crise... C'est précisément pour ceci ou pour cela que cette union est invivable.» (colère incontrôlée, abus physiques, questions inacceptables, refus absolu de rapports sexuels ou à l'inverse insistance exagérée, affaire extra-maritale, etc.) Résultat : le partenaire prend le blâme sur lui. Il admet les conséquences.

De façon moins subtile, le même transfert de responsabilités se produit lorsque le partenaire s'oppose à une demande qu'il juge inacceptable de la part de l'initiateur, par exemple, le refus de faire de leur vie intime de couple un «mariage ouvert». Il déclare l'union impossible. Le même verdict peut être obtenu si le partenaire refuse d'obtempérer à une requête légitime, par exemple, d'abandonner maîtresse ou amant.

2. La seconde cause du transfert de la responsabilité se manifeste lorsque, face à l'expérience d'abandon affectif dans laquelle il se trouve, le partenaire non seulement conclut que le mariage est en crise mais confronte l'initiateur en le

menaçant de rupture. Dans bien des cas, il n'attend que cette réaction. On constate en effet que bon nombre d'initiateurs réduisent à un tel point l'interaction avec le conjoint que pareille réaction devient inévitable.

3. Le troisième motif du passage du rôle de victime à celui d'initiateur de la séparation tient à la violation inacceptable de règles fondamentales de la relation : violence physique, atteinte à la dignité, critique excessive des parents ou de la personne elle-même, infidélité conjugale, etc. Dans ce dernier cas, bien des partenaires jouent au détective pour s'enquérir avec exactitude de ce qui se passe. À ce stade de la confrontation, en effet, l'initiateur laisse, de façon plus ou moins inconsciente, facilement apparaître des indices. Le partenaire n'a plus d'autres choix que d'affronter à son tour le conjoint infidèle : «C'est la séparation à moins que les choses ne changent!» Dans tous ces cas, c'est le partenaire qui est sur le point d'être abandonné qui, tout à coup, porte le fardeau de la rupture. C'est seulement en se livrant à l'examen de chaque cas en particulier que l'on peut déceler si l'initiateur a voulu ou non transférer sur l'autre la responsabilité. On imagine bien que les situations sont parfois très complexes.

Parce qu'elle constitue la minute de vérité dans le cheminement difficile et ambigu d'un couple, la confrontation s'avère décisive. Qu'elle ait consisté en une déclaration verbale explicite, qu'elle se soit faite par des moyens plutôt indirects, ou enfin, qu'elle ait déclenché un transfert de la responsabilité immédiate de la rupture, il reste que le couple est arrivé à un tournant. Deux issues sont possibles : celle de la rupture ou celle de la redéfinition radicale de la relation. De toute manière, la situation antérieure ne peut durer. L'étape qui suit consiste en une tentative pour sauver l'union dans un certain nombre de cas.

ÉTAPE 4 – L'ESSAI DE SAUVETAGE

Si paradoxal que cela puisse paraître, la quatrième étape du divorce consiste dans l'essai de sauvetage. Un des avantages de la confrontation c'est qu'elle permet d'aborder le véritable problème, d'aller à la source de la détérioration de la relation et de négocier avec lucidité. Les conjoints reconnaissent qu'ils sont dans une situation de crise. En principe, ils sont prêts à essayer de nouveau. Sans doute s'agit-il d'une tentative difficile, mais elle n'est pas nécessairement vouée à l'échec. Il ne saurait s'agir par contre de rétablir la réalité comme avant et de revenir à la lune de miel. Ce qui est en cause, c'est la capacité des conjoints de reformuler un projet de vie significatif ou de créer une relation conjugale suffisamment gratifiante pour apporter le bonheur auquel chacun aspire. Une recherche américaine révèle que sur 506 épouses qui avaient entrepris une démarche de réconciliation, 30 % étaient encore mariées un an après (Wineberg, 1994). Plusieurs des couples qui sont passés par la confrontation y arrivent à des degrés divers. Certains retrouvent la joie de vivre dans l'approfondissement de l'intimité. D'autres s'inventent un *modus vivendi* voisin de la stagnation ou une vie à deux en parallèle. Enfin, il y a tous ceux qui ne s'en relèvent pas. Ce sont ces derniers qui vont retenir notre attention.

Une étape vouée à l'échec

Qu'en est-il de l'évolution des couples pour qui la confrontation aura été suivie d'un effort infructueux pour sauver la relation? Pourquoi cet échec? Quelles sont les forces qui minent l'initiative de négociation susceptible de déboucher sur de nouveaux terrains d'entente? Bref, que se passe-t-il chez l'initiateur de la rupture et que se passe-t-il chez le partenaire?

Il semble bien que l'écart entre initiateur et partenaire est tel, au moment de la confrontation et au cours de l'étape d'essai de sauvetage qui suit, qu'il rend impossible toute négociation véritable. Une analyse en rétrospective des couples divorcés permet de voir que l'entreprise était condamnée au point de départ (Vaughan, 1986). Dans leur étude des états d'âme prévisibles des conjoints en instance de divorce, les Rosenstock (1988) ont pu observer de leur côté qu'à la quatrième étape, selon leur typologie, l'initiateur, tout en entretenant une certaine ambivalence, a déjà pris sa décision : il va vers la rupture.

Il est donc tout à fait possible que la négociation existe, qu'elle se poursuive pendant un certain temps et qu'elle donne l'impression de constituer un essai sérieux en vue de redéfinir la relation et de sauver le mariage. Mais un problème grave vient vicier l'entreprise et l'empêche de donner des résultats : l'écart devenu infranchissable entre les deux négociateurs.

L'initiateur : un conjoint qui a déjà quitté

Arrêtons-nous à l'initiateur, qui n'en peut plus de supporter une situation qu'il juge intenable à cause du conjoint. Depuis des années, il vit une expérience de distanciation qui frôle la rupture, en tout cas psychologique. Bien souvent, au moment de la confrontation, les solutions entreprises, telles l'immersion dans l'activité professionnelle, le cercle d'amis, les centres d'intérêt extra-familiaux, l'attachement aux enfants, etc., ont remplacé la relation conjugale. Il a, à toutes fins utiles, appris à vivre sans l'autre après y avoir longuement pensé, et après avoir mis en place les mécanismes de défense qui lui permettent d'oublier sa déception et son insatisfaction. Il s'est ainsi habitué, en quelque sorte, à la banalité d'une expérience amoureuse sur laquelle il ne compte plus pour être heureux. Mais surtout, il a essayé.

Pendant des années peut-être, il a voulu dire à l'autre qu'il se sentait malheureux. Il a tenté d'améliorer la situation, surtout en voulant changer l'autre sans doute, mais l'effort était là. Ce n'est qu'après avoir pris conscience de son insuccès qu'il a entrepris de trouver autrement des compensations. C'est au cours de cette expérience aliénante que, ne pouvant plus résister à la frustration et au mécontentement, la confrontation s'est finalement produite. Il n'est pas sûr qu'il ait le goût de faire un autre effort. De là à tirer la conclusion intime que son union n'offre pas de chance d'avenir et qu'il n'y a pas d'intérêt à la poursuivre, il n'y a qu'un pas à franchir. Pour la plupart, à cette étape, c'est chose faite.

Le partenaire : un conjoint aveugle

De son côté, le partenaire est solidement ancré dans la relation. Même si les choses n'allaient pas bien, l'idée d'une rupture n'a pas effleuré son esprit, pas plus qu'il n'a prévu d'autres situations de vie. Au lendemain de la confrontation, il est donc prêt à essayer, sauf dans le cas où l'initiateur refuse catégoriquement toute négociation en déclarant que sa décision de partir est finale. Pour le partenaire, la solution paraît relativement simple : si les conjoints essaient, ça devrait donner des résultats positifs ! Il oublie, quand il ne le nie pas tout simplement, que l'initiateur a déjà fait un effort. Il oublie surtout tout le chemin parcouru par ce dernier sur le chemin de la désunion.

Une tentative de dernière heure

Bon nombre de couples qui ont abouti à la désunion ont fait un effort de dernière heure pour l'éviter. Les conjoints retracent l'histoire de leur amour et tentent de comprendre ce qui s'est passé. Dans ce dialogue, où pour la première fois on aborde les vrais enjeux, l'un et l'autre tentent d'expliquer et de comprendre. L'initiateur révèle les causes de sa souffrance, le partenaire tente de fournir des explications. Le premier insiste sur les forces de division, le second souligne les bons côtés et l'importance de l'union pour elle ou pour lui.

Les couples qui vivent cette expérience traversent alors une période marquée par beaucoup d'incertitude. L'initiateur est davantage affecté par la remise en question inévitable de l'attitude négative qui s'est développée en lui au cours des années. Peut-être est-il prêt à essayer de nouveau. Les motifs de l'effort sont multiples : l'amour vécu un jour, la parole donnée, le bien du conjoint qui désire la poursuite du projet de couple, le bien des enfants, le respect de lui-même, la culpabilité qu'il ressent et les doutes qui reviennent, le manque de courage à tout briser, etc.

Dans bien des cas, de son côté, le partenaire se hisse à la hauteur de la situation. Si c'est lui qui est la cause principale du conflit, il tentera de corriger la situation et s'appliquera de toute manière à ranimer l'interaction. Il brasse les cendres pour que le feu surgisse ou pour que quelques braises se rallument. Certains couples font alors un effort pour revivre la romance de la lune de miel : souper à la chandelle, conversation évoquant la mémoire des bons moments du passé, week-end à deux, vacances, projets communs, intérêt plus poussé dans les activités de l'un et de l'autre, etc. Cela inclut parfois la décision de se faire aider, de rencontrer un conseiller ou un pasteur.

Des obstacles insurmontables

On pourrait imaginer qu'un tel effort devrait suffire pour rescaper la relation. De fait, on sait que passablement de couples passent par cette étape et reprennent vie, que leur mariage est sauvé. La blessure n'était pas incurable, ni la désintégration trop avancée. Pour les autres, malheureusement, les obstacles étaient insurmontables. L'initiateur, à tort ou à raison, s'était déjà construit un monde ailleurs en se redéfinissant autrement dans son rapport avec son conjoint et le milieu. Les solutions qu'il s'était données étaient suffisantes. Dans cette conjoncture, l'opération sauvetage était condamnée d'avance à demeurer superficielle. L'amélioration de la relation conjugale ne pouvait être que temporaire. La volonté et le cœur n'y étaient pas.

Ajoutons en terminant qu'il n'est pas toujours facile pour l'observateur de discerner qui des deux époux est le grand responsable de la misère du couple, et de tailler exactement la part de responsabilité de chacun. Notons enfin que la plupart des couples passent par plusieurs cycles de reprises et d'abandons en tentant de sauver leur amour.

Une stratégie de départ

On ne saurait donc s'étonner si dans bon nombre de cas, l'étape d'essai se résume chez l'initiateur à une stratégie de départ. S'il s'implique dans l'opération sauvetage, c'est pour permettre au partenaire de tirer lui-même la conclusion qu'il s'agit d'une entreprise impossible. Au fond de lui, il continue à vouloir quitter alors que le partenaire voudrait éviter la rupture. Il en résulte un dialogue de sourds. La démarche auprès d'un conseiller est elle-même faussée. Le partenaire désire un conseiller susceptible d'encourager la recherche de solutions pour dénouer la crise, alors que l'initiateur préfère un intervenant «neutre» qui se rangera plus facilement de son côté.

Dans bien des cas le conjoint qui se sent rejeté vit alors l'étape du divorce émotionnel (Bohannan, 1970). Il éprouve des sentiments contradictoires de culpabilité, de tristesse et de colère. Face à son insuccès, il passe par une période de désorganisation et de dépression. Souvent, il éprouve des tentations suicidaires, de violence en langage ou en acte, et tente de retenir l'autre en prenant toutes sortes de moyens, par exemple, en le privant de ressources financières. De son côté, l'initiateur n'a qu'à conclure que son intuition initiale de terminer la relation était juste! Le scénario s'est avéré efficace. Tout est en place pour la prochaine étape, la séparation.

ÉTAPE 5 – LA SÉPARATION

La séparation constitue la cinquième étape pour la plupart des mariages brisés. Dorénavant, les conjoints ne vivent plus sous le même toit. Si, dans certains cas, l'un ou l'autre ou les deux ont pu imaginer la séparation comme temporaire, il reste que, sauf pour quelques rares exceptions, elle marque vraiment la fin. Les forces inhérentes à l'éloignement, auxquelles s'ajoute en général une nouvelle expérience amoureuse pour un des conjoints, ainsi que la redéfinition de soi provoquée par la situation nouvelle, font irrémédiablement basculer le projet. Toutefois, la situation, comme dans les étapes antérieures, n'est pas dépourvue de toute ambiguïté. Il est possible qu'une certaine ambivalence retienne encore l'initiateur, en particulier dans les cas où il n'est pas le responsable principal des problèmes profonds du couple. Quant au partenaire qui tout à coup se retrouve seul, il est presque toujours habité par l'indécision. En général, il continue à entretenir l'espoir de sauver la relation et n'arrive pas à se résigner ni à se préparer à la rupture ultime qui est pourtant imminente.

«Faire la nouvelle»

Pendant des années, les conjoints veulent éviter aux parents et amis le choc de l'effondrement du mythe du couple idéal. Avec la séparation, tous savent et prennent parti. En effet, au moment même où les conjoints doivent réorganiser leur univers physique, économique, social, psychique, affectif, etc., les parents et les amis viennent confirmer, en la reconnaissant, la nouvelle situation, mais surtout, par le phénomène des alignements, ils contribuent à renforcer chacun des conjoints dans sa position.

L'impact des alignements

Le réseau de soutien qui se forme et les alignements qui s'établissent derrière chaque conjoint ont souvent un impact décisif. En général, les parents soutiennent leur fils ou leur fille. Les vieux amis épaulent fidèlement leur compagnon ou compagne dans l'épreuve. Ce qui entraîne, dans la plupart des cas, le resserrement des liens d'amitié avec l'un et l'éloignement d'avec l'autre.

Par contre, il y a souvent des surprises. Tel ou tel que l'on croyait être un allié se retrouve dans l'autre coin de l'arène. Cette expérience est particulièrement douloureuse lorsque tel enfant que l'on avait pensé être de son bord se range du côté de l'autre. La surprise peut aussi venir du côté des amis. Il y a des amis proches du couple en tant que couple à qui chacun des conjoints est très attaché. Qui vont-il soutenir? Des choix seront faits avec le résultat que chacun des conjoints se trouve inévitablement privé d'amitiés importantes, sans compter qu'en certains cas des amis coupent les ponts avec l'un et l'autre, soit parce qu'ils ne savent pas à qui donner leur allégeance, soit en raison du rejet ou de la condamnation de la situation globale.

Le phénomène inévitable des alignements au lendemain de la séparation place les conjoints dans une situation de compétition non moins évitable. Pour garder un ami ou pour trouver du soutien, elle risque facilement de conduire l'un ou l'autre à enfreindre les règles du jeu en biaisant les faits ou en parlant de l'autre d'une façon exagérément négative sinon mensongère, ce qui entraîne un antagonisme encore plus grand entre les deux.

Dans cette perspective, la découverte de Vaughan (1986) ne surprend plus : on compte de fait une proportion plus élevée de réconciliations, même si elles demeurent minimes, chez les couples dont la séparation n'est pas connue que chez les autres, en raison justement de l'absence des forces sociales qui confirment et, semble-t-il, renforcent la désunion.

Par contre, l'intervention discrète de parents et d'amis peut jouer de façon positive. On retrouve en effet des cas où, dans le respect de la situation du couple, parents et amis contribuent à faciliter et à entretenir, sinon à relancer la communication entre les conjoints en faisant taire leur sensibilité plus grande pour l'un ou l'autre.

Une expérience de bouleversement émotif, social et économique

La séparation est vécue par les deux conjoints et par les enfants — car il y en a d'impliqués dans près de la moitié des cas — comme une expérience de profonde désorganisation émotive, sociale et économique. Tant en Amérique qu'en Europe, les conclusions de la recherche sont unanimes sur ce point (Vaughan, 1986, 187 et 351; Roussel, 1989, 173).

L'alternance des sentiments de tristesse, de colère, de peur, d'abandon et d'incertitude est inévitable. La séparation entraîne une crise d'identité et des blessures affectives qui nécessitent la construction d'une nouvelle conscience de soi, en même temps que la définition de nouveaux rôles et de nouvelles relations. L'expérience de désorganisation sur le plan social n'est pas moins douloureuse. Démêler une situation de vie dans laquelle tant de choses sont imbriquées pour refaire deux vies n'est pas simple. Le bouleversement est complet : le réseau d'amis, le statut économique, le lieu d'habitation, le rapport aux parents, la vie sexuelle, les enfants, rien n'y échappe.

Enfin, les effets sont peu reluisants sur le plan économique. Toutes les recherches convergent pour reconnaître la détérioration de la situation financière de la grande majorité des femmes (Howlett, 1986; Morgan, 1991) et, si paradoxal que cela puisse paraître, surtout lorsque le couple recourt à la loi du divorce sans faute (Weitzman, 1985). La plupart des femmes confrontées au divorce ont un revenu, mais plusieurs n'ont pas une profession bien définie et une infime minorité seulement poursuit une carrière. Le refus ou la négligence du père à verser la pension alimentaire à laquelle il s'est engagé ne constitue rien de moins qu'un problème de société (Braver, Fitzpatrick & Bay, 1991). Résultat : plus de 70 % des femmes divorcées se retrouvent dans une situation économique désavantageuse ; 25 % sont plongées dans la pauvreté. Quant aux femmes qui ne travaillent pas à l'extérieur du foyer, elles risquent carrément de se retrouver sans le sou au lendemain du divorce. On comprend dans cette conjoncture qu'une nouvelle réforme de la loi sur le divorce s'avère pressante (Sugarman & Kay, 1990).

L'avantage de l'initiateur

Il va sans dire qu'initiateur et partenaire ne vivent pas de la même façon la séparation. Les bouleversements qui l'accompagnent, même s'ils sont troublants pour les deux, semblent affecter moins profondément le premier, qu'il en soit la cause profonde ou non.

En effet, pour l'initiateur, qui a plus ou moins cessé de vouloir sauver la relation, après un effort initial, la séparation est commencée depuis des années. Il s'y est en quelque sorte entraîné. Il a étudié les possibilités et découvert d'autres sources de satisfaction qui lui fournissent une nouvelle définition de lui-même. Le deuil inévitable de la mort de la relation et de la séparation a déjà fait son œuvre en lui. Il est prêt, en général, pour un nouveau projet de vie.

La transition abrupte du partenaire

Le partenaire, qu'il soit ou non le principal responsable du bris de la relation, est beaucoup plus vulnérable. Contrairement à l'initiateur, il n'a pas exploré les solutions possibles, pas plus qu'il ne s'est entraîné à se voir autrement. Qu'il reste accroché à la relation n'a donc rien de surprenant et cela, même au stade de la séparation. Les signaux équivoques de l'initiateur sont perçus comme positifs. Bouleversé par la confrontation de l'étape précédente, il est possible qu'il continue à osciller entre le rêve et la réalité et poursuive ses efforts pour garder contact avec l'autre.

Il essaie de comprendre et est souvent porté à prendre sur lui tout le blâme. Une réalité, capable de démolir les carapaces les plus solides, risque de le terrasser : a-t-il échoué dans le test majeur de la vie adulte, celui de réussir un projet de vie à deux ? Tenté par la dépression et l'isolement, il cherche ailleurs. Travail, investissement social, activité physique, religion, enfants, amis deviennent alors les substituts à la sensation de vide qui le menace.

Finalement, le conjoint qui se perçoit abandonné se trouve précipité dans un douloureux dilemme : faut-il prendre sur soi tout le blâme ou, au contraire, regarder la réalité en face, prendre conscience des faillites réelles de l'autre comme de sa propre responsabilité, et accepter la séparation puisque la réconciliation semble de moins en moins possible ?

Une avenue sans issue

Bref, aux yeux de l'observateur, il apparaît qu'avec la séparation, un cycle destructeur est enclenché qu'il est à peu près impossible d'enrayer :

— Les deux partenaires sont entraînés par la force des choses à s'adapter à la nouvelle situation et à se redéfinir ;

— Les contacts deviennent aussi plus difficiles et plus rares, ce qui réduit les chances de dialogue ;

— Dans la société industrielle avancée, caractérisée par l'éphémère, la pression sociale pousse plus souvent à la désunion qu'à la réconciliation ;

— L'alignement des amis et des parents derrière chaque partenaire renforce la désunion ;

— La séparation favorise la création de nouveaux liens amoureux chez l'un ou l'autre des partenaires, quand ce n'est pas déjà fait. Autrement dit, la réalité exprimée par la formule populaire : «Il/elle s'en est trouvé un/une autre !» se fait rarement attendre, au moins pour l'un des deux ;

— Enfin, si malgré ces facteurs négatifs le «miracle» de la réconciliation se produit, réalisant le rêve entretenu par le partenaire, il ne saurait s'agir d'un retour en arrière. Seul le couple capable de se donner un nouveau projet, de construire un univers relationnel significatif, est assuré d'avoir un avenir. Sinon, la réconciliation n'est que temporaire et se solde par un nouvel échec.

Finalement, la séparation est presque sans exception l'ultime étape sur le chemin de la désunion. Elle ne fait que renforcer ce qui constitue déjà une longue histoire chez l'initiateur. Quant au partenaire qui s'oppose peut-être toujours à la rupture, il y est précipité bon gré, mal gré.

ÉTAPE 6 – LES RITUELS DE LA SÉPARATION ET DU DIVORCE

Le rituel du divorce constitue la dernière étape d'une trajectoire qui s'achève dans l'échec d'un rêve. S'il y a un rituel à l'origine d'un couple, il y en a aussi pour en marquer la fin. C'est un peu comme si le langage de la rationalité ou de la logique ne suffisait pas. On crée des rituels pour célébrer la vie, l'amour, ainsi que pour souligner les événements importants de l'existence : naissance, anniversaire, mariage, mort, etc. L'événement dramatique de la désunion n'y échappe pas.

C'est ainsi que les conjoints qui se désunissent éprouvent, dans l'ensemble, le besoin profond de poser un geste formel qui signifie officiellement la fin. Quant aux couples en union de fait, qui ont pu croire un moment que l'absence de rituel juridique était avantageux, on observe qu'ils ont, tout autant que les premiers, recours à une démarche formelle en général du côté d'une instance juridique. Il semble bien que cette démarche facilite le processus de redéfinition de soi et de réorganisation nécessaire à la transition. En fait, le recours à des mesures juridiques pour le partage des biens, la garde des enfants, les responsabilités financières, etc., a non seulement pour effet de transmettre dans le milieu le message de leur séparation, mais il contribue à se dire à soi-même que c'est la fin et à se redéfinir. Finalement, la désunion ou la rupture n'est complète qu'au moment où non seulement les conjoints se voient eux-mêmes comme ex-conjoints mais aussi au moment où ils sont reconnus comme tels par les autres, y compris les instances sociales et religieuses.

Les «tâches» du divorce

Si l'on tient compte de tout ce que le divorce ou toute autre mesure juridique parallèle implique en terme de temps, de négociation directe ou par personne interposée, d'observation des réactions de chacun, de décisions concrètes, on s'aperçoit que la reconnaissance de la désunion avec ses composantes multiples est un rituel complexe.

Un des paradoxes véritables que l'on peut observer chez la plupart des couples forcés par la situation à assumer un certain nombre de tâches, est celui de la résurgence de la préoccupation de l'autre. Cette attention manifestée par des menus services, des appels téléphoniques, des visites sous divers prétextes, a presque valeur de rituel en soi. Elle peut être occasionnée par des responsabilités communes, telles le soin des enfants et les rapports avec la parenté, mais il y a sans doute plus.

La préoccupation pour l'autre ne s'enracinerait-elle pas dans la profondeur et la qualité des liens qui ont existé chez la plupart des couples, même si, par la suite, tout s'est brisé ? Ce souci réciproque qui, paradoxalement, se manifeste d'autant plus ouvertement que la séparation est acceptée comme irrévocable par les deux, est à la base de la continuité des relations entretenues par une proportion significative d'ex-partenaires après l'obtention du divorce. On ne coupe pas si facilement avec son histoire. «C'est un peu comme si l'on avait besoin de savoir que la période de notre vie partagée avec un/une autre n'a pas été en vain», écrit Diane Vaughan (1986) après avoir elle-même fait l'expérience du divorce. Dans un roman passionnant décrivant les rapports résurgents entre deux ex-conjoints remariés, l'auteur fait dire à son héroïne dans une lettre qu'elle adresse à son ex-époux : «Mais toi, tu as été et tu resteras toujours mon mari. Éternellement!» (Oz, 1988).

La collaboration ironique de la fin

Enfin, la collaboration étroite, en plusieurs cas, des futurs ex-partenaires constitue un autre aspect remarquable de l'étape du divorce. Alors que la séparation vient favoriser l'éloignement, voilà que les tâches exigées par les démarches juridiques les rapprochent. La situation est aussi ironique qu'inévitable, même qu'elle tend à se généraliser sous la loi du divorce sans faute, forçant en quelque sorte les conjoints d'hier à faire des choses ensemble. Ce que, dans la plupart des cas, ils n'ont pas fait depuis des années, c'est-à-dire dialoguer et négocier! Étrange rituel que le divorce! (Mashester, 1991).

RÉSUMÉ

L'étude du cheminement des couples qui aboutissent à la désunion est à la fois provocante et troublante. Provocante parce qu'elle est une invitation à scruter les causes, à déceler les étapes et à mesurer les effets d'un phénomène social de plus en plus généralisé. Troublante parce qu'elle place l'observateur et le chercheur devant une tragédie humaine et un drame social d'envergure. L'importance que prend aujourd'hui la médiation atténue dans bon nombre de cas la difficulté de la transition (Emery, 1995). Mais elle demeure une approche fragile face au sentiment de révolte qui explose à un moment ou l'autre.

L'objectif de ce chapitre a été d'observer l'évolution du couple, de l'accompagner en quelque sorte sur la voie ambiguë de la désunion et d'en dégager les tournants principaux et les étapes majeures.

Cette présentation des étapes prévisibles du divorce aidera peut-être quelques couples à faire le point sur une trajectoire humaine riche de possibilités et de dépassements, mais aussi parsemée d'embûches. Elle voudrait aussi servir d'outil de travail pour les intervenants, et parmi ceux-ci, à quantité de couples capables d'intervenir mieux que tout autre auprès de ceux qui sont en difficulté ou qui piétinent sur la route. Elle facilitera aussi, nous osons l'espérer, la prise de conscience par les jeunes des exigences d'un projet trop important pour être construit uniquement sur le sentiment amoureux, si merveilleux soit-il.

Si la route exigeante du développement des couples s'achève abruptement pour plusieurs, il reste que pour la majorité, elle demeure le lieu de la réalisation de soi à travers les dépassements inhérents à l'amour. C'est à cette trajectoire que sont consacrés les prochains chapitres.

Troisième partie

LES CHANCES DU DÉVELOPPEMENT

Si les promesses de bonheur liées au mariage ne sont pas magiques, elles ne sont pas par ailleurs accueillies et nourries en vain par des milliers de conjoints. D'étape en étape depuis la lune de miel, la naissance des enfants, leur éducation, leur départ, la retraite, la majorité des couples avancent sur les chemins exigeants du développement, là où précisément sont arrimés la satisfaction de la tâche accomplie et de l'espoir partagé. Les cinq chapitres qui suivent tentent de dégager, en les reprenant une par une dans leur séquence normale, les étapes majeures d'une trajectoire qui, même si elle ne saurait rendre compte du vécu unique de chaque couple, n'en est pas moins révélatrice de l'expérience commune à tous.

Chapitre 6

La formation du couple, le mariage et les tâches de la vie à deux (Stade 1)

C'est par la médiation de la parole prononcée officiellement par le couple et reçue par la communauté que l'amour accède à sa pleine consistance.

Le mariage n'est pas une réponse, mais une recherche, un processus, une quête de vie tout comme le dialogue est une recherche pour la vérité.

Sydney Jaurard

Constituer un couple dans le sens de l'intimité profonde entre une femme et un homme, s'engager mutuellement dans l'amour, être ouvert sur la vie à transmettre, se préparer à répondre à un ensemble de besoins fondamentaux est une entreprise qui non seulement transforme l'existence mais mobilise la presque totalité des énergies et ce, pour le reste de la vie.

On distingue trois éléments dans ce «passage» à la vie de couple : les fréquentations, la célébration du mariage et la vie à deux. Il s'agit d'un changement radical qui s'opère lentement dans le temps. Si l'on s'en remet à la recherche actuelle, il semble bien qu'il faille en moyenne deux ans pour permettre la formation d'un couple et la mise en place des fondements économiques, sociaux et affectifs d'une famille. Hier, cette transition était marquée par un événement central, le mariage, qui tenait lieu de rite de passage. Il constituait une des transitions les plus importantes de la vie, sinon la plus importante.

On comprend qu'aux yeux de l'historien et de l'anthropologue, la dérive actuelle laisse songeur.

Aujourd'hui, les seuils d'entrée dans une union conjugale sont progressifs et ambigus. Il n'est pas facile de savoir quand commence un couple. Est-ce au moment des premiers rapports sexuels ? Est-ce au début de la cohabitation ? Est-ce au moment de l'aménagement à deux d'un lieu de vie indépendant ? Si on s'arrête à ces questions tout en conservant en tête celle de l'intention portée par chacun des individus en présence, force est de reconnaître qu'on se retrouve sans réponses évidentes. Par contre, cette entrée progressive en couple sur le plan de la décision individuelle et de la reconnaissance sociale s'accompagne des mêmes exigences au niveau de la réalité quotidienne. Autrement dit, le fait qu'une proportion importante de couples de nos jours font vie commune avant de se marier et qu'un certain nombre, tout en demeurant unis ne se marient pas par la suite, ne leur épargne pas pour autant la confrontation avec les défis et les étapes inévitables qui sont l'apanage de tout couple.

Pour ces couples comme pour tous les autres, la famille est l'unité sociale où se déploient les relations humaines les plus intimes et les plus importantes, à la fois pour les conjoints et pour les enfants. Elle est le lieu des expériences les plus déterminantes de l'existence, le lieu où les individus se développent sur tous les plans, s'expriment et accèdent à la maturité. Le premier stade du cycle de la vie du couple et de la famille revêt donc, de ce fait, une importance capitale, non seulement pour le couple mais aussi pour la société, même si les courants de pensées superficielles qui la balaient peuvent donner l'impression qu'on n'a plus à s'en préoccuper.

La première partie de ce chapitre sur la formation du couple traitera des raisons pour lesquelles on se marie et des conditions préalables à un choix judicieux. La question de la maturité retiendra surtout l'attention. Le phénomène de la cohabitation prémaritale sera abordé dans cette perspective ainsi que dans celle de la permissivité sexuelle et de l'absence de supports sociaux à l'union conjugale. Dans une deuxième partie suivra l'étude de la place et de la signification du rituel du mariage en tant que rite de passage. La troisième partie traitera des tâches du développement du couple. Trois enjeux principaux retiendront l'attention : la répartition des rôles adaptés à la situation nouvelle, la redéfinition des rapports avec les familles d'origine et les amis, et enfin, le développement de l'intimité.

I – LA FORMATION DU COUPLE

Observer le cycle de la vie du couple et de la famille dans une perspective de transition, c'est en suivre l'évolution étape par étape. La première, qui consiste en la formation du couple, implique une série de facteurs interdépendants d'ordre individuel ou privé, par opposition à ceux d'ordre socioculturel, dont les principaux sont la motivation, l'âge et la maturité psychologique. Une bonne façon de l'aborder, c'est de poser la question : pourquoi se marie-t-on ? Elle peut s'avérer d'autant plus pertinente que le rituel du mariage connaît présentement le recul que l'on sait.

Pourquoi se marie-t-on ?

On peut répondre qu'on se marie parce que l'on est amoureux. Comme la question a fait l'objet de sondages, on peut même apporter les résultats de la recherche à savoir qu'environ 80 % des femmes et des hommes déclarent qu'ils se marient parce qu'ils s'aiment. Mais que cache cette affirmation ? On s'en doute bien, les motifs qui président à un mariage sont beaucoup plus complexes que ne le laisse entendre l'affirmation «on se marie parce qu'on est amoureux». C'est un ensemble de besoins recouvrant les divers aspects de l'être (physique, affectif, sexuel, psychosocial et même intellectuel et spirituel) qui conduit au mariage (Fincham & Bradbury, 1990).

Il existe une première évidence. La construction d'un couple s'enracine dans la structure biologique de la femme et de l'homme et répond aux besoins de l'individu et de l'espèce. Ces besoins se trouvent donc au fondement de la famille, qui constitue dès lors le lieu normal de l'amour hétérosexuel et de la procréation. Les exigences de stabilité et de durée du mariage ne font que correspondre à la situation de l'espèce humaine. Ne faut-il pas neuf mois de gestation intra-utérine pour donner naissance à un enfant, et entre quinze et vingt ans pour le mener au seuil de la maturité humaine ?

En second lieu se situe le besoin profond d'aimer et d'être aimé, le besoin d'une relation exclusive et stable, le besoin de soutien mutuel, le besoin de l'intimité sexuelle et de la complémentarité touchant les rôles et les fonctions propres à chaque sexe.

À ces motifs généraux, et sans doute universels, viennent s'enraciner d'autres motifs, tout à fait individuels, certains positifs, d'autres non, qui ont valeurs de déclencheurs. L'expérience, confirmée par la recherche systématique des dernières années, nous a appris en effet qu'il y a de bonnes raisons de se marier mais qu'il y en a aussi de mauvaises. Lamana et Riedmann (1981-1982) les résument ainsi :

Les chances de réussir son mariage sont minces :

— si l'on se marie pour l'apparence physique ou la beauté ;

— si l'on se marie pour améliorer sa situation économique ou pour hisser son statut social ;

— si l'on se marie pour répondre à la pression sociale, à celle de ses parents, de ses amis et de la société en général qui veut que l'on fasse comme tout le monde ;

— si l'on se marie par révolte contre ses parents qui s'opposent à « ce mariage » ;

— si l'on se marie pour échapper à l'autorité de ses parents ou au pouvoir affectif étouffant qu'ils exercent ;

— si l'on se marie par pitié, avec un sentiment de culpabilité face à l'alternative de la rupture de la relation, ou par obligation, ce qui se présente surtout chez les adolescents-parents;

— si l'on se marie parce que l'on s'ennuie et que l'on ne veut pas faire sa vie seul;

— si l'on se marie rapidement sous le coup d'un choc affectif douloureux, par exemple la mort d'un parent.

En revanche, il existe aussi de bonnes raisons de se marier. On peut les ramener à trois principales :

1. La volonté de développer une intimité profonde avec la personne choisie en réponse au besoin d'aimer et d'être aimé, auquel se rattachent deux désirs étrangement indéracinables, la permanence et l'exclusivité.

Étant donné la transformation radicale de la famille qui a accompagné l'industrialisation de la société, une modification profonde des mentalités est en cours, avec le résultat que, depuis vingt à trente ans, le divorce est presque devenu une banalité. Or, chose étonnante, la volonté profonde de permanence demeure. Elle semble chevillée à l'amour que les conjoints se portent et se promettent. Tous les sondages affirment que pour la presque totalité des couples d'aujourd'hui, aimer c'est croire en la durée et cela même en l'absence de supports sociaux et même si la culture s'inscrit en contradiction avec les attentes de leur être profond.

La vague de «mariages ouverts» du tournant des années 1970 n'aura pas eu le succès promis par le livre des O'Neil (1972) et les revues à la mode de l'époque. L'idée de la «monogamie flexible», libératrice et créatrice d'intimité plus dynamique, sans jalousie, n'a pas tenu le coup! Interviewé en mars 1990 à l'émission *Apostrophe*, le jeune romancier français, Alexandre Jardin, auteur de *Fanfan*, entre autres, dénonçait le «gigantesque fiasco amoureux dont nous sommes issus».

2. La deuxième bonne raison de se marier tient au désir de faire de son projet de couple une réussite affective. Elle implique que le choix ait été arrêté de façon lucide et s'appuie sur une juste perception de la signification du mariage.

Si certaines personnes se marient pour échapper à l'angoisse de la solitude ou de la peur, d'autres se marient pour se donner un projet de vie ouvert sur l'avenir. Après être passés par les hésitations et peut-être les remises en question inhérentes à un choix lucide, ces individus désirent la sécurité offerte par la structure du mariage. Les couples qui se construisent ainsi voient le mariage comme le lieu privilégié de l'amour. Ils le perçoivent comme une réalité appelée à se développer, évitant ainsi le double écueil d'en faire un refuge pour angoissés ou un carcan aliénant. Cette démarche suppose un niveau de maturité qui n'est pas l'apanage de tous, malheureusement.

Reste enfin une proportion non négligeable d'individus qui refusent tout simplement de se marier tout en désirant faire vie commune. Depuis quelques années, les unions de fait ou consensuelles sont en hausse. Pourquoi se marier alors que l'on ne forme plus un couple pour les mêmes raisons qu'autrefois, sans parler des complications du divorce? Cette interrogation répandue exprime la sensibilité de notre époque face à une institution dont la signification, avec celle de la famille, a beaucoup changé. Faut-il s'étonner que le malaise qui en découle entraîne la confusion dans la pensée et la dérive que l'on sait chez un certain nombre de couples qui rejettent explicitement le rituel et plusieurs qui négligent tout simplement de se marier? Malgré cela, de tous les ménages qui se sont formés en 1991 selon Statistique Canada (Cat. 84, 205), 77% se sont mariés. (On peut estimer que cette proportion est tombée aux environs de 70% en 1995.) Pour d'autres, le malaise actuel est l'occasion de s'interroger à nouveau sur ce qu'une institution vieille comme le monde peut bien signifier en cette fin du XXe siècle.

Plusieurs se marient pour donner une dimension autre à la promesse privée et éminemment personnelle qu'ils font. Proclamer cette promesse face à une autorité civile ou religieuse, la célébrer avec une communauté, la dire hautement, c'est un peu la faire accéder à une plus grande vérité. Comme si la promesse devenait plus engageante, davantage irrévocable. Il existe une certaine sacralité du mariage à laquelle la majorité des couples sont sensibles. L'engagement dans l'amour, accueilli et reconnu par les autres, se transforme en garantie pour l'avenir et en source de sécurité. Il est, semble-t-il, des projets de vie qui exigent trop des personnes impliquées, ou qui sont trop importants pour être laissés à leurs seules forces. Ces projets font appel à une structure de soutien. Ne sommes-nous pas ici devant une des fonctions irremplaçables du mariage ?

3. Le désir de fonder un foyer pour avoir des enfants est une autre raison pour laquelle on se marie.

De nos jours, on ne forme pas un couple d'abord pour avoir des enfants. On se marie parce qu'on s'aime, et parce qu'on veut être heureux ensemble. Avec un taux de fécondité au Canada de 1,7 enfant par femme capable d'en avoir, le fait saute aux yeux. Pourtant, le désir d'avoir des enfants correspond à un des instincts les plus puissants en l'être humain. Il constitue du même coup une raison importante du mariage, en situant le couple dans la dynamique des jaillissements profonds de l'être ou dans l'ordre normal des choses.

Bref, il y a trois bonnes raisons de se marier : la volonté de l'intimité profonde avec quelqu'un, le besoin de sécurité affective et le désir d'avoir des enfants. C'est dans les familles où se retrouvent ces trois éléments que le taux de satisfaction est le plus élevé.

Certains auteurs croient même qu'il est possible, à partir de ce consensus entre les conjoints, de prédire le succès d'un mariage (McCubbin et Dahl, 1985, 146).

Les conditions préalables

S'il y a de bonnes raisons de se marier ou de s'établir en union de fait, il y a aussi tout un ensemble de conditions préalables à l'élaboration du projet : la connaissance réciproque, l'âge, l'éducation, l'approbation des parents et des amis, la compatibilité des personnalités, des goûts et des intérêts, la rencontre sur le plan des principes et des valeurs et le niveau de maturité. Cette liste n'est pas exhaustive. Certaines conditions sont particulièrement déterminantes. Nous en retenons trois :

La compatibilité

La compatibilité est ce qui permet à deux individus de fonctionner ensemble. Elle a trait aux types de personnalité, aux attitudes profondes, aux intérêts, aux goûts, aux habitudes, au rythme biologique, etc. Elle a trait aussi à certaines complémentarités susceptibles d'être enrichissantes. De toute manière, elle s'impose en ce sens qu'un minimum de compatibilité au niveau de l'être est indispensable au succès d'un projet de vie commune.

Le partage de valeurs semblables

La rencontre sur le plan des principes et des valeurs est une autre condition indispensable au développement d'une relation amoureuse. Il s'agit toujours de compatibilité mais au niveau de la pensée et des choix personnels. Ce qui est en cause, c'est la vision de chacun sur la vie, l'amour, la mort, Dieu, la personne humaine ; ce sont ses principes moraux, ses valeurs, son expérience spirituelle, etc. Dans une perspective d'ordre social sont aussi en cause la langue, la religion, la culture et les sensibilités qui en découlent. On imagine assez facilement qu'un jeune d'Arabie Saoudite ne voit pas tout à fait du même œil qu'une Canadienne la répartition des rôles ménagers en 1996 !

Il n'y a pas de doute, la différence enrichit. Par contre, si elle sépare les êtres à un point tel qu'il est quasi impossible de «regarder ensemble dans la même direction», il serait important de le savoir clairement avant de s'engager sur une route condamnée à l'impasse. La vie nous apprend en effet que les couples qui progressent sont ceux qui partagent les valeurs importantes de la vie et qui s'en inspirent au niveau de leurs attentes et de leurs espoirs. Sans oublier pour autant qu'il y a ceux qui, comme le roseau agité par le vent, tiennent malgré tout, faute d'autres choix.

La maturité

La maturité est le troisième préalable essentiel à tout projet de couple. En quoi consiste-t-elle? Elle comporte de multiples éléments, mais si l'on pense au mariage, on fait d'abord référence au facteur âge. Quel rapport la recherche statistique établit-elle entre l'âge, le mariage et le divorce? L'examen de la variable âge dans l'étude de la «divortialité» au Canada révèle que plus le mariage a été contracté jeune, plus les chances de divorce sont élevées. À l'opposé, on constate que les individus qui se sont mariés autour de 24 ans pour les femmes et de 26 ans pour les hommes forment les unions les plus stables. Au cours des 30 dernières années, la moyenne d'âge au premier mariage a oscillé entre 21 à 23 ans chez les femmes et 24 à 25 ans chez les hommes. On note aussi que le délai trop long pour se marier au-delà de l'âge moyen comporte plus de risques, ce qui se traduit par un taux plus élevé de rupture (Statistique Canada, 1995). Le même phénomène avait été observé aux États-Unis (Glick et Norton, 1977).

Bref, le premier mariage des trop jeunes tout comme le premier mariage des trop vieux a moins de chances de réussir. L'incidence du divorce est toutefois nettement moins prononcée chez les individus qui se marient un peu plus âgés. Enfin, puisque les femmes qui se marient autour de 26-29 ans et les hommes autour de 29-32 ans ont de meilleures chances de faire un couple heureux, on peut formuler l'hypothèse qu'ils ont la maturité suffisante pour se marier.

Une autre étude liée à l'âge, faite par deux chercheurs américains, a révélé que les grands adolescents qui s'engagent dans une union précoce ont davantage de problèmes émotifs que la moyenne de leurs pairs. Il semble bien que ces unions aient valeur d'échappatoire pour des sujets à la fois trop jeunes et trop perturbés pour prendre conscience que leur engagement risque d'être prématuré (Elder et Rockwell, 1976). Enfin, pour ce qui est des unions hors mariage, les statisticiens estiment que plus les adolescents commencent jeunes à cohabiter, plus l'expérience est de courte durée. D'ailleurs, la mouvance de ces unions est telle qu'il est impossible d'établir des statistiques satisfaisantes.

L'âge est certes une donnée déterminante dans l'étude de la maturité nécessaire au mariage ; par contre, d'autres facteurs liés au développement de la personne méritent d'être pris en considération. Ces facteurs non faciles à mesurer mais non moins significatifs font l'objet des pages qui suivent. L'étude prend surtout appui sur les travaux de Jane Loevinger et de Erik Erikson.

Le développement du moi selon Jane Loevinger

L'essentiel de la recherche de Jane Loevinger (1983, 339-350) porte sur le développement du moi. Le moi, c'est le noyau de la personnalité, la force responsable au centre de l'être, l'instance sur laquelle se greffe la capacité de chacun de raisonner, d'évaluer, de réagir. Elle distingue le moi des éléments qui le constituent et qui sont à son service, à savoir le physique, l'affectif, l'intellectuel, etc. Elle distingue aussi le moi de la personnalité, qui est la façon d'être de chacun en même temps que ce qu'il est profondément. Pour elle, la personnalité est une réalité plus large que le moi qui en constitue le centre.

Loevinger (1966, 195-206) a proposé une typologie séquentielle en sept stades de l'évolution du moi. Ces stades, étroitement liés à l'âge au départ, en deviennent tout à fait indépendants par la suite. Il y a des individus, par exemple, qui passent leur vie au stade conformiste ou chez qui cette tendance, caractéristique de l'adolescence, persiste très longtemps alors qu'elle devrait normalement disparaître à l'âge adulte.

Selon Loevinger, l'individu est appelé au cours de son développement à franchir les stades suivants : stade présocial ou symbiotique, stade impulsif, stade opportuniste, stade conformiste, stade de la conscience, stade de l'autonomie, stade de l'intégration. Une brève présentation de l'ensemble permet de placer en perspective ceux qui sont liés à la question de la maturité nécessaire au mariage.

Les caractéristiques des stades du développement du moi

1. Le premier stade consiste dans la phase symbiotique au cours de laquelle le nourrisson commence à distinguer sa mère de tout ce qui l'entoure, sans toutefois se distinguer d'elle.

2. Le passage au stade impulsif est marqué par l'entrée dans la phase remarquable du «non» et se termine, vers trois ou quatre ans, avec la découverte de l'identité sexuelle.

3. Le troisième stade est celui de l'opportunisme. Il est caractérisé par le goût de contrôler sa propre existence. C'est ainsi que l'enfant d'âge scolaire devient moins dépendant pour lentement arriver à se distancier résolument de ses parents à l'adolescence.

4. Le stade du conformisme est étroitement associé à l'adolescence. Le moi en quête d'identité, mais trop fragile pour s'affirmer sur tous les plans, se fond dans le groupe. La perception des règles, lois, normes et interdits est susceptible d'être peu à peu intériorisée, ce qui permet d'en découvrir les fondements.

5. Au stade de la conscience personnelle, les règles ont été intériorisées. Les motifs de l'agir jaillissent davantage de la vision et des valeurs propres du moi qui devient capable de relations interpersonnelles plus significatives. L'individu développe le sens de l'autocritique, une qualité qui faisait tout à fait défaut au stade antérieur.

6. Le sixième stade, l'autonomie, a trait non seulement à la capacité de se prendre en main, mais essentiellement à celle de faire face aux conflits intérieurs suscités par la différence chez l'autre. À cette étape, la tolérance et le respect de l'autonomie de l'autre s'installent en même temps qu'un niveau plus élevé d'ouverture à la mutualité et à l'interdépendance.

7. Le dernier stade est celui de l'intégration. L'individu est arrivé à l'heure de la sérénité du moi. Un moi réconcilié avec lui-même, avec les autres, avec le monde, avec Dieu.

À quel stade l'individu doit-il être rendu pour aborder avec succès la transition du mariage? Il n'y a évidemment pas de réponse absolue à cette question. Par contre, si on la regarde dans la perspective de l'analyse de Loevinger, on peut soutenir que les deux stades du conformisme et de la conscience personnelle sont les plus étroitement adaptés à cette transition. Cette position est soutenue par de nombreux chercheurs (Swensen *et al.*, 1981, 841-853).

Former un couple au stade du conformisme

C'est vers la fin du stade conformiste, selon Loevinger, que l'individu est prêt pour la réciprocité. Le trait principal du stade est précisément la conformité à la règle, entre autres, à la règle d'or «Fais aux autres ce que tu aimerais qu'on te fasse». L'individu est donc prêt à la vivre dans une relation particulière. Mais ce n'est qu'un début. La véritable intériorité manque toujours. Si la capacité de l'amour mutuel est là, par contre, l'ancrage manque de profondeur.

Les exigences d'adaptation, les différences réelles sur le plan de la personnalité, des goûts et des intérêts, peuvent sérieusement ébranler un moi encore instable dont les choix ne sont pas enracinés dans les valeurs profondes de l'unicité de chaque personne. La préoccupation pour les apparences extérieures, le statut social, les stéréotypes et les préjugés qui prévalent sur les valeurs authentiques n'aident pas non plus. Toutefois, quantité de couples de ce niveau sont heureux et avancent ensemble sur la route de la croissance même si l'échafaudage demeure fragile. La maturité nécessaire est là. L'étape suivante permettra de faire un pas de plus.

Le passage au stade de la conscience personnelle

Le passage vers une plus grande intériorité, la mise au clair du fondement des valeurs et des règles de vie qui en découlent, le début de la mise en contact avec son moi profond, la libération des pressions externes, le goût d'être soi-même sont autant de richesses qui transfigurent, à des degrés divers, l'individu au stade de la conscience personnelle.

Vers quel âge s'opère ce passage qui, théoriquement, marquerait le moment idéal pour se marier? La plupart des auteurs le situent au tournant de la trentaine. Notons qu'il peut être très long, qu'en général les femmes précèdent les hommes, enfin que l'individu a besoin à la fois d'être soutenu et provoqué pour franchir cette étape sur la route longue et exigeante de son «humanitude», selon l'expression du généticien français Albert Jacquard (1986).

Dans le passage du conformisme au stade de la conscience personnelle, tout se passe comme si l'individu au terme de la phase de jeune adulte était en train de se restructurer de l'intérieur. Il devient lentement moins sensible à ce que les autres pensent, moins prisonnier des conventions sociales et des règles imposées par les institutions, même si, paradoxalement, il devient moins sûr de lui-même. Dorénavant, il aura le goût de conduire sa vie moins à partir des règles extérieures qu'à partir de ses propres ressources. Il est prêt à aimer.

Entre le moment idéal pour se marier et la réalité

Faut-il attendre le bon moment pour se marier? S'il fallait attendre le niveau de maturité idéal pour le succès du mariage, on risquerait d'en reporter fort loin l'âge moyen!

La réalité est à la fois moins simple et plus riche que ce que suggère l'élaboration théorique. En effet, si l'amour inconditionnel entre deux êtres est le fruit d'une longue évolution, il n'en demeure pas moins que les jeunes adultes qui vivent le passage du stade de l'opportunisme à celui du conformisme sont maintenant capables d'un engagement non dépourvu de promesses d'avenir.

Au début, les relations du couple seront davantage marquées par le conformisme aux règles et aux stéréotypes du milieu. Mais cela n'exclut pas la réciprocité et la capacité du dialogue. Au fur et à mesure, en effet, que l'un et l'autre s'ouvrent à leur propre intériorité, l'intimité est appelée à s'approfondir. Les conjoints accèdent ainsi progressivement au stade de la conscience qui favorise l'émergence des richesses profondes de leur être.

Quelques autres conclusions méritent d'être dégagées des perspectives de Loevinger. D'abord, quel que soit leur âge, les individus qui en sont encore au stade opportuniste ou manipulatoire ne sont pas prêts à se marier. Deuxièmement, il faut tenir compte de tout un ensemble de facteurs d'ordre socio-économique et culturel propres à notre époque, qui maintiennent une proportion plus élevée d'individus qu'autrefois à ce stade de l'opportunisme. Parler de prolongement de l'adolescence renvoie à cette réalité. Enfin, la recherche de stratégies pour inciter les jeunes qui songent au mariage à profiter des tests disponibles ne constitue pas un luxe. Au contraire. Les instruments de mesure du développement du moi mis au point par Jane Loevinger sont reconnus à ce jour comme étant les meilleurs (Snarey *et al.*, 1983). Sans doute serait-il sage de savoir en profiter.

Les stades du développement psychosocial selon Erik Erikson

À l'instar de l'analyse du développement de la personne de Loevinger, celle d'Erik Erikson constitue un point de repère de première valeur dans l'étude des préalables à la formation du couple, surtout en ce qui concerne la question de la maturité.

Erikson propose huit stades de développement liés au biologique, à l'hérédité et au social, d'où le qualificatif de stade psychosocial. Chaque stade constitue un moment de la vie au cours duquel le moi acquiert, selon l'expression de l'auteur, une vertu. Il s'agit d'une nouvelle disposition de la personne, d'une richesse particulière qui permettra d'en acquérir une autre, et une autre encore, chacune venant s'intégrer à la précédente dans un processus jamais terminé.

Contrairement à Loevinger, Erikson relie à l'âge chronologique les grandes étapes du développement de la personne. Il indique la force propre à chacune des étapes et les conflits auxquels l'individu est confronté. Nous nous arrêtons surtout à l'étude des traits de personnalité du stade de l'adolescence et de celui de jeune adulte en les situant dans l'ensemble des huit grands stades de la vie qu'il a établis. La présentation rapide des autres aura l'avantage de nous aider à les voir en perspective.

1. *Le bébé.* L'acquis déterminant du tout premier stade de la vie est l'espoir et la confiance. Ce sont les forces de base qui donnent à la personne cette espèce de sécurité et de ténacité qui lui permettent de traverser sans défaillance les tempêtes de la vie. La condition pour que l'espoir soit solidement ancré au fond de l'être tient à la qualité de la relation mère-nourrisson marquée par la régularité, la continuité et la tendresse. C'est cette expérience, enfouie pour toujours dans la mémoire globale de l'être, qui enracine chez l'enfant la double certitude qu'il peut faire confiance au monde et qu'il est digne d'estime.

2. *La petite enfance.* Vers l'âge de deux ans, le petit enfant développe en lui la capacité de volonté, liée à sa première expérience de contrôle sur lui-même (la maîtrise de ses sphincters), et d'acceptation du contrôle des autres. C'est sur cette expérience, lorsqu'elle se solde de façon positive, que s'enracine la force de caractère. C'est à partir de cette victoire initiale du moi que l'individu sera en mesure de développer sa

135

capacité de juger par lui-même et de prendre ses propres décisions, bref, qu'il aura la force d'exercer librement tout au long de sa vie sa prérogative de faire des choix malgré les contraintes du milieu et l'expérience de ses propres limites.

Ici encore, le défi auquel le petit enfant est confronté dépend de l'attitude des parents. Ces derniers doivent trouver un juste milieu entre un rôle parental excessif où les pressions et les demandes seraient trop fortes, et à l'opposé, une attitude de laisser-faire, qui priverait l'enfant du support et des repères dont il a besoin pour se structurer.

3. *La petite enfance (bis).* La troisième force vitale de la personne réside dans la capacité d'envisager et de poursuivre des objectifs valables et de s'orienter avec détermination vers un but. C'est le stade de l'initiative. Le risque de ne pas développer cette vertu de base tient à l'impression ambiguë d'écartèlement éprouvée par l'enfant au moment où, ayant le goût de prendre des initiatives, il hésite, a peur ou se sent coupable à l'intérieur d'un environnement humain qui le domine et dont il dépend encore de façon absolue. Les parents ont un rôle important de soutien et d'encouragement alors que le petit enfant veut élargir son champ d'action et assumer une multitude de rôles qui, s'exprimant essentiellement sous le mode de la fantaisie et du jeu, sont sa façon à lui de se situer face à l'univers des réalités qu'il découvre en même temps qu'il fait l'apprentissage des tâches adultes futures. C'est ainsi que se mettent en place les fondements de son identité ultérieure.

4. *L'enfant d'âge scolaire.* Il n'est probablement aucune période de la vie où l'individu soit plus disposé et capable d'apprendre qu'à l'époque de l'école primaire. La vertu qui se met en place à ce quatrième stade du développement humain est l'acquisition du goût et du sens de la compétence.

C'est sur cette habileté qui se développe et sur la certitude de sa compétence que repose la capacité de faire, plus tard, les choix professionnels qui s'inscrivent véritablement dans la ligne de ses talents et de ses potentialités, comme dans le refus de la médiocrité.

5. *L'adolescence.* Quand on parle d'adolescentes, d'adolescents, on songe à la culture jeunesse qui semble vouloir fondre tous les jeunes dans le même moule : celui des mêmes attitudes et des mêmes comportements. On pense au petit groupe d'amis, à ce jeune couple éperdument amoureux qui rêve du bonheur parfait sans maison, sans argent, sans profession, sans travail ! En réalité, que se passe-t-il ?

Une poussée rapide de la croissance du corps et l'apparition de la maturité génitale physique marquent la fin de l'enfance. Avec la puberté, c'est tout l'univers de l'enfant qui s'ébranle. En pleine révolution physiologique, le jeune va dorénavant se préoccuper surtout de ce que les autres pensent de lui, et de ce qu'il est lui-même. Il est amené à établir son bilan personnel : Qui suis-je ? D'où est-ce que je viens ? Où vais-je ? Que vais-je faire de ma vie ? Erikson nous a sensibilisés au défi majeur de cet âge : la quête d'identité. Cinq tâches du développement s'y rattachent : la construction de l'image de soi, l'établissement de relations constructives avec ses pairs, l'accès à l'indépendance et à l'autonomie, la capacité de se donner un plan d'avenir, et enfin, la structuration de la conscience morale (Simmons R. et Blyth D., 1987).

6. *Le jeune adulte.* Si la tâche du développement à l'adolescence consiste à définir son identité, celle du jeune adulte consiste à faire un choix professionnel et à définir sa relation à l'autre, c'est-à-dire à s'établir dans une relation significative avec la personne de sa vie.

L'amour, comme tout ce qui est vivant, évolue. Il revêt de nombreuses formes, depuis l'amour de dépendance totale du petit enfant, l'amour passionné et en même temps encore possessif et incertain de l'adolescent, jusqu'à l'amour de complicité et de tendresse auquel arrivent de vieux couples. Mais il est un tournant dans la capacité d'aimer qui en change en quelque sorte la nature. Il coïncide avec le passage du stade de l'adolescence à celui de jeune adulte. Le jeune adulte est capable d'amour gratuit.

«L'amour du jeune adulte, écrit Erikson (1971, 132-133), est un amour choisi et actif [...]. Il consiste en un transfert de l'expérience du dévouement dont on a été l'objet dans le milieu parental où l'on a grandi, à une nouvelle affiliation, une affiliation adulte activement choisie et cultivée comme un investissement mutuel.» C'est donc à ce moment, dans le cycle de la vie, que «l'amour reçu» est appelé à se transformer en un «amour don» dans la mutualité de deux identités dont la force est telle qu'aucune ne craint de s'exposer ou de se livrer. La force du moi grandit précisément dans la nouvelle affiliation qui repose sur le libre choix et le sens de la fidélité qui se transforme en projet.

On perçoit ici l'importance décisive de la question des préalables à l'édification d'un couple. S'il ne saurait être question de mariage avant que l'individu ait suffisamment défini son identité et développé un sens profond de la fidélité, on peut aussi affirmer qu'il n'existe guère plus de chance de succès pour l'individu qui est incapable de s'ouvrir véritablement et d'accepter l'autre dans sa singularité. En d'autres mots, si, arrivé à l'âge chronologique de jeune adulte, l'individu en est toujours au niveau de l'amour narcissique, il n'est pas prêt à s'engager.

7. *La maturité adulte.* L'acquis de ce moment de la vie est la sollicitude, ou le souci de se perpétuer en apportant sa contribution à la société, surtout en donnant la vie et en entourant ses enfants de soins et d'attentions. Erikson a inventé le mot «générativité» pour décrire la tâche propre de cette étape de la vie. L'adulte, rappelle Erikson, a besoin que l'on ait besoin de lui, sinon il est menacé d'auto-absorption.

8. *Le troisième âge.* La tâche du développement à cette étape de la vie consiste à faire un pas de plus dans la définition de soi et à pousser plus loin le voyage intérieur. La sagesse est la qualité de cet âge. Elle est au terme le fruit de la victoire sur la tentation du pessimisme et de la désespérance; elle est au préalable la reconnaissance que sa vie a été une expérience unique, irréversible, scandée de moments de bonheur et de réussites, en même temps que de moments de tristesse et d'épreuves douloureuses, avec la conviction globale que c'est ainsi que l'on a apporté sa contribution au monde.

Revenons aux tâches majeures auxquelles sont confrontés l'adolescent et le jeune adulte : construire son identité et apprendre à aimer.

Définir son identité en l'absence d'interdits

Établir son identité personnelle en évitant la confusion ou la diffusion des rôles constitue la tâche essentielle de l'adolescence. L'entreprise n'est pas simple dans la conjoncture culturelle et socio-économique de notre époque. Des milliers de jeunes ont l'impression que l'horizon devant eux est bouché, à quoi s'ajoute l'absence de points de repère et de modèles vers lesquels ils pourraient se tourner.

Bref, les jeunes qui, dans la structuration de leur moi, ont besoin d'une vision, d'un idéal, de modèles, se retrouvent seuls, sans soutien, pour faire le passage exigeant au statut de jeunes adultes. Il leur reste une alternative : l'identification prolongée au groupe des pairs. Mais cette route est piégée. En effet, si elle peut permettre de survivre en servant de tampon entre les forces neuves qui émergent en eux et les exigences de la société adulte où ils ont à tailler leur place, elle doit cependant être temporaire. Sinon, les jeunes risquent d'être charriés par une culture dont le message se ramène au précepte : «Tout le monde le fait, faites-le donc!» Pareille norme ne fait que renforcer le conflit qui les tiraille. Ils sont à l'heure d'un choix : faire comme tout le monde ou bien se tailler un espace qui soit affirmation de leur individualité et du sens de leur responsabilité personnelle.

Malheureusement, trop d'adolescents et d'adolescentes évitent le conflit inhérent à l'accès à leur propre identité, en devenant la copie conforme du modèle promu par leurs parents ou par la culture ambiante. Il s'ensuit une identité fragile qui se satisfait d'un réseau de relations superficielles cachant la frustration intérieure qui va éclater tôt ou tard. Une des conséquences de cette forme particulièrement aliénante de conformisme, c'est qu'elle peut gravement hypothéquer le développement ultérieur de l'intimité dans le couple.

Il faut aussi compter, depuis quelques années, avec une autre réalité déterminante dont on commence tout juste à mesurer les conséquences, celle des relations sexuelles précoces et de la cohabitation, avec ses différentes formes d'organisation. Dorénavant, la construction de l'identité va emprunter à ce champ de l'expérience maintenant ouvert aux jeunes.

Quel peut être l'impact de la permissivité sexuelle générale sur la construction de l'identité? L'adolescence constitue un moratoire entre la dépendance de l'enfant et l'accès au choix responsable caractéristique de l'adulte. C'est la période où l'adolescent entreprend de tester ses goûts et ses compétences potentielles en poursuivant des études dans diverses disciplines et en expérimentant divers emplois. Au terme, il croit, comme d'ailleurs la société qui le lui rend possible, pouvoir juger de ce qui est le mieux pour lui. Bref, il s'attend à être habilité à faire les bons choix professionnels, confortant du même coup son identité. C'est sur cette démarche jugée normale et indispensable que repose son avenir. Qu'arrive-t-il lorsque le champ de l'expérience s'ouvre au choix conjugal selon l'approche essais et erreurs?

Distinguons entre les essais conjugaux impliquant la cohabitation avec ses divers degrés d'organisation et les relations sexuelles précoces. Certains essais conjugaux, en même temps qu'ils permettent de tester le partenaire, peuvent contribuer à préciser sa propre identité par l'image que la relation renvoie. On serait ici devant un effet positif de la cohabitation. Cette expérience devrait normalement déboucher sur un éventuel choix plus judicieux et, conséquemment, sur la réussite de l'aventure conjugale. Les statistiques tendent toutefois à démontrer le contraire. Nous reviendrons plus loin sur ces résultats paradoxaux.

L'autre effet, ambigu, de l'approche essais et erreurs ou de la cohabitation chez les grands adolescents concerne l'accès à l'identité. Le «moi» en construction, qui évolue imperceptiblement chaque jour au gré de toutes les influences qui jouent sur lui, est mû vers une direction particulière dans le cadre de l'interaction privilégiée entretenue avec le partenaire. Or, cette interaction peut jouer aussi bien dans un sens positif que négatif. Le risque d'aliénation est particulièrement grand chez les plus jeunes, au moment où justement chacun tente de devenir lui-même.

Permissivité sexuelle précoce et développement

Revenons à l'impact de la permissivité sexuelle précoce. Un des défis importants auquel l'adolescent est confronté dans la construction de son identité consiste dans la maîtrise de ses pulsions, la capacité d'harmoniser les dynamismes de son être ainsi que celle de s'éveiller aux conséquences de ses actes. Or, la sexualité constitue un des terrains importants de cet enjeu. Malheureusement, dans la société du «tout, tout de suite», la répression sexuelle d'autrefois n'a pas encore trouvé l'équilibre qui donnerait à la sexualité sa signification et à la génitalité sa place. On peut se demander si les jeunes n'en sont pas les victimes.

La fragilité du moi à l'adolescence est connue. La génitalité précoce, en introduisant le jeune dans un champ d'expérience bouleversant, ne risque-t-elle pas d'accentuer les conflits intérieurs normaux de cet âge, en plus de le détourner des tâches importantes qu'il devrait assumer? Il semble, en effet, que l'espace émotif et l'intensité même de l'expérience du coït réduisent sérieusement la place de la communication sur les plans susceptibles de mener à la découverte véritable de l'autre et à la définition de soi. Se soustraire à cette tâche ou mal l'assumer ne peut qu'entraîner un retard dans le développement.

Il faut bien le reconnaître, l'adolescence prolongée de cette fin de siècle se déroule dans une société qui, ayant perdu ses points de repère, est devenue incapable d'en fournir à sa jeunesse. Cette situation ne peut laisser indifférent. Dans quelle mesure une société qui ne sait plus dire «non» n'est-elle pas en train de trahir les générations qui montent? Le silence a remplacé le discours non dépourvu d'une certaine sagesse d'hier : «Tu es trop jeune, tu n'as pas de situation, tu n'as pas fini tes études, tu n'es pas marié, ton couple n'est pas assez mûr, etc.» Ne rencontrant plus d'obstacles à son désir, l'adolescent est renvoyé à fonctionner au niveau de ses pulsions. Comment par la suite ne pas s'interroger sur les conséquences dans la construction du moi profond de l'absence d'interdits dans un domaine aussi fondamental que l'exercice de la sexualité? Pensons ici à la conscience morale et à la qualité des relations interpersonnelles.

Par ailleurs, qu'arrive-t-il lorsque la société prive ses adolescents du «plaisir de la transgression» de l'interdit sexuel? La question n'est pas de savoir s'il faut multiplier les interdits mais bien de prendre conscience qu'il est des interdits qui sont au fondement même de la structuration de l'individu et de la vie en société. Il sert à peu de chose de se lamenter sur la tragédie des adolescentes-mères si on continue à taire l'interdit des relations sexuelles précoces qui s'impose. L'expérience de l'interdit, on ne saurait l'oublier, est un élément indispensable à la construction de la personnalité. C'est dans et à travers la confrontation avec celui-ci que l'individu se structure.

Il reste à souligner que les jeunes qui n'ont pas réussi à établir leur identité de façon assez nette pour prendre un engagement de vie dans sa double dimension, privée et sociale, ne sont pas prêts à se marier. On se souviendra ici de la remarque de Erikson (1971, 31) : «Celui qui peut être loyal n'a pas peur de la légalité.» D'autre part, il semble que l'on peut affirmer que, loin de solutionner les conflits, l'exercice précoce de la sexualité entraîne un retard dans le développement des adolescents et dans leur passage au stade de jeunes adultes.

Fidélité et authenticité

Si les recherches sur l'adolescence parlent beaucoup de crise, l'on ne saurait oublier par contre l'acquis ou la vertu de cette étape de la vie, la fidélité, dont Erikson (1971, 129) fait «la pierre angulaire de l'identité individuelle». Elle s'exprime sur un triple plan : fidélité à soi-même d'abord, ou à son être profond. En second lieu, fidélité à l'autre et aux autres, c'est-à-dire la capacité d'un engagement sans faille vis-à-vis de ses amis véritables et d'un amour exclusif vis-à-vis de la personne de sa vie. Enfin, fidélité dans la poursuite d'un grand projet.

Sur cet acquis fondamental, une autre richesse précieuse vient se greffer : l'authenticité. Caractéristique propre de la jeunesse, elle est une des expressions les plus significatives de la recherche de la cohérence. C'est elle qui donne aux jeunes leur fraîcheur et leur «pouvoir régénérateur» (Erikson, 1971, 130). C'est en effet à partir de leur volonté d'authenticité personnelle que les jeunes dénoncent les faussetés des systèmes et les compromissions des adultes. Ils rêvent de changer le monde. Leur silence actuel, douloureux me semble-t-il, ne nous autorise pas à oublier la révolution radicale de la fin des années soixante. La remarque cinglante d'Albert Brie est fort à propos : «Si les jeunes n'arrivent pas à faire bouger le monde, c'est que les plus vieux sont assis dessus!»

Il reste à se demander si la capacité d'être fidèle à soi-même et à l'autre est nécessaire au mariage. La réponse s'impose d'elle-même. L'individu qui n'a pas acquis la sécurité liée à une définition claire de sa propre identité est incapable d'une relation intime. Les attentes et les besoins de l'autre lui paraissent trop menaçants et exigeants pour qu'il puisse y répondre. Ce n'est pas pour rien que l'on trouve la plus haute proportion de divorces dans la catégorie des mariés jeunes, sans parler des ruptures non consignées. Par contre, on ne doit pas perdre de vue que bien des amours d'adolescents, scellés dans un mariage précoce, ont su évoluer dans le sens de l'intimité véritable.

Se sentir prêt à se marier

Le jeune peut-il savoir par lui-même s'il est prêt à s'engager dans un projet stable de vie à deux? La réponse est oui, même si on reconnaît depuis toujours que trop de jeunes et de moins jeunes se précipitent dans une union conjugale sans préparation suffisante. Par contre, la majorité des couples qui se forment savent ce qu'ils font. La preuve, c'est qu'ils continuent à se développer. Quantité de jeunes dans la vingtaine prennent conscience que le temps est venu de s'engager et que cet engagement est décisif pour leur avenir. Ils ont atteint la maturité nécessaire et ils le savent à partir de la perception qu'ils ont d'eux-mêmes. Même si, selon l'expression de Levinson (1978), «l'homme demeure un novice dans l'entreprise de constituer un foyer jusqu'au début de la trentaine», il reste que beaucoup de jeunes sont prêts à franchir une nouvelle étape et à la célébrer à un moment ou l'autre. Même si le mariage traverse une crise certaine au niveau du sens et donc de la place qu'il occupe dans le parcours conjugal, il ne demeure pas moins significatif pour la majorité.

Le mariage au féminin

Il suffit de remonter de quelques décennies à peine pour s'apercevoir que, pour les femmes, le mariage et la maternité l'emportaient sur la profession et la carrière. La carrière, quand il en était question, n'arrivait qu'en seconde place dans leurs préoccupations. Les choses ont changé. Dans la société post-industrielle, la profession et la carrière vont s'imposer avec autant de force chez la femme que chez l'homme. Comment les femmes vont-elles s'adapter à ce phénomène neuf, alors que les hommes, qui ont un pas en avance, ont été en mesure d'imposer leurs priorités et d'en définir les règles ? Jusqu'à tout récemment, c'est la femme qui déménageait, qui cessait ses études ou les remettait à plus tard. L'alternative était de ne pas se marier. Les femmes réussiront-elles à établir l'égalité dans un domaine où elles n'avaient pas ou si peu de prise ? Selon le psychologue américain Théodore Lidz (1980, 24), « les femmes qui réussiront à mener à la fois carrière et famille pourraient y trouver une grande satisfaction mais à moins d'être extrêmement chanceuses, elles doivent aussi s'attendre à rencontrer de sérieuses difficultés et bien des frustrations ».

Près de vingt ans après cette affirmation, on se croirait devant une prophétie. La condition des femmes a bien peu changé. Dans une société axée sur la production et l'efficacité, encore à dominance masculine, les négociations nécessaires à une telle entreprise vont demeurer ardues.

La transition au mariage, pour la femme, est appelée à s'écarter résolument du modèle antérieur. Cela représente un passage majeur dans sa position sociale mais aussi un défi de taille dans l'élaboration et la poursuite de son projet professionnel à allier, avec une prérogative unique, celle de la maternité.

Les fréquentations : un processus de vérification et de clarification

À l'heure de la cohabitation généralisée, précoce et mouvante, peut-on encore parler de fréquentations et si oui, dans quel sens ? L'entrée en couple emprunte de nos jours de nombreuses modalités : on y entre par attrait réciproque impliquant une certaine exclusivité ; on y entre par des rapports sexuels suivis ; on y entre par le partage d'un même logement de façon continue ou dans des laps de temps définis, tel les fins de semaine ; on y entre par la mise au monde d'un enfant ; on y entre par la cérémonie des fiançailles ; on continue toujours à y entrer par le rituel du mariage. Au cœur de cette diversité, il n'est pas facile de trancher sur ce qui relève du processus de préparation au projet de vie à deux et ce qui relève de l'union conjugale achevée, stable.

Nous posons plus loin la question à savoir si la cohabitation peut être vue comme transition ou comme prélude au mariage. Si oui, faut-il conclure que les fréquentations ont fait leur temps? Peut-on estimer que l'objectif qu'elles permettaient d'atteindre, celui de faire un choix judicieux en apprenant à se connaître et à s'aimer, serait dorénavant repris par la cohabitation pour la grande majorité des jeunes? Au contraire, existe-t-il des indices qui permettraient de soutenir que l'idée de fréquentations est toujours significative pour les jeunes mais qu'on ne les perçoit plus comme occupant le même espace dans le temps? Il n'est pas facile de répondre à cette question.

En fait, il semble bien que les fréquentations ont perdu leur signification. Elles durent tout juste assez longtemps pour permettre à chacun d'exercer son pouvoir de séduction, sinon de s'apprivoiser quelque peu l'un l'autre. «Elles ne sont plus le temps que se donnaient filles et garçons pour apprendre à se connaître [...]. De plus en plus, les jeunes commencent par vivre en couple d'abord, ils apprennent à se connaître après», écrit le sociologue canadien Joe Chidley (1995). La cohabitation a pris le relais. La question est de savoir si elle permet de mieux ou de moins bien atteindre les objectifs poursuivis par les fréquentations d'autrefois. Notons tout de suite qu'à moins d'un revirement, que rien ne laisse présager pour le moment, l'étude comparative s'avérera bientôt impossible, faute de sujets ayant optés pour des fréquentations «normales».

Pourtant, aucun facteur ne doit être laissé en suspens lorsqu'il s'agit de se préparer au mariage. «Après tout, pour la plupart d'entre nous, la décision à savoir qui marier n'est-elle pas la plus importante de notre vie?» écrit Bernard Murstein (1986, 7). La nécessité pour chaque couple de pousser le plus loin possible l'effort de clarification s'impose donc de toute évidence. Voilà pourquoi la poursuite systématique de l'objectif des fréquentations préalables à la vie à deux est décisive.

Il est indispensable de procéder à une vérification lucide de la vision des valeurs, des goûts, des intérêts et des attentes réciproques en même temps qu'apparaît un peu plus clairement sa propre personnalité et celle de l'autre. Bref, personne ne peut faire l'économie de cette démarche si on veut éviter de trop grands désenchantements.

Certains auteurs proposent que le couple procède à la rédaction d'un contrat de mariage. Cet exercice n'est sans doute pas banal s'il provoque chacun des partenaires à exprimer clairement sa vision de l'union conjugale, à préciser ses attentes, à mettre en lumière les points de divergence et, par la confrontation avec la réalité, à lever un peu le voile de l'amour aveugle de cette étape.

Que la démarche aboutisse à la rédaction formelle d'un contrat, ce qui ne semble pas se généraliser, ou plus simplement qu'elle fasse l'objet d'une interrogation et d'une analyse sérieuse mérite qu'on s'y arrête. Nous proposons ici, en l'empruntant au psychologue américain John Crosby (1976), la liste des questions de base à élucider. Écrite il y a vingt ans, elle demeure valable aujourd'hui pour la diversité des unions conjugales.

1. Comment est-ce que je vois le mariage et pourquoi je me marie?

2. Suis-je prêt à réviser certaines de mes positions? Quels sont les points intouchables?

3. Suis-je ouvert à aller chercher de l'aide si des conflits s'avéraient insurmontables?

4. Quelle est mon opinion sur le partage des tâches, la poursuite de la carrière, le partage des revenus, la gestion financière du foyer? Suis-je favorable à un seul ou deux portefeuilles?

5. Quelles sont les valeurs importantes pour moi? Quelle place tient pour moi l'expérience spirituelle et la pratique religieuse? Est-ce que je m'attends à un partage dans ces domaines avec mon partenaire? Si nous sommes de religions différentes, à quelle église est-ce que je veux aller? Dans quelle religion élever les enfants?

6. Quelle place donner à la parenté? Selon mon attente, comment est-ce que mon partenaire devrait se situer par rapport à ma propre famille?

7. Est-ce que je veux des enfants? Combien? À quel intervalle? Comment assurer la planification? Qui va s'occuper des enfants? Quelles sont mes convictions principales sur la façon d'élever un enfant? Quelle est ma position touchant la contraception? l'avortement? Quels sont les objectifs éducatifs que je porte pour les enfants? Quelle importance est-ce que j'accorde à des études avancées?

8. Suis-je capable d'aborder ouvertement la question de mes attentes sexuelles avec mon partenaire? Y a-t-il des pratiques sexuelles auxquelles je m'oppose? Si un problème d'ordre sexuel venait à se poser quelle serait mon attitude?

9. Quelle place vais-je donner et combien de temps vais-je consacrer à mes amis? Qu'est-ce que je pense des amitiés avec d'autres personnes de sexe opposé? Est-ce que j'entrevois avoir des relations sexuelles avec une personne autre que mon partenaire? Quelle serait ma réaction si mon conjoint avait des relations sexuelles avec une autre personne?

10. Quelle importance accorder au besoin d'être seul et combien de temps est-ce que je veux me réserver? Combien de temps suis-je prêt à donner à mon partenaire?

11. Quelle est l'importance que je donne à la communication? Est-ce que je suis prêt à réserver du temps à cette fin? Y a-t-il des sujets que je ne veux pas aborder? Si la communication s'avère difficile, suis-je prêt à consulter un conseiller matrimonial ou autre et à en payer les frais?

148

12. Quelles sortes de vacances est-ce que je veux prendre? en couple? seul?

13. Quelle est ma définition personnelle des mots exclusivité, intimité, engagement et responsabilité? (Traduction de l'auteur.)

Voilà un test susceptible d'occuper plusieurs soirées. La plupart des jeunes amoureux le moindrement sérieux ne demandent pas mieux que de se livrer à une démarche de ce genre. Mais ils ont besoin d'y être provoqués. Construire un projet de vie conjugale authentique aujourd'hui demande un niveau de maturité auquel on ne s'arrêtait pas autrefois, alors que les supports sociaux se substituaient en grande partie aux convictions individuelles. Tel n'est plus le cas. «Un couple n'est jamais complètement préparé pour le mariage, soutient Levinson (1978b, 31), peu importe la période de la vie où il est contracté, peu importe la longueur des fréquentations et le degré de connaissance réciproque, tôt ou tard, l'un ou l'autre des conjoints sera insatisfait, des conflits vont émerger. L'union conjugale, entendons celle des couples mariés et celle des couples en union de fait, est toujours menacée de sombrer dans l'insignifiance. Seule la volonté des deux partenaires d'assumer les tâches du développement liées aux étapes successives de la vie permet au couple de continuer à regarder dans la même direction.» Sidney Jaurard (1981) résume bien cette entreprise: «Le mariage, écrit-il, n'est pas une réponse, mais une recherche, un processus, une quête de vie tout comme le dialogue est une recherche pour la vérité.»

La cohabitation: prélude au mariage?

Les jeunes dans leur majorité entrent désormais progressivement en couple. C'est souvent la régularisation des rapports sexuels qui pousse à la cohabitation. Dans bien des cas, ils s'y installent à petits pas, passant de visiteur occasionnel à celui d'invité permanent puis de partenaire dans l'organisation du lieu commun, sans trop en prendre conscience. Il s'agit d'une expérimentation informelle de la vie de couple avec le report des engagements. La plupart des jeunes ne sont pas hostiles au mariage pour autant, tout simplement, ils n'en voient pas l'utilité pour le moment. Que penser de la cohabitation ?

La cohabitation, on le sait, constitue un phénomène relativement récent, puisqu'il ne remonte qu'aux années 1970. Considérée comme un comportement plutôt déviant au départ, elle s'est généralisée rapidement dans tous les pays industriels avancés. Pendant un temps, la seule opposition sociale qu'elle ait rencontrée était celle des grands-parents. Aujourd'hui, c'est le silence à peu près total. Comme la cohabitation légère est présentement légitimée par les pairs et l'ensemble de la société, se retirer de celle-ci et multiplier les essais devient tout à fait normal pour les jeunes.

En Amérique du Nord, plus de la moitié des jeunes qui se marient ont cohabité pendant au moins six mois. Les quelques diocèses catholiques qui, au Canada français, ont fait un relevé de la situation arrivent sensiblement aux mêmes résultats. En plusieurs milieux, les jeunes qui ne cohabitent pas au moment de s'inscrire aux cours de préparation au mariage font presque figure de marginaux. Ailleurs, en France, on s'est aperçu, dans certains centres de préparation au mariage, que 90 % de tous les couples inscrits aux sessions cohabitent (Stephan, 1988a).

Le terme cohabitation est ambigu. Il est utilisé aussi bien pour évoquer la situation des jeunes qui vivent ensemble sans intention de durée et qui vont changer de partenaires à la prochaine occasion (celle des jeunes qui font un essai), que pour désigner les couples en union de fait stable après avoir pris la décision de ne pas se marier ou qui négligent de le faire, n'en voyant pas l'utilité.

Dans la perspective qui nous intéresse, nous retenons le terme de cohabitation en tant que transition ou prélude au mariage. On pourrait aussi parler de cohabitation légère ou temporaire tout en excluant le cas de ceux qui cohabitent par simple opportunisme. Nous considérons donc la cohabitation en tant que constitutive, sur le plan de la réalité sociale, d'une première étape du mariage (Cherlin, 1981). Cela renvoie à deux situations spécifiques : la première, celle du couple engagé qui désire se marier mais non sans avoir fait l'expérience de la vie commune avant de prendre la décision ultime. Il s'agit du mariage à l'essai. La seconde, celle du couple qui a décidé de se marier et qui cohabite en attendant le grand jour.

Les questions liées à la cohabitation temporaire sont nombreuses. La cohabitation annonce-t-elle la voie nouvelle du mariage ? Qu'arrive-t-il lorsqu'elle tend à se transformer en cohabitation stable ou en union de fait ? Quelle est, en ce cas, sa signification pour la société et pour l'individu, à quoi il faudrait ajouter la question des implications morales ou éthiques en tant qu'expression de la préoccupation humaniste ? À cet égard, l'étude de Norvez, Court et Vingt-trois (1979), centrée sur le respect de la personne, est toujours actuelle.

Cohabiter et mieux se connaître : une question non résolue

Commençons notre analyse par une question spécifique. La cohabitation est-elle oui ou non un facteur de succès du mariage ? Ce qui nous intéresse, c'est de savoir si les couples qui ont cohabité s'adaptent mieux, accèdent à plus d'intimité et sont plus heureux. Cela nous amènera à vérifier si les mariages des couples qui ont cohabité tiennent plus longtemps que les autres. Autrement dit, quelle est l'incidence de la cohabitation sur le divorce ? Notons que la raréfaction des couples qui ont eu des fréquentations classiques rend difficile la comparaison avec ceux qui ont cohabité. Toutefois, si on remonte un peu dans le temps, la question garde sa pertinence.

Le phénomène de la cohabitation est assez ancien pour avoir permis aux chercheurs de dégager quelques conclusions. Au début, l'hypothèse assez généralisée était que la cohabitation prémaritale allait permettre aux jeunes de mieux se connaître et contribuerait à la stabilité du mariage. Une étude faite en Suède par Trost en 1975 arrivait à la conclusion que la cohabitation était un bon test de compatibilité pour le mariage.

La même idée était reprise deux ans plus tard dans une étude américaine, où la majorité des couples cohabitants décrivaient leur expérience en termes de préparation au mariage (Lewis *et al.*, 1977). Comme le phénomène était trop neuf pour permettre de dégager de façon précise la corrélation entre la cohabitation et le divorce, la recherche était centrée surtout sur la satisfaction maritale. Or, en gros, on n'est pas arrivé à ce moment-là à une réponse claire, à savoir si la cohabitation, comme élément de transition au mariage, contribuait ou non au bonheur du couple. On était enclin toutefois à pencher plutôt vers la négative. Les premiers relevés statistiques indiquaient en effet que la proportion des ruptures était plus élevée chez les couples qui avaient cohabité avant le mariage que chez les autres.

La recherche plus récente, qui s'est beaucoup élargie, a permis de clarifier davantage mais, là encore, il est impossible de tirer des conclusions ultimes. Plusieurs études ont tenté de préciser la corrélation entre la cohabitation prémaritale et le choix du conjoint, l'initiation à la communication, l'adaptation après le mariage, la communication dans le mariage, la satisfaction générale et la durée. Une de ces études, effectuée à partir d'un échantillonnage national, et dont les résultats ont été publiés aux États-Unis, est arrivée à la conclusion que la cohabitation n'est pas liée positivement au bonheur dans le mariage (Booth et Johnson, 1988). Elle serait au contraire liée à un plus bas niveau d'interaction dans le couple, et un plus haut niveau de mésentente et d'instabilité. «Même si les rapports entre la cohabitation et la qualité du mariage sont modestes, écrivent les auteurs, ils sont consistants. Ils ne supportent pas l'hypothèse qui veut que la cohabitation prémaritale améliore la qualité du mariage et réduise l'instabilité parce qu'elle aurait eu valeur de période d'entraînement au mariage ou aurait permis de faire un meilleur choix du partenaire [...]. L'hypothèse de l'entraînement par excellence au mariage et de la possibilité de faire un meilleur choix est sérieusement remise en question sinon réfutée.»

Une étude faite en France à partir d'un échantillonnage relativement restreint est arrivée à des résultats semblables. Le sondage fait auprès de cent couples en situation de cohabitation prémaritale révélait que la majorité, selon l'expression même des couples, n'avaient «jamais vraiment pris le temps de se parler» (Stephan, 1986b).

Même conclusion en ce qui a trait à la communication et la perception par les couples de la qualité globale de leur mariage au terme d'une étude comparée faite en 1984 par Moris et Leslie auprès de 309 couples récemment mariés. «Contrairement aux résultats des recherches antérieures, écrivent-ils, cette enquête a trouvé qu'en comparaison avec les couples qui n'ont pas cohabité avant leur mariage, ceux qui ont fait l'expérience de la cohabitation arrivaient beaucoup plus bas dans l'échelle d'évaluation, tant en ce qui a trait à leur perception de la satisfaction apportée par le mariage qu'en ce qui a trait à la qualité de la communication. Les différences étaient particulièrement importantes du côté de la femme pour ce qui est de la communication. Quant au sentiment de satisfaction, les résultats étaient sensiblement les mêmes chez la femme et l'homme.»

En 1983, deux sociologues canadiens, Watson et DeMea (1987), ont mené une étude qui a été reprise en 1987 auprès des mêmes couples, à partir de la question suivante : «La cohabitation offre-t-elle une base plus solide et plus réaliste pour procéder au choix du partenaire, de sorte que ces mariages ont une meilleure chance de survivre que les mariages contractés au terme de fréquentations ordinaires ?» Au terme de la première enquête, les données amenaient une réponse plutôt négative. Quatre ans plus tard, on arrivait aux mêmes résultats, quoique de façon moins évidente. Les auteurs concluent ainsi :

> Les résultats de cette recherche jettent passablement de doute sur les grands espoirs fondés sur la cohabitation prémaritale comme moyen d'assurer la compatibilité des futurs époux, de vérifier la qualité de leur relation et de

153

construire les habiletés interpersonnelles nécessaires à la réussite du mariage.

La cohabitation : une garantie incertaine

La cohabitation a suscité deux questions importantes : Est-ce la voie de l'avenir pour l'institution du mariage ? Est-ce la voie du bonheur pour le couple ? Les deux ont trait à la portée du phénomène comme transition au mariage.

Pour ce qui est de la première question, il est permis de soutenir qu'à court et à moyen terme, la cohabitation pré-maritale va demeurer le choix d'une proportion élevée de couples et continuer à affecter profondément la vision traditionnelle du mariage comme début de la vie à deux.

La réponse à la seconde, qui porte sur les garanties de succès du mariage, est tout à fait conjoncturelle. En effet, les résultats de la recherche, même s'ils sont plutôt négatifs, ne permettent pas de déclarer le débat clos. On connaît tous des couples heureux qui ont cohabité avant leur mariage. Le seraient-ils moins, le seraient-ils davantage s'ils avaient eu des fréquentations traditionnelles ? On ne saurait le dire.

Avant de tenter de dégager une conclusion, un dernier aspect de la recherche mérite d'être porté à notre attention : il s'agit des questions que l'on peut se poser au sujet des individus qui décident de cohabiter par rapport à ceux qui ne suivent pas cette voie. On peut se demander, en effet, si les résultats obtenus dans les recherches ne sont pas colorés par la catégorie particulière d'individus qui choisissent de cohabiter avant de se marier. Les différences notées ne seraient-elles pas plutôt attribuables à ces personnes qu'à l'expérience de cohabitation elle-même ?

On a relevé le fait, entre autres, que l'intervalle entre le moment où l'on songe sérieusement à se marier et le mariage lui-même est plus court chez les couples qui cohabitent que chez les autres. Autrement dit, au jour de leur mariage, les couples qui cohabitent se connaissent en moyenne depuis

24,7 mois, alors que les couples qui ont eu des fréquentations ordinaires se connaissent depuis 34 mois. Il se peut aussi que les cohabitants attendent davantage du mariage, qu'ils aient moins de facilité d'adaptation, ou encore qu'ils soient peu convaincus de l'importance ou de la possibilité de la durée dans l'amour. Mais de toute manière, cette question, à première vue tout à fait pertinente, ne résiste pas entièrement au fait que la différence entre les cohabitants et les non-cohabitants risque de s'estomper à mesure que la cohabitation prémaritale tend à devenir la norme pour la majorité.

Que conclure sur l'ensemble de la question? Après bientôt vingt ans de pratique, plus personne ne pense que la cohabitation prémaritale est une mode passagère. Elle est devenue un élément nouveau dans la transition au mariage avec laquelle il faut désormais composer. Malheureusement, on ne peut pas dire qu'elle soit pour autant un progrès pour l'ensemble des couples, de la famille et de la société. Les résultats de la recherche offrent une trop forte convergence pour que le doute perdure. Le fait par exemple que, dans les pays où on s'est livré à cette étude, les statistiques indiquent que l'incidence du divorce est plus élevé chez les couples qui ont cohabité que chez les autres, va sans doute contribuer sérieusement à taire le débat (Nock, 1995).

La tâche des guides

Une des responsabilités des adultes, parents, amis, pasteurs et agents de préparation au mariage consiste donc à aider les jeunes à s'interroger, au-delà des courants sociaux, sur les risques comme sur les avantages que comporte cette voie. Sans doute faudrait-il les aider à découvrir que la résistance à la tentation de trop abréger les fréquentations, pour passer immédiatement à la cohabitation, offre vraisemblablement plus de chances de faire un choix judicieux. Les amoureux communiquent davantage lorsqu'ils se fréquentent que lorsqu'ils cohabitent, si paradoxal que cela puisse paraître. Des fréquentations prolongées permettent un choix plus libre aussi, quand on sait la forte proportion de celles et ceux qui, établis trop tôt dans la cohabitation, déclarent avoir été piégés par l'organisation domestique, quand ce n'est pas par l'arrivée d'un enfant.

Par ailleurs, les jeunes amoureux qui ont décidé de cohabiter ont besoin d'être accompagnés, à la fois pour éviter les pièges inhérents à cette option et pour dégager les éléments positifs d'une expérience non dépourvue de valeur. L'important c'est de les aider à clarifier le sens de leur expérience et à l'évaluer. Ils ont à s'interroger pour découvrir si leur expérience de cohabitation va dans le sens de la construction progressive d'un engagement profond dans l'amour, promis à la durée, ou bien si elle risque, par manque de communication véritable et d'illusions entretenues, d'aboutir au désenchantement et à la déception.

Pour la plupart des jeunes, il est évidemment plus facile de faire l'amour que de dialoguer. Kaufmann (1993, 63), parlant de «légèreté conjugale», souligne justement le risque pour le couple de «mener un double jeu dont il n'a guère conscience. Officiellement, il est lié sans arrière-pensée par le sentiment et l'attrait mutuel, dans le bonheur naïf de l'instant présent. Secrètement, parfois inconsciemment, l'un et l'autre s'épient, calculent, évaluent». Alors que, pour être positive, cette expérience devrait commander précisément la communication sur le vécu avec ce qu'il comporte d'espoir mais aussi de crainte, le contraire se produit. Bref, la cohabitation temporaire ne prépare pas nécessairement au bonheur, pas plus que la multiplication des essais n'est en elle-même gage de réussite.

II – LE MARIAGE AUJOURD'HUI

La mouvance nouvelle du fait conjugal, tant au niveau des comportements qu'à celui des intentions, nous force à nous interroger au sujet du rituel du mariage. Le mariage a fait son temps, soutiennent certains, pendant que d'autres se questionnent sur la forme que prendront les familles de demain.

Statistique Canada (1995b) vient de publier une étude qui présente un portrait de la famille de l'an 2020, dans laquelle justement on ne parle plus de familles mais de ménages, le mariage n'étant plus au rendez-vous d'une proportion importante d'unions conjugales.

Le recul actuel de l'institution du mariage changerait-il quelque chose au fait que le couple, constitué et reconnu à un moment ou l'autre par ce rite, a, semble-t-il, toujours été perçu comme la pierre angulaire du système central de la société, la famille? Se pourrait-il que ce qui depuis des siècles a été vu comme une donnée incontournable, à savoir que le mariage est ce qui confirme le choix d'une femme et d'un homme de former un couple et de fonder une famille, soit en train de tomber en désuétude?

On ne saurait prétendre posséder des réponses évidentes à ces questions. Mais il est un phénomène intéressant à souligner au point de départ, c'est la façon dont les États modernes réagissent à la situation. En réponse aux besoins, les gouvernements mettent en place un ensemble de règles dont la finalité est de gérer le fonctionnement des cohabitants non mariés. L'État supplée en quelque sorte au vide juridique engendré par les couples qui ne se marient pas.

Il est des réalités intimes, sous un certain angle, qui, en raison de leur importance pour le développement de l'espèce humaine et donc de son avenir, ne peuvent échapper au fait que la société, en les régissant, les institutionnalise. Il n'est donc pas étonnant qu'au moment où le mariage connaît une sérieuse remise en question, il occupe une place si importante dans la recherche sociologique et démographique, et que l'État s'en préoccupe.

En fin de compte, peut-on parler de la formation d'un couple stable, en réponse aux attentes profondes de la personne et à celles de la société, sans réfléchir à l'encadrement ou à l'institution qui pose ce couple dans sa réalité officielle? Ici encore, la réponse n'est pas évidente. Toutefois, on peut estimer que le passé, non moins que les gestes posés par les gouvernements actuellement, constituent des indicateurs des questionnements à poursuivre.

Un rituel en quête de sens

Les pages qui suivent portent essentiellement sur le rituel en tant que rite de passage. Nous tenterons d'analyser la situation nouvelle dans cette perspective. Comme rituel et institution sont étroitement liés, la pensée alternera nécessairement d'une réalité à l'autre et fera référence à la famille.

Cela devrait permettre de voir que le rituel du mariage, à travers la variété des formes qu'il a revêtues au cours des siècles et dans la variété des cultures, demeure le fondement de la famille d'une part, et d'autre part, que la crise qui l'affecte sous la poussée des bouleversements socioculturels de l'heure est bel et bien une crise, c'est-à-dire un passage vers une nouvelle perception ou un nouveau sens. On comprend qu'une institution dont les origines remontent dans la nuit des temps n'en soit pas à sa première crise, tant pour ce qui est de ses formes qu'en ce qui a trait à la signification que les collectivités ont dû lui donner au cours des âges.

C'est dire qu'il serait un peu hâtif de conclure que le mariage est à l'agonie, même si la crise qu'il traverse est sans doute une des plus radicales qui l'ait affecté, tant en raison de sa profondeur que de sa rapidité. Au contraire, il est permis de soutenir qu'au-delà des dérives qui l'accompagnent, cette crise comporte une autre face, celle de la recherche d'un nouveau sens et donc d'une nouvelle légitimité.

Par ailleurs, ajoutons tout de suite qu'il serait illusoire de croire pour autant que tout redeviendra comme dans le meilleur des mondes. La création d'un nouvel équilibre entre les attentes de l'individu et les contraintes de l'institution ne se fera pas en un jour, pas plus qu'elle ne pourra rejoindre tout le monde. Il faudra toujours compter avec la tension inévitable entre le bonheur individuel poursuivi par chacun et ce qu'exige le bien de la petite communauté humaine que constitue un couple et une famille. Le mariage à cent pour cent n'est pas pour demain. D'ailleurs, il ne l'a jamais été.

Dans une perspective plus sociologique, la prospective sur l'avenir du mariage suppose qu'on tienne compte aussi de l'état du monde. Si nous acceptons l'hypothèse que la société de demain sera une société pluriethnique et pluriculturelle, en conséquence traversée par le pluralisme idéologique, on peut affirmer que l'homogénéité culturelle a fait son temps. Nos villes, nos pays sont devenus des vitrines du monde, ce qui n'exclut malheureusement pas les tentations récurrentes de purification ethnique, qui s'expriment dans le domaine politique, et parfois la violence, à laquelle succombent trop de collectivités.

On doit donc tenir compte de cette conjoncture globale dans la réflexion sur le mariage. On peut estimer sans trop de crainte de se tromper que si le mariage est là pour demeurer, il sera boudé par une frange non négligeable d'individus. Autrement dit, le mariage fera partie des grands courants qui définissent la culture, mais la marginalité conservera une large place.

Le «mariage au noir» : quelques statistiques

Avec le tournant des années 1990, le nombre de mariages n'a cessé de fléchir dans la plupart des pays industrialisés. À l'inverse, la proportion de couples en union de fait, que l'écrivain Albert Brie qualifie de «mariage au noir», est à la hausse. Au Canada, ils seraient, toutes catégories d'âge confondues, de 20%, selon les estimés de Statistique Canada, si on inclut les couples pour qui cette union est vécue soit comme prélude ou comme alternative au mariage. Au Québec, la proportion serait presque doublée.

En chiffres absolus, on aboutit aux résultats suivants : alors qu'en 1981 on enregistrait 190 082 mariages au Canada, ce chiffre avait baissé à 159 316 en 1993. En contrepartie, alors qu'en 1981 on dénombrait 352 200 unions de fait, on en comptait 725 950 en 1991 (Adams & Nagnur, 1989; Nault, Bélanger & Park, 1995).

Une étude, particulièrement révélatrice de ce que pourrait être l'avenir, a mis en lumière la situation des jeunes. Isolant la cohorte des 15 à 29 ans, on a découvert qu'ils formaient le tiers de toutes les unions conjugales hors mariage au Canada. Ici encore, la proportion serait presque doublée au Québec (Ravanera, 1995, 11ss).

Soulignons que cette révolution n'est pas unique au Canada. On observe les mêmes phénomènes en Europe de l'Ouest et aux États-Unis. C'est ainsi que chez nos voisins du Sud, on compte maintenant près de 4 millions de couples en union consensuelle alors qu'ils étaient moins de 500 000 au tournant des années soixante-dix. Même chose en France où on est passé de 416 000 mariages en 1972 à 254 000 en 1994, soit une diminution de près de 40 %. À l'inverse, on compte présentement un couple sur huit qui vit en union de fait.

Des conjoints à deux adresses

Le nombre grandissant d'individus qui vivent seuls et déclarent être en union conjugale est un autre indicateur des remises en question que connaît le mariage. On se retrouve devant un des phénomènes sans doute les plus révélateurs de l'ampleur du bouleversement conjugal actuel. Il tient justement à l'affirmation de toutes ces personnes « seules », ainsi qualifiées à partir du critère de non-cohabitation dans un même logement, qui déclarent par ailleurs avoir une relation amoureuse stable et constituer un couple.

Alors qu'en 1981, 21 % des hommes et 18 % des femmes déclaraient vivre seuls, la proportion est passée à 31 % des hommes et 25 % des femmes en 1991. Pendant ce temps, au Québec, la proportion a augmenté de 30 % à 51 % pour les hommes et de 27 % à 44 % pour les femmes. On peut estimer, à partir de nombreux indices, que le nombre de personnes «seules» continue à augmenter dans l'ensemble du Canada. Mais aussi que parmi ces dernières, la proportion des hommes et femmes qui affirment constituer un couple tout en étant à des adresses différentes s'accroît.

Une étude faite en France indique que 25% des hommes et 33% des femmes qui déclarent être seuls affirment être dans cette situation (Kaufmann, 1993, 46). En l'absence de statistiques sur la question au Canada, on peut présumer à titre d'hypothèse que l'on se trouve devant une situation similaire. Bref, voilà un fait tout à fait inédit dont on soupçonne à peine l'impact grave sur le mariage et la famille. À moins qu'il ne s'agisse que d'une tendance passagère. Mais le contraire est plus probable.

Naissances hors mariage

Un autre phénomène indicateur de la désaffection du mariage est l'augmentation des naissances hors mariage. Alors que 9% des enfants naissaient hors mariage en 1971, la proportion était montée à 27% en 1991. Plus de la moitié des premiers-nés de 1992 au Québec sont issus de parents non mariés (Bureau de la statistique du Québec, 1995). Ces naissances atteignent probablement le tiers pour l'ensemble du Canada. On enregistre des proportions similaires aux États-Unis et en France (Belle & McQuillan, 1994; Cordero, 1995, 44). Bref, le mariage au noir, l'augmentation de la population célibataire et les naissances hors mariage sont autant d'indicateurs du malaise sérieux qui affecte présentement le mariage.

Que pensent les jeunes du mariage?

Une enquête dirigée par l'auteur auprès de 140 étudiants et étudiantes en milieu universitaire, dont la moyenne d'âge était de 25 ans, s'est avérée révélatrice tout en laissant profondément perplexe (Michaud, 1995). L'objectif premier de cette recherche était de savoir si les jeunes considèrent le mariage comme désuet ou significatif. Le second consistait à mettre au clair les motifs dans un sens comme dans l'autre.

À partir des données fournies par les statistiques, nous partions de l'hypothèse que de 20 % à 30 % des personnes interrogées déclareraient le mariage désuet. Or, toutes catégories confondues (sexe, âge, statut civil, lieu de naissance, pratique religieuse, discipline scolaire), 93 % soutiennent que le mariage est un rituel significatif. L'hypothèse du départ était renversée. Mais là où la perplexité s'est installée, c'est dans l'analyse des réponses au second objectif de l'enquête.

À la question qui demandait si «le mariage est un rite de passage important», 85 % ont répondu oui et ce, après avoir affirmé à 76 % que «se marier aujourd'hui n'a pas la même signification qu'autrefois». Mais lorsqu'on les interroge pour vérifier s'ils trouvent pertinente l'expression classique «le mariage est ce qui fonde une famille», la proportion des répondants qui opinent en ce sens chute à 59 %. La réponse à la question qui renvoyait plus directement au rapport entre la dimension privée et la dimension sociale du mariage est particulièrement indicative. Ils sont, en effet, 42 % qui «croient que la vie de couple est une histoire privée d'amour qui n'a pas besoin d'une institution comme le mariage», et 54 % qui affirment que «la peur du contrat joue contre le mariage». Enfin, à l'énoncé «Je crois que le mariage a du sens au moment où on décide d'avoir un enfant», 28 % seulement de tous les sujets ont répondu par l'affirmative. La réponse à deux autres questions davantage axées sur la dimension psychologique du mariage a ajouté à la complexité du tableau. Alors que 84 % ont répondu affirmativement à l'énoncé «Je crois que se marier est une source de joie intérieure et de sécurité profonde», 29 % seulement soutiennent que «les chances d'être heureux sont plus grandes pour un couple s'il se marie».

Mariage et famille, des réalités dessoudées

Face à ces résultats, le moins que l'on puisse dire c'est que la crise qui affecte l'institution du mariage est profonde et que la crise de société qu'elle traduit a de quoi troubler même les plus optimistes, en plus de brouiller les enquêtes des chercheurs. Par ailleurs, au-delà de la réaction spontanée qui consisterait à dire que les jeunes sont «mêlés», des pistes de réflexion se dégagent nettement.

Les nouvelles générations ont perdu le sens de la dimension sociale du mariage. La reconnaissance ou la sanction qu'il apporte au choix amoureux ne leur apparaît plus comme un projet de société qui serait à la base du fondement de la famille en tant que lieu de naissance et d'épanouissement de l'enfant.

Ce dernier est vu davantage comme un bien de consommation que comme une personne dont un des droits les plus fondamentaux est d'avoir une mère, un père et un foyer stable dans lequel il puisse se développer. Le mariage et la famille apparaissent comme des réalités dessoudées. Le scepticisme sinon la peur à propos de l'institution et de ses contraintes amène les jeunes à nier que le mariage puisse être un lieu où ils pourraient s'épanouir.

On se trouve ici devant la manifestation la plus éloquente des sensibilités de notre époque : l'exigence de liberté et la subjectivité se combinent pour s'insurger contre tout système ou institution perçue comme une force susceptible d'empêcher l'individu d'être l'acteur exclusif de sa propre vie.

Le mariage, un rêve qui perdure

Par contre, on se trouve en plein paradoxe. La majorité rêve toujours de mariage. Les jeunes perçoivent une dimension sacrée à leur amour et ils veulent le célébrer. On croit qu'il constitue un rituel significatif, un rite de passage important, et «que se marier est une source de joie intérieure et de sécurité profonde». Le problème c'est qu'on ne sait pas trop pourquoi ou alors ce n'est pas assez clair et évident pour contrer les forces contraignantes de l'institution qui elles, sont perçues comme déterminantes.

Sans doute faut-il reconnaître qu'on récolte aujourd'hui les conséquences de ce temps où l'autorité des institutions civiles et religieuses imposait la démarche à suivre sans trop se préoccuper d'en révéler le sens. Si à cela on ajoute les conditionnements socio-économiques et culturels inédits, caractéristiques de cette fin de siècle, qui constituent le climat à l'intérieur duquel doit se dérouler l'entreprise d'une recherche de sens au mariage, comment ne pas en saisir la complexité? La confusion actuelle n'a vraiment pas de quoi étonner.

Si l'analyse des résultats de l'enquête nous a laissés perplexes, c'est qu'ils traduisent la forte tension ressentie par les répondants. Tension qu'on pourrait ainsi résumer: autant le rêve de bonheur capable de donner un sens déterminant au mariage en tant que projet intimiste et personnel est reconnu, autant l'idée de normes et de contraintes liées au mariage en tant que projet de société fait peur et est rejetée.

Pour une forte proportion de jeunes adultes, le mariage et la famille n'ont de sens que dans la mesure où l'un et l'autre sont perçus comme une forme d'organisation de la vie privée et non pas comme une forme d'organisation de la vie publique. Autrement dit, la réconciliation entre l'individu et le relationnel, comme entre le privé et le social, qui apparaît comme un manque caractéristique de notre époque, est toujours à faire. Il faudra beaucoup de temps encore pour saisir, autrement qu'on l'a fait autrefois, que l'organisation de la vie privée, dans la mesure où précisément elle est relationnelle, ne peut s'arracher à l'organisation sociale.

Que pensent les jeunes du mariage? Les résultats de cette enquête ne sauraient être extrapolés davantage. Par contre, ils sont corroborés dans l'ensemble par plusieurs études récentes (Singly, 1992; Kaufmann, 1993; Ravanera, 1994; Cordero, 1995), pour en souligner quelques-unes, et surtout par les données démographiques offertes par la statistique, qui témoignent des hésitations sinon du refus des jeunes devant le mariage.

Une révolution : ses contrastes, ses causes

Après presque deux siècles de stabilité relative, coïncidant avec le développement de la société industrielle, est-il possible de pointer du doigt les causes majeures du bouleversement en cours?

— Hier, on se mariait pour avoir des enfants et, si tout allait bien, pour être heureux. Non pas que l'amour était absent mais, tout comme le sens à la vie, il était subordonné à un projet plus large. L'affectivité ne constituait pas la finalité de l'existence, qui était «définie ailleurs, dans ces mythes justificateurs et rassurants où chacun trouvait une commune signification à la vie» (Roussel, 1989, 38). Aujourd'hui, on forme une union pour une unique raison, celle d'être heureux. Le sentiment amoureux est premier au départ et décisif par rapport à la durée. Si l'amour s'étiole, la société légitimise la rupture. Pour éviter les contraintes trop fortes qu'apporte l'union officielle, un nombre croissant de couples choisissent la cohabitation;

— Hier, on se mariait pour la vie, pour le meilleur et pour le pire. Aujourd'hui, on forme une union pour un temps en se retenant de croire qu'elle va durer. Pour la société de l'éphémère et du «jetable après utilisation», cela est tout à fait normal. Les valeurs du système dominant de la société industrielle, le libéralisme sauvage, se sont imposées à tous les aspects de la vie et à toutes les couches de l'existence : on consomme de «l'autre» aussi longtemps qu'il ou elle répond à ses besoins;

— Hier, on se mariait pour légitimer les rapports sexuels et se déculpabiliser du plaisir. Aujourd'hui, le sexe plaisir est accepté et recherché pour lui-même. Le contrôle de la fertilité a permis d'établir la distinction entre fécondité et plaisir, marquant un passage historique dans l'histoire de la sexualité. L'avènement relativement récent des technologies de la reproduction a fait reculer encore plus la fonction procréatrice de la sexualité. On a franchi les étapes technico-scientifiques qui permettront bientôt de faire les bébés en laboratoire. La permissivité sexuelle, même précoce, est entrée dans les mœurs;

— Hier, les femmes acceptaient «les enfants que le bon Dieu leur envoyait». Aujourd'hui, avec la large diffusion des moyens contraceptifs modernes (stérilet, «pilule», condom), le contrôle de la fécondité, qui a transformé radicalement la condition féminine, constitue aussi une étape décisive dans le statut social global que les femmes occupent dans la société moderne. Désormais, elles ne sont plus définies par la prérogative de la maternité qui, bien qu'exclusive, devenait réductrice de leur place dans la société. Maîtresses de la reproduction, les femmes se voient comme des individus à part entière, refusant d'être exclues d'aucune sphère de l'activité humaine. Dans cette conjoncture, l'union conjugale n'est plus perçue comme un carcan;

— Hier, la priorité allait à l'institution. Le couple était plus important que les individus qui le composaient. Aujourd'hui, l'autonomie et la réponse aux besoins de chacun l'emportent dans la balance. L'individu et ses droits sont maintenant prioritaires. La volonté grandissante des individus de protéger leur liberté, donc de pouvoir se retirer aisément du couple, en amène bon nombre à choisir la cohabitation transitoire ou permanente plutôt que le mariage, dont les formalités font peur en plus de lier davantage. Bref, on préfère l'engagement souple;

— Hier, le mariage était vu comme le lieu où femme et homme exerçaient des rôles complémentaires: le soin des enfants, les travaux ménagers, c'était l'affaire des femmes; le travail à l'extérieur, les responsabilités sociales, celle des hommes. L'égalité foncière des deux sexes est maintenant affirmée. Les murs qui marquaient la division des rôles sont abolis. Tout est sur la table de négociation. Rien n'est accepté comme acquis au départ;

— Hier, l'épouse acceptait comme allant de soi que ce soit l'homme qui gagne l'argent même si elle était ainsi placée en situation de dépendance vis-à-vis de ce dernier. Aujourd'hui, le développement professionnel, qui lui permet de faire sa place sur le marché du travail, l'assure de son autonomie financière. La femme résiste aux éléments contraignants de l'institution. D'où la tentation de la reporter à plus tard. L'âge au mariage recule constamment depuis quelques années. Elle résiste également aux situations liées à la vie conjugale qui risquent de l'enfermer dans une position de dépendance.

Enfin, tout a changé au cours des deux dernières décennies. L'ordre de la vie conjugale, qui paraissait immuable, est renversé. Les normes qui s'étaient imposées jusque dans les années soixante ont cessé d'être suivies. Ce qui était prescrit alors est parfois ridiculisé. Ce qui était interdit est toléré sinon carrément accepté. Les contrastes qui s'affichent traduisent la radicalité d'une révolution qui poursuit son cours et dont les causes profondes se retrouvent dans la société au sens plus large. Le couple et la famille sont au fond le miroir d'une société qui a éclaté sous l'effet d'une convergence de forces tant d'ordre économique que scientifique. Bref, derrière la crise du mariage, dont les deux facteurs principaux sont sans doute la primauté accordée au sentiment amoureux et la valorisation de l'autonomie individuelle, transparaît un monde en ébullition.

La recherche d'un sens au mariage

Un monde s'en est allé emportant avec lui les repères et les certitudes qui ont guidé l'agir de nombreuses générations. Résultat, les jeunes générations se retrouvent dans le vide. Dès lors, que faire ? Dans une société qui semble ne rien avoir à leur offrir de normatif en terme de principes, de valeurs ou tout simplement de règles, ils sont tiraillés entre deux forces : celle de leurs instincts primaires, qui constituent une pente facile à suivre mais qui les laissent avec un sentiment de vide, et celle de leur moi responsable, qui les pousse à chercher un nouveau sens à ce terrain de l'aventure humaine qu'est la vie conjugale. Les jeunes générations, sans exception, sont confrontées à ce défi rendu d'autant plus difficile que l'espace à l'intériorité est réduit sous l'impact des médias, qui n'ont que faire de la réflexion et de la pensée personnelle.

Les routes du bonheur dont chacun rêve ne sont pas tracées d'avance. Il leur faut en découvrir la direction au fond d'eux-mêmes tout en vérifiant le bien-fondé de leur découverte en cheminant avec les autres. Ajoutons que la référence à la sagesse de l'humanité véhiculée par les grandes institutions, qui lui assurent une certaine cohérence, est précieuse. Il ne s'agit pas de chercher un âge d'or logé dans le passé. Ce serait une démarche illusoire. Pas plus que de vouloir conserver des modèles d'une autre époque. Les temps ont changé. Mais il s'agit de découvrir cette sagesse ou ces valeurs qui, au-delà du temps, contribuent à définir les rapports humains et les modes d'existence qui donnent sens à la vie parce qu'ils répondent aux attentes profondes des êtres.

Le déclin du mariage : un recul de civilisation

L'histoire, l'anthropologie et la psychologie convergent pour affirmer le rôle essentiel qu'a joué le mariage dans la longue et difficile édification de la civilisation, et cela doit être considéré.

Celui qui se place dans cette perspective peut soutenir sans trop de risque de se tromper que le déclin du mariage constitue un recul. Recul passager et compréhensible sans doute dans la conjoncture globale de cette fin de siècle, mais recul quand même. L'union de fait s'inscrit dans le sens contraire de l'humanisation des rapports humains et du processus de civilisation.

En fin de compte, refuser le mariage, c'est hypothéquer lourdement un projet de vie dans sa double dimension, individuelle et sociale. Le couple, en effet, n'a pas moins besoin d'appui et de reconnaissance sociale que d'amour et de sécurité pour progresser.

L'engagement de la femme et de l'homme s'institutionnalise, non pas pour perdre son sens et son dynamisme, mais pour assurer au contraire son plein développement. En ce sens, l'acte de célébration du mariage appartient à la structure même de la réciprocité de l'amour qui n'atteint sa pleine vérité qu'au moment où s'affirme sa dimension sociale. Pour intime et personnel qu'il soit, l'amour conjugal, en effet, se constitue de ce que la société lui donne en le reconnaissant.

L'alliance conjugale n'est pas qu'un lien interpersonnel d'amour, elle est aussi, qu'on le veuille ou non, une «affaire» publique, collective, qui affecte la totalité du milieu. Notre époque nous provoque individuellement et collectivement à ressaisir les fondements de ces affirmations. Dans cette perspective, il est opportun d'ouvrir la porte à une réflexion plus approfondie sur la fonction psychologique ainsi que sur la fonction sociale du rituel du mariage.

La fonction psychologique du rituel du mariage

Ce qui fait la vérité de nos projets, ce qui en assure la portée et en scelle la qualité, c'est la parole qui les proclame. Nous en faisons régulièrement l'expérience. N'en serait-il pas ainsi de l'amour dans un couple?

Lorsque l'amour entre une femme et un homme est suffisamment enraciné pour servir de base à un projet de vie à deux, il a besoin de s'exprimer dans l'intimité. Il a aussi besoin d'être célébré pour atteindre sa pleine signification. C'est la parole dite en privé et proclamée publiquement qui lui donne sa consistance. La parole crée du nouveau. Elle fait advenir quelque chose. Elle implique un certain éclatement. Voilà pourquoi le couple est appelé à exprimer son engagement dans l'amour au sein d'une communauté, un peu comme on annonce une nouvelle importante qui tout à coup change sa vie.

La fonction du rituel consiste donc à permettre à cette parole d'être prononcée par chacun des partenaires et d'être accueillie par la collectivité et son représentant. Dans ce contexte privilégié où se conjuguent gestes concrets et symbolismes, la parole est en quelque sorte socialisée. Elle revêt une signification et une portée qui transcendent la logique des mots. Elle indique la direction nouvelle que prennent librement la femme et l'homme qui ont fait alliance, le sens qu'ils veulent donner à leur projet. C'est en référence à cet univers symbolique que les couples ont à choisir entre le mariage civil et le mariage religieux. Le couple qui décide de se marier à l'église au sein d'une communauté de croyants exprime, à partir de son choix même, une option prise pour un amour dont il affirme l'enracinement en Dieu. Le couple qui opte pour le mariage civil se réfère à une source d'inspiration autre. Dans les deux cas, l'institution, dans la diversité des formes qu'elle revêt et les transformations de signification qui l'accompagnent, répond à une attente profondément ancrée chez l'individu et la société.

La fonction sociale du rituel du mariage

Si l'on observe les transactions impliquées dans la formation d'un couple, on s'aperçoit que ce qui pose le couple dans l'existence est d'une part l'entente exprimée plus ou moins explicitement par les partenaires concernant un ensemble de besoins et d'obligations à satisfaire mutuellement, et d'autre part, la confirmation de cette entente par l'entourage. L'affirmation publique de leur projet par les conjoints et sa reconnaissance par le milieu revêtent à la fois un caractère formel et un caractère de fête.

Un rite de passage

Le mariage constitue un événement. Il affecte l'ensemble des attitudes et des comportements qui régissent les rapports entre les futurs conjoints, le couple lui-même par rapport à son milieu humain et physique et, à l'inverse, le milieu et la société en général par rapport au couple. Bref, la cérémonie du mariage est un rite de passage.

Ce rite, célébré au sein d'un rassemblement humain, constitue, à travers un ensemble de gestes et de paroles, une déclaration manifeste et indubitable que les partenaires ont changé de statut. D'individus seuls qu'ils étaient, ils se perçoivent dorénavant comme un couple avec les droits, attentes et obligations qui se rattachent à cette situation nouvelle. De la même façon, la communauté rassemblée, et à travers elle la société tout entière, reconnaît à ces individus un nouveau statut, celui d'époux et d'épouse, et entreprend de créer des rapports adaptés à cet état.

Dans son classique *Les Rites de passage*, Van Gennep (1960) écrit :

> Le mariage constitue la transition la plus importante d'une catégorie sociale à une autre [...]. [Il est] un acte essentiellement social [...] qui s'exprime par un ensemble de cérémonies qui incluent des rites de séparation avec l'environnement antérieur, de transition et d'incorporation dans le nouveau.

Certaines fonctions du rituel du mariage s'expriment de façon subtile. Ainsi, les présents faits au couple par les parents et les amis sont une façon de dire «nous croyons à votre projet». Le cadeau est un investissement dans le succès du mariage. De leur côté, les partenaires sentent bien que l'amitié et la confiance manifestées doivent trouver réponse dans le sérieux de leur engagement à faire de leur vie de couple une réussite. De même, l'instauration d'un nouveau réseau humain — l'alliance entre deux familles et les amis rassemblés — créé par le mariage, prolongé par les contacts subséquents, par les souvenirs, agit comme un levier puissant dans la vie du couple. Enfin, les parents et les amis qui ont participé au mariage forment en quelque sorte un écran protecteur qui entoure le couple et l'accompagne au fil des années avec ses espoirs et ses peines.

D'autres fonctions sont plus manifestes, telles l'établissement et la réaffirmation des normes qui concernent l'exercice de la sexualité, dont l'exclusivité et la fidélité conjugale, la permanence du mariage, les droits de l'enfant à avoir deux parents, la responsabilité parentale, etc. Le mariage établit ainsi les lignes de démarcation majeures entre le légitime et l'illégitime.

Bref, c'est par l'intermédiaire du rituel du mariage qu'est fournie la structure de soutien indispensable à une association durable, par ailleurs trop fragile si elle n'a comme fondement que le seul sentiment amoureux et l'attraction sexuelle. D'autre part, c'est grâce à la démarche juridique, civile ou religieuse que la société réaffirme à ses membres les grandes lois communément acceptées qui constituent les assises mêmes de la civilisation. Le mariage est un facteur de civilisation du fait justement qu'il structure le comportement des personnes en fixant les rapports entre eux, ce qui touche un enjeu fondamental de l'existence humaine, celui de la reproduction de l'espèce. Un enjeu qui ne peut être que privé.

Se marier est un acte social

Pour un couple, se marier est un acte social. Le mariage, en effet, n'est pas seulement l'union de deux cœurs. Ce sont les fondations d'une nouvelle cellule sociale qui durera normalement des années, voire des décennies. Une cellule ou une institution qui concerne la société, puisqu'elle en assure la continuité. En conséquence, une cellule que la société doit soutenir sur plusieurs plans : sur le plan juridique, en reconnaissant son statut et les droits qui lui sont inhérents et en assurant la protection des droits des individus qui la composent ; sur le plan économique, en lui offrant le soutien financier dévolu à une institution fondatrice qui doit donc être privilégiée.

Au cours des vingt dernières années, une coupure s'est instaurée entre le privé affectif et le public, ou la dimension sociale du projet amoureux. L'union conjugale est perçue comme une affaire intime qui ne concerne que le couple. À l'opposé, le domaine public est le lieu où l'individu, devenu un numéro, nage dans le méandre des transactions froides et de la réglementation. Il n'est pas nécessaire d'évoquer les causes multiples de l'appauvrissement de la vie publique dans la société moderne pour reconnaître qu'il s'agit là d'une réalité douloureuse. La déshumanisation des rapports humains, qui se manifeste dans tous les secteurs de la vie en terme de violence et de tricheries, a quelque chose de révoltant qui ne laisse personne indifférent. Malheureusement, l'appauvrissement de la vie publique entraîne systématiquement celui de la vie privée. Le mariage et la famille résistent bien difficilement à la tentation de l'individualisme et du culte du moi qui sont devenus, au-delà des droits légitimes de la personne, une force de disruption dont on voit les conséquences dramatiques dans de nombreux cas. En fin de compte, on peut se demander si l'un des enjeux majeurs de cette fin de siècle ne consistera pas à redécouvrir individuellement et collectivement la place du mariage en tant que pont entre ces deux univers, le privé et le public, à la fois différents mais en même temps en étroite synergie.

De la privatisation à la reconnaissance

La privatisation à outrance de l'union conjugale s'oppose à une réalité en elle-même incontournable, celle de sa reconnaissance sociale, non seulement comme une responsabilité de l'État mais comme un besoin des conjoints et du couple. Il est une réalité fondamentale, vieille comme le monde, que la psychologie moderne s'est plue à répéter, à savoir que l'individu ne peut se structurer et encore moins s'épanouir sans reconnaissance.

S'il est vrai que chaque être humain est unique et est appelé à se développer dans la ligne de ses potentialités propres, il reste que c'est l'autre, les autres qui le font advenir en assumant le rôle de miroir ou de reflet. L'autre est celui qui te dit qui tu es, qui t'affirme dans ton unicité. Il t'entraîne en avant dans la ligne de tes capacités, de tes projets et de tes engagements. Bref, l'individu se voit principalement dans le

regard que portent sur lui les personnes qu'il considère importantes, et la perception de soi qui découle de ce regard devient
pour une large part le levier de son existence. Ce qu'on sait
depuis toujours être particulièrement évident à l'enfance et à
l'adolescence le demeure tout au long de la vie.

Or, ce qui est vrai pour l'individu l'est aussi pour le couple.
C'est ce qui explique pourquoi les amoureux qui décident de
former une union conjugale, si intime qu'elle puisse être, sont
confrontés à un moment ou l'autre à une poussée intérieure
incontournable, celle de le dire. Ils ne peuvent garder pour eux
la «nouvelle». Ils doivent partager avec quelqu'un le projet sur
lequel se greffe leur nouvelle identité. Il semble qu'en amour
la clandestinité ne tienne pas longtemps. À l'inverse, il faut
que ce statut soit reconnu, que d'autres, à qui ils l'annoncent,
les confirment dans leur nouvel état.

Tout se passe comme s'il était nécessaire que les conjoints
se voient à travers le regard d'autres personnes, importantes
ou significatives, qui leur disent à eux-mêmes ce qui leur
arrive ou leur révèlent la portée de leur expérience. Autrement
dit, les conjoints ont absolument besoin de reconnaissance. Il
ne s'agit pas d'un besoin quelconque. Cela est indispensable.
Si on revenait au langage de la philosophie classique, on parle-
rait de besoin ontologique ou d'un besoin qui est lié à la
nature.

Il n'est pas exagéré de conclure ou d'affirmer dans cette
perspective, où se mêlent anthropologie et histoire, que le
rejet du mariage ou plus simplement, dans la majorité des cas
peut-être, la négligence de se marier, fait violence aux attentes
profondes de l'être. Notre époque troublée véhicule de multiples sources de souffrance. Au fond, la reconnaissance
formelle ou officielle de l'identité du couple constitue à la fois
un repère auquel est ancré l'existence et une force à laquelle
puiser pour franchir victorieusement les étapes exigeantes qui
scandent sa trajectoire obligée.

Autrefois, les couples d'ici se présentaient à l'église,
quelques-uns allaient chez le juge de paix. Toute une assemblée,

constituée de la famille et des amis, accueillait la parole proclamée et la confirmait de façon officielle.

Aujourd'hui, une proportion non négligeable de couples s'oppose à la dimension officielle ou n'en voit pas l'utilité. Selon Statistique Canada, c'était le cas de 9,9% de tous les couples en 1991. Des estimés plus récents indiquent que cette proportion est à la hausse notamment au Québec, où le taux de nuptialité, soit le nombre de mariages par tranche de 1 000 habitants, est tombé à 3,6 en 1993, presque deux fois plus bas que le taux national moyen (6,1%) et bien en deça de celui de la plupart des pays industrialisés.

Une équipe de chercheurs de Statistique Canada qui s'est penchée sur la question du déclin du mariage officiel a découvert que 51% des Québécois et 44% des Québécoises (chiffres calculés à partir de la population totale) étaient non mariés en 1991, contre 31% des hommes et 25% des femmes pour l'ensemble de la population canadienne (Nault *et al.*, 1995). C'est dire qu'une proportion importante de couples se contente de partager la nouvelle aux membres de la famille et au groupe restreint des amis sur une base intimiste. Pour des raisons qu'en général les conjoints n'arrivent pas à s'avouer à eux-mêmes, ils sacrifient la dimension officielle de l'événement.

Il serait étonnant que les nouvelles générations puissent s'accommoder longtemps de cette privatisation excessive dans laquelle elles se trouvent. La fragilité de cette situation où le couple est abandonné à lui-même entre en contradiction avec le besoin de support qui lui permet d'assumer les défis exigeants de la vie à deux. Le coût humain et social est énorme.

Un tournant de civilisation

On se trouve présentement devant un véritable paradoxe où le mariage est la chose désirée et rejetée à la fois. À côté du rêve d'un «beau mariage» porté plus ou moins secrètement par la grande majorité, le courant de pensée qui soutient que le mariage a fait son temps a bonne presse. Mais surtout, les faits nous forcent à réfléchir. Quand on sait que l'étude de la nuptialité doit maintenant se tourner du côté de la cohabitation, avec tout le flou qui la caractérise, et non plus se contenter du relevé des mariages, quelque chose de sérieux est en train de se passer.

Peut-on aller plus loin pour saisir le nœud de la crise ? Il ne fait pas de doute qu'elle est liée à certaines attentes déçues du côté de l'individu, en particulier l'impression de manquer de contrôle sur sa propre existence. Cette peur se nourrit à même le double courant de l'individualisme caractéristique des trois dernières décennies et du rejet farouche des institutions ou des systèmes, traduit dans la perte de confiance générale envers eux. Les résultats des sondages à cet égard sont assez éloquents pour qu'on ait à insister davantage. Cette espèce de soulèvement général contre tout ce qui est institution traduit finalement une crise de civilisation qui bouleverse tout sur son passage.

Que le mariage et la famille soient le lieu où éclate avec peut-être le plus d'intensité l'impact d'un brassage humain bouleversant est, à la limite, normal. Le mariage et la famille d'hier étaient sacrés. La priorité était donnée à l'institution. L'individu ne comptait pas pour beaucoup. La recherche d'un nouvel équilibre devait nécessairement se dérouler sur le terrain même où l'impression de désordre avait été davantage ressentie. Bref, le déclin du mariage n'est pas la conséquence d'une remise en question qu'on pourrait attribuer à la seule montée de l'individualisme, en tant que phénomène plus ou moins isolé, et que l'on pourrait corriger en revenant aux valeurs d'altruisme.

La crise du mariage est la conséquence d'une remise en question beaucoup plus large affectant l'ensemble des institutions et des systèmes et de leurs rapports avec la personne. Les systèmes investis d'un plus grand pouvoir de contrôle sont devenus les champs de bataille les plus chauds de notre époque, en vue de créer un nouvel ordre des choses. Dans cette perspective, on comprend que soient sérieusement ballottés la religion, le domaine politique et les institutions qui leur sont étroitement liées comme le mariage. Mais on se rend compte aussi que la crise du mariage est beaucoup plus profonde qu'on pourrait être porté à le croire à première vue et qu'en conséquence, on ne saurait travailler à sa résolution si on néglige de s'attaquer aux grands enjeux qui la soustendent.

Au fond, on est renvoyé au système dominant de notre société, le libéralisme économique, avec les valeurs admirables de créativité, de liberté et d'autonomie qui le fondent mais aussi avec ses vices destructeurs : goût excessif de l'avoir au détriment de l'être ; fondement sur l'éphémère ou le « jetable après usage » avec dévalorisation de la durée ; poussée intense du narcissisme occultant le fait que l'humain est essentiellement relationnel et qu'il ne peut se réaliser (entendons être heureux) en dehors de la communion ; enfin, chosification de la personne qui devient objet. Le problème c'est que ce système, à la suite de la chute du communisme, connaît une heure de triomphe inégalé dans l'histoire et que le discours qui s'y rattache est devenu sacré à un degré tel qu'il est presque impossible de penser et d'agir autrement.

Une stratégie à inventer

Par où commencer si on veut s'orienter dans la bonne direction et soutenir la recherche de sens au mariage qui tenaille notre époque tout en étant conscient qu'on ne sait vraiment pas de quoi demain sera fait ? Disons au départ qu'il ne servirait à rien de rêver au passé où, dans une société relativement homogène, les grands systèmes pouvaient conjuguer leur force et imposer une vision. Cette situation a basculé avec la modernité et l'installation du pluralisme idéologique. Il faut donc explorer d'autres voies. Contribuer à la recherche du sens et par la suite à la modification de la vision et des comportements sont appelés aujourd'hui à emprunter des routes plus humbles. S'il faut, d'une part, à partir des sciences humaines et des sagesses de l'humanité, pointer la direction, il faut surtout proposer des modèles et créer des situations qui amèneront les nouvelles générations à se poser les bonnes questions. Cette stratégie imprégnée de fragilité sinon d'impuissance face à la tâche à entreprendre est renforcée par un sentiment de respect profond pour la conscience personnelle, déjà tragiquement manipulée.

Le rôle de l'État

Nous avons parlé de proposer des modèles et de créer des situations qui provoquent les bonnes questions. Lorsqu'une société est aussi profondément brassée que la nôtre l'est, avec ce que les changements qui l'affectent entraînent de situations de souffrance, il faut que toutes les forces se mobilisent en vue de faciliter le tournant tout en réduisant au minimun les dérapages. Si personne ne peut demeurer indifférent (penseurs, écrivains, regroupements de famille, école, église, etc.), quel serait en particulier le rôle de l'État?

Le principe est connu. Il est de la responsabilité de l'État de rendre la vie de la collectivité la plus humaine possible. Son rôle consiste à mettre en place les règles ainsi que les soutiens juridique et économique qui assurent une certaine harmonie dans la vie de ceux qui composent cette collectivité. Les gouvernements, on le répète avec emphase, ne sont pas là pour dicter la morale. D'accord, s'il s'agit du refus d'imposer un code de morale particulière. Mais on doit enregistrer son désaccord total si les gouvernements ne s'emploient pas à promouvoir la qualité de vie des citoyens par les mesures juridiques les plus appropriées. Or, cela correspond éminemment à la responsabilité morale dans le sens plénier du terme de toute institution ou système. À la décharge de ceux à qui le mot morale fait peur, on pourrait ajouter que si les gouvernements ne sont pas là pour en faire, peut-être sont-ils là pour la rendre possible sinon la faciliter. De plus, les règles édictées ne sont jamais neutres et quantité de gens croient toujours que ce qui est légal est moral.

Pour les gouvernements, faciliter une vie morale, c'est fournir l'encadrement nécessaire à une vie harmonieuse ou réussie. Appliquer cela au mariage et à la famille signifie s'employer sans relâche à instaurer une politique familiale cohérente. Cette entreprise doit se situer au cœur même des préoccupations de l'État, conscient de son devoir de promouvoir la vitalité des institutions qui sont à la base de la société. Malheureusement, l'exercice du leadership n'est jamais facile. On comprend les gouvernements qui, un peu partout à notre époque, ont choisi de gérer leur pays à partir des sondages, mais cela ne peut suffire.

On peut se demander si la perte de confiance désarmante dans les politiciens, dont font état les sondages année après année (Paré *et al.*, 1995), n'est pas rattachée au mode de gouvernement qui s'est mis en place au cours des dernières décennies. Même si on retrouve dans le recours aux sondages des éléments précieux de la démocratie tel celui de la consultation qui, en principe, provoque le citoyen ordinaire à la réflexion et à la prise de parole, il reste que le plus bas commun dénominateur auquel ce processus aboutit ne peut servir de point d'appui ultime à la mise en place d'une législation.

S'il faut de toute évidence être attentif aux sensibilités de notre époque et à l'écoute des courants de pensée modernes, il faut néanmoins s'employer avec rigueur à discerner entre le superficiel et le fondamental, entre le passager et le durable. En effet, la conduite d'un pays implique la référence aux valeurs fondamentales et aux grandes sagesses sur lesquelles prend appui son développement véritable.

Sans doute faut-il reconnaître qu'un des problèmes incontournables de nos sociétés c'est qu'elles ont des politiciens à leur image ! On pourrait donc difficilement s'attendre à ce qu'ils soient plus visionnaires que la moyenne des gens qui les ont élus! Pourtant, les élus de la politique doivent aller plus loin. C'est à eux qu'il revient de proposer des lois justes, de travailler à construire les consensus indispensables et de légiférer. Qu'on le veuille ou non, l'avenir du mariage et de la famille dépend pour une large part des décisions lucides et courageuses que prendront les gouvernements aujourd'hui.

Priorité à l'union officielle?

Un des enjeux déterminants de la politique familiale à instaurer est celui de la place prioritaire à accorder ou à refuser à l'union officielle par rapport à l'union de fait par l'intermédiaire de politiques fiscales appropriées.

Depuis quelques années, mariage et famille semblent vouloir se dessouder. Le fait que d'une part, l'entrée en union conjugale soit devenue floue et que d'autre part, pour les couples qui durent, l'union de fait, à la suite du refus de se marier ou à la négligence de le faire, est à la hausse, entraîne une dissociation de plus en plus prononcée entre les deux. La situation est rendue encore plus complexe du fait que la définition de la famille s'est aussi transformée pour englober le couple marié ou non marié, le couple avec ou sans enfants, le parent seul avec un ou des enfants, enfin la reconstitution d'une maisonnée regroupant parents et enfants de souches différentes. Le rapport entre mariage et famille est d'autant plus fragilisé.

Dans cette conjoncture, comment créer un régime familial qui, par l'ensemble de ses règles et de ses appuis financiers, affirme la primauté du couple marié et en même temps tenir compte des unions de fait puisqu'elles sont là dans une proportion suffisante pour que l'État s'en préoccupe? Cette interrogation suppose que le gouvernement ait fait un choix fondamental en faveur de la famille officiellement constituée par le mariage, ne serait-ce qu'en raison de l'économie que cela représenterait pour ses caisses. Notons que cette hypothèse est avancée par plusieurs chercheurs.

Avec l'augmentation des unions consensuelles, il serait important de trouver une formule qui permette aux couples qui le désirent de s'enregistrer. Cette mesure permettrait au gouvernement d'assumer la double responsabilité qui lui incombe, à savoir celle de protéger les droits des conjoints et celle d'assurer le soutien nécessaire aux enfants en réduisant au maximum la manipulation des personnes.

Dans une perspective plus large, cet enregistrement, ajouté aux données des recensements, s'avérerait utile aussi au gouvernement en vue d'établir le profil de la population qu'il régit et à partir duquel il met en place les politiques sociales adaptées. La question qui se pose est jusqu'où aller dans la réglementation des unions de fait tout en évitant de les situer sur le même pied que les unions légitimes?

Bref, quelle reconnaissance donner au « mariage au noir »? Déjà en 1985, le Conseil consultatif canadien sur la situation de la femme recommandait au gouvernement canadien de lui accorder un statut identique à l'union officielle. Cette recommandation n'a pas eu de suite. Si on doit se réjouir du large accord qui existe pour reconnaître qu'il revient à l'État de protéger certains droits fondamentaux de la personne, il faut non moins insister pour rappeler qu'il n'appartient pas à l'État de donner un statut juridique au couple qui a choisi, en refusant de se marier, de ne pas en avoir. Là aussi, il y a un droit à respecter. La multiplication des lois autour de l'union de fait peut facilement revenir à inventer un nouveau mariage. Le gouvernement n'a pas, par des moyens détournés, la mission de marier les gens de force.

La marge d'intervention de l'État est donc étroite. Toutefois, on peut soutenir que les gouvernements ont la responsabilité de promouvoir le mariage par des mesures législatives appropriées, en raison de sa signification profonde pour l'individu et la société ainsi qu'en raison de sa portée en tant que facteur de civilisation. Cela constitue sans doute un des défis majeurs auxquels sont confrontés les États modernes.

L'union de fait : une union boiteuse

Pour conclure la réflexion sur la fonction psychologique et sociale du rituel du mariage, une dernière question délicate se pose : que penser des unions de fait à l'heure justement où elles sont à la mode ? Nous parlons ici des unions qui s'installent dans la durée ou de cohabitation stable par opposition au mariage à l'essai.

Il n'est pas facile de porter un jugement sur l'expérience personnelle des conjoints qui vivent cette situation. Toutefois, une chose est certaine : les unions de fait sont privées d'une composante importante, celle de la sécurité affective inhérente à l'amour affirmé et reconnu dans et par le rituel du mariage. Leur durée relativement courte atteste elle-même de cette réalité.

Est-il possible d'établir le profil des individus qui optent pour l'union de fait plutôt que pour le mariage ? Quelques recherches ont tenté de le faire, mais sans arriver à établir une image précise au-delà des deux attitudes suivantes : l'acceptation facile du divorce et le peu d'engagement par rapport au mariage. Ces attitudes tiennent au fait que les cohabitants favorisent un lien léger plutôt que le lien pour la vie (Schoen & Weinick, 1995).

Par contre, des recherches sur la qualité de vie des cohabitants et le niveau de satisfaction maritale éprouvé par rapport aux couples mariés arrivent à des conclusions assez révélatrices. Si, au niveau de la vie quotidienne, l'expérience des «cohabitants» ressemble à celle des autres couples, une différence importante existe en ce qui a trait au long terme. En effet, les cohabitants rapportent un degré de bonheur moindre avec leurs partenaires, ils manifestent un niveau d'engagement inférieur et ils ont des relations plus pauvres avec leurs parents (Nock, 1995).

On estime que l'union de fait entre dans la catégorie des mariages à haut risque de rupture, au même niveau que les mariages des moins de vingt ans, ce qui traduit assez bien ce que cette situation peut receler d'incertitude sinon d'angoisse chez la plupart. Les informations que fournissent les statistiques indiquent en effet que dans la majorité des cas, ou bien on se marie après quelques années ou bien on se sépare. Les unions de fait pour la vie sont rares.

En excluant la décision, les unions de fait faussent la relation. Elles demeurent des unions boiteuses. Cela ne les empêche pas par ailleurs d'exercer une certaine fascination dans l'imagination populaire du fait justement qu'elles affirment être libérées de tout lien, et cela même si leurs tenants se trouvent en contradiction avec l'idée même de former une union.

En guise de conclusion, soulignons que la crise du mariage, malgré les tensions et les dérives qu'elle entraîne, marque tout de même une étape importante. Elle nous oblige à essayer, individuellement et collectivement, de voir avec des yeux neufs le sens d'une démarche dont la signification avait perdu sa saveur. Sans doute allons-nous réapprendre lentement que le mariage n'est pas, ni pour les individus ni pour la société, qu'un idéal quelconque. Il est un élément structurant essentiel de la société en même temps que la réponse à une attente profonde de l'amour humain.

III – LES NOUVEAUX COUPLES : LES TÂCHES À ENTREPRENDRE, LES DÉFIS À RELEVER

S'établir en couple est facile. Faire un choix lucide en vue de construire un projet de vie durable l'est moins. Savourer le bonheur de la lune de miel est une aventure fascinante. Répondre à l'ensemble des attentes de l'autre, apprendre à négocier la différence, redéfinir son univers relationnel, trouver les moyens de répondre adéquatement aux besoins mutuels d'ordre économique, psychologique, sexuel et social, bref, apprendre à vivre à deux est l'autre face de l'aventure. Elle est toujours exigeante.

Au-delà de l'espace symbolique donné à la lune de miel et à l'amour romantique, il reste que la formation d'un couple est une des phases les plus complexes et les plus difficiles de tout le cycle familial, et cela, peu importe que le mariage en marque le point de départ ou qu'il suive ou même qu'il soit exclu. Heureusement, l'intense satisfaction de la lune de miel, jaillissant à la fois de la réalité et du rêve, constitue une période précieuse pour poser les bases du projet. Selon Coleman (1985), les facteurs qui ont amené un couple à se former disparaissent presque inévitablement ou en tout cas perdent beaucoup de leur importance au fur et à mesure que s'approfondit la relation entre les conjoints. En d'autres mots, ce qui était un facteur important au départ, par exemple, l'attrait sexuel, tient souvent beaucoup moins de place plus tard.

La vie conjugale oblige le couple à renégocier une myriade de détails et de réalités qui étaient déjà bien définies dans le comportement individuel de chacun, depuis l'heure des repas et du coucher jusqu'à la façon d'occuper ses temps libres. Tout est à faire : la répartition des tâches ménagères, la définition des rôles, l'établissement d'un équilibre budgétaire, la redéfinition des rapports avec ses parents, ses amis, les temps réservés à l'intimité à quoi s'ajoute tout un ensemble d'autres décisions qui ne peuvent plus être prises sur une base individuelle. Dorénavant, elles doivent être prises à deux de telle manière qu'elles répondent aux besoins des deux. Et cela, comme le souligne le docteur Augustus Napier (1988), thérapeute de la famille, en l'absence de modèles préétablis susceptibles d'offrir des balises sur une route parfois très cahoteuse.

Une expérience de réciprocité

Finalement, tout se passe comme dans un contrat. Que les partenaires en soient conscients ou non ne change rien à la réalité. Chacun est prêt à donner mais chacun s'attend aussi à recevoir. La réciprocité fait partie de la nature même de l'union conjugale et recouvre tous les aspects de la vie, ceux des relations avec les familles d'appartenance, de l'argent, de l'expérience spirituelle, du sexe, du pouvoir, de la carrière, des enfants, etc. La réussite de l'amour est mesurée au degré de satisfaction éprouvé par chaque partenaire dans chacun de ces domaines. Il y a invariablement un prix à payer, tôt ou tard, pour les sacrifices consentis et les frustrations encaissées. Rappelons ici le mot d'Albert Brie : «Il n'y a pas de mariage réussi, à moins de considérer un match nul comme une victoire commune!»

Des attentes ambiguës

Ce qui rend encore plus complexe l'adaptation dans la vie du couple, c'est que les attentes de chacun recouvrent non seulement les besoins normaux auxquels le mariage devrait répondre, mais aussi les besoins plus ou moins conscients dont certains peuvent être à tendance névrotique ou conflictuelle. Nous connaissons peu notre univers psychique. Il échappe à notre attention et à notre réflexion. Pourtant, ce sous-sol inconscient détermine pour une large part nos attitudes, nos attentes et finalement, nos comportements. Le choix même du conjoint obéit à cette loi. Qui sait vraiment ce qui se passe en lui lorsqu'il tombe amoureux? Nous nageons là en plein mystère. L'ensemble des rapports entre partenaires ne saurait donc s'y soustraire.

La complexité de la situation tient au fait que même si le partenaire connaît assez bien ses besoins, en général, il n'est pas conscient que ses efforts pour répondre à ceux de son conjoint sont mesurés et donc dépendants du désir qu'il a de la satisfaction de ses propres attentes. Ceci est particulièrement évident dans le domaine de l'intimité sexuelle. Ce qui rend la situation encore plus difficile c'est que le partenaire est encore moins conscient des attentes plus ou moins secrètes et peu claires de l'autre. Le résultat est bien connu. Le partenaire croit avoir tout fait ce qu'il a à faire et il est tout étonné de découvrir un jour la profondeur de l'insatisfaction de l'autre. Sheehy (1977) rapporte le cas de cet époux de 48 ans renversé d'apprendre la nouvelle, à qui sa femme laissait une note pour lui annoncer les démarches entreprises en vue de l'obtention du divorce. Emmuré dans son univers professionnel, il n'avait même pas soupçonné jusque-là le profond mécontentement de son épouse!

Les principaux facteurs liés à l'adaptation du couple

C'est à partir de la réponse aux besoins et aux attentes de chacun des partenaires que se mesure la qualité des rapports qui s'établissent entre eux. Le psychologue américain Gipson Wells (1984, 239) a isolé quatre facteurs qui, selon lui, seraient déterminants dans le développement d'une relation positive : les traits de caractère de chacun, l'homogénéité, le facteur temps et la nature de la relation amoureuse.

1. Les traits de caractère des individus en présence peuvent aussi bien contribuer à son évolution positive qu'à son échec. On sait, par exemple, que les chances d'avoir un mariage heureux sont plutôt minces lorsque l'un ou les deux partenaires sont pessimistes, ont des tendances névrotiques prononcées, ont des comportements dominateurs, ou encore manquent de confiance en eux-mêmes.

2. Le deuxième facteur déterminant dans la réussite du couple est l'homogénéité, c'est-à-dire la similarité des goûts, des attentes, des valeurs. Il n'est pas d'harmonie possible chez un couple s'il n'existe un minimum de compatibilité.

3. Le facteur temps fait partie du processus même de l'adaptation à la vie commune. Son impact varie selon les enjeux. C'est ainsi qu'on sait qu'il faut plus de temps pour s'entendre dans les relations sexuelles et la gestion de l'économie familiale que dans n'importe quel autre domaine. On sait également qu'il faut passablement de temps à la moyenne des couples avant de prendre conscience qu'il y a des désaccords, ce qui, en général, tient au fait qu'on ne veut pas les voir ou, si on les voit, parce qu'on tend à les minimiser. Enfin, l'ajustement entre deux êtres demande non seulement beaucoup de temps, mais c'est une entreprise qui n'est jamais terminée. De toute manière, l'action du temps est une réalité dont il faut tirer parti : savoir en gagner ; savoir en perdre ; et savoir attendre.

4. Enfin, la nature de la relation amoureuse serait, selon Wells, le facteur le plus décisif dans le développement du couple, en ce sens qu'il n'est pas de croissance du couple sans évolution sur le plan affectif. Lorsque, en effet, l'on retrouve dans un couple un amour qui est fait de tendresse et d'attention mutuelle, les chances de bonheur sont beaucoup plus élevées. Mais lorsqu'un mariage veut rester accroché à l'amour romanesque du genre «coup de foudre», les chances d'ajustement sont minces et l'échec probable.

Le cycle familial : une référence à la fois utile et limitée

Au moment de réfléchir davantage aux étapes de la vie du couple et de la famille et de vérifier les tâches spécifiques qui y sont liées, il n'est peut-être pas inutile de s'interroger encore brièvement sur la signification de ce cycle.

L'entrée en couple est devenue progressive et l'on assiste à un affaiblissement sinon à la disparition des rites de passage d'une situation à une autre. Les fiançailles situées à l'intérieur d'une période plus ou moins longue de fréquentations étaient vues autrefois comme un prélude à la vie de couple qui commençait officiellement avec le mariage. Cet événement marquait une étape décisive de la vie où responsabilités et rôles étaient bien identifiés.

Aujourd'hui, ces seuils sont flous. D'une part, la cérémonie des fiançailles est tombée en désuétude et le mariage n'est plus la porte d'entrée obligée dans la vie conjugale ; d'autre part, les modalités de la vie à deux sont très diversifiées : tel couple cohabitant ou s'étant marié depuis quelques mois peut avoir franchi dans l'urgence (un bébé qui arrive) les différentes étapes qu'un couple depuis longtemps installé a traversées.

Tel autre, qui cohabite depuis dix ans, le fait sous le mode de l'association souple sans prendre d'engagement, en remettant à plus tard la question des enfants et en taisant ses attentes profondes pour ne pas ébranler l'union. Enfin, bien des couples s'installent peu à peu sans même en prendre conscience, simplement par habitude, à la suite de l'organisation de la vie à deux.

Hier, le mariage fondait le couple; aujourd'hui, il tend de plus en plus à le parachever. Il définissait un cadre de socialisation; il tend de plus en plus à le sanctionner en institutionnalisant le cadre de socialisation déjà en place. Il marquait une rupture entre la jeunesse et la vie adulte; maintenant, les jeunes entrent en couple à petits pas, presque imperceptiblement. Bref, pour une proportion de plus en plus importante de jeunes, près de la moitié en milieu urbain, l'entrée en couple se fait de façon progressive. Or, tout indique que ce courant est à la hausse. Ce qui ne doit pas laisser perdre de vue par contre que l'autre modèle, celui du mariage après une brève cohabitation, ou sans elle, demeure toujours le choix d'une proportion importante de jeunes.

«Le primat accordé au sentiment amoureux et la valorisation de l'autonomie individuelle ont bouleversé l'ordre de la vie conjugale qui paraissait immuable. La progression des divorces est à la mesure de la déception, ou plutôt du désenchantement qui accompagne souvent la vie à deux», écrit la sociologue française Christiane Cordero (1995, 101).

On est loin de l'union conjugale et de la famille d'il y a trente ans dont la trajectoire, tout en étant inédite à chaque couple, se déroulait sur une route relativement prévisible. La diversité multiple des situations actuelles force donc à relativiser encore davantage la référence à un cycle de vie.

Offre-t-il encore des points de repère susceptibles d'éclairer à l'avance sinon d'aider à comprendre en rétrospective le cheminement du couple et de la famille? Les tâches spécifiques à chacun des stades s'appliquent-elles toujours?

Non sans une certaine réticence, il est possible de soutenir que parler de cycle et de tâches appliqués au couple est toujours valable. Cette affirmation s'appuie sur le fait que tous les couples vivent foncièrement la même expérience, celle de l'attrait, de l'amour, du vouloir être ensemble, de l'enfant, etc., avec tout ce que cela implique de passages ou mieux de défis à relever et de tâches à assumer au long d'une route dont on peut entrevoir les étapes majeures (Lessard, 1994).

En revanche, cette affirmation est relativisée du fait que la traversée des étapes, perçue comme normale autrefois, est sérieusement perturbée présentement en raison de la désaffection par rapport au mariage comme cadre structurant de l'union et, à l'inverse, en raison de la primauté accordée au sentiment amoureux et aux besoins individuels.

À cela s'ajoute la question délicate de l'intention portée dans l'esprit de chacun. En effet, s'il y a ceux qui, en s'établissant en union conjugale, envisagent la durée, il y a aussi ceux (parfois un membre du couple seulement) pour qui il s'agit d'un essai ; enfin, il y a ceux pour qui (ici encore parfois un seul) la cohabitation n'est qu'une aventure passagère sans plus. Il est indéniable que ce type de cohabitation particulièrement légère ou à répétition échappe au cycle conjugal mais, finalement, parce qu'il échappe à la vie conjugale tout court.

Toutefois, malgré ce qu'elles peuvent receler de précarité, l'ensemble des situations de vie commune sont confrontées aux étapes et aux tâches qui sont le lot de tous les couples. Même si l'application du cycle conjugal est rendu plus difficile en raison de l'éclatement du modèle de la famille nucléaire autour duquel on l'a construit, on aurait tort de dire qu'il a perdu son utilité. Il demeure un instrument d'analyse non négligeable pour expliquer les comportements et les attitudes des couples en ce qui a trait au vécu commun à tous et cela, même s'il n'est plus question de mettre en évidence un cycle conjugal unique en raison justement de la grande diversité des situations. Il a d'ailleurs toujours été utilisé avec une certaine retenue, conscient du vécu inédit de chaque couple et famille. Il s'agit d'y référer maintenant avec encore plus de circonspection.

Les défis de toujours dans un nouveau contexte

Si les ajustements dans le couple moderne n'empruntent plus les voies traditionnelles, c'est que certains enjeux qui hier étaient tout à fait banals parce que réglés depuis des générations immémoriales, telle la définition des rôles masculins et féminins, sont devenus critiques à notre époque. On peut dire que les couples des années soixante et soixante-dix ont relevé le défi avec un certain succès. Mais au cours des dernières années, l'analyse des tâches du développement du nouveau couple à l'étape décisive de sa formation est devenue davantage complexe en raison de la mouvance même de l'entrée en couple.

Alors que les défis à relever d'une étape à l'autre comme à l'intérieur d'une même étape étaient relativement prévisibles pour les unions conjugales qui débutent avec le mariage, la chose est moins simple en l'absence d'un seuil précis d'entrée en union. En gros, on s'aperçoit que les tâches du développement auxquelles les couples nouvelle vague sont confrontés sont essentiellement les mêmes auxquelles ceux des deux générations précédentes ont dû faire face. Mais ils ont à fonctionner à l'intérieur d'une situation et dans un contexte socioculturel autre qui affecte nécessairement leur attitude et leurs décisions. L'absence de support institutionnel rend encore plus difficile la consolidation d'une union qui, de toute manière, demeure exigeante pour tous les couples, peu importe leur statut.

Un roman d'amour qui risque de mal finir

À un niveau plus profond, que recouvre ce nouveau parcours de l'expérience amoureuse? La trame de cette histoire amoureuse serait-elle différente des autres? On peut soutenir qu'elle ne l'est pas, en ce qu'elle comporte d'essentiel, le goût d'aimer et d'être aimé, comme le grand rêve d'un amour porteur des promesses du bonheur à quoi se rattache l'idée d'enfant, tout cela s'inscrivant en continuité avec tout bon roman d'amour.

La différence de cette trajectoire, car il en est quand même une sérieuse, tient à une certaine légèreté de l'expérience sans nier pour autant le mythe. Une légèreté qui lui est inhérente en raison de l'absence d'engagement formel ou de la non-reconnaissance institutionnelle, qui la fait reposer sur un fondement plutôt fragile, celui de l'attrait sexuel. La porte ouverte à un retrait facile pour l'un ou l'autre partenaire non satisfait ou en quête d'une nouvelle passion est susceptible d'affecter à des degrés divers l'expérience amoureuse en la transformant en une aventure quelconque.

Contrairement au vécu des modèles antérieurs dont l'expérience s'inscrivait dans un certain encadrement sécurisant, les jeunes qui entrent en union conjugale, souvent sans trop s'en rendre compte, risquent de se retrouver drôlement seuls et sans soutien au moment même où un repère externe pourrait les aider à traverser les crises normales d'adaptation en plus des remises en question inévitables dans le rapport à l'autre.

Les vicissitudes de l'apprentissage de l'amour

Si chaque histoire d'amour est inédite, elles ont toutes quelque chose de fondamental en commun.

Au départ, il y a une rencontre différente des autres, on éprouve tout à coup un attrait plus ou moins ambigu. Pour quelques-uns, c'est le choc amoureux, le coup de foudre. Pour d'autres, le début d'une découverte qui se prolongera dans l'attachement. Dans le premier cas, il y a bouleversement passionnel, dans le second, sentiment qui se forge dans le déroulement du temps par l'échange réciproque à tous les niveaux de l'être. La moyenne des couples passe successivement de l'une à l'autre de ces deux formes amoureuses. Notons que si le coup de foudre a quelque chose de merveilleux, il comporte aussi un élément déroutant. La passion la plus absolue, en effet, est en même temps la plus fragile dans la mesure où elle se situe dans une logique de fuite de la réalité.

La construction du couple implique un effort d'adaptation, pour ne pas dire des dépassements incontournables. Aucun couple ne peut faire l'économie de l'épreuve du temps. Il ne peut davantage surseoir aux défis de l'ajustement non seulement sur le plan des rôles mais surtout au niveau de l'être profond. L'autre, l'autre véritable au-delà de l'illusion amoureuse qui ne permettait de voir que ses beaux côtés, représente une menace à son identité en plus d'être source de frustration sur bien des points. Le sentiment amoureux se trouve par la force des choses ballotté au gré des négociations réussies ou avortées comme des joies et des plaisirs éprouvés ou, à l'inverse, des insatisfactions qui meublent l'existence. Bref, un certain désenchantement est inévitable, compensé par ailleurs par une présence qui, lentement, est perçue comme faisant partie de soi, une présence inscrite dans le cercle de la familiarité, là où résident les supports à son identité. L'amour, en effet, est inséparable de la construction de l'identité.

Seul l'équilibre minimal entre la satisfaction et l'insatisfaction de chacun des partenaires, conjugué avec une volonté de durée, permet au couple de se consolider et de s'inscrire sur une trajectoire de continuité. L'habitude de la vie commune et l'arrivée d'un enfant sont deux autres facteurs qui y contribuent. Mais l'histoire d'amour accolée aux vicissitudes normales de l'existence peut aussi être troublée par d'autres qui sont imprévues car le sentiment est insaisissable. Elle peut se terminer au terme d'une analyse qui débouche sur la conviction qu'on s'est trompé. L'incompatibilité est totale. Le rêve impossible. Elle peut aussi se terminer dramatiquement, car la passion est absolue et parfois dévastatrice. Il suffit d'une autre rencontre qui vient déclencher la force de l'émotion. Dans la conjoncture actuelle, le goût de recommencer l'aventure pour le partenaire insatisfait est d'autant plus facile qu'il n'a pas pris d'engagement.

De la rencontre amoureuse au confort conjugal ou à la rupture

Le sociologue français Jean-Claude Kaufmann (1993, 83ss) a voulu pousser plus loin l'observation des couples qui se forment en dehors de tous cadres. Il a relevé trois situations ou trois étapes qu'il est possible d'identifier entre la première rencontre de ces jeunes jusqu'à ce qu'ils fassent l'expérience du confort conjugal.

Il insiste pour souligner la relativité de l'entreprise. Il s'agit, écrit-il, «d'un exercice pour rendre intelligible une réalité sociale qui, dans le concret, se révèle touffue et complexe». Il a tout de même tenté de mettre en relief la façon dont l'histoire d'amour de la moyenne de ces couples (dont on ne sait pas bien quand ils commencent, quelles modalités ils revêtent et quand ils finissent) suit la trame de toutes les autres, mais en même temps tenté de mettre en lumière les principaux éléments qui la différencient.

La première étape est celle des émotions et du sentiment liés à la rencontre de l'élu(e) de son cœur. Une rencontre qui change la vie de l'un et l'autre en le confortant dans son identité en plus de combler chacun sur le plan affectif et sexuel. «Non pas que l'Amour tel qu'il se raconte dans les romans soit toujours au rendez-vous. Mais le corps et les pensées ne peuvent pas ne pas être profondément affectés par ce qui n'est rien d'autre qu'un profond bouleversement de soi» (Kaufmann, 1993, 73). Une histoire qui comporte nécessairement sa part d'incertitude liée à la découverte de l'autre et aux questions existentielles sur le présent et l'avenir.

À partir du moment où l'histoire de soi s'écrit à deux, une certaine ambiguïté s'installe dans la dynamique de la relation.

L'intense émotion et l'attachement mutuel qui caractérisent les moments proches de la rencontre et permettent les ajustements dans la gratuité totale font lentement place à d'autres considérations. S'il y a des tentatives pour privilégier autant que faire se peut le rapport interindividuel pur en repoussant à plus tard «l'établissement conjugal», il reste qu'au moment où on franchit le seuil du logement de l'un ou l'autre, le processus d'organisation (répartitions des tâches, ententes budgétaires, espace personnel, etc.) devient incontournable. Et il force chacun à réfléchir à ses attentes. «Ce second temps est ambigu, écrit Kaufmann (ib., 76), parce que les partenaires n'ont pas conscience (au début) du processus d'installation conjugale. Ils n'ont pas conscience que les événements de la vie commune vécus dans la libre inventivité de la relation naissante dessinent en fait les premiers traits d'un cadre enfermant l'avenir.»

La troisième situation observée est celle du confort ou à l'inverse celle de la rupture. À partir du moment où le couple est arrivé à bien définir les rôles, il peut en quelque sorte se laisser porter par l'habitude dans un cadre où la satisfaction concernant l'organisation domestique et l'intimité des interactions contribuent à l'attachement mutuel. Il vient d'échanger imperceptiblement sécurité contre liberté. Le confort éprouvé n'est toutefois pas sans s'accompagner d'un malaise. Comment le couple nouvelle vague arrive-t-il à concilier sa situation avec ce qu'il porte en lui de volonté d'autonomie, conformément au discours englobant de la société contemporaine qui lui communique sous toutes les formes possibles l'injonction à être soi, à construire son individualité et à agir selon ses pensées?

«Les deux partenaires, poursuit Kaufmann (ib., 79), commencent à marquer des seuils à ne pas dépasser, à construire et défendre des espaces personnels, à s'échapper dans des pensées intimes, des projets propres: l'individu refait surface.» Bref, un nouveau mode d'échange se met en place. Sur un mode plus secret, chacun installe ses niches personnelles. En gérant ainsi les contradictions du temps de confort, l'individu peut continuer à en savourer la quiétude. Mais ce même système de double jeu peut aussi entraîner l'éclatement de l'union. Dans l'univers secret de l'un, une autre rencontre peut se produire, un autre personnage peut faire son apparition. L'idée d'une passion nouvelle peut faire basculer l'entente malgré le confort acquis. L'absence d'engagement formel facilite la dérive.

Si l'absence de tout encadrement, avec le fond d'insécurité qui tôt ou tard atteint l'être, est un élément qui différencie les couples qui se forment présentement, la séparation entre la sexualité et la formation du couple en est une autre. Selon le sociologue Michel Bozon (1991), cité par Kaufmann, la précocité sexuelle précipite en effet la formation du lien tout en ralentissant la constitution du couple.

On assiste donc au développement d'un «individualisme sexuel» sans l'idée d'un prolongement conjugal probable. Dans ce contexte, le don de soi que peut impliquer le rapport sexuel est d'autant plus facile ou superficiel qu'il est provisoire. Si on met ensemble ces deux phénomènes, vide institutionnel et permissivité sexuelle, on comprend que chacun puisse choisir sans trop de remords de rompre une union pour vivre seul ou pour recommencer une nouvelle expérience.

Des unions fragiles

Dans quelle mesure ces nouveaux éléments affectent-ils la trame amoureuse des couples d'aujourd'hui? Dans quelle mesure rendent-ils plus difficile sa formation et plus précaire sa durée? Il existe suffisamment d'indicateurs pour avancer l'hypothèse que la conjoncture socioculturelle a une influence sur l'union conjugale présentement. Toutefois, on ne dispose pas de statistiques précises pour mesurer la proportion ou le nombre d'échecs des unions de fait. Tout ce que l'on sait, c'est qu'il y a moins de ruptures chez les couples mariés. Sans doute faudra-t-il attendre quelques années encore avant de proposer un diagnostic valable. En attendant, il faut pour-suivre la réflexion sur ce qui constitue la trame essentielle de leur union telle qu'elle apparaît depuis trois décennies.

Kaufmann souligne, en effet, que les causes immédiates qui président à la rupture des nouveaux couples sont les mêmes que celles avancées depuis le tournant des années soixante-dix, soit la perception d'une incompatibilité trop pro-noncée et la désillusion liée à l'affaiblissement du sentiment amoureux. Les causes plus profondes constituent un terrain de recherche décisif mais l'évaluation de leurs conséquences sur la vie des unions conjugales demeurent toujours une entreprise délicate.

En fin de compte, on peut soutenir que malgré la diversité des avenues qui président présentement à la formation des unions conjugales et qui ne peuvent manquer de les affecter, les défis à relever sont foncièrement les mêmes. Dans une perspective plus large on peut ramener ces défis à trois enjeux principaux. Ils constituent le terrain des besoins et des attentes des couples actuels :

— La définition et l'apprentissage des rôles femme-homme en ce qui concerne tous les aspects de la vie du couple : social, affectif, sexuel, économique, etc. ;

— La réorganisation des rapports avec la famille d'origine et les amis en fonction du partenaire de vie ;

— Le développement de l'intimité en vue de la maturation de l'amour conjugal.

1 - La définition et l'apprentissage des rôles

Dans un passé encore récent, lorsque, selon le langage du temps, une femme et un homme «unissaient leur destin», les besoins et les attentes relativement bien définis de chacun étaient satisfaits à travers un ensemble de devoirs réciproques également bien connus. Au lendemain du mariage, la femme «cessait de travailler». Sa tâche dorénavant consistait à répondre aux exigences attachées au titre de «reine du foyer» en attendant «les enfants que le bon Dieu lui enverrait». «Petite fille, relate Nathalie Rogers (1980, 19), j'ai été subtilement entraînée à croire que les hommes prennent la principale responsabilité de la direction et des décisions dans la vie; ils sont faits pour mener. Les femmes ont à apporter leur aide aux projets décidés par les hommes; pour bien aider, elles doivent plaire, servir et s'adapter. Les femmes reçoivent leurs bonbons (estime de soi) en étant louangées et admirées pour toutes les qualités mentionnées ci-dessus. Faut-il se surprendre que le mariage se ramenait alors, pour une large part, à un arrangement entre deux personnes au profit d'une seule?» Et elle conclut: «J'ai épousé la personne que je voulais être au lieu de le devenir.»

Évidemment, les femmes de la nouvelle génération ne pensent plus ainsi individuellement, mais il reste que la vision traditionnelle a des racines incroyablement vivaces et profondes.

Dans ce contexte, personne ne songeait à remettre en question la fonction économique de la famille. La responsabilité de l'homme était celle de pourvoyeur. Celle de la femme, ménagère et éducatrice. Chacun assumant un ensemble de rôles bien définis. La fonction sexuelle était claire: faire des enfants. La fonction affective ou psychologique n'occupait pas tellement d'espace: on se mariait pour la vie, pour le meilleur ou pour le pire. La fonction sociale, quant à elle, constituait presque un absolu. Que la famille fondée sur le mariage soit la cellule de base de la société et le lieu de socialisation des enfants par deux parents ne souffrait aucune remise en question. Quant à savoir si les partenaires trouvaient davantage de satisfaction ou s'ils étaient plus heureux que les couples modernes, voilà une question certes non dépourvue d'intérêt. Nous y reviendrons.

La question, qui sous-tend pour une bonne part la recherche actuelle, n'en est pas moins passionnante au moment où les transformations sociales et l'éclatement de la famille traditionnelle forcent à une redéfinition, en particulier, des rôles féminins et masculins. Deux facteurs méritent d'être soulignés :

— Le premier, une évidence, c'est que l'énergie humaine ne s'exerce plus à l'ère de l'informatique de la même façon qu'à l'ère du cheval et du boggie. La force physique qui, à l'époque des technologies primaires, au sein d'une économie de survie, était l'objet d'une valorisation sociale en plus de faire la fierté du mâle, a fait place à la force morale, psychique et intellectuelle. Or, sur ce terrain, les femmes n'ont rien à envier aux hommes ;

— Le second point est celui du contrôle scientifique de la fertilité humaine. On commence à peine à mesurer l'impact de ce phénomène qui, à lui seul, constitue un tournant majeur de l'histoire. Le phénomène, à mettre au crédit de la science moderne, affecte de façon décisive la condition féminine.

C'est dire que les règles du jeu sont profondément changées. Les rapports à la terre, à la nature, à la physiologie, ne sont plus les mêmes. La libération féminine n'est pas qu'un mot à la mode. Le rapport femme-homme s'en trouve profondément modifié. Le mouvement féministe qui a pris le relais de cette entreprise et créé le discours nécessaire à la poursuite du combat, se présente comme une des forces de transformation sociale les plus importantes de cette fin de siècle. Une des incidences décisives du changement en cours, c'est que le mariage sera égalitaire, ou bien une proportion plus élevée de couples le rejettera, que la famille sera un lieu de partage équilibré des droits et des devoirs, ou bien elle continuera à éclater.

Ce que révèle la recherche

La convergence de la recherche menée depuis le tournant des années soixante-dix auprès de jeunes mariés est remarquable : la redéfinition des rôles féminins et masculins constitue la plaque tournante sur laquelle se joue, pour une large part, l'avenir du couple et de la famille.

Déjà en 1973, au terme d'une étude touchant les tâches particulières du stade de jeunes mariés, Solomon (1973, 183) était arrivé à la conclusion que «ce stade implique la construction et l'application des rôles masculins et féminins de base des mariés, rôles qui normalement s'exerceront tout au long de leur vie.» En 1980, Elizabeth Carter et Monica McGoldrick (1980, 93-119), poursuivant une étude parallèle, arrivaient à la même conclusion.

«Il semble bien, écrivent-elles, que le statut féminin plus élevé est en corrélation étroite avec l'instabilité maritale et avec l'insatisfaction des maris. En effet, les risques de divorce étaient beaucoup plus bas au moment où les femmes s'adaptaient automatiquement aux rôles définis d'avance pour elles. Conséquemment, concluent-elles, la réussite de l'ajustement marital peut s'avérer une tâche très difficile à notre époque alors que nous accédons à l'égalité des sexes.»

Des recherches poursuivies au Canada ont abouti sensiblement aux mêmes résultats : «Notre recherche, écrit Bader (1983), indique que la tâche d'établir de nouveaux rôles et la division du travail qui en découle constituent un lieu sérieux de désaccord. Les travaux ménagers peuvent paraître un lieu bien banal de dispute, mais rien n'empêche qu'après six mois de mariage, 87% des couples reconnaissent que c'est autour de cette question qu'ils ont le plus de difficulté à s'entendre. Le pourcentage s'élève à 91% après un an [...]. Les rôles traditionnels masculin-féminin ne semblent plus vouloir s'exercer comme allant de soi [...], la plupart des couples doivent arriver à une nouvelle division des tâches sans référence à des modèles acceptables, tout faits d'avance.»

Les fonctions de la famille

La révision des fonctions de la famille moderne, et le partage des rôles qui en découlent, est sans doute l'approche susceptible de faciliter le plus la compréhension des enjeux en présence et, comme voie de conséquence, de clarifier les tâches du développement du couple.

Arrêtons-nous aux fonctions majeures toujours reconnues : la fonction économique, la fonction sociale, la fonction sexuelle et la fonction affective. Leur transformation a comme conséquence directe la remise en question des rôles féminins et masculins.

La fonction économique

En tant qu'entité économique, la famille répond à l'ensemble des besoins matériels de ses membres : logement, habillement, nourriture, soins de santé. Autrefois unité de production, elle est devenue essentiellement unité de consommation. On ne produit plus à la maison les biens nécessaires à la vie, on les achète à l'extérieur avec l'argent gagné également à l'extérieur. Jusqu'à tout récemment, le fardeau et le prestige de cette fonction revenaient à l'époux ou au père. Le discours était bien connu. «C'est à l'homme qu'il revient de pourvoir aux besoins de sa femme et de ses enfants!» Ses résonnances persistent sans doute plus que l'on veut bien le croire. Combien d'individus par exemple ne continuent-ils pas à penser instinctivement qu'il est normal que l'époux reçoive un salaire plus élevé!

L'entrée massive des femmes sur le marché du travail transforme la fonction économique de la famille. Selon Statistique Canada (Ravanera, 1995, 34), 78,7 % des femmes entre 15 et 34 ans étaient au travail en 1991, et les trois quarts de celles-ci étaient mariées. Les données sont sensiblement les mêmes aux États-Unis avec 79,5 %. Les raisons principales de ce phénomène tiennent à l'accroissement des emplois rendus disponibles dans une économie de service, à l'inflation qui force bien des familles à avoir deux salaires, ce qui est le cas des deux tiers, et surtout au mouvement féministe, qui a valorisé le travail en dehors du foyer comme source de réalisation de soi et d'épanouissement réel pour plusieurs.

Malheureusement, le fossé de l'inégalité entre les sexes est encore large. On sait que le salaire moyen des femmes est encore de 30 % moins élevé que celui de leurs collègues masculins. Seules celles qui ont choisi de faire carrière et qui demeurent célibataires atteignent le niveau de revenu des hommes (Statistique Canada, Beaujot, 1995, 77).

Il n'en reste pas moins que le goût de faire carrière et donc la volonté d'obtenir une éducation plus avancée, le goût de l'autonomie et de l'indépendance financière qui dans notre société en est la condition, la volonté de rapports égalitaires dans le couple font maintenant partie des enjeux de la famille moderne.

◆ *La maternité sacrifiée*

Une question délicate demeure, liée à la volonté et au droit de la femme à l'autonomie financière. Doit-elle pour autant sacrifier la maternité ou encore l'escamoter, comme c'est le cas présentement pour des milliers de mères qui accouchent de leur bébé et retournent au travail sans même avoir pris le temps de respirer ?

Stimulé par les écrits de Simone de Beauvoir, le monde industrialisé de la fin des années soixante a été traversé par un courant de pensée affirmant que «la maternité n'était pas une donnée essentielle de la femme, qu'on pouvait être une femme à part entière sans être une mère» (Fermez, 1980). Après avoir été véhiculé par les forces plus radicales du mouvement féministe, ce courant a été contredit, au début des années quatre-vingt, par les travaux de deux autres porte-parole importantes en particulier, Betty Friedan (1981) et Germaine Greer (1984). Dans le cadre d'une conférence publique donnée à Ottawa à l'automne 1982, sous l'égide de l'Institut Vanier de la famille, Betty Friedan (1982) parlait d'un nouveau féminisme, où la famille serait au cœur de la transition vers l'égalité. «Ne pouvons-nous pas, disait-elle, avouer plus franchement que nous avons encore besoin des hommes pour les aimer, pour porter leurs enfants, pour partager les joies et les tâches parentales, les fardeaux économiques et des aventures de toutes sortes dans de nouveaux genres de foyers et de familles ? » Et elle ajoutait : «Il est indispensable et urgent que l'on apprenne aussi à partager les responsabilités de l'entretien du foyer, du soin des enfants et de leur éducation.» Peu de temps après, un article publié dans la revue *MacLean* du 16 avril 1984 montrait une photo de Betty Friedan en train de faire la cuisine et titrait : «Friedan : le temps est passé où elle réduisait l'importance et les joies de la maternité» (MacKay, 1984).

Dans son livre *Sexe et Destinée*, Germaine Greer (1984) soutient que l'Occident est aveuglé par le sexe, qu'il a perdu de vue les grandes sources de réconfort de l'existence qui font encore vivre les femmes et les hommes des pays en voie de développement, les joies de la maternité et la présence des enfants. «Les plus grands plaisirs de l'existence, affirme-t-elle, viennent encore des enfants et non pas des jeux du sexe.»

Tout près de nous, la journaliste et écrivaine Nathalie Petrowski (1995 a&b) dénonce le discours qui consiste à «envoyer promener ce qui semble être devenu la pire race de toutes : la race des mères [...]. On s'entête à dire que la femme a été mise sur terre pour travailler et qu'une femme moderne et vaccinée ne peut se réaliser autrement [...]. Ce discours-là, poursuit-elle, je ne le supporte plus. C'est en partie à cause de ce discours-là que mes contemporaines et moi ne faisons que 1,5 enfant. À cause de ce discours-là que nous avons attendu et tergiversé jusqu'à la denière heure. À cause de ce discours-là que nous avons eu honte de tomber enceinte et envisagé l'avenir avec effroi [...]. Comment peut-il en être autrement ? On ne cesse de répéter aux femmes que les mères sont des perdantes et que refuser d'avoir des enfants n'est pas seulement un droit, c'est une fierté [...]. En refusant ces enfants que nous n'avons pas eus, conclut-elle, nous ne privions personne d'autre que nous-mêmes. C'est nous que nous punissions, nous que nous avons sacrifiées».

Si, à ses premières heures, le mouvement féministe, préoccupé qu'il était, et avec raison, de libérer les femmes de situations trop souvent douloureuses et injustes, a quelque peu prêté flanc à la dévalorisation de la maternité, il reste que le combat déclenché était nécessaire et doit être poursuivi sans relâche. Mais la lutte demeure complexe et semée d'embûches. Le danger de dévaloriser la maternité, par la pauvreté des conditions sociopolitiques qui l'affecte, est encore très réel.

◆ *Les garderies : une solution piégée*

En général, les femmes doivent se battre plus fort que les hommes pour se tailler un espace sur le marché du travail et pour poursuivre une carrière. Toute leur énergie risque d'y passer. Le danger de dévaloriser la maternité persiste aussi parce que la société n'est pas arrivée encore à valoriser le travail au foyer en trouvant entre autres des formules adaptées pour le rémunérer. À l'automne 1988, le premier ministre du Québec affirmait : «Nous examinons la situation des femmes au foyer», ajoutant que la question serait examinée par le ministère des Finances (Bourassa, 1988). La même chose se passe ailleurs. En attendant... on continue de perpétuer une situation d'exploitation de l'énergie des mères en multipliant les garderies. Alors que les services de garderie devraient répondre à un besoin circonstanciel et occasionnel, la rhétorique gouvernementale, ajoutée à celle des groupes de pression, en fait le salut de la nation : la vraie mère, la mère libérée, la mère moderne envoie son enfant à la garderie !

Rarement un pays a-t-il réussi à se donner un cadeau empoisonné aussi bien emballé d'illusions et de faussetés et dont les coûts en plus se chiffrent dans les millions de dollars. C'est autrement que cet argent devrait servir en faveur des mères. Au XVIIe siècle, en France et en Angleterre, on plaçait les enfants en nourrice (Badinter, 1980). Ça se comprend, on est au début de la civilisation moderne ! Vers l'âge de cinq à six ans, l'enfant, lorsqu'il était encore vivant, retrouvait ses parents !

S'apercevoir qu'aujourd'hui, on n'a pas encore trouvé mieux que de placer son bébé en garderie, a quelque chose de révoltant. Tout se passe comme si l'on n'avait pas assez d'imagination et de volonté politique pour offrir un revenu à la mère; pour assurer, par la création de structures d'emploi flexibles, le retour au travail garanti; pour mettre en place des formules d'insertion et de recyclage dans le milieu professionnel qui permettent de se garder au fait de l'évolution dans son domaine, etc.

On se félicite plutôt d'un projet piégé qui, finalement, est source d'exploitation des femmes condamnées à être des «superwomen», trompées dans leur désir d'épanouissement véritable. On lira à ce sujet l'analyse lucide et percutante que Michèle Fitoussi faisait déjà en 1987 dans son livre *Le Ras-le-bol des superwomen*. Il est bon aussi de se rappeler la marche de ces quelques milliers de femmes qui, au printemps de la même année, foulaient les parterres de la Maison-Blanche habillées d'un gilet portant l'inscription: «J'ai oublié d'avoir un enfant!» Les hommes qui, jusqu'à maintenant, font les lois ont bien compris l'enjeu. Les mères culpabilisées se hâtent de regagner le foyer pour s'occuper de leurs enfants et s'employer aux tâches immédiates que cela implique. Pendant ce temps, pour le mari, la récréation continue! Quant aux gouvernements, ils s'en lavent les mains. L'industrie, quant à elle, triomphe.

Et que penser des enfants dans tout ceci? Francis Strayer, professeur au Département de psychologie de l'UQAM, s'est arrêté à la question. «Il faut se demander, dit-il, comment les différentes expériences sociales précoces influencent le fonctionnement social et le développement ultérieur des enfants.» Autrement dit, la vie en garderie est-elle néfaste ou bénéfique pour les jeunes enfants? Deux conclusions se dégagent: la socialisation en garderie est avantageuse pour les enfants vivant une situation difficile avec la mère, ce qui, si l'on s'en remet à la recherche, serait malheureusement le cas d'une proportion importante de familles monoparentales (Paré, 1990; Parsons, 1990). La garderie serait donc bénéfique pour les enfants «mal pris». Quant aux enfants qui jouissent d'une vie familiale harmonieuse, la privation de contact avec un groupe de pairs durant les premières années n'a pas un effet négatif sur leur développement social subséquent. Dans la même ligne, on s'est demandé si les enfants de quatre à six ans issus de familles aisées étaient sérieusement désavantagés sur le plan du développement cognitif par le travail de leur mère. L'étude est arrivée à la conclusion qu'en effet, les enfants de familles à l'aise dont les mères sont au travail sont désavantagés mais pas de façon que l'on qualifierait de sérieuse (Greenstein, 1995). Bref, il semble bien qu'on ne se trompe pas en affirmant que le milieu familial normal demeure le lieu par excellence du développement de l'enfant (Pepin, 1991).

La fonction sociale

Pendant des siècles, la famille a été perçue comme la cellule de base de l'organisation de la société. Le mariage la pose en tant que nouvelle réalité sociale donnant aux partenaires un nouveau statut en même temps que l'ensemble de leurs rapports dans le milieu est modifié de façon décisive.

En effet, à partir du moment où l'individu a fait le choix de son partenaire de vie et que la société reconnaît et sanctionne ce choix, il doit modifier les formes de relations entretenues avec sa famille d'origine et avec ses amis. Son statut juridique et économique est changé. On voit dans cette perspective l'énorme impact du mariage en tant que rite de passage, tant pour les partenaires que pour le milieu. Les couples qui optent pour l'union de fait essaient chacun à leur façon de combler le manque.

La famille joue également un double rôle de médiation. D'une part, elle protège ses membres par rapport à la société. Elle constitue une espèce d'écran protecteur entre l'individu et les exigences et pressions de la société au sens plus large. D'autre part, elle prépare l'enfant à se situer par rapport à elle et à l'ensemble de ses institutions, et éventuellement, à entrer

de plain-pied dans l'univers adulte en tant que citoyen autonome et responsable.

Évidemment, la réalité familiale que nous sommes à
même d'observer de nos jours est loin de la description classique que plusieurs ont connue. Dire que la fonction sociale de
la famille est presque en état de choc n'est probablement pas
exagéré. La force de la structure et la stabilité de la famille
d'hier ne sont plus là. Avec elle est disparu, pour les milliers
de conjoints et d'enfants victimes du divorce, le réseau
sécuritaire qu'elle constituait. Au même moment, de façon
paradoxale, la forte volonté d'intimité qui caractérise la famille
moderne a pour effet de réduire son interaction avec le milieu.
De plus, l'étanchéité de la sphère privée par rapport à la sphère
publique risque d'affecter la fonction d'adaptation à la société
que la famille doit exercer auprès de ses membres.

Par contre, la famille moderne incarne l'image d'une oasis
précieuse de calme, d'individualisation et de bonheur pour des
milliers de femmes, d'hommes et d'enfants dans une société
sérieusement menacée de déshumanisation. L'historien
américain Christoper Lasch (1977) en peint un tableau remarquable dans son livre *La Famille, dernière oasis dans un monde sans
cœur.*

Avec la déstabilisation de la famille, on assiste à une perte
notable de consistance des rapports sociaux. Qui ose encore
s'enquérir de l'état du conjoint lorsqu'il retrouve un ami qu'il
n'a pas vu depuis quelques années? Quel professeur n'éprouve
pas, et de plus en plus, un moment d'hésitation avant de
demander à un enfant de dix ans en milieu scolaire le nom de
son père? Pour plus de 50 % des enfants de cet âge, en effet,
les chances sont qu'ils en aient deux... parfois trois.

Si l'on s'interroge sur les causes de ce bouleversement, on
s'aperçoit que ce sont à peu près les mêmes qui président aux
changements tant dans l'exercice de la fonction sociale que
dans l'exercice de la fonction économique de la famille.

La fonction sexuelle

Avec le changement du sens de la sexualité humaine, la fonction sexuelle de la famille s'est aussi profondément modifiée. La révolution sexuelle des trente dernières années s'est traduite par une transformation radicale de la perception et des comportements liés à la sexualité. Ce changement a eu un impact direct sur le statut de la femme, son identité et son rôle à l'intérieur de la famille comme dans la société globale.

On se souvient du film de Denys Arcand, *Le Déclin de l'empire américain*, avec lequel il s'est illustré de façon remarquable. Ce film provocateur, où le sexe-plaisir occupe la presque totalité du temps, a amené des milliers de spectateurs à s'interroger sur la place et la signification de la sexualité humaine. Plusieurs auront sans doute pris plus vivement conscience qu'en matière de sexualité, ce qui compte c'est moins de faire l'amour que d'être aimé. Arcand a certes contribué aussi à dégager la sexualité des tabous dans lesquels elle était enfermée.

On peut se demander toutefois si la libération sexuelle a eu lieu pour autant? À certains égards, il est permis d'en douter. Dans son livre *Les Lendemains de la révolution sexuelle*, Michel Dorais (1986) dénonce ce qu'il appelle l'illusion de la libération sexuelle où l'on a confondu libération avec promiscuité et exploitation du sexe, devenu objet de consommation. «La véritable libération sexuelle, soutient-il, n'a pas eu lieu.» Elle est à faire, tout en évitant de retomber dans les tabous et la dévalorisation qui a caractérisé la sexualité dans le passé.

Aux yeux de l'historien, un des indicateurs significatifs de l'ampleur de la révolution sexuelle qui affecte le monde occidental tient au fait que l'Église catholique, dans le cadre du Concile Vatican II au cours des années soixante, a cru bon de proposer une nouvelle définition du mariage et de ses fins. Alors qu'autrefois «on se mariait pour avoir des enfants», l'Église enseigne que lorsqu'un couple se marie c'est d'abord pour être heureux. Dorénavant, la fécondité se situe au jaillissement de l'amour.

Dans cette nouvelle conjoncture globale, la «fonction reproductive» de la famille n'est vraiment plus ce qu'elle était. Les conséquences de ce changement ont profondément affecté la courbe de la natalité. Alors qu'en 1926, chaque Canadienne donnait en moyenne naissance à quatre enfants et que les familles de huit à dix enfants n'étaient pas rares, voilà que soixante ans plus tard on enregistre 1,7 enfant par femme, et que la taille des familles est ramenée à 3,9 personnes, soit 1,9 enfant par famille (Statistique Canada, 1988, n° 10; Statistique Canada, 1995a). Après avoir enregistré une diminution constante de la taille des familles jusqu'en 1989, les statistiques les plus récentes et les études projectives permettent de croire que la courbe des naissances sera prochainement à la hausse.

La fonction affective

Une des fonctions les plus importantes du mariage et de la famille, c'est d'offrir la chaleur affective, la reconnaissance, le sens de l'appartenance et la sécurité émotive sans lesquels personne ne peut vivre.

Cette fonction s'exerçait autrefois à l'intérieur d'une unité qui fonctionnait comme une petite entreprise capable de répondre à la presque totalité des besoins de ses membres. Dans ce contexte, les forces et les talents de chacun étaient mis à contribution pour le bien de tous. Ainsi était créée et entretenue une solidarité instinctive entre les membres d'une famille par ailleurs ouverte sur le milieu, en raison des coopérations normales avec le voisinage. C'était le temps où, en milieu rural, les gens ne songeaient même pas à verrouiller les portes de leur maison. Bref, la famille était le lieu des solidarités sociales en même temps que le lieu du projet pour ses membres.

«Ce type d'organisation avait un effet structurant pour l'individu à qui elle fournissait une image claire et relativement cohérente de lui-même. En effet, la responsabilité désignée, et par suite assumée par chacun, se transformait naturellement en affirmation de soi, de son rôle, de son importance» (Michaud, 1985). Il en résultait un solide sens d'appartenance qui, à son tour, procurait la stabilité émotive. Par contre, l'expression de la chaleur affective faisait malheureusement trop souvent défaut.

La famille est maintenant devenue une unité de consommation. L'énergie est axée sur le travail à l'extérieur en vue de gagner l'argent nécessaire pour se procurer l'ensemble des biens préfabriqués. On se retrouve en famille pour se reposer des tensions du travail et se dégager des exigences de la société. C'est le lieu du privé, de la communication intime et de l'affection dans l'accueil inconditionnel de chacun. On s'attend maintenant à ce que «les familles créent pour leurs membres une oasis protectrice offrant soin et attention» (Kitson *et al.*, 1985).

Mais n'est-ce pas beaucoup demander au mariage et à la famille? Pour la sociologue française Laurence Arven (1988), «le mariage est une institution à laquelle on demande de porter un fardeau plus lourd qu'elle ne peut porter». En effet, à partir du moment où l'on est passé du couple parental axé sur la famille et la société au couple conjugal axé sur la réussite de la relation entre les conjoints, l'expérience maritale n'est plus la même. Le mariage et le maintien de la famille sont désormais fondés sur le sentiment amoureux, voire même sur l'attrait érotique, alors que le mariage traditionnel mettait l'accent sur la dimension sociale du lien conjugal et sur le sacré de l'institution en tant que garante de la stabilité et de la durée.

L'idée actuelle de couple propose une alternative. L'accent porte sur l'autonomie du destin conjugal, à l'abri des ingérences de la société ou de l'Église. La manifestation la plus poussée de cette attitude se retrouve dans le couple en amour qui a choisi l'union consensuelle, afin de prouver au monde que l'amour se suffit. On constate donc un important déplacement de la valeur de référence dominante, de l'institution du mariage à la foi dans le couple. Du même coup, le couple se retrouve sans projet au-delà de lui-même. La fonction affective de la famille est profondément affectée. Elle est appelée à s'exprimer autrement que dans le passé. Comment?

En vue de répondre aux besoins affectifs, on doit trouver une nouvelle voie qui se situe entre la famille d'hier, lieu des solidarités et de l'appartenance, mais laissant trop peu de place à l'expression de la tendresse, et la famille moderne, tout entière centrée sur l'affection intimiste, privée par ailleurs d'un projet créateur de solidarité véritable et d'estime de soi. «Après un travail multiséculaire, écrit le philosophe Xavier Lacroix (1994), pour introduire l'idée d'amour dans le mariage, voici une nouvelle tâche : réintroduire l'idée de mariage dans l'amour.»

Une chose est certaine : la fonction affective de la famille est appelée à s'exercer d'une nouvelle manière, et ce qui est perçu présentement comme une impasse marque sans doute une étape importante. L'exacerbation du sentiment amoureux dans le couple et la privatisation à outrance de la famille constituent un moment critique et précieux en même temps. Il devrait déboucher sur une perception renouvelée du sens du mariage et de la famille et permettre de saisir, avec un regard neuf, la place et le rôle que femme et homme sont appelés à jouer à l'intérieur de la famille moderne.

Se référant à la pensée de Mounier sur le personnalisme, le politicologue français Pierre Brechon (1976, 186) décrit ainsi ce qui pourrait être l'avenir du couple et de la famille :

La révolution sociale ne devrait pas conduire à la mort de la famille mais à sa transformation, car elle exprime un besoin permanent de l'homme. D'une structure familiale en partie aliénante dans une société aliénante, on devrait pouvoir passer progressivement à une structure familiale épanouissante. L'aspiration à la communion, présente en tout être humain, pourrait alors se réaliser davantage. On pourrait vivre «l'unité sans cesser d'être deux». À l'inverse, on pourrait «se rassasier du bonheur d'être deux, sans cesser d'être soi». La famille, en tant qu'elle exprime et réprime la sexualité [...] pourrait alors prendre sa forme la plus élevée : la «monogamie fondée sur l'amour».

2 - La redéfinition des rapports avec la famille d'origine et les amis

Se marier entraîne des changements non seulement dans les domaines du logement, des tâches domestiques, de la gestion des revenus, mais affecte aussi l'ensemble des relations interpersonnelles. Lorsqu'un couple a décidé de se donner un projet de vie, un pacte de priorité affective, d'attention et d'exclusivité sexuelle est en force.

Il se peut que ce pacte n'ait jamais été l'objet de négociation ou d'entente explicite entre les partenaires. Paradoxalement, il est possible qu'il n'en soit que plus fort en ce sens qu'à partir du moment où l'on se marie, le conjoint assume qu'il est la personne la plus importante de la vie de l'autre et il s'attend à être traité comme tel.

Cela commande la redéfinition complète de ses relations avec la famille d'origine et les amis. Or, il semble bien que cette entreprise se présente comme la tâche la plus importante à laquelle le nouveau couple est confronté. Il s'agit d'une adaptation à la fois subtile et critique, la deuxième en importance après la définition des rôles féminins et masculins et le partage des tâches qui en découlent (Bader, 1983).

Se resituer par rapport à sa famille

Deux psychologues américaines, Elizabeth Carter et Monica McGoldrick (1980, 102), ont voulu clarifier cet enjeu en distinguant quatre modèles de rapports repérables entre les nouveaux couples et leurs familles d'origine :

1. Les couples où l'un ou l'autre se sont mariés pour se dégager du pouvoir parental. Dans ce cas, le risque qui guette l'individu est qu'après un moment de distanciation, le même type de relation s'instaure à nouveau. Dans ces couples, l'un ou l'autre des partenaires, et parfois les deux, n'arrivent pas à établir les frontières claires entre eux et les parents ;

2. Les couples qui ont coupé les ponts avant le mariage. Recréer des liens après constitue un défi important. Il peut s'avérer très difficile ;

3. Les couples qui ont des contacts plutôt conflictuels. Il importe, pour eux, au lendemain du mariage, de trouver des solutions aux conflits qui pourraient persister. Ce modèle offre plus de chance que les deux premiers à l'établissement de relations positives ;

4. Enfin, le modèle idéal est celui du couple qui est à la fois autonome et proche des parents. Les relations après le mariage ont de très bonnes chances de s'inscrire dans la même trajectoire. Elles permettent des rapports d'entraide et d'attention affectueuse.

Que faire au lendemain de son mariage ? Il ne s'agit évidemment pas de tourner le dos à ses parents, mais de se situer autrement par rapport à eux ainsi que d'intégrer ceux de son conjoint, ce qui représente un élargissement du champ des relations familiales. Cela implique une certaine distanciation vis-à-vis de sa propre famille et la rupture avec un certain nombre de rituels. On ne pourra pas fêter Noël en même temps aux deux endroits, et l'on devra abandonner certains champs d'intimité et de confidentialité.

La lune de miel joue ici un rôle précieux. Au cours de cette période, en effet, le couple tend fortement à se suffire à lui-même. La distanciation avec la famille d'origine en est d'autant facilitée. La relation n'est pas pour autant redéfinie. Tout au plus les bases du changement sont-elles posées. Le véritable travail de redéfinition va se présenter dans les mois et même les années qui suivent, alors que l'indépendance plus ou moins désinvolte du début va faire place à des rapports de soutien plus réalistes.

Cette redéfinition n'est pas toujours facile. L'un ou l'autre conjoint peut conserver une attache exagérée, sinon pathologique, à sa mère ou à son père. À l'inverse, les parents peuvent exercer une pression telle sur «leur enfant» que la mise en place de rapports harmonieux s'avère difficile. Il se peut aussi que l'un ou l'autre, confronté aux exigences de l'adaptation maritale, préfère se retrouver dans la sécurité du foyer d'origine. Enfin, la réorganisation des rapports se complique souvent du fait qu'au point de départ, pour éviter de déplaire ou pour plaire à l'autre, un des conjoints abandonne ses droits ou sacrifie ses attentes. Tôt ou tard, la frustration se manifestera. Ce qui au départ était volonté de plaire se transforme en agressivité et suscite la discorde.

Pourtant, la mise en place de relations positives avec chacune des familles d'origine et l'intégration relative des nouveaux mariés dans ces réseaux constitue un apport précieux et souvent irremplaçable dans l'évolution du couple. L'on ne peut, sans risques sérieux, réduire au seul partenaire son besoin de relations significatives. En ce sens, le rôle de la famille élargie s'avère essentiel à l'équilibre affectif de la moyenne des couples.

La place des amis

Aux familles d'origine s'ajoutent les amis avec qui le couple peut instaurer un rapport significatif. Mais ici encore, les jeunes mariés ont à redéfinir les relations et surtout peut-être à faire des choix. Certaines activités avec eux sont forcément remises en question après le mariage. La cour de récréation n'est plus la même.

Il y a des relations que chacun des conjoints voudra conserver; des amis qui deviendront des amis communs. Il y a aussi des amis avec qui il faudra rompre. Enfin, les relations devront être définies et établies à partir de la situation

213

nouvelle du couple. Comme pour les relations avec les familles d'origine, l'entreprise comporte des risques de désaccord et de frustration. On sait que les maris tendent davantage à imposer leurs amis. Les épouses se trouvent donc plus souvent forcées de faire des ruptures.

Une des sources de tension qui touche la réorganisation des rapports avec les amis est liée au fait que les conjoints ne les choisissent pas de la même manière. Les recherches soulignent en effet que les hommes choisissent leurs amis à partir de similarités perçues : «Nous aimons les mêmes choses ; » ou pour des raisons d'ordre fonctionnel : «Mon ami m'aide à faire mon rapport d'impôt.» De leur côté, les femmes cherchent plutôt la personne avec qui se développera une relation de mutualité et de partage, ouverte sur la totalité de leur vécu (Wrightsman, 1988, 205).

Le couple est confronté à un double défi : d'abord, arriver à un consensus sur le choix des amis dans le respect des sensibilités de chacun, afin de ne pas s'imposer réciproquement des amis indésirables ; ensuite, investir dans le développement de la relation avec les amis communs qui partagent une expérience de vie semblable et qui sont ouverts à la réciprocité.

3 - Le développement de l'intimité : apprendre à aimer

Tomber amoureux est une chose. Apprendre à aimer en est une autre. La première expérience arrive quasi naturellement, spontanément. L'individu a été séduit. Il s'est tout à coup senti fortement attiré par l'autre. Dans certains cas, c'est le «coup de foudre». Dans d'autres, c'est le début d'une expérience qui, après quelques rencontres, se transforme en certitude que l'on a rencontré la personne de ses rêves. En ce sens, le choix amoureux n'est jamais le fruit du hasard. Il résulte de la découverte de l'être idéal, de l'être recherché dont on porte en soi l'image.

Au cours des années qui suivent, la confrontation inéluctable au réel amène à mesurer l'écart entre le conjoint de son rêve et la femme ou l'homme devant soi. Pour aider à comprendre cette expérience, il est important de se situer au niveau des processus inconscients qui président à tellement de nos choix sans que nous nous arrêtions à y réfléchir. On peut, en effet, comparer la relation des amoureux à la relation du bébé et de sa mère. À sa naissance, l'enfant reçoit tout de sa mère, il dépend d'elle sur les plans physique, affectif, alimentaire, etc. Elle représente pour lui ce qui est bon, ce qui est agréable, par opposition au monde extérieur, froid et menaçant. Il y a donc séparation de ce qui est mauvais et idéalisation de la mère.

Durant cette période où l'enfant est indifférencié de sa mère, il vit à fond l'expérience inconsciente de la fusion. Il est une partie de la mère sécurisante qui écarte les sources d'angoisse. Il se sent tout-puissant à son égard. Il demande, elle donne. Peu à peu, toutefois, il découvre que la mère n'est pas toujours toute bonne. Elle le fait attendre, certains de ses gestes n'offrent pas la tendresse attendue, le sourire est parfois absent de son visage. Bref, tôt ou tard, l'enfant fait l'expérience de la frustration.

La ressemblance entre cette expérience de l'enfant et de sa mère et celle des amoureux est frappante. Au début, chacun trouve en l'autre l'écho parfait de ses attentes. Chacun se ressent comme fondu dans l'autre, c'est comme s'il faisait partie de lui. Dès lors, à quoi bon chercher à l'extérieur puisque l'autre est parfait, qu'il représente l'idéal! Comme le dit le vieil adage, «les amoureux sont seuls au monde». Le monde extérieur, en effet, est perçu comme menaçant pour leur intimité ou, à tout le moins, comme dérangeant.

Durant la lune de miel, les partenaires excluent tout ce qui pourrait être agressant pour l'autre. Ils acceptent tout, pardonnent tout et surtout ne voient pas ou refusent de voir les défauts de l'autre. Ce n'est pas pour rien que l'on parle d'amour aveugle pour décrire la situation des jeunes amoureux. Cet état de grâce ne peut malheureusement pas durer très longtemps. De même que le petit enfant éprouve assez rapidement des frustrations, une certaine désillusion tend à s'installer dans le couple lorsque l'on se rend compte que l'autre n'est pas aussi parfait qu'on se l'imaginait.

On sait, écrit Sheehy (1977, 90), que «si la première année du mariage représente le bonheur parfait, à partir de la seconde année, la satisfaction commence généralement à baisser un peu pour entamer ensuite une courbe qui atteindra son point le plus bas à la fin de la trentaine» : d'où l'importance de partir du bon pied. Peu de jeunes couples, en effet, sont conscients à la fois de la valeur précieuse et de la fragilité de la lune de miel : précieuse, car elle permet d'opérer presque instinctivement les premiers ajustements de la vie à deux, fragile, parce qu'elle ne rejoint qu'une partie de l'être et est appelée à s'estomper pour laisser place à l'expression d'attentes à d'autres niveaux.

La lune de miel, même si elle est de courte durée, permet de créer un lien intense, une interdépendance affective, un «nous» qui aidera le couple à se structurer ultérieurement. C'est l'expérience fondatrice. La prochaine étape consistera à élargir et à approfondir les bases de l'amour, c'est-à-dire à développer l'intimité qui constitue «la tâche principale de nos vingt ans et de nos trente ans». C'est le moment où «il nous faut apprendre si nous faisons les efforts nécessaires, un art infiniment délicat et subtil : celui de donner à l'autre sans s'aliéner, c'est-à-dire de donner tout en gardant le sentiment qu'on reste un être libre et indépendant» (Erikson, 1966, 177).

L'intimité dans les étapes du développement humain

«Ce n'est qu'à la sortie de l'adolescence, c'est-à-dire lorsque l'individu devient moins préoccupé par la tâche de se définir, que peut se développer l'intimité qui ancre l'amour dans un engagement mutuel», affirme Erikson (1966, 177). En quoi consiste-t-elle? «L'intimité est la mutualité, ou le sentiment partagé, avec une personne aimée du sexe opposé avec qui l'individu est capable de coordonner les cycles de travail, de loisirs et de procréation», écrit-il encore (1968, 85). Il voit la mutualité qui découle de l'intimité comme une relation dans laquelle les partenaires dépendent l'un de l'autre pour le développement de leurs forces respectives. Elle implique la capacité de se différencier clairement de l'autre, en même temps que la volonté de prendre avantage de leurs différences pour apprendre l'un de l'autre et pour s'enrichir dans un processus d'échange jamais terminé. Amorcer la construction de l'intimité, et s'employer avec lucidité à en élargir les bases, constitue donc la tâche la plus fondamentale à laquelle le couple est confronté au premier stade de sa vie.

Les exigences de partage des rôles et de redéfinition des rapports avec la famille et les amis ne sont finalement, on le sent bien, que la face externe d'un enjeu beaucoup plus profond et difficile, celui d'apprendre à aimer véritablement. La définition pleine de finesse que donne Erikson (1971, 133) de l'amour dans une perspective développementale vaut d'être reprise ici. «L'amour, écrit-il, consiste dans la transformation de la tendresse reçue durant la période pré-adolescente, en une faculté d'attention et de dévouement pour les autres durant la vie adulte.»

Cette attitude préside à tout développement. Au fur et à mesure, en effet, que s'atténue l'intense attraction et les gratifications de la lune de miel, les conjoints, se retrouvant face à face, éprouvent davantage le poids du «terrible quotidien» et perçoivent avec plus d'acuité les failles de l'autre. L'amour comme capacité d'attention et de dévouement apparaît avec toute son importance alors que la phase d'idéalisation du partenaire fait place progressivement à une phase d'observation plus lucide susceptible de se transformer en une expérience parfois décevante. C'est lui qui permet que le regard se transforme et que la modification des rapports mutuels soit amorcée. C'est lui qui, dans le dépassement de soi, rend possible l'ouverture à la réalité totale de l'autre : sa personnalité, ses goûts, ses talents, ses défauts, ses peurs, etc. Bref, c'est l'amour devenu mature qui rend possible de regarder l'autre avec d'autres yeux et de l'accueillir inconditionnellement.

Épouser quelqu'un, c'est le prendre en charge. C'est établir un dialogue à tous les niveaux de l'être, physique, affectif, intellectuel, spirituel. «Tu deviens responsable pour toujours de ce que tu as apprivoisé. Tu es responsable de ta rose [...]. Je suis responsable de ma rose [...] répéta le petit prince, afin de se souvenir» (Saint-Exupéry, 1943). Le grand défi consiste à accepter de devenir responsable de l'autre non pas pour le modeler à sa propre image ni pour lui imposer sa manière de voir et de vivre, mais pour lui permettre d'aller plus loin dans ce qui fait de lui un être unique.

Les composantes de l'amour

Un professeur de psychologie de l'Université Yale, Robert Sternberg (1986), a proposé une théorie de l'amour qui suscite beaucoup d'intérêt en raison des perspectives nouvelles qu'elle ouvre.

Pour lui, il y a trois composantes de l'amour : la passion, l'intimité et l'engagement. C'est dans la conjugaison harmonieuse des trois que réside l'amour véritable ; elles recouvrent les trois dimensions fondamentales de l'être, le physiologique, l'émotionnel et le cognitif. Sternberg parle aussi en terme de «visages» de l'amour. Il utilise l'image du triangle qui permet de mettre en relief la composante sur laquelle l'amour du couple repose davantage à telle ou telle étape de son évolution, jusqu'à ce que soit atteint l'équilibre entre les trois forces. Un équilibre toujours précaire, qui fait partie de la dynamique même de l'amour. Il définit comme suit ces trois composantes :

La passion — C'est la force motivante, la puissance de l'attrait qui établit les règles du jeu dans certaines relations amoureuses. C'est une expérience merveilleuse d'exclusivité et de romance, mais dont l'intensité diminue rapidement. Il peut s'agir d'une relation passagère qui a bien peu à faire avec l'intimité et encore moins avec l'engagement. Il peut aussi s'agir d'une expérience où l'intense attraction amoureuse s'accompagne d'une riche intuition de la compatibilité existant entre les êtres. Elle peut alors marquer le début d'un amour authentique.

L'intimité — C'est la composante émotionnelle de l'amour axé sur la communication affective. Elle se caractérise par le goût d'être ensemble, le partage, le soutien mutuel, l'ouverture et le dialogue. Certains individus peuvent vivre une amitié profonde comme le fruit d'une grande ouverture d'âme réciproque, mais sans passion ni engagement. Par contre, dans le couple, l'ouverture mutuelle, particulièrement indispensable au début pour assurer les fondements de l'amour, agit comme une force qui permet le jaillissement du désir et déclenche l'engagement.

L'engagement — C'est la composante cognitive de l'amour. C'est la décision d'aimer et la volonté d'investir dans la relation. L'amour d'un père et d'une mère pour leur enfant est un amour engagé. Dans le couple, l'engagement implique la volonté de maintenir la relation, d'être fidèle à l'amour promis. Il peut arriver que ce soit tout ce qui reste de l'amour d'un couple où il n'y a plus d'intimité et de partage et où la passion est éteinte. Par contre, l'engagement c'est aussi la ténacité d'où jaillit la force de tenter à nouveau de s'ouvrir à l'autre, de voir l'autre avec des yeux neufs et de retrouver le désir.

Sternberg, que l'on a surnommé le «professeur de l'amour», souligne avec humour que la réussite de l'amour total c'est un peu comme la volonté de perdre du poids, c'est difficile mais ce n'est pas impossible! L'essentiel, d'après lui, c'est de ne pas perdre de vue que les trois composantes, passion, intimité et engagement, contribuent chacune à l'épanouissement de l'amour et qu'aucune ne doit être négligée.

La place qu'il fait à l'intimité est présentée dans la perspective d'une dynamique. En ce sens, il va plus loin que Erikson qui la considère plutôt comme un élément de l'amour complet par opposition à l'amour de l'enfant et de l'adolescent. L'approche de Sternberg a l'avantage, aussi, de servir d'outil d'analyse à la fois simple mais très révélateur aux couples désireux de faire le point. Elle dit à chacun où il en est sans oublier par contre que l'amour est une réalité ou plutôt une expérience humaine à la fois trop riche et trop mystérieuse pour être enfermée dans des catégories exclusives, si intéressantes soient-elles.

De l'amour-passion au plein amour : une crise normale

Qu'en est-il des tournants inévitables auxquels les jeunes mariés sont confrontés au fil des mois et des années? Au fur et à mesure que les semaines et les mois passent, l'amour passionné de la lune de miel fait place à un certain calme qui laisse apparaître peu à peu le vrai visage de l'autre. À l'amour aveugle du début se substitue lentement un peu plus de réalisme. Un peu plus de réalisme, disons-nous, car face à la réalité qui s'impose, les partenaires préfèrent ne pas trop voir la faille pressentie. En général, la première réaction, c'est de tenter de nier la réalité, de faire comme si elle n'existait pas ou en tout cas, de ne pas la prendre comme quelque chose de sérieux. On tait donc les différences et on essaie de mettre en relief les éléments positifs de la relation. Cette attitude peut se prolonger durant des années. Il n'y a échange que ce sur quoi il y a accord. Chacun des conjoints sacrifie certains intérêts pour ne pas déplaire à l'autre et conserver la paix. On préfère le silence aux exigences de la négociation. Bref, on préfère plus ou moins consciemment poursuivre le rêve plutôt que d'entreprendre l'exigeante évaluation et redéfinition de la relation avec ce que cela comporte de remise en question et donc de désillusion et de souffrance.

La seconde réaction, inévitable tôt ou tard, c'est de faire face à la réalité avec suffisamment de lucidité et de confiance en soi et en l'autre pour accepter les remises en question à travers la communication ouverte et la volonté de négocier.

Malheureusement, cette attitude réaliste et positive arrive souvent alors qu'on est en pleine crise. Les frustrations accumulées et l'agressivité qui en découle peuvent susciter aussi bien le repli sur soi et l'isolement dans son propre univers que l'ouverture honnête et la compréhension mutuelle.

À partir du moment où l'on prend conscience que « l'autre est différent de ce que l'on pensait », la crise est déjà amorcée. Faire comme si elle n'existait pas ne fait que l'exacerber. Ce qui commandait et indiquait à la fois un tournant dans l'évolution de l'amour, à condition que les mesures appropriées soient prises, se transforme facilement en crise aiguë :

— Un douloureux sentiment de déception s'installe : « Ce n'est plus la personne que j'ai aimée. » ;

— On se sent menacé : on n'arrive plus à voir ce que l'avenir réserve et la confiance s'effondre ;

— Un sentiment angoissant d'abandon s'installe : « Je suis seul(e)... je ne peux plus compter sur lui, sur elle. » ;

— Enfin, un sentiment destructeur de dévalorisation pénètre l'individu : « Je ne compte plus pour lui, pour elle. »

Bref, ce qui était une crise normale se transforme en une situation de détresse dont le dénouement peut s'avérer dramatique. Le risque de rupture se présente avec d'autant plus d'acuité que la communication indispensable au développement de l'intimité a été trop longtemps négligée. Est-il possible de s'en sortir et comment ? Il faut reconnaître que plusieurs n'y arrivent pas, ou plutôt qu'ils s'en sortent en se séparant. L'observation révèle que, incapables de relever le défi de l'intimité dans le premier mariage, ces individus choisissent souvent le même type de partenaire dans le second et qu'ils se révèlent tout aussi incapables d'établir un véritable dialogue. Au sein de leur marasme intérieur, d'autres couples trouvent une solution bien connue : la vie en parallèle. Chacun se réfugie dans son monde à lui et ses intérêts privés, réduisant la communication à quelques tâches communes, comme le soin des enfants.

Seuls arrivent à sortir de cette situation douloureuse les conjoints qui réussissent à établir entre eux des liens nouveaux. Après avoir été incapables de relever les défis normaux du développement de l'intimité au départ, les partenaires ont à refaire la même route plus tard :

— Il faut d'abord faire le deuil de l'image rêvée de l'autre et accepter la déception que cela entraîne ;

— Il faut en même temps qu'émerge la conscience que l'on est bel et bien deux personnes distinctes, chacune avec ses qualités et ses défauts, et accepter que s'estompe la fusion de la lune de miel ;

— Par la suite, il faut entreprendre d'établir sur d'autres bases les rapports entre les deux et de construire les liens autrement, ce qui implique la volonté de cheminer ensemble, en acceptant « le meilleur et le pire ». Cela implique aussi l'acceptation d'une réalité étrange au premier abord, la coexistence de l'amour et de la haine. Il n'est pas facile pour certains d'accepter de reconnaître en soi l'agressivité pour une personne que « l'on aime encore malgré tout ». Pourtant, c'est le seul moyen de parvenir à une position réaliste et « mature ». « L'enfer, c'est les autres », a écrit Sartre. L'autre, parce que différent, sera toujours un peu « l'enfer » du conjoint ! ;

— Enfin, la démarche à entreprendre nécessite avec la volonté de l'authenticité une bonne dose de courage. Accepter l'autre tel qu'il est, telle qu'elle est, accepter de ressentir en même temps l'amour et la haine, et arriver à s'accueillir soi-même, conscient que l'on est habité par des sentiments contradictoires, constitue une tâche d'envergure.

Le développement de l'intimité n'est jamais totalement achevé. C'est un défi à relever tout au long de la route, au lendemain de la lune de miel, après dix ans, après trente ou cinquante ans de mariage. C'est le prix à payer pour qu'au départ, le passage de l'amour-passion au plein amour se fasse et pour que progresse l'amour tout au long de la vie. Cela renvoie à la vieille expérience de l'humanité : l'homme et la femme, semblables et différents, se cherchent sans fin, se trouvent, se perdent et se retrouvent. Plus ils se trouvent, plus ils ont besoin de se chercher.

Selon Cuerrier et Provost (1988), «le malaise amoureux de notre époque tient au fait non pas que l'on aime trop, mais que l'on aime mal». L'insatisfaction dans laquelle le cœur est plongé résulte de l'incapacité de s'ouvrir et de s'accueillir dans sa différence. Pourtant, poursuivent-ils, «nous refusons de nous laisser glisser dans l'insensibilité et de perdre espoir en la viabilité d'un amour partagé. Il importe de réanimer les braises qui sommeillent sous nos comportements refroidis et déçus. L'amour auquel nous nous préparons, car il demande une rééducation, aspire à la complicité, la tendresse, la sérénité, sans exclure l'intensité ou la passion».

Intimité et sexualité

Un des terrains délicats que l'intimité recouvre est celui de la sexualité. La sexualité est le baromètre de la vie affective du couple. Récapitulant les recherches dans le domaine, Lamana et Riedmann (1981, 375) soulignent que lorsque le plaisir sexuel décline de façon notable chez un couple, cela tient autant à la qualité de leur interaction qu'à l'âge. «La sexualité enregistre, tel un sismographe, la qualité du climat conjugal.» Force est de reconnaître que le développement de l'intimité dans le couple est un facteur essentiel à la satisfaction sexuelle et que cette expérience en elle-même doit faire l'objet d'échange entre les partenaires.

«Le fait, écrit Erikson (1966, 177-178), de trouver à travers l'intensité de l'orgasme l'expérience suprême de la régulation de deux êtres brise les tensions et les colères qui peuvent être causées par l'opposition de l'homme et de la femme, des faits et des imaginations, de l'amour et de la haine. Des relations sexuelles satisfaisantes rendent aussi le sexe moins obsédant, la surcompensation moins nécessaire et les contrôles sadiques superflus [...]. La santé sexuelle consisterait en ceci que le couple devrait être capable, en puissance, d'atteindre la mutualité dans l'orgasme génital. Pour avoir une signification sociale durable, l'utopie de la génitalité devrait inclure : 1. la mutualité de l'orgasme ; 2. avec un partenaire aimé ; 3. de l'autre sexe ; 4. dont on peut et veut partager la confiance ; 5. et avec lequel on peut et veut accorder son cycle de travail, de procréation et de récréation ; 6. afin d'assurer aussi aux enfants un développement satisfaisant. Il est clair, ajoute Erikson, qu'une telle réussite, pour toute une société, reste utopique. »

La gratification sexuelle dans le couple implique et le physique et le psychique. Faire de la sexualité une expérience gratifiante dans la mutualité n'est donc pas un acquis automatique, même si le sexe occupe une place prédominante chez les jeunes mariés.

Le problème tient au fait que femme et homme n'ont pas la même perception de la sexualité, que le sexe est pour une large part le lieu du non-dit, enfin que le risque de l'habitude est inévitable. L'assoupissement du désir a donc besoin d'être contrebalancé par le développement de l'intimité. « Si le couple a éprouvé les plaisirs du sexe au départ, écrit non sans une pointe d'humour le journaliste américain Al Ward (1980), il doit aussi savoir que ça va changer. Tôt ou tard, l'un ou l'autre va prendre conscience en effet qu'il couche avec une personne qui est de la parenté ! »

La signification de la sexualité chez la femme

On connaît la boutade qui recouvre probablement une part de vérité : « Les femmes acceptent le sexe pour avoir de l'amour et les hommes manifestent de l'amour pour avoir du sexe ! » La femme en effet n'a pas la même perception de la sexualité que l'homme. Dans une enquête assez récente, faite dans un collège américain, plusieurs garçons affirmaient que, pour eux, le sexe était plus important que l'amour alors que la plupart des filles soutenaient que l'amour était plus important que le sexe (Peplau et Gordon, 1985). Il s'agit évidemment d'une enquête dont la portée est réduite. Mais il n'en demeure pas moins qu'en général l'homme met l'accent sur le plaisir alors que la femme privilégie la communication et la tendresse. Des trois fonctions de la sexualité, l'homme est surtout préoccupé par la fonction érotique, la femme par la fonction relationnelle. Quant à la fonction procréatrice, elle semble davantage constituer un point de rencontre commun.

On sait que la privation affective et l'insuffisance de la communication sont davantage ressenties par la femme. L'homme se réfugie plus facilement dans la rationalisation. Si à cela se conjugue l'agressivité normale de l'existence à deux, il n'en faut pas plus pour tuer en elle le désir. Au fond, la sensibilité féminine constitue un élément important dans l'épanouissement du couple : l'enjeu véritable ce n'est pas de faire l'amour mais de se sentir aimé et d'aimer en retour. Malheureusement, l'homme en général est moins sensible à cette réalité. Même qu'à certains moments, les risques sont grands qu'il n'y comprenne pas grand-chose. En fait, il ne prend pas conscience que c'est son manque d'attention et de délicatesse qui éteint le désir chez l'autre. Ainsi s'amorce un cercle vicieux auquel peu de couples échappent totalement.

On voit dans cette perspective comment la découverte d'un langage commun dans l'expérience sexuelle représente un défi majeur dans la vie de tout couple. L'unique route est celle de la compréhension des attentes de l'un et l'autre et du respect mutuel. Finalement, il faut reconnaître que si la satisfaction sexuelle est un indice du bonheur chez les conjoints, on sait bien aussi que la vitalité du couple ne repose pas sur le sexe mais bien sur l'intimité et l'affection.

L'intimité chez la femme et chez l'homme

Deux chercheuses canadiennes, Jocelyne Houle et Margaret Kiely (1984), ont essayé de voir comment l'intimité est vécue chez les femmes et chez les hommes dans diverses conditions de vie. On savait déjà, depuis les travaux de Prager (1977), que l'identité et l'intimité se développaient de façon concurrente chez la femme comparativement à un développement successif chez l'homme. À partir d'un questionnaire validé permettant de mesurer le niveau d'intimité atteint par les individus de 18 à 43 ans, Houle et Kiely ont relevé des différences remarquables entre les deux sexes. Le questionnaire avait été établi à partir des aspects les plus importants de l'intimité selon la pensée d'Erikson. Ces aspects incluent la mutualité, l'ouverture, l'engagement, la responsabilité, le rapprochement, la maturité génitale et les sentiments d'amour et de sollicitude. Le premier, la mutualité, englobant tous les autres.

Trois conclusions sont ressorties :

1. «Les femmes de 18 à 43 ans présentent en général, tout au long de ces années, un sentiment d'intimité plus développé que leurs pairs masculins. Les hommes semblent développer leur sens de l'intimité plus graduellement avec l'âge.»;

2. «La conception féminine de l'intimité se distingue de la conception masculine en ce sens que la première implique des aspects plus intérieurs, des aspects étroitement reliés au concept d'espace interne productif», tel qu'énoncé par Erikson (1968) dans son étude de l'identité féminine. «C'est la femme qui pousse l'homme vers une plus grande mutualité dans leur relation [...]. Avec l'âge, le niveau d'intimité atteint par l'homme tend à rejoindre celui de la femme dans le contexte d'une relation durable.»;

3. Enfin, «le développement de l'identité et de l'intimité ressort comme un processus simultané chez la femme alors qu'il est successif chez l'homme», confirmant en cela la recherche de Prager.

Les auteures s'interrogent par la suite sur les causes de ces différences. Se pourrait-il qu'elles tiennent à l'éducation propre aux filles et à celle des garçons, ou à la culture en général qui viendrait renforcer les différences génétiques, en supposant qu'elles existent ? Personne, pour le moment, n'a fourni de réponse suffisamment claire pour écarter le débat. Une chose est certaine, l'ouverture nécessaire à la communication semble plus naturelle chez la femme. Force est de reconnaître que le développement de la communication est plus lent chez l'homme. Et pourtant, c'est la vie du couple qui en dépend, et à plus forte raison son épanouissement. Il y a donc lieu de s'inquiéter sérieusement de l'absence de la communication dans un couple.

Il n'est pas en effet de plus grande violence que le silence, le refus ou l'incapacité de communiquer. Le silence est l'envers de l'intimité. Il est refus, rejet, répudiation de l'autre. Autant que la violence physique, plus que les paroles agressives et outrageantes, il sépare les êtres. C'est ainsi que l'on peut comprendre, dans la pièce magistrale de Michel Tremblay, *Le Vrai Monde*, le cri pathétique et paradoxal à la fois de Madeleine à son fils, qui a découvert le vide du couple : «Si tu n'as jamais entendu le vacarme de mon silence...»

Le mariage, le lieu normal du développement de l'adulte

Le mariage est le lieu normal de la croissance humaine, ce que le couple ne sait pas nécessairement au début. Ce n'est qu'au-delà de l'amour romantique que la vie fait lentement prendre conscience aux partenaires que la route devant eux est un chantier. Il leur faudra construire ensemble s'ils veulent avancer dans la perception, toujours à renouveler, de la différence. Qu'on le veuille ou non, l'épreuve de l'altérité est au cœur même du dynamisme de la croissance du couple.

Le don que chacun fait de sa personne n'est jamais une démission ou une désappropriation de soi. Au contraire, il est l'acceptation dans son évolution personnelle, de la présence intime de l'autre. La capacité de se donner se transforme précisément en facteur d'évolution. D'autre part, l'acceptation de l'autre n'est pas une prise de possession, mais l'accueil et l'attention à un être unique et libre, appelé à croître. Enfin, le don mutuel suppose que l'on comprenne, dans la simplicité et la confiance, que l'être humain n'atteint sa pleine dimension et ne devient totalement lui-même que dans la relation.

En effet, c'est la relation qui permet de sortir de ses limites. La femme et l'homme ne se libèrent et ne grandissent qu'en se faisant interdépendants dans l'amour. Le propre de la fragilité psychique est de voir dans cet amour un piège ou un moyen de domination. Voilà pourquoi cette fragilité est la plus grande menace qui pèse sur tout couple. Elle menace souvent l'un ou l'autre des conjoints, parfois les deux. Elle est plus grande au premier stade de la vie des conjoints, surtout s'ils sont jeunes, alors que l'identité encore fragile laisse facilement place à la peur et à l'isolement. À l'inverse, la fragilité psychique risque aussi bien de se transformer en pouvoir dominateur. Dans un cas comme dans l'autre, le développement progressif du couple est en danger, l'intimité est menacée.

Ajoutons que cette menace ne sera jamais totalement absente. Elle guette le couple tout au long de son cheminement. Elle sera plus insidieuse à certains tournants importants, notamment au troisième stade du cycle familial, qui coïncide avec la crise du mitan de la vie de l'individu.

L'amour, un projet qui va au-delà de soi

Dans une des dernières entrevues qu'il accordait, Erikson, alors âgé de plus de quatre-vingts ans, affirmait encore, trente ans après l'avoir écrit, que l'intimité suppose «la capacité de s'engager dans une relation qui demande des sacrifices et des compromis» (Hall, 1983). Au fond, l'amour véritable est ce qui permet à la personne de se développer et, en même temps, ce qui l'exige à travers les dépassements incontournables de la vie à deux.

Personne en effet ne peut s'épanouir sans l'autre. Personne ne peut s'épanouir s'il n'engage pas sa vie dans un projet qui va plus loin que lui. «Pour être heureux, disait Bachelore, il faut penser au bonheur des autres.» Bref, la dynamique de l'amour humain comportera toujours des aspects quelque peu mystérieux sinon troublants. Le psychothérapeute Edward Ford (1982) l'exprime dans une formule frappante : «Je t'aime non pas pour ce que tu es pour moi, mais pour ce que tu me fais devenir [...]. Plus je m'applique à aimer, plus j'éprouve de tendresse pour l'autre, et plus je grandis en humanité.»

RÉSUMÉ

Nous avons voulu décrire et analyser ce qui préside à la formation du couple. Pourquoi se marie-t-on? Quel degré de maturité est nécessaire? Le phénomène récent de la cohabitation, comme transition au mariage, a été pris en considération. L'étude de la signification du rite de passage qu'est le mariage, et sa portée en tant qu'élément constitutif du couple et de la famille, a été l'objet de la deuxième partie.

La dernière partie a été centrée sur l'expérience des nouveaux mariés. Au cœur des joies de la lune de miel et à l'heure de son déclin, nous avons réfléchi aux tâches incontournables que les amoureux doivent assumer s'ils veulent assurer le développement de leur amour, en tant qu'expérience appelée à évoluer et à grandir comme toute réalité vivante. Nous avons rappelé que le mariage n'est pas qu'une poussée instinctuelle puissante ni un contrat d'endurance. Il est essentiellement une aventure intérieure. Il est une aventure spirituelle où l'intimité, en tant que composante essentielle de l'amour, tient place de pierre angulaire. «L'amour consiste à prendre soin de l'autre, à s'inquiéter de lui, à le respecter et à essayer sans cesse de le connaître davantage» (Fromm, 1968).

Chapitre 7

Avoir ou ne pas avoir d'enfants (Stade 2)

Une des transitions psychologiques les plus formidables de la vie est de devenir parent.

Fawcett

C'est fou comme un enfant peut être une bouffée d'air frais dans la vie d'un couple [...] C'est alors que la vie semble jaillir à neuf.

Steinberg

*A*voir des enfants ou ne pas en avoir, voilà une question qui ne se posait pas il y a à peine quatre générations. Selon l'expression consacrée à l'époque, «quand on se marie, c'est pour accepter les enfants que le bon Dieu nous envoie»!

Le contrôle scientifique de la fécondité humaine, les développements prodigieux des techniques de la reproduction ainsi que les changements socio-économiques ont profondément modifié la situation et entraîné du même coup une transformation radicale de la vie des couples et de la famille. Le choix d'avoir ou de ne pas avoir d'enfants est une option inédite du couple de la fin du XXe siècle.

Le contrôle de la fécondité

La découverte, au tournant des années 1930, des docteurs Ogino et Knaus sur le cycle menstruel a déclenché une révolution dont on commence tout juste à mesurer l'impact à travers le monde. Il n'est probablement pas d'événement qui, au cours de l'histoire, ait davantage affecté la situation de la femme. Selon l'expression du démographe français Louis Roussel (1989, 17), «le temps est révolu où toute la vie conjugale de la femme était faite d'une série de grossesses et d'allaitements». Ironiquement par contre, un des effets de la révolution contraceptive, c'est qu'après avoir trouvé qu'on avait trop d'enfants, on s'inquiète maintenant, dans les pays industrialisés, de ne pas en avoir assez.

De plus, au moment où c'est la femme sexuellement «libérée» qui décide ultimement de la maternité, bien des psychologues se demandent ce qui est en train d'arriver aux hommes. La psychologue française Chantal Demoustier (1988, 15) pose la question : «En maîtrisant sa maternité, la femme n'a-t-elle pas du même coup dépossédé l'homme de son pouvoir fécondant?» «Où les hommes logeront-ils à l'avenir leur sens du pouvoir et leur masculinité?» se demande de son côté le sociologue américain Clyde Franklin (1988).

Le passage de la société agraire à l'industrialisation

L'évolution socio-économique est le second facteur qui, en affectant la décision d'engendrer des enfants, a contribué à modifier la taille des familles. Au temps de nos arrière-grands-parents, faire des enfants, ça payait! Aujourd'hui, ça coûte cher et ce, de plus en plus! Une enquête internationale, dont les résultats étaient rendus publics en 1978, révélait qu'en Thaïlande et dans les régions rurales des Philippines, la raison principale donnée par les parents pour expliquer leur décision d'avoir des enfants était précisément l'avantage économique que cela représentait. La naissance de nombreux enfants est en effet accueillie comme un renforcement de l'entreprise familiale, l'assurance du soutien pour les parents qui préparent ainsi leurs vieux jours et souvent comme une bénédiction de Dieu ou des dieux. Cette situation, renforcée d'ailleurs par les diverses religions, était la nôtre dans un passé encore récent. Plusieurs en conservent la mémoire.

Toutefois, cette époque est bel et bien révolue dans l'ensemble des pays fortement industrialisés.

1 – «QUAND ON N'A PLUS LES ENFANTS QUE L'ON AVAIT!»

À partir du moment où, de nos jours, le couple fait vie commune, la première question à régler consiste à décider de quelle façon on va contrôler sa fécondité. La seconde qui se pose tôt ou tard, c'est d'avoir des enfants ou de ne pas en avoir, à quoi se greffent les suivantes : quand? et combien? Bref, ce qui hier était «on accepte les enfants que le bon Dieu nous envoie!» est devenu aujourd'hui le lieu d'une décision complexe et difficile.

Des pressions contradictoires

Quand un jeune couple se marie, de nombreuses pressions, parfois subtiles, souvent directes, s'exercent pour qu'il ait des enfants. Ces pressions véhiculent l'idée que devenir parents est une chose naturelle et normale. Du même coup, les normes de la société sont réaffirmées, à savoir que le mariage existe en fonction de la famille. On en trouve l'expression dans les lois et la publicité, dont la réclame commerciale, et d'une manière plus subtile dans les attentes des familles d'origine. Le désir d'assurer la postérité et de devenir grands-parents amène les parents du jeune couple à exprimer une attente qui, pour eux, se transforme en source de joie tout en leur procurant un nouveau statut. Les amis qui ont des enfants exercent aussi une pression qui a un effet d'entraînement. Enfin, le désir d'avoir des enfants est profondément enraciné dans l'être humain. Avoir des enfants est une source profonde d'épanouissement humain malgré les dépassements qu'implique une telle expérience.

Dans cette perspective, on comprend le malaise collectif ressenti au Canada présentement, et en particulier au Québec, face à la dénatalité. On se demande ce qui se passe, sans

233

arriver à toucher du doigt les causes véritables du phénomène. D'une part, l'hypothèse la plus plausible tiendrait à l'augmentation des unions conjugales hors mariage. Près de la moitié de la population vivant en couple au Québec et dans les Territoires du Nord-Ouest n'est pas mariée légalement, et près du tiers dans le reste du Canada. Or, ces couples mettent moins d'enfants au monde (*Transition IVF*, 1995). Une seconde explication tiendrait au fait que l'union conjugale stable arrive à un âge plus tardif dans l'ensemble de la population, ce qui laisse moins de temps pour faire des enfants. À quoi il faut ajouter la professionnalisation des femmes. Elles sont de plus en plus nombreuses à exercer des professions libérales mieux rémunérées. On sait par exemple que le quart des médecins et dentistes sont des femmes (Statistique Canada, 1994, Cat. 75-507). L'espace à donner aux enfants est menacé.

D'autre part, une enquête faite auprès de 400 femmes qui ont choisi de ne pas avoir d'enfants a révélé que la raison majeure de leur refus, englobant en quelque sorte toutes les autres, s'enracine dans la volonté de ne pas reproduire le même style de vie que leur mère; bref, elles veulent affirmer leur indépendance face au milieu familial (Carmel, 1990). Une recherche plus large menée par l'Institut Vanier de la famille (1987) était arrivée à une conclusion similaire: «Si les Canadiens ont moins d'enfants, c'est tout simplement parce qu'ils ne veulent pas en avoir davantage [...]. Cette volonté résulte de l'ensemble des dispositions intellectuelles, morales et esthétiques [...]. Autant de réalités qui résistent à l'analyse et à l'évaluation rigoureuse.» Ajoutons que le message social par rapport aux enfants est ambigu. Les enfants coûtent cher et ils dérangent. On est loin d'une vision sociale qui proposerait l'enfant comme source d'épanouissement personnel pour l'adulte et de richesse collective pour la société.

Par ailleurs, si on se place dans une perspective plus sociologique, on s'aperçoit que de fortes pressions jouent présentement contre la fécondité. Elles sont liées essentiellement au coût économique, à la situation de la femme et à l'incohérence des politiques familiales.

«*Élever un enfant, ça coûte cher!*»

On s'est employé depuis quelques années, au Canada et ailleurs, à évaluer le coût de l'arrivée d'un enfant au monde. On distingue entre les dépenses directes (soins médicaux, nourriture, habillement, logement, études, etc.) et les coûts indirects (perte de salaire, réduction d'investissements, etc.). Il en coûtait environ 120 000 $ en 1990 au Canada pour élever un enfant de la naissance à l'âge de 18 ans (Papineau, 1990). En 1996, il en coûterait environ 12 % de plus. Cette augmentation en soi n'est pas renversante. Elle le devient toutefois lorsqu'on considère que le revenu réel des familles n'a pas augmenté au cours des quinze dernières années mais qu'au contraire le pouvoir d'achat s'est détérioré dans les familles comptant un seul soutien. On sait par exemple que les deux tiers des familles monoparentales ayant à leur tête une femme vivent dans la pauvreté.

Les seules familles dont le revenu réel n'a pas varié ou s'est accru sont celles où les deux conjoints travaillent. Mais le prix humain à payer est énorme. Selon Robert Glossop (1994) de l'Institut Vanier de la famille, «de plus en plus, les familles doivent consacrer un plus grand nombre d'heures par semaine au marché du travail seulement pour joindre les deux bouts». Résultat : «De nombreux parents aujourd'hui sont tout simplement épuisés.» Aux États-Unis, le coût moyen, estimé en 1986 par le ministère de l'Agriculture du gouvernement américain, est de 92 228 $ (*American Family*, 1989). Il serait de 20 % plus élevé en 1996. En 1980, une enquête faite par la revue américaine à grand tirage *McCall* révélait que près d'un quart des jeunes couples retardaient la naissance d'un enfant pour des raisons financières. Il est peu probable que la situation ait changé quelque quinze ans plus tard. Devant ces faits, on constate, à l'évidence, que le couple moyen ne peut se payer le luxe d'avoir des enfants sans se livrer d'abord à un rigoureux exercice de calculs.

La situation féminine

La volonté d'égalité économique, sociale et humaine des femmes est le second facteur qui pèse le plus aujourd'hui dans la décision d'avoir des enfants. Qu'on y soit sensibilisé ou non, il n'en demeure pas moins que «le prix à payer pour être mère est lourd» (Ross, 1986). Selon l'expression de Friedan (1981), le «problème sans nom» auquel nos mères ont été confrontées pendant des siècles est en train d'être lentement tiré au clair. Résultat : être mère n'est plus une question qui va de soi. Après avoir été définies presque exclusivement par la maternité, trop souvent au détriment des autres dimensions de leur être, et surtout après avoir été confirmées dans un rôle de dépendance, «les femmes ont aujourd'hui des sentiments très ambivalents sur la maternité, de même que sur les moyens à prendre pour lui redonner la valeur qu'elle mérite» (Mason, 1988). Qu'on le veuille ou non, dans une société axée sur l'avoir, il serait bien étonnant que la maternité contribue à rehausser le statut social d'un individu. Le statut social est carrément lié à la profession ou à la carrière et au revenu qui s'y rattache (Bergen, 1991).

Dans ce contexte, on comprend que «l'arrivée d'un premier enfant constitue un rite de passage important», non seulement pour le couple en tant que tel, mais d'une façon décisive, pour la mère (Rajulton & Ravanera, 1995, 134). Avec la disponibilité accrue de contraceptifs efficaces, les choix de vie possibles pour les femmes sont profondément transformés. La naissance d'un enfant constitue donc un événement majeur qui affecte tous les aspects de la vie affective, sociale et économique, ce dernier élément devenant déterminant. Ce qui ne veut pas dire qu'être sur le marché du travail soit une bénédiction sans revers aucun.

À la question : «Est-ce payant pour une femme de travailler en dehors du foyer?», une étude menée auprès de 2 000 jeunes couples mariés est parvenue à la conclusion suivante, qui résume assez bien l'ensemble de la recherche sur le sujet : si la famille disposant d'un meilleur revenu peut se procurer davantage de biens de consommation, il n'est pas évident par contre que cette situation contribue à ce qu'il y ait des relations plus harmonieuses au sein du foyer. L'analyse des données irait plutôt dans le sens contraire. Par ailleurs, on note que le travail à l'extérieur renforce le sentiment d'estime de soi chez la mère et son époux (Markus, 1990).

La politique familiale et les conditions socio-économiques

Le manque de vision prospective et l'incohérence des politiques familiales comptent pour beaucoup pour expliquer l'effondrement démographique dans les pays industrialisés. Faire des enfants était autrefois un élément de l'entreprise familiale. Aujourd'hui, faire un enfant est un projet de société. Malheureusement, les gouvernements mettent du temps à le reconnaître et encore plus à créer, par un ensemble de lois appropriées, un climat propice et des conditions favorables à la natalité.

Le démographe canadien Jacques Henripin (1989), qui, en analysant la situation au Québec parle «d'anémie démographique», soutient que si la relance de la natalité s'impose, il serait bon de se souvenir que le défi est essentiellement d'ordre politique. Reprenant le même discours dans une interview rapportée dans le quotidien *Le Devoir* (Lafrance, 1995), le démographe insiste pour que soit mise en place une véritable politique de la famille. Une politique qui permettrait aux parents d'avoir le nombre d'enfants qu'ils désirent, ce qui implique un soutien économique aux familles, des congés parentaux, un réaménagement du monde du travail et, pourquoi pas, la professionnalisation de la fonction de mère. «Les enfants, affirme-t-il, sont le bien le plus précieux d'une société.» Pour lui, la question démographique est une question morale.

Une société, comme un individu, peut ne plus avoir une volonté suffisante de survivre. Le reflux de la fécondité biologique n'est jamais anodin; il est plutôt la manifestation du désarroi spirituel qui mine de l'intérieur une communauté humaine.

L'économiste Pierre Lefebvre (1995), reprenant la problématique socio-économique, explicite davantage. «Si, dit-il, la société a une préférence marquée en faveur des enfants [...] l'aide aux familles devrait prendre les formes suivantes:

1. Une exemption personnelle par enfant, importante (2 000 $ - 4 000 $);

2. Un crédit (par enfant) universel et remboursable (pour les familles dont le revenu est trop faible pour que l'impôt soit exigible) pour frais de garde;

3. Des prestations en espèces par enfant (allocations familiales) non imposables, modulées ou non selon l'âge et le rang de l'enfant (selon que la société adhère de façon plus ou moins prononcée aux principes d'équité horizontale positive ou normative et aux principes du droit ou du coût de l'enfant).»

Il serait illusoire de penser, par ailleurs, que c'est du côté de l'entreprise que sortiront des mesures favorables à la natalité et en particulier de meilleures conditions pour la femme. Les syndicats de leur côté peuvent être sensibles au besoin, mais leur action reste limitée. Sans doute faut-il compter dans ce cas sur la possibilité du travail à domicile qui semble s'élargir grâce au développement de l'informatique. Mais l'évolution est lente et reste limitée à certains secteurs industriels. Il faut tenir compte ici de l'opposition des cadres qui hésitent à sacrifier une marge de contrôle sur leurs employés. Bref, quand les femmes ne seront plus menacées de subir un retard sérieux dans leur avancement professionnel ou plus simplement de perdre leur emploi, peut-être verrons-nous s'établir un meilleur équilibre de la courbe démographique de nos pays vieillissants.

Enfin, les multiples incertitudes face à l'avenir, sans parler de l'angoisse entretenue par la détérioration de l'environnement, la menace nucléaire, le chômage, la rapidité des changements, etc., contribuent aussi à expliquer pourquoi «on n'a plus les enfants qu'on avait!». À quoi il faudrait ajouter le poids que représente la tâche même de porter un enfant et de l'élever. Nous y reviendrons plus loin.

Malgré tout cela, la grande majorité des couples décident d'avoir des enfants. Au Canada, 83,4% des familles ont au moins un enfant. La moyenne est de deux par famille (Statistique Canada, 1994). Toutefois, la taille des familles a diminué depuis 25 ans. En 1991, année du dernier recensement, le nombre moyen de personnes par famille au Canada était de 3,1, comparativement à 3,7 en 1971. Et en 1993, le Canada a enregistré le taux de naissances le plus bas de son histoire avec 13,8 enfants par 1 000 habitants. L'année précédente, il était de 14,0. En 1929, l'année où l'on a commencé à tenir des statistiques, on avait compté 29,3 enfants par 1 000 habitants. Rien n'indique qu'on assistera à un renversement de cette tendance au cours des prochaines années (Statistique Canada, 1995). Si l'on tient compte des familles dans l'incapacité d'avoir des enfants, on se retrouve avec un résidu de 5% à 6% de couples qui affirment ne pas en vouloir. On les retrouve maintenant constitués en associations ici et aux États-Unis.

Les familles sans enfant

Les raisons pour lesquelles on rejette la parentalité sont aussi variées et personnelles que celles des couples qui veulent des enfants. Une enquête, qui date de quelques années, menée auprès de 55 couples sans enfant, révélait que les épouses avaient pris cette décision parce qu'elles attachaient une très grande importance à leur liberté individuelle, qu'elles désiraient plus de temps et d'intimité avec leur conjoint et ne voulaient pas compromettre leur carrière. Du côté des époux, les raisons majeures tenaient aussi au désir de liberté individuelle, au manque d'intérêt à devenir père, et enfin, au désir de réduire les responsabilités familiales (Cooper, P. *et al.*, 1978). Pour les deux, les préoccupations d'ordre financier, le problème de la surpopulation et le fait de ne pas aimer les enfants étaient des facteurs importants. Une enquête récente faite en France par l'Institut national d'études démographiques (INED, 1994) arrive sensiblement aux mêmes conclusions en ce qui touche les couples mariés. Par contre, on s'aperçoit que parmi les couples qui décident d'avoir un enfant, il en est 33 % qui sont hors mariage. Or, comme ces derniers ont un taux de fécondité inférieur aux couples mariés et ce, pour les raisons évoquées précédemment, le résultat final est que la natalité est sérieusement à la baisse.

Un chercheur canadien, Jean Veevers (1980), qui a étudié la situation des couples sans enfant, s'est aperçu que plusieurs se retrouvent ainsi sans l'avoir vraiment voulu, tout simplement pour avoir retardé année après année d'en avoir. Il a pu discerner quatre étapes : au départ, un premier délai pour un temps déterminé, suivi d'une remise à plus tard pour une période indéfinie, et par la suite, la reconnaissance que possiblement ils n'auront pas d'enfant, enfin, la conclusion qu'ils constituent un couple sans enfant.

2 – DEVENIR PARENT : UNE TRANSITION MAJEURE

Si le choix de son conjoint et le mariage constituent la décision la plus importante de sa vie, il faut admettre que le choix de devenir parent est la plus bouleversante. Attendre un enfant, lui donner naissance, lui apporter les soins nécessaires représente pour un couple une expérience à la fois fascinante et déroutante. Tous les aspects de leur vie sont affectés : social, économique, sexuel, affectif, etc. On comprend que la parentalité déclenche une crise chez de nombreux couples insuffisamment préparés (Hobbs, D. & Cole, S., 1976). En fait, qui est vraiment prêt à devenir parent ? « Qui d'entre nous, écrit Peter DeVries (1985, 225), est assez "mature" pour avoir des descendants avant que les descendants soient eux-mêmes arrivés? La valeur du mariage, ajoute-t-il malicieusement, tient moins au fait que des adultes engendrent des enfants qu'au fait que des enfants produisent des adultes!» Le docteur Frank Pittman (1995), expert américain du développement des enfants, y va d'une formule lapidaire: «Le produit final de l'élevage d'un enfant n'est pas l'enfant mais le parent! Si ce que vous faites ne change pas votre vie, poursuit-il, ne vous attendez pas à changer la leur.»

Une chose est certaine: avec l'arrivée de l'enfant, la vie ne sera plus la même. «Jusqu'à maintenant, écrit la psychologue française Anne Marie Reby (1986), vous formez un duo, évoluant au rythme d'une vie extérieure et intérieure qui vous était propre, qui vous convenait. C'était le grand amour, l'harmonie sexuelle et professionnelle. C'était aussi la bohème: vous refaisiez le monde jusqu'à quatre heures du matin et vous terminiez autour d'un dernier verre chez les copains. Week-ends en tête-à-tête, grasses matinées, complicité dans la douceur d'un nid fait pour deux [...]. Et soudain, l'enfant paraît! On était deux, on est trois! Même désiré, même ardemment voulu, ce premier bébé va forcément transformer la vie du couple.» «Les enfants changent le monde!» affirme pour sa part l'anthropologue canadienne Paule Brière (1989). «On a beau étudier, planifier et désirer bébé, son arrivée provoque des bouleversements majeurs dans la vie du couple et de son entourage.» «Le risque est là de voir la dimension conjugale absorbée par l'exercice de la parentalité.» Or, la vie de couple est bien distincte de la vie familiale et il importe aussi pour le bien de l'enfant que les parents continuent de se tourner l'un vers l'autre, vers les autres, vers le monde. La longévité du couple dépend en effet de la capacité des partenaires à s'investir réciproquement (Weber, 1993).

L'anthropologue américaine Alice Rossi (1982) soutient que l'adaptation à la parentalité est plus exigeante que de se marier ou de commencer un nouveau travail. Cinq facteurs principaux expliquent, selon elle, la radicalité de la transition et les difficultés qu'elle représente : l'irréversibilité de l'engagement, le manque de préparation joint au caractère abrupt de la transition, la transformation de la relation du couple, enfin les questionnements à savoir si on est de bons parents.

Quand on a mis un enfant au monde, il sera notre enfant pour toute la vie. L'énergie physique et psychologique qu'il faut y investir est énorme. Savoir que personne ne peut nous remplacer n'est pas la même chose en effet qu'accomplir une tâche, même exigeante, dont on peut se désister à un moment ou l'autre. On peut avoir un ex-conjoint, un ex-emploi, on ne peut avoir un ex-enfant.

Le manque de préparation au rôle de parent est universel. La seule expérience qu'ont eue la plupart des filles, c'est d'avoir fait du baby-sitting une fois ou l'autre. Pour les garçons, c'est le néant. Résultat : on apprend à être parent lorsqu'on le devient. Cette improvisation a quelque chose de monumental. Cela n'a évidemment rien de très rassurant.

Or, voilà qu'en plus le couple y accède de façon abrupte. Alors que l'entrée dans l'ensemble des autres rôles que l'on a assumés au cours de sa vie se fait de façon graduelle, devenir parent est une transition qui se produit en quelques heures. La nouvelle maman, dit Rossi, commence immédiatement une tâche qui dure jour après jour, vingt-quatre heures sur vingt-quatre. Quant au père, il apprend tout à coup qu'il est dorénavant en état d'appel constant. Ni la femme ni l'homme n'ont pu prévoir véritablement la nouvelle situation.

La transformation de la relation du couple est un autre facteur qui rend particulièrement délicate et difficile la transition au «parentage». On était deux, on est maintenant trois. Et le troisième occupe un espace qui remet en question la vie du couple, non seulement sur le plan social et économique, mais aussi sur le plan affectif. Le bonheur du couple ne s'abreuve plus tout à fait à la même source. La capacité d'aimer et la tendresse ne seront plus exprimées de la même façon. Entre la femme et l'homme, l'enfant s'insinue. Présence constante, et spectateur inconscient de leurs gestes, l'enfant bouscule leur expérience affective. Tout entière centrée sur son petit enfant, la mère peut négliger un peu son conjoint. Quel est l'homme qui, malgré la joie d'être père, n'est pas tenté à certaines heures d'entrer plus ou moins consciemment en compétition avec le bébé qui lui ravit sa place? On connaît des époux qui réclament presque autant de soins que le bébé!

Les choses ne sont pas plus faciles pour la femme. «Je me négligeais, je n'avais plus envie de m'habiller, de me coiffer...», disait une jeune mère dans le cadre d'un sondage auprès des couples sur l'impact de la naissance d'un premier enfant. La femme habituée à un statut d'égalité qui, du jour au lendemain, se retrouve confinée au foyer pour une période assez prolongée, accaparée par une tâche qui absorbe à peu près toutes ses énergies, a besoin d'une forte structure intérieure et d'un solide support pour ne pas sombrer dans la désillusion.

Enfin, l'absence d'une vision claire de ce que constitue «être de bons parents» ne facilite pas la tâche. «Dans les contes, les héros ont beaucoup d'enfants et vivent toujours heureux...», écrit le rédacteur de la revue de l'Institut Vanier de la famille. «Mais dans la réalité quotidienne, être un parent signifie vivre un drame constant traversé par des hauts et des bas, accomplir un dur labeur et, de plus en plus à notre époque marquée par le changement, évoluer sur une scène sans scénario [...]. Donner naissance n'est qu'un début» (Theilheimer, 1989). «La vérité, comme tous les parents le savent bien, souligne non sans une pointe d'humour un sociologue américain, c'est qu'élever des enfants est tout probablement l'entreprise la plus dure et la plus ingrate au monde. Il n'est certes pas un père ni une mère qui songe à nier que c'est stimulant et intéressant, mais de là à dire que c'est amusant, c'est une erreur grave. C'est faux. Pour que quelque chose soit amusant, il ne faut pas y être contraint en ce sens que l'on peut le prendre ou que l'on peut le laisser. Les parents n'ont pas ce choix. Ils doivent s'occuper de leur enfant que ce soit agréable ou non» (Le Masters, 1977).

243

Bref, passer de l'état d'amoureux à celui de parents, accepter que s'estompe le couple pour que se constitue la famille ne va plus de soi. «Les jeunes d'aujourd'hui accordent beaucoup plus d'importance que leurs parents à la liberté individuelle, aux décisions rationnelles et à l'hédonisme [...]. Des valeurs telles que la liberté de mouvement, les loisirs et les chances d'emploi ont autant de poids sinon plus que les enfants» (Neal *et al.*, 1989). Autrement dit, la plupart des jeunes couples sont habités par une forte ambivalence. En fin de compte, la décision lucide d'avoir un enfant suppose une capacité de dépassement remarquable.

Quel est l'impact de l'arrivée de l'enfant sur le couple et chacun des parents? Quelle est la valeur de l'enfant dans le développement de l'un et l'autre? Quelles sont les tâches spécifiques qu'impose aux parents la naissance du bébé, le petit enfant à la maison, l'enfant d'âge scolaire? Telles sont les questions que nous abordons maintenant.

3 – L'IMPACT DE L'ENFANT SUR LA VIE DU COUPLE

L'arrivée d'un premier enfant contribue-t-elle au bonheur du couple? La fascination de l'attente, la joie de la naissance, l'émerveillement du premier sourire l'emportent-ils sur l'angoisse de la mise au monde, les nuits entrecoupées, les tensions inhérentes à la définition des nouveaux rôles, la désorganisation des loisirs, etc.? En un mot, quel est le rapport entre le premier enfant et la satisfaction conjugale? La même question se pose aussi avec la venue subséquente d'autres enfants.

Dans la période de bouleversement que traversent présentement les familles, ces questions, on le devine bien, font l'objet de recherches constantes. Il vaut la peine de rappeler au départ les travaux, même s'ils remontent à quelques années, de deux psychologues américains qui se sont centrés sur la question du bonheur conjugal dans l'ensemble des études faites en vue d'évaluer les changements vécus par le couple tout au long du cycle de la vie familiale (Worthington et Buston, 1986). Partis de soixante-quatre recherches récentes sur le sujet, ils ont dégagé deux séries de conclusions, celles autour desquelles il y a unanimité et celles qui, tout en étant significatives, ne font pas l'objet d'un consensus. Nous présentons d'abord les premières :

1. Lorsqu'on compare les couples sans enfant avec les couples avec enfants, on s'aperçoit qu'en général les premiers sont plus heureux ;

2. Dans la perspective du cycle familial, on conclut que le niveau de satisfaction conjugale est moins élevé chez les couples qui ont des enfants que chez les couples qui n'en ont pas encore eus, ou dont les enfants ont déjà quitté la maison ;

3. La satisfaction maritale est en relation inverse avec le nombre d'enfants ;

4. Des recherches longitudinales faites auprès de couples avant la naissance du bébé et immédiatement après, ont permis de constater que les couples éprouvaient une période de grande joie dans les jours qui suivent la naissance. On parle de «lune de miel du bébé». Elle est de courte durée ;

5. Il y a en général une baisse dans la satisfaction qu'apporte le mariage après la naissance de l'enfant ;

6. Enfin, les exemples de cas où l'arrivée de l'enfant a eu des effets positifs à court terme sur le mariage sont peu nombreux et ces effets sont négligeables.

Les auteurs présentent ensuite les conclusions discutées :

1. L'impact des enfants est considérable tant sur l'homme que sur la femme, mais il semble bien que la tension soit plus forte chez la femme ;

2. Les comportements de l'enfant peuvent affecter ceux des parents et vice-versa ; les comportements des parents ont en effet des conséquences sur l'enfant. On sait par exemple que les mères malheureuses ou qui ont peu de satisfaction

dans leur vie de couple ont des enfants plus «insécures» (Isabella & Beisky, 1986; Cowan & Cowan, 1986);

3. L'enfant désiré n'a pas le même impact sur le mariage que l'enfant non désiré;

4. Enfin, l'impact de l'enfant sur la vie du couple tient au degré de frustration des attentes que les nouveaux parents avaient pour leur vie de couple après la naissance.

À la suite de ces deux séries de résultats, Worthington et Buston résument en tirant deux conclusions principales:

— Tous les couples sont bouleversés à des degrés divers par l'arrivée du premier enfant;

— Pour la plupart, l'impact est négatif. «Devenir parents, écrivent-ils, semble désorganiser la majorité des mariages jusqu'à un certain degré; quelques-uns à un degré sérieux.»

Selon eux, la désorganisation de l'emploi du temps, le conflit touchant les règles du jeu dans l'établissement des rapports du couple, et la façon dont fonctionnait le couple avant l'arrivée de l'enfant sont les trois facteurs les plus déterminants derrière cette expérience négative.

L'emploi du temps

Avec l'arrivée d'un enfant, l'horaire est entièrement bouleversé. Jusqu'où un tel changement, même si l'enfant est désiré, peut-il être accepté sans entraîner une tension excessive? Comment éviter que s'installe le sentiment de ne plus avoir de temps pour soi avec le risque inévitable de frustration que cela comporte? Comment éviter en particulier la frustration dans son désir d'intimité en tant que couple? C'est à chaque couple, seul et sans modèles pré-établis, qu'il revient d'inventer ses solutions de façon satisfaisante. On comprend que la désorganisation du temps causée par bébé peut, à certaines heures, plonger dans la déprime les parents même les plus solides.

Les règles du jeu

Les relations dans un couple, comme dans tout autre dyade, sont définies par un ensemble de règles parfois claires, plus souvent floues, mais qui, de toutes manières, sont déterminantes pour le fonctionnement des individus. Ces règles ont trait au pouvoir qui sous-tend et définit le genre de relations qui existent dans le couple. Par exemple, lorsque l'épouse dit à son époux : «Toi, tu t'occupes d'acheter la nourriture, moi, je me charge de trouver des couches pour le bébé», ce qui est important n'est pas uniquement «qui fait quoi», mais qui a le contrôle du fonctionnement du couple. Dans cet exemple, les règles du jeu sont claires. C'est l'épouse qui a exercé explicitement le pouvoir. Mais chez la majorité des couples, il existe une forte ambiguïté pour ce qui est de l'exercice du pouvoir, à quoi est lié le risque inévitable de la domination de l'un sur l'autre.

À partir du moment où l'un ou l'autre conjoint ou les deux prennent conscience d'un déséquilibre dans l'exercice du pouvoir, une situation conflictuelle est créée. Quand on sait tout ce que devenir parents implique de tâches nouvelles et de rôles inédits à assumer, on voit à l'évidence que le champ de bataille est tout tracé d'avance. À moins que les conjoints aient développé suffisamment d'intimité pour clarifier les causes du malaise, chacun a alors tendance à recourir aux règles du jeu de sa famille d'origine, ce qui non seulement ne résoud rien mais, au contraire, contribue à accentuer les tensions.

L'ajustement du couple avant la naissance des enfants

Seuls les couples qui ont réussi à établir un équilibre satisfaisant dans leurs relations avant d'avoir des enfants évitent les tensions épuisantes liées aux ajustements commandés par la situation nouvelle. On sait que la transition de la parentalité s'avère une expérience positive si les partenaires se sont situés l'un par rapport à l'autre dans une relation gratifiante ; s'ils ont développé un réseau de relations significatives autour d'eux ; s'ils ont réussi à mettre en place des stratégies efficaces en vue de négocier les situations nouvelles ; et enfin, s'ils ont appris à ne pas sombrer dans la détresse face aux tensions apportées par les événements de la vie. Malheureusement, il semble bien que les conjoints qui réunissent ces conditions sont l'exception plutôt que la règle. Notons que les recherches plus récentes convergent dans le même sens (Guy, 1993 ; Cowan & Cowan, 1995).

Ces données viennent-elles contredire le vieux sentiment populaire fondé sur l'expérience et l'observation, à savoir que les enfants sont source de bonheur pour la grande majorité des parents ? Se pourrait-il que ce sentiment soit une impression dépassée ? Si l'on tient compte des bouleversements qui affectent l'ensemble des couples et des familles à notre époque, il n'y a pas à se surprendre si la question se pose. Elle mérite que l'on s'y arrête.

4 – ENTRE L'INSATISFACTION CONJUGALE ET LE BONHEUR D'ÊTRE PARENTS

Les recherches sur le rapport entre le bonheur conjugal et le fait d'avoir des enfants se sont multipliées au cours des dernières années. Existe-t-il véritablement une corrélation négative entre les deux ou, au contraire, peut-on encore soutenir que les enfants sont une source de bonheur pour le couple ? La réponse demeure ambiguë tout comme d'ailleurs le langage ou les concepts utilisés pour en parler. Certains arrivent à la conclusion que les enfants sont davantage une source de tension que de bonheur pour le couple (White, Booth et Edwards, 1986 ; Worthington et Buston, 1986, parmi les plus représentatifs). D'autres concluent, au contraire, que les enfants rendent les parents heureux (Campbell, Converse et Rodgers, 1976 ; Chilman, 1980 ; Goetting, 1986 ; Fawcett, 1988 ; Kerstern, 1990 ; Abbey *et al.*, 1994).

Ces positions sont-elles conciliables? La difficulté tient-elle à la recherche, dont les méthodes d'analyse seraient inadéquates ou falsifiées? Oui, selon Chilman et Goetting. Tiendrait-elle en même temps aux couples qui vivraient jusqu'à un certain point une expérience ambiguë? Ici encore, on peut répondre par l'affirmative.

Une contradiction apparente

Il est tout à fait possible que les enfants soient une source de satisfaction et qu'ils aient en même temps un effet négatif sur le bonheur du couple. Les enfants peuvent en effet être une source de joie pour l'un ou les deux parents, tout en réduisant la qualité de leur relation. Qui ne connaît pas des conjoints qui ne sont pas heureux en mariage mais qui, par contre, trouvent beaucoup de bonheur avec leurs enfants? Comment expliquer autrement que 90% des parents déclarent que s'ils avaient à décider aujourd'hui d'avoir ou non des enfants, ils recommenceraient. Il semble bien que l'on peut se rallier à la conclusion à laquelle le psychologue américain James Fawcett (1988, 29) est arrivé au terme d'une vaste enquête internationale, à savoir qu'«être parent est une expérience exigeante mais ce qu'il en coûte est contrebalancé par les joies qui l'accompagnent».

La division du travail

La multiplicité des facteurs liés à l'expérience parentale et la complexité de leur interaction expliquent pour une large part les résultats ambigus de la recherche. Un de ces facteurs est celui du travail. Entrent en ligne de compte ici la division du travail domestique, le travail à l'extérieur du foyer pour la mère et la réalité, plus généralisée maintenant, du couple à deux carrières, ce qui est le cas de plus des deux tiers de toutes les familles canadiennes (Statistique Canada, 1994, Cat.75-001). Si on additionne les heures de travail au foyer et à l'extérieur, les couples avec ou sans enfants travaillent entre 60 à 89 heures par semaine. La présence des enfants et leur âge font augmenter le nombre d'heures surtout pour les femmes (*Transition IVF*, 1995).

C'est dire qu'en 1995, les femmes se retrouvent toujours dans une situation inconfortable face au travail. Même que «les mères vivant avec leur conjoint affichent maintenant un taux d'activité plus élevé que les mères seules (Logan & Belliveau, 1995). L'arrivée du premier enfant entraîne inévitablement une désorganisation de leur situation. Les enfants subséquents la rendent encore plus difficile. Revenu familial, autonomie financière personnelle, avancement, sécurité d'emploi, retard dans la carrière, recyclage sont autant d'éléments que la mère doit considérer. Les congés de maternité insatisfaisants, la garde des enfants problématique à bien des points de vue (coût, qualité, disponibilité, incompatibilité des horaires) et l'épuisement physique s'ajoutent aux facteurs qui contribuent au malaise ressenti par l'ensemble des femmes.

Il faut aussi compter avec le fait que l'implication des hommes dans les tâches traditionnellement réservées aux femmes n'a pas encore modifié la situation de façon significative. Le travail domestique est toujours partagé de façon inégale. Autrement dit, les responsabilités d'entretien et d'éducation de l'enfant demeurent l'apanage de la femme (Benin et Agostinelli, 1988). En 1990, pour chaque heure que les hommes consacraient aux tâches domestiques, les femmes en consacraient deux et demie. Cela représentait la moyenne au Canada (Marshall, 1990). Six ans plus tard, rien n'indique que les choses ont changé. «Le travail domestique, une affaire de femme!», écrit la sociologue française Christiane Cordéro (1995, 109). Les femmes au travail consacrent près de 35 heures par semaines aux tâches domestiques en France; aux États-Unis, elles y investissent 26 heures. Les Canadiennes seraient entre les deux. Bref, si la plupart des époux affirment avec fierté qu'ils touchent au ménage, il reste que la grande majorité ne font qu'y toucher! La recherche comparée en Europe et en Amérique est fort révélatrice à cet égard. Cordéro conclut: «On le voit, l'activité professionnelle des femmes n'a pas modifié en profondeur leur statut de ménagère, ce qui témoigne de la lente évolution des rôles conjugaux, au-delà du discours égalitaire.»

Une forte résistance de la part des hommes à un partage véritablement équitable des tâches ménagères existe toujours avec le résultat que le fardeau retombe encore largement sur les épaules de la femme. Les hommes, confrontés à une trop forte demande en ce sens, se retrouvent plus bas dans l'échelle de la satisfaction maritale. Il semble bien que la majorité persiste à croire en effet que les femmes peuvent bien aller sur le marché du travail, mais à condition qu'elles trouvent le moyen de faire quand même leur travail à la maison.

Les premières victimes de cette situation sont les mères de famille employées à l'extérieur, qui représentent actuellement plus de la moitié de toutes les femmes mariées sur le marché du travail. On sait en effet que 60 % des Canadiennes ayant des enfants de un à six ans travaillent à l'extérieur. Par contre, celles qui désirent se consacrer entièrement à l'exercice de leur rôle maternel et qui y trouvent de la joie ne peuvent pas facilement éviter, dans un contexte social favorisant l'égalité, de se sentir diminuées et frustrées.

Notons que dans les mariages à double carrière, impliquant un investissement et un développement continu de la part des deux conjoints, l'attitude des hommes est quelque peu différente. La situation objectivement égalitaire dans laquelle ces derniers se retrouvent les force à s'adapter davantage (Pleck, 1985 ; Kuntz, 1994). Il faut aussi souligner que les femmes ne semblent pas fonder leur sens de l'équité sur les mêmes réalités que les hommes. La perception d'une juste répartition des tâches ne se réduit pas en effet au nombre d'heures passées au soin des enfants et à la quantité de repas préparés ou encore au montant d'argent rapporté à la maison (Demo & Alcock, 1988). D'autres valeurs entrent en ligne de compte. Et au premier plan, les attentes et les sensibilités de chacune, notamment la perception d'être appréciée et les prises de décision à deux, qui viennent modifier leur perception d'une situation de travail par ailleurs objectivement injuste (Ferree, 1991; Thompson, 1991; Zvonkoviv *et al.*, 1994; Hawkins *et al.*, 1995). Par ailleurs, les enquêtes montrent que les épouses qui perçoivent qu'un bon équilibre existe dans la répartition des tâches sont plus heureuses que celles qui ont l'impression contraire (Pina & Bengston, 1993); elles entretiennent également des relations plus détendues avec leurs enfants (Pett *et al.*, 1994).

Des perceptions différentes du rôle de parent

L'exercice du rôle paternel, est-il nécessaire de le dire, tient beaucoup moins de place dans la pensée des hommes que l'exercice du rôle maternel, en ce sens que les hommes se sentent moins responsables et donc moins impliqués. Ils centrent leur intérêt sur leur occupation professionnelle et tendent à laisser à la mère le soin et l'éducation des enfants (Palm, G. & Palkovitz, R., 1988). Alors que «pour la majorité des femmes, la famille à un moment ou l'autre, est au centre de leur vie, pour les hommes, elle est à la périphérie» (Rubin, 1979). Au fond, les hommes se sentent peu valorisés par le travail domestique. «Les hommes, affirment Mary Brown et Joan Agostinelli (1988), sont prêts à l'égalité dans la division du travail, mais ils ne veulent pas y mettre trop d'heures. Contrairement aux femmes, ils suggèrent volontiers à cette fin, une baisse du standard de l'entretien ménager.» S'ils s'y adonnent, animés par le souci d'un certain partage égalitaire des tâches, l'investissement se transforme facilement en frustration.

«La reine du foyer» n'a toujours pas été remplacée

Après vingt ans de rhétorique sur le mariage égalitaire, les femmes n'ont toujours pas perdu leur statut de «reines du foyer». Le titre est disparu. Non la fonction! Le gros des tâches ménagères, telles que préparer les repas, faire les lits, faire la lessive, etc, incombe encore à la mère. C'est elle aussi qui assume la part du lion dans le soin des enfants, les laver, les nourrir, etc. (Belsky & Pensky, 1988 ; Cordero, 1995, 112). Bref, «les femmes, peu importe qu'elles travaillent à l'extérieur ou non, sont toujours les personnes à tout faire à la maison» (Darling-Fisher et Tiedje, 1990). À la question «qui fait quoi ?» posée dans plusieurs sondages, la réponse est simple : «les mères touchent à presque tout, alors que de leur côté, les pères prêtent main forte pour certaines activités» (Cowan et Cowan, 1988 ; 1995). Les deux seuls lieux où les hommes mettent autant de temps que les femmes sont le domaine des achats et de la réparation de la maison. Ils passent la moitié moins de temps que la mère à s'occuper des enfants et la moitié de ce temps est pour le jeu (Coleman, 1988).

Au terme d'une étude longitudinale, deux sociologues, Rexroat et Shehan (1987), ont confirmé l'observation classique, à savoir que la période de leur vie durant laquelle les hommes contribuent le moins aux tâches familiales coïncide avec celle où ils sont davantage plongés dans leur carrière. Malheureusement, elle coïncide avec le temps où il y a des enfants à la maison !

Enfin, des chercheurs ont découvert que «l'arrivée des enfants marque un retour à l'exercice des rôles sexuels traditionnels. La transition d'époux à parents augmente la charge de travail au foyer tant pour l'homme que pour la femme, mais le poids qui retombe sur les épaules de cette dernière est beaucoup plus lourd [...]. La responsabilité relative des épouses avant et après être devenues mères passe de 67 % à 74 %» (McHale et Huston, 1985). Tout indique donc qu'après une période d'implication plus grande dans les tâches ménagères, la participation des hommes ne semble plus vouloir augmenter, malgré la pression exercée sur eux par la participation plus intense et plus généralisée des femmes au travail (Coverman et Sheley, 1986 ; Nadeau, 1993).

Cela ne permet pas de conclure pour autant que le mouvement féministe n'a pas contribué à changer les mentalités. «L'égalité entre hommes et femmes est devenue aujourd'hui un principe démocratique intangible» (Kaufmann, 1993, 96). Ce qui représente un progrès de société remarquable. Le problème, c'est que les formes que doit prendre cette égalité sont encore en débat, un débat qui ne se réduit pas aux seules règles de l'équité objective mais qui se meut dans les zones mystérieuses de l'être féminin et de l'être masculin.

Le pouvoir masculin

Se pourrait-il que la division du travail homme/femme consacre le pouvoir masculin? Selon Janet Chafetz (1988), la division du travail traditionnel qui semble persister pour l'essentiel, en donnant aux hommes des ressources supérieures, leur donne en même temps le pouvoir de définir et de décider. Le salaire moyen des femmes oscille toujours entre 60% à 70% de celui des hommes. En s'appuyant sur l'équation de toujours, à savoir que celui qui détient les ressources détient aussi le pouvoir, elle montre comment, dans le contexte actuel, la plupart des hommes se voient toujours comme pourvoyeurs. L'époux s'attend donc à toucher un salaire plus élevé. Cela confirme son sens de la responsabilité familiale et lui assure le prestige inhérent à un tel rôle. À l'inverse, les hommes qui ont un revenu inférieur se sentent menacés. Que les rôles féminin et masculin tendent à se perpétuer n'a donc rien de très étonnant! Dans une telle conjoncture socioculturelle qui tend à persister, on comprend la remarque de Gloria Bird (1987), professeure à l'Université de Virginie: «Il m'a fallu des années, écrit-elle, avant d'arriver au point où je sentais que j'avais le "droit" de considérer ma carrière comme aussi importante que celle de mon époux.»

Une tâche surhumaine

Si hier la femme mère de famille, était la «reine du foyer», elle est devenue aujourd'hui la «superwoman» (McCubbin et

Dhal, 1985, 230; Fitoussi, 1987). Malheureusement, cette situation ne va pas sans un prix lourd à payer, celui de la frustration, de l'épuisement et même de la dépression.

Comment la femme arrivera-t-elle à concilier le surplus de travail occasionné par l'enfant avec l'emploi hors du foyer et la carrière, qui apporte aussi ses soucis spécifiques, voilà la question incontournable abordée dans de nombreuses recherches (Hiller et Dyehouse, 1987). Comment, dans cette conjoncture, éviter la baisse trop sérieuse de la satisfaction conjugale? La plupart des femmes portent le poids de la division intérieure. Elles sont partagées entre le désir d'enfants et l'envie de prolonger le plus longtemps possible les effets de leur liberté individuelle et professionnelle. Comment éviter dès lors que l'enfant ne soit perçu comme gêneur? On ne saurait donc s'étonner par la suite du fait que les grossesses sont de plus en plus tardives. Selon l'expression de la psychologue française Chantal Demoustier (1988): «On a des enfants de vieux!»

Bref, la conjoncture économique et psychosociale de l'heure, qui met particulièrement en relief la nécessité d'un double salaire et la signification particulière d'un emploi rémunéré pour la femme rend vraisemblablement plus précaire que jamais l'équilibre affectif dans le couple et la satisfaction conjugale désirée. On en voit la conséquence dans le retard sinon le refus d'enfants. En tout cas, la question de leur présence s'est bel et bien transformée en une préoccupation majeure dans la vie des couples actuels.

Un enfant... deux enfants... trois enfants?

Lorsqu'on les interroge sur le nombre d'enfants désirés, la majorité des couples répondent deux. Par contre, selon les statistiques, en Amérique et dans les pays d'Europe de l'Ouest, on enregistre à peine un enfant et demi par famille. Derrière cela se profilent les questions concrètes du logement, des revenus, de la santé, du statut de la femme, de la maternité, des rôles, etc.

Si l'arrivée d'un deuxième ou d'un troisième enfant n'entraîne pas une transformation radicale de la vie des époux, comme c'est le cas avec l'arrivée du premier, cet événement a toutefois un sérieux impact sur la famille. Les relations entre les membres de la famille ainsi que les rôles sont à nouveau profondément modifiés. Un fait en particulier mérite d'être noté : c'est souvent après la naissance du deuxième enfant que le père commence véritablement à accorder plus d'importance à la vie familiale, qu'il s'implique dans les soins aux enfants et assume une plus large part dans les tâches ménagères (Stewart, 1990). Bien que cette réalité puisse paraître positive, il reste par contre, si l'on s'en remet aux conclusions de plusieurs études, que les couples qui ont moins d'enfants sont plus heureux (Norval & McLanahan, 1981).

Les raisons principales de cette insatisfaction des couples face à la « grosse famille » tiennent au fait que « les enfants sont associés à la réduction de l'interaction conjugale, aux malaises dus aux limites financières et aux contraintes des tâches domestiques » (White, Booth et Edwards, 1986, 139). À quoi s'ajoute la question du statut de la mère qui peut être placée devant « la nécessité de renoncer alors à son activité professionnelle », en particulier lorsqu'il s'agit d'un troisième enfant (Roussel et Bourguignon, 1978, 129).

Si le fait massif de la petite taille des familles s'impose à l'évidence, et avec lui le peu de satisfaction, semble-t-il, qu'apporte la présence de deux ou trois enfants, il n'en demeure pas moins qu'une forte proportion de couples ayant deux ou trois enfants se déclarent heureux de l'enrichissement humain que l'expérience d'une famille « nombreuse » leur apporte (Kreppner, 1988).

Du « bon moment » d'avoir les enfants

Selon les statistiques, la moyenne des femmes donnent naissance à leur premier enfant entre 19 et 27 ans. Entre 1965 et 1989, l'âge moyen est passé de 22 à 26 ans pour le premier enfant. On a alors commencé à parler de maternités tardives (Roosa, 1988). Il serait présentement de 28 ans. Or, tout indique qu'un fort courant va présentement dans ce sens (Rindfuss *et al.*, 1988 ; Schlesinger, 1989 ; La Novara, 1993). Déjà, en 1979, Gail Sheehy qualifiait de *postponing generation* les jeunes de l'époque. Cette évolution comporte de nombreuses implications pour la famille : moins d'enfants, un mode différent d'interaction entre les enfants et les parents, plus de maturité chez ces derniers, une signification autre de l'expérience parentale et, en général, une meilleure situation économique, le tout par contre possiblement assombri par une plus grande difficulté d'adaptation.

Avoir ses enfants jeunes ou attendre : le pour et le contre

Les statistiques nous apprennent que les couples qui reportent à plus tard le moment d'avoir des enfants en ont moins. On sait aussi, à partir de la recherche médicale, que le meilleur temps pour une femme d'avoir des enfants est entre 20 et 35 ans. Ce que l'on sait moins, c'est s'il y a plus de bonheur pour un couple à avoir ses enfants plus tard ou bien s'il est préférable de les avoir alors que l'on est jeune. Trois positions sont avancées. La première soutient que le degré de satisfaction conjugale est plus élevé chez les parents qui ont leurs enfants à un âge plus avancé, et ce, pour tout un ensemble de raisons. Les parents ont eu plus de temps pour se structurer émotionnellement et acquérir la confiance et la maturité nécessaires. Ils ont eu le temps de pousser plus loin leurs études, de s'impliquer dans d'autres rôles adultes et de mieux établir leur carrière, réduisant du même coup les tensions financières. Enfin, les hommes sont devenus davantage intéressés à la vie familiale tandis que de leur côté, les femmes se sentent plus compétentes. Autant de facteurs favorables à la création d'un réseau de relations familiales plus riches et plus cohérentes (Vanden Heuvel, 1988 ; Kitzinger, 1985).

La seconde position maintient au contraire que «l'arrivée du premier bébé entraîne autant de bouleversements chez les couples qui ont différé les naissances que chez les jeunes mariés» (Lamana et Riedmann, 1981, 262). Selon l'anthropologue Alice Rossi (1980), les nouveaux parents, quel que soit leur âge, ne sont jamais bien préparés. Les joies comme les exigences de la tâche les prennent toujours au dépourvu. La difficulté à s'adapter à leur rôle de parent en amène plusieurs à se renfermer sur eux-mêmes au détriment de la relation affective avec les enfants. Enfin, selon la psychologue américaine Martha Cox (1985), «bien des adultes, qui attendent au mitan de la vie, font place à des enfants au moment où eux-mêmes font l'expérience d'une crise de sens parfois bouleversante». Autant de raisons qui indiquent qu'il n'est pas sage de retarder l'arrivée des enfants mais qu'au contraire, il est préférable de les avoir quand on est jeune.

La dernière position, on le devine, se situe entre les deux précédentes. Après avoir comparé l'impact de la parentalité sur les couples jeunes et les couples âgés à partir de quatre paramètres (adaptation conjugale, estime de soi, féminité et masculinité), le psychologue américain Mark Roosa (1988) arrive à la conclusion qu'il n'y a pas de différence entre les deux groupes. Cela serait confirmé par Carolyn Walter (1986) qui, au terme d'une analyse circonstanciée, affirme que même si les parents retardataires peuvent être plus perturbés que les jeunes par les exigences des ajustements, ils sortent quand même gagnants de l'expérience en raison de la maturité acquise antérieurement.

Que conclure de ces positions diverses? Il semble bien que la corrélation entre la satisfaction conjugale et le fait d'avoir ses enfants à un âge avancé est problématique et va le demeurer, surtout si l'on tient compte des sensibilités qui ne cessent d'évoluer. Encore une fois, il convient de souligner que la recherche, si indicative soit-elle, ne saurait renfermer la totalité de l'expérience, que ce soit celle du jeune couple ébloui par la naissance d'un enfant et dont la vie est transformée ou celle du couple plus âgé qui accueille dans la joie sereine la vie qui les prolonge.

La valeur de l'enfant

Si, pour l'immense majorité des conjoints, les enfants sont source de réalisation de soi sur les plans intellectuel, affectif et social, en plus d'être source de bonheur, il n'en reste pas moins vrai que, selon les données démographiques, on ne fait plus suffisamment d'enfants pour assurer le maintien de la population, que les associations de couples sans enfant attirent des membres et que la recherche établit une corrélation négative entre leur présence et la satisfaction conjugale. C'est dans cette conjoncture qu'il nous a semblé intéressant de présenter une revue de la documentation sur le sujet.

Quel est donc l'apport de l'enfant dans le développement de l'adulte? Quelle valeur peut-il avoir dans la vie du couple? «Une des transitions psychologiques les plus formidables de la vie, écrit Fawcett (1988, 11), est de devenir parent.» Pour Cohler (1984), «ce rôle constitue la tâche développementale majeure de l'âge adulte». Selon l'expression de la psychologue canadienne Paule Brière (1984), «l'enfant transforme la vie du couple». Comment? La majorité des recherches convergent pour affirmer que l'enfant contribue à donner au couple un sens à la vie, qu'il a un impact social positif, qu'il provoque leur développement cognitif et émotif, enfin qu'il est un renforcement sinon un déclencheur de la capacité d'aimer.

L'enfant : sens à la vie et projet pour le couple

«C'est l'arrivée de nos enfants qui a donné un sens à notre vie. Avec eux, on est passé de l'état de fils ou de fille à celui de père ou de mère. On a définitivement quitté le monde de l'enfance pour celui des adultes», écrit Anne-Marie Reby (1986). «Les enfants donnent une direction en même temps qu'ils donnent un sens de continuité à la vie», conclut Lamana (1977, 254), au terme d'une enquête faite auprès de 200 couples. L'enfant contribue, en effet, à l'approfondissement de la relation époux-épouse en introduisant quelque chose de commun aux deux parents. À cause de lui, ils se sentent plus près l'un de l'autre, il leur donne l'impression qu'ils sont à leur tour à l'origine d'une nouvelle famille. Cette perspective d'un projet et des responsabilités qui en découlent renvoie à la pensée de Frankl (1973, 170), pour qui il n'est pas de développement humain véritable si l'individu ou le couple est incapable de se donner un projet qui va plus loin que lui-même. Gipson Wells (1984, 344) l'exprime ainsi : «Apprendre l'art du sacrifice devient une partie de la vie du père et de la mère. Leur standard de vie, leurs loisirs sont affectés [...] l'intensité de la relation conjugale est relativement réduite en faveur de la relation familiale. Pourtant, à travers cette expérience, ils acquièrent une perspective différente sur le sens de la naissance, de la vie et de la mort.»

L'impact social de l'enfant

Si un enfant n'a pas une grande valeur économique de nos jours, il a toujours par contre une valeur irremplaçable, mais de façon différente que par le passé, soutient encore Wells (1984, 334ss). Il donne le statut d'adulte et l'identité sociale des parents; le prolongement de soi à travers les générations; la sécurité affective par l'élargissement du groupe familial et l'affiliation; l'évidence de la créativité, de l'accomplissement et de la compétence adulte; le pouvoir et l'habileté d'influencer la vie d'autres personnes; enfin, un certain sentiment de prestige dans le milieu.

L'impact de l'enfant sur le développement cognitif et émotif des parents

Assumant au départ que le développement de l'adulte est continu, et que tout au long de leur vie hommes et femmes accumulent des connaissances qui façonnent leur perception de la réalité et influencent leur comportement, deux chercheurs américains ont voulu mesurer l'impact spécifique de la parentalité sur le développement cognitif (Newman & Newman, 1988). Partis de la théorie bien connue qui dit que le développement cognitif est provoqué, chez l'adulte, par l'écart à combler entre, d'une part, l'expérience et les attentes de la personne et, d'autre part, les exigences des situations nouvelles et des rôles qu'elles impliquent, ils ont voulu en cerner les applications pratiques pour les parents.

Être parents constitue en effet une situation sans cesse changeante, ne serait-ce qu'en raison de la croissance de chaque enfant dans ce qu'il a d'unique ou de l'écart à combler entre le savoir antérieur et les nouveaux rôles à assumer. Les défis et les questions nouvelles abondent : à quel moment commencer à donner de la nourriture solide au bébé? Laquelle? Comment réagir à la phase du «non» de l'enfant? Quelle est la signification profonde de ce comportement? Plus tard, de celui de l'adolescent? Etc. Cette conjoncture déclenche chez les parents une très forte motivation à trouver les réponses et à découvrir les meilleures solutions. Bref, il existe peu de situations plus propices à l'apprentissage intellectuel. Ses principaux fruits sont : le développement d'une pensée ouverte à toutes les possibilités ; la formation d'une philosophie de la vie ; la capacité d'accepter les différences entre les individus et de respecter de façon positive les forces, les faiblesses et le potentiel de chacun ; enfin, l'expansion de la conscience dans le sens de l'approfondissement de la connaissance de soi et des autres.

Abordant ensuite le champ du développement affectif, ils ont mis en lumière toute une série d'acquis qui jaillissent en quelque sorte de l'expérience parentale : la gratuité de l'amour, le développement de la tendresse et la découverte de nouvelles voies d'expression de l'affection, la création d'un équilibre plus harmonieux afin de répondre à leurs propres besoins et à ceux des autres, enfin, la capacité d'exprimer davantage ses propres émotions.

En ce qui concerne la gratuité de l'amour, deux livres publiés en 1980, *L'Amour en plus*, de la journaliste Elisabeth Badinter, et *L'Histoire des mères*, de l'historienne Yvonne Kniebieler, portant sur l'attachement mère-enfant ou l'instinct maternel, ont déclenché un débat qui, seize ans plus tard, n'est toujours pas réglé. L'amour maternel est-il enraciné dans l'être profond de la femme de telle sorte qu'il en jaillisse instinctivement? Au contraire, l'amour maternel serait-il plutôt la conséquence du tissage progressif d'un lien entre la mère et l'enfant, commencé à la conception pour se poursuivre au fil des mois de la grossesse, de la naissance et des soins, dont l'allaitement, qui assure le développement de l'être incroyablement fragile qu'est le bébé? L'histoire nous apprend que des mères ont rejeté leur bébé. Faut-il conclure à l'absence de l'instinct maternel ou au non-développement du lien mère-enfant? Elisabeth Badinter croit que l'instinct maternel n'existe pas. On retrouve quelques supporteurs de cette position. Une psychologue américaine vient de publier un livre intitulé *Le Mythe de la maternité* (Thurer, 1994). Le même thème est repris par des journalistes (Cordes, 1994). De son coté, Yvonne Kniebieler, tout en reconnaissant qu'il y a de bonnes et de mauvaises mères, ne tranche pas.

Deux médecins français (Lebovici, 1992, et Guy, 1993) croient que la vérité se situe quelque part entre les deux. Le premier parle de programmation abolument spécifique mère-enfant appuyée sur l'être féminin profond. La seconde parle d'engrenage comportemental positif entre la mère et l'enfant, déclenché dès la conception de l'enfant. S'interrogeant à savoir si un engrenage négatif pouvait exister, elle soutient que les rejets négatifs absolus sont rares mais qu'ils existent, d'où le concept de la mauvaise mère. Par contre, des relations ambivalentes peuvent très bien exister à certains moments. «Quelle mère, écrit-elle, n'a pas ressenti par moment une certaine ambivalence par rapport à l'enfant qu'elle porte et plus tard, par rapport à l'enfant dont les soins exigeants capturent la totalité de ses énergies?»

L'enfant, déclencheur de la capacité d'aimer

Rien d'autre qu'un enfant peut provoquer l'éveil et le dépassement de la capacité d'aimer de l'être humain. «Mes enfants me surprennent de toute manière dans la capacité d'aimer que je ne savais pas que j'avais, que je ne m'attendais pas du tout d'avoir en moi [...]. Il y a tout simplement plus d'amour qui sort...», écrit un jeune père de famille (Steinberd, 1987). «C'est fou, disait cet autre nouveau père, comme un enfant peut être une bouffée d'air frais dans la vie d'un couple. Du même coup, il arrache les parents à leur narcissisme conjugal. C'est alors que la vie semble jaillir à neuf!»

Ce langage montre à l'évidence qu'il n'existe tout probablement pas de voies qui conduisent mieux l'adulte à la maturité de l'amour que la situation humaine la plus vieille du monde : celle qui l'appelle à se pencher sur l'être vivant le plus démuni qui soit. C'est à la fois la fragilité de l'enfant et sa réponse affective qui éveillent et font se développer, chez la femme et chez l'homme, la capacité d'aimer au-delà des peurs et des limites, comme s'il existait chez eux une force qui transcende l'humain. Ainsi viennent se conjuguer les forces de la vie et les forces de l'amour, assurant la continuité des générations.

On s'était posé la question de la valeur de l'enfant. On peut affirmer sans hésiter l'existence d'une «relation causale entre l'expérience parentale et la croissance continue de l'adulte». L'accueil des enfants, l'interaction avec eux, au fur et à mesure qu'ils avancent dans la vie, constituent la force d'humanisation la plus puissante dont l'adulte puisse faire l'expérience sur la route de sa propre croissance et de son épanouissement (Newman & Newman, 1988).

La maternité aujourd'hui

Si la valeur d'un enfant pour une femme est une des sources d'épanouissement les plus profondes, il n'en demeure pas moins que la maternité a été hier une source d'aliénation pour bien des femmes, définies quasi exclusivement par cette fonction. Les causes de l'aliénation ne sont plus les mêmes aujourd'hui, mais la frustration n'est pas moins douloureuse quand c'est la difficulté de donner naissance à un enfant qui se présente. À preuve, cette photo d'une pancarte sur laquelle était écrit : «J'ai oublié d'avoir un enfant... Je ne peux pas le croire!», coiffant un article dans une revue américaine à grand tirage (*U.S. News & World Report*, 1989).

Cette image illustre bien la tension d'une proportion de plus en plus élevée de femmes victimes d'une situation qui les empêche de faire véritablement des choix : Poursuivre sa carrière ou être mère? Femme au travail ou femme au foyer? Autonomie financière ou dépendance? Estime de soi ou dévalorisation sociale? Réalisation du désir d'être mère ou frustration douloureuse? Être avalée par les valeurs dominantes de la société ou être fidèle à son être profond? Autant de questions et de sentiments contradictoires inévitables qui ont habité les femmes des pays industrialisés depuis le tournant des années soixante. Ces questions et ces sentiments contradictoires n'ont rien perdu de leur acuité alors que nous approchons de la fin du siècle. Il faut lire à ce sujet le livre à la fois critique et chargé d'humour de Nathalie Petrowski, *Maman last call* (1995a).

Si des milliers de femmes ont réussi à s'adapter tant bien que mal à la réalité, et à éviter la polarisation de l'une ou l'autre de ces positions opposées en conciliant dans leur existence quotidienne travail au foyer, emploi à l'extérieur, maternité, carrière, elles y arrivent en portant le fardeau excessif que toute entreprise surhumaine entraîne. Le prix qu'elles paient, c'est le mal du corps, fatigue et épuisement, et le mal de l'âme, frustration et sentiment d'infériorité. Elles sont les victimes d'un désordre profond où l'évolution véritable n'arrive pas à se faire, ou si lentement.

«Les femmes, écrivait Marlene Palkovich en 1988, ont eu beaucoup plus de succès à entrer dans le rôle masculin qu'à le changer. Il est plus facile d'accéder à un statut d'égalité dans un emploi d'homme que d'obtenir un statut d'égalité pour le même emploi en tant que femme [...]. Bref, poursuit-elle, nous avons eu beaucoup plus de succès à nous adapter aux valeurs masculines qu'à amener les hommes à s'adapter aux nôtres. La génération de ma mère a été reléguée aux travaux ménagers [...] éloignée du pouvoir [...]. Les femmes de ma génération ont réussi à entrebâiller quelques portes au prix de durs sacrifices [...]. Les jeunes femmes d'aujourd'hui iront plus loin [...]. Mais c'est encore un monde d'homme, en termes de standard de vie et de valeurs!» Selon le sociologue français François Singley (1992), les femmes tendent de plus en plus à adopter le modèle d'activité masculin. Résultat, des aspects importants de leur épanouissement sont sacrifiés.

Le désordre est lié au système dominant de notre société. Il est rattaché aux structures d'inégalité politique, sociale et économique qui perdurent. Le revenu moyen des femmes au travail est toujours inférieur à celui des hommes. Elles continuent à relever le défi du double emploi, un à l'extérieur et l'autre au foyer, recevant de l'aide de l'époux, mais n'en continuant pas moins d'assumer la responsabilité. Elles sont toujours pénalisées par les maternités, en terme de perte de revenu et d'avancement dans leur carrière, quand elles ne risquent pas de perdre leur emploi, tout simplement.

Comment, dans une telle conjoncture, les femmes pourraient-elles éviter le déchirement face à la décision de la maternité? D'une part, elles sont habitées par le désir d'enfants, porteurs d'un attribut exclusif et essentiel; elles ne peuvent y renoncer sans ressentir une certaine mutilation. D'autre part, la baisse du niveau de vie qu'entraîne la naissance des enfants, le surcroît de travail, la réduction des loisirs, le manque de support social et le peu de valorisation rattachée à la maternité, rend difficile cette décision existentielle.

Il n'existe pas de solution facile pour sortir de l'ambivalence dans laquelle les femmes se trouvent confinées. Plusieurs acceptent le double fardeau, ne serait-ce que pour conserver l'illusion qu'elles ont un choix. Quelques-unes privilégient la carrière. D'autres optent pour la maternité et donnent résolument la priorité aux enfants. Dans tous les cas, la décision est chargée de contradictions et de souffrances même si chacune comporte des éléments de satisfaction et de bonheur.

5 – LA TÂCHE DES PARENTS

Faut-il le dire, on ne s'improvise pas parents. Cette affirmation aurait peut-être été jugée incongrue il y a quelques décennies, dans un contexte socioculturel privilégiant la transmission du savoir-faire et de la sagesse des générations précédentes. Personne n'aurait osé croire qu'elle ne serait plus pertinente aujourd'hui. La concentration sur un petit nombre d'enfants, les découvertes de la psychologie, le bouleversement de l'univers des valeurs, l'évolution technologique et l'incertitude face à l'avenir sont quelques-uns des facteurs qui, à notre époque, déstabilisent les parents. Être parents aujourd'hui ne va pas de soi. Non seulement les jeunes doivent-ils s'y préparer, mais les parents eux-mêmes doivent continuer à apprendre (Walter, 1986 ; Brooks, 1988).

Une entreprise à deux

Il semble bien que dans toutes les cultures, on assume presque instinctivement que l'on n'est pas parent de la même façon selon que l'on est femme ou homme, et cela, non pas uniquement en ce qui a trait à la procréation de l'enfant, mais pour tout ce qui touche à l'apprentissage et à l'éducation. Mais à travers la variété des attitudes, il en est une qui s'est affirmée partout, à savoir que les enfants, c'est surtout « l'affaire » des femmes. La contribution de l'homme s'est souvent résumée à servir d'appui à l'autorité de la mère et de modèle à distance. Heureusement, les choses commencent lentement à changer dans les pays industrialisés. On sait en effet que les conditions socio-économiques ont une influence directe sur la façon dont les individus se perçoivent ainsi que sur la définition de leurs rôles (Volling & Belsky, 1991).

En effet, le mouvement féministe, la volonté d'un mariage égalitaire et surtout les prises de conscience déclenchées par les découvertes récentes de la psychologie touchant le développement des enfants forcent à réévaluer les rôles parentaux et, en particulier, à repenser celui du père, dont la contribution est beaucoup plus importante que l'on pense. Enfin, les changements qui se mettent lentement en place vont dans le sens d'un partage plus équilibré des responsabilités des deux parents dans les soins et l'éducation des enfants.

Toutefois, il faut reconnaître que l'évolution n'est pas rapide. Dans l'ensemble, les soins et l'éducation des enfants sont encore l'affaire des femmes. Ce sont toujours elles qui sont les plus affectées par l'arrivée des enfants : «Les femmes perçoivent dans l'ensemble plus de changements que les hommes et en particulier davantage de changements affectant leur vie personnelle. Les hommes se sentent surtout affectés dans leur vie conjugale» (Worthington et Buston, 1986, 446).

Puisqu'il y a si peu de neuf à ajouter sur le rôle assumé par les mères, qui ont toujours tout fait, sauf que les femmes de la nouvelle génération exprimeront sans doute leurs attentes avec un peu moins de patience que leurs mères, nous nous arrêterons aux changements que commencent à connaître les pères. Si l'on en juge par l'abondance des enquêtes et des publications sur le sujet, une révolution significative serait peut-être en cours !

Le rôle du père

Le temps où l'on croyait que la responsabilité du père de famille se ramenait à celui de pourvoyeur est révolu. Son rôle a-t-il véritablement évolué pour autant ? Oui et non, répond le sociologue américain Ralph La Rossa (1988). Oui, si l'on considère les courants de pensée, les sensibilités culturelles et la rhétorique qui la sous-tend. Non, si l'on considère les faits, c'est-à-dire la moyenne des comportements au foyer et en particulier la façon dont les pères fonctionnent toujours avec les enfants. Bref, selon lui, on ne peut pas dire que la paternité ait changé de façon significative.

Pourtant, on ne saurait se le cacher, les hommes sont en crise. La plupart ne sont plus trop sûrs de ce que c'est que d'être un homme. La critique souvent radicale de la société patriarcale provoquée et entretenue par le courant féministe déclenche chez eux un double sentiment de confusion et de culpabilité. Il faut réinventer l'homme ou en tout cas trouver une nouvelle façon de l'être (Daly, 1993; Atkinson & Blackwelder, 1993; Brod, 1994). Selon l'écrivain canadien Robert Blondin (1994), «les hommes sont à la recherche de leur identité, de leur âme masculine, quelque part entre le mou et le macho». «Pères, prenez votre place!» lance de son côté le sociologue canadien Germain Dulac (1994).

Les tâtonnements actuels dans l'exercice du rôle paternel en seraient l'expression. On attribue ces hésitations et cette lenteur au fait que les hommes sont très peu préparés à être pères. La culture ne les prépare pas. Ils n'ont rien ou peu appris sur le sujet durant leurs études. Ils n'ont pas, comme la mère enceinte, l'expérience d'une connexion intime avec l'enfant, avec le résultat bien connu que l'arrivée d'un enfant, surtout le premier, les laisse totalement désemparés (Hanson & Bozett, 1987).

Dans une étude remarquable intitulée *Refaire les hommes*, le psychologue américain Theodore Cohen (1987) rappelle comment, dans la culture occidentale, la présomption centrale de ce qui fait un homme, c'est son travail et sa profession. La première conséquence de cette certitude non discutée et en général non consciente, c'est que contracter un mariage est un bon moment et que devenir un époux ne devrait pas trop déranger sa vie. La seconde conséquence, c'est qu'avoir des enfants est très dérangeant, que finalement c'est une tâche pour laquelle les femmes sont taillées d'avance et dans laquelle elles excellent! De toute manière, c'est une entreprise qui demeure secondaire dans le champ des préoccupations quotidiennes des hommes. «Les hommes, conclut Cohen, sont incapables de se sentir père ou de s'identifier au rôle de père avant d'avoir des enfants. Même s'ils peuvent nourrir des attentes et avoir des fantaisies au sujet des enfants qui peuvent naître, cette paternité imaginaire les laisse non préparés à faire les changements qui s'imposent dans leur vie en vue d'assumer leur rôle. »

L'apprentissage du rôle renouvelé de père implique plus que faire la vaisselle un peu plus souvent et jouer occasionnellement avec les enfants. Il commande une modification profonde de l'être, une véritable transformation au niveau des attitudes et des comportements. On comprend encore que dans le contexte d'une culture qui a situé les hommes en dehors de la famille, cela ne se fera pas en un jour. On prend conscience du même coup qu'il est urgent d'explorer les façons de préparer les hommes à vivre ce changement. La crise actuelle peut s'avérer précieuse en ce sens. Plusieurs auteurs, dont le sociologue canadien Maurice Champagne-Gilbert (1980 ; 1991) et le poète américain Robert Bly (1989), pour mentionner quelques contributions remarquables, pointent la direction qui lentement semble se préciser.

Selon eux, une transition importante est en cours. Elle va dans le sens de l'abandon des attitudes macho qui caractérisent la moyenne des hommes. L'importance de l'occupation professionnelle comme premier définisseur de leur vie, au profit de la redécouverte de la place à accorder à la tendresse dans le couple comme dans l'ensemble de la vie familiale. Elle permet notamment la reconstruction du lien affectif père-fils. Sans doute la voie la plus prometteuse de cette transformation passe-t-elle par les modèles qu'ont sous les yeux les garçons dont le père prend soin des tout-petits, avec habileté et tendresse, et passe du temps à tracer les lettres de l'alphabet avec ses enfants d'âge scolaire. Après avoir été témoins des soins donnés à leurs frères et sœurs et avoir été eux-mêmes choyés, ils seront ainsi préparés à assumer leur rôle de père à la prochaine génération. D'ici là, l'heure est à la patience.

Ajoutons un mot sur ce que l'on peut considérer comme les bases scientifiques de la redéfinition du rôle du père. Le temps est révolu où l'on mettait l'accent sur la relation exclusive mère-enfant comme base de son développement. On sait maintenant que les enfants ont un réseau de relations significatives parallèles à celles entretenues avec leur mère. «Il ne fait pas de doute, en effet, que les enfants s'attachent à leur père, à leurs frères et sœurs, grands-parents, oncles et tantes» (Lewis, 1987). On sait aussi que c'est l'ensemble des relations qui président à l'expérience du tout-petit, et qui lentement le structure, qui contribue à son développement.

Selon le psychologue américain Paul Amato (1994), «la relation intime avec le père constitue une contribution unique au bonheur de l'enfant, à sa joie de vivre et à son équilibre psychologique». Cette conclusion est supportée par de nombreuses autres recherches (Hawkins *et al.*, 1993; Marsiglio, 1995; Boyum & Parke, 1995). On s'est aussi aperçu que le développement cognitif du bébé au cours des douze premiers mois était accéléré de façon remarquable lorsqu'il était en interaction suivie avec son père (Nugent, 1991). Bref, il y a unanimité dans la recherche pour reconnaître le rôle irremplaçable du père, de sorte que, comme l'avait déjà affirmé le psychologue Gordon Collins en 1979 dans le *New York Times Magazine*, «plus personne ne songe à s'interroger à savoir si le père est essentiel au développement des enfants».

Par contre, un débat douloureux perdure en ce qui a trait aux droits du père advenant la rupture de la famille. Même dans les cas de garde partagée, la responsabilité première des enfants revient à la mère dans plus de 80% des cas. À toutes fins utiles, les pères sont plus ou moins mis à l'écart, écrit la journaliste France Pilon (1995) au terme d'une enquête. Résultat: des pères de plus en plus nombreux affichent leur frustration. Des regroupements se mettent en place en vue de revendiquer ce qu'on considère être «les droits des pères». Ces hommes veulent être reconnus comme des pères attachés à leurs enfants. Ils veulent être traités avec équité dans le partage de la responsabilité parentale et refusent d'être exclus (Bertoia & Drakich, 1993).

Pour conclure, ajoutons que le premier à profiter de la paternité, c'est le père. Mais davantage que pour la mère, un jeu de volonté s'impose. Il doit vouloir tisser le lien de l'affection avec l'enfant. Il doit s'y employer en posant des gestes concrets qui l'introduisent dans un champ d'expériences inédites (Guy, 1993). Cette expérience constitue hors de tout doute la voie privilégiée de l'humanisation de l'homme. Elle rend possible l'émergence de la tendresse et de la capacité d'aimer depuis trop longtemps enfouies et maintenues en silence sous le manteau de la culture mâle. Elle permet, selon l'expression de Jung, l'émergence du féminin dans l'homme, tronqué autrement de toute une partie de son être. « Vivre avec un enfant, c'est apprendre à vivre à fleur d'émotion », écrit Jean Chapleau (1989) dans son livre *La Passion d'être père*.

Quelques défis particuliers

En terminant ce chapitre sur la place des enfants, il importe de souligner ce que l'observation nous a appris depuis longtemps : à savoir que la condition première et fondamentale de l'épanouissement des enfants, c'est d'avoir des parents qui s'aiment. Rien, en effet, ne peut donner plus de sécurité à un enfant et le rendre heureux que d'être entouré par des adultes heureux. « La loyauté conjugale et familiale a pour fonction de garantir l'unité intérieure dont la conscience de l'enfant a un besoin impérieux », affirme Erikson (1971, 125). L'enfant qui grandit dans un réseau relationnel harmonieux où les parents s'aiment et se respectent, qui reçoit aussi beaucoup d'affection de leur part, est sur la voie royale du développement en même temps qu'il se prépare à devenir à son tour un parent qui rendra ses enfants heureux (Simons *et al.*, 1993).

Autrement dit, l'enfant qui vit dans un milieu familial bien structuré et chaleureux, rehaussé par des rituels significatifs, où les parents exercent la discipline de façon cohérente, a de bonnes chances de se voir comme quelqu'un d'important et de le devenir. La poursuite de cette entreprise pose des défis spécifiques à chacun des stades successifs du développement de l'enfant. Nous avons parlé précédemment de l'adolescence. Nous rappelons brièvement quelques caractéristiques majeures de l'enfance en nous inspirant des travaux du grand maître de la psychologie développementale qu'est Erikson.

Le bébé a besoin de recevoir une réponse attentive, réglée et chaleureuse à ses besoins de survie afin que s'enracine en lui ce qui sera plus tard la certitude que «le monde est bon» et qu'il peut avancer dans la vie avec confiance. Si en ceci le rôle de la mère est primordial, la contribution du père est aussi irremplaçable. Elle passe essentiellement par le partage des soins à donner au bébé et toutes les formes de stimulations indispensables à son développement.

Le petit enfant qui a commencé à marcher, à parler, qui maîtrise ses sphincters, qui semble assez sûr de lui pour dire «non» à tout, qui crée son univers d'activités, et découvre un peu plus tard qu'il est un garçon ou une fille, est en train d'acquérir des forces intérieures qui en feront demain un être bien structuré. Il apprend à vouloir. Il veut faire par lui-même les choses qu'il croit être capable de faire. Il apprend à se donner des objectifs et à les poursuivre avec ténacité.

Le premier défi spécifique à relever de la part des parents est d'être conscients de ce qui se passe. Il est indispensable qu'ils aient étudié, qu'ils aient lu, qu'ils sachent bien, afin de comprendre la signification et la portée des phases qui se succèdent, celle du «non», celle des jeux, celle de la fantaisie, celle de la curiosité et de l'exhibitionnisme, etc. On ne saurait perdre de vue en effet que cette période de la petite enfance est celle de la mise en place des fondements de la personnalité. Pour les tenants de la pensée freudienne, elle est décisive. Il est important entre autres que les parents réussissent à conjuguer fermeté et flexibilité au sein d'une interaction caractérisée par l'affection et la cohérence.

L'enfant à l'école est, au départ, encore centré sur lui-même mais au fur et à mesure que les mois et les années avancent, il prend conscience des besoins des autres, alors que ses énergies sont résolument canalisées en fonction des apprentissages de base que le milieu scolaire facilite. Le sentiment de compétence qui s'installe en lui renforce la vitalité de son moi. Bientôt, vers neuf ou dix ans, il est tout à fait à son aise pour occuper le centre de la place et mobiliser l'attention des adultes avec ses histoires et ses calembours.

Le défi pour les parents consiste à accompagner de près chacune des expériences nouvelles des enfants. Cela veut d'abord dire passer du temps avec eux, de façon à ce qu'ils trouvent dans leur mère et leur père la reconnaissance dont ils ont besoin, ainsi que la stimulation et l'encouragement. Le père qui, en raison des intérêts similaires, donne plus de temps et d'attention à son fils, se sent en général moins sûr de lui avec sa petite fille. Il est important qu'il s'efforce d'y pallier en lui donnant l'attention qu'elle attend de lui par l'intérêt porté par exemple à ses activités à la maison, à l'école, avec ses amis, etc.

RÉSUMÉ

La décision d'avoir des enfants, dans la conjoncture culturelle et économique actuelle, se présente en termes radicalement neufs par rapport à autrefois. Hier, les enfants pouvaient accommoder. Aujourd'hui, ils dérangent. On en fait peu. Pourtant, ils sont source de joie et d'humanisation pour le couple. Mais à certaines conditions.

La première, c'est que la volonté du mariage égalitaire s'inscrive résolument dans les faits. La seconde, c'est que les législations gouvernementales consacrées à promouvoir le statut de la femme, en particulier par l'amélioration des conditions de travail et le soutien de la famille, soient mieux adaptées. Enfin, les enfants seront source de joie à la condition que les couples se préparent avec lucidité à assumer la tâche de parents. En effet, si l'affection est ce qui sous-tend la dynamique familiale et lui donne sa saveur, la compétence est non moins à l'ordre du jour.

Chapitre 8

Le couple aux prises avec le «démon du midi» (Stade 3)

Le mariage est une sorte de creuset dans lequel se distille ce qu'il y a de plus intime dans notre être. Nos émotions les plus profondes, nos faiblesses et nos forces personnelles, tout est soumis au feu de l'être à deux.

Nena O'Neil

Vers le milieu de notre vie, entre trente-cinq et quarante ans, nous sommes en position d'assumer une vraie vie d'adulte. Nous pouvons alors choisir de nous retirer dans notre coquille ou de rechercher ce qu'il y a de véritablement authentique en nous.

Gail Sheehy

*D*ans l'étude du cycle de la vie du couple et de la famille, le stade 3 est caractérisé par la rencontre de deux transitions individuelles majeures, celle du mitan de la vie pour les conjoints et celle de l'adolescence pour les enfants. Les enfants ont grandi. Tous fréquentent l'école. L'un ou l'autre est maintenant un adolescent, une adolescente. Le moment de quitter le foyer n'est plus très loin. Un nouveau stade de la vie familiale commence.

Ce stade dure cinq ans, dix ans ou plus selon le nombre d'enfants. Même si la taille de la famille est aujourd'hui petite, il reste qu'avec la tendance du prolongement de la résidence des enfants à la maison, il est possible que ce stade dure aussi longtemps qu'à l'époque des grandes familles, alors que les uns après les autres les enfants quittaient le «toit paternel» autour de la vingtaine et souvent un peu avant pour tailler leur place dans la société. Les conjoints aussi ont vieilli. L'un et l'autre ont probablement plus de 35 ans. L'époux a peut-être 45 ans au début du stade. Si les enfants sont nombreux, s'ils prennent du temps à quitter ou si on les a eus à un âge plus avancé, il se peut que l'un ou l'autre des conjoints soit sur le bord de la cinquantaine avant que se profile le stade suivant : celui du « nid vide ». Enfin, on peut estimer, à partir des données compilées par Statistique Canada sur l'état matrimonial des Canadiens et Canadiennes dont l'âge se situe entre 35 et 54 ans, qu'environ 76 % de ces familles sont le fruit d'un premier mariage ou d'une première union consensuelle ; l'autre 24 % représente des familles reconstituées (Beaujot, 1995).

Si l'on considère la famille comme un système qui évolue en fonction du développement de ses membres, ce stade constitue une transition décisive en raison de la profondeur des changements qui surviennent et qui affectent à la fois les enfants et les parents. Les uns et les autres traversent une période de changements tant d'ordre biologique que psychosocial. Sur le plan biologique, l'adolescent est aux prises avec des transformations hormonales qui se traduisent par la restructuration de son corps pendant que les parents connaissent une transformation du même ordre, en particulier la mère, arrivée à la ménopause. Quant aux transformations d'ordre psychosocial, elles marquent la venue d'une réorganisation de la vie pour l'enfant qui doit se préparer à entrer dans le monde adulte, alors que les conjoints doivent se resituer l'un par rapport à l'autre et se préparer à assumer un nouveau rôle. Bref, les uns comme les autres traversent une crise d'identité qui force chacun à redéfinir l'image de soi et à se donner un nouveau projet de vie. Deux tâches majeures s'imposent à ce stade du cycle de la vie du couple et de la famille.

1. La redéfinition de la relation et l'instauration de nouveaux rapports dans le couple ;

2. La redéfinition des rapports parents-enfants.

I – LA REDÉFINITION DE LA RELATION ENTRE LES CONJOINTS

Ce qui, au lendemain de la lune de miel, pouvait être perçu et vécu comme un malaise de l'amour s'est maintenant transformé en véritable remise en question. Les accommodements de l'amour, qui s'étaient plus ou moins bien faits avec l'arrivée des enfants et les années intenses d'activité correspondant avec son insertion dans la société ne suffisent plus. La plupart des couples arrivés au mitan de la vie ont fait, à des degrés divers, l'expérience douloureuse de la désillusion et du désenchantement. L'heure est à un nouveau départ. Le défi incontournable, auquel aucun couple n'échappe, consiste à donner de nouvelles bases à leur relation. Bref, vers la quarantaine, après quinze ans, vingt ans de mariage, l'heure est à réinventer l'amour.

Personne n'accède à la maturité de l'amour sans efforts sinon sans souffrances. Il faut le reconnaître, à un moment donné, la conjoncture est telle que la crise est inévitable. Quand les enfants ne sont plus les petits enfants qu'ils étaient, soumis et dépendants ; quand, en quête d'autonomie, ils commencent à prendre leurs distances des parents et laissent présager la rupture éventuelle du départ de la maison ; quand les conjoints ont traversé quinze ans, vingt ans de vie commune très souvent arrachés à eux-mêmes afin de répondre aux besoins des enfants et aux exigences professionnelles ; quand ils se retrouvent habités, en tant qu'individus, par un sourd malaise qui recouvre les questions qu'ils ont peur de se poser : «Est-ce que c'est cela que j'ai voulu faire de ma vie ? Ai-je fait les bons choix ? » ; quand les conjoints ne savent plus trop comment fonctionner comme couple après avoir plus ou moins désappris les règles de l'attention et de la tendresse, faute de ne pas avoir cultivé suffisamment l'intimité, répétons-le, la crise est inévitable. Pour tout dire, cette transition du mitan de la vie, qui ébranle la famille tout entière, représente dans une perspective développementale le défi le plus sérieux de l'ensemble du cycle.

L'incidence du divorce au mitan de la vie

Un des indicateurs des risques que représente le troisième stade de la vie de la famille est le taux élevé de divorces et de séparations qui surviennent pendant cette période. Près du tiers de tous les divorces ont lieu entre 10 et 19 ans de mariage (Statistique Canada, 1995, Cat. 84-213). Sur les 78 226 divorces enregistrés au Canada en 1993, 24 598 se sont produits durant cette période, soit 14 145 entre 10-14 ans de mariage et 10 453 entre 15 et 19 ans de mariage. La majorité des époux ont alors entre 38 et 47 ans et les épouses entre 36 et 45 ans. Enfin, de tous les hommes qui ont divorcé en 1993, 33,8 % avaient entre 38 et 47 ans et 35,2 % des femmes avaient entre 36 et 45 ans. Cette période est donc la seconde dans la vie des couples où l'on enregistre le plus haut taux de divorces, la première étant entre 5 et 9 ans de mariage. Ajoutons que l'écart d'âge entre les époux et les épouses tient au fait que ces dernières se marient plus jeunes et qu'elles éprouvent plus tôt que les hommes les malaises caractéristiques du stade de l'individuation. L'âge fatidique de 40 ans, en effet, n'a rien d'une chimère.

La baisse de satisfaction conjugale

Le second indicateur de l'étape difficile que traverse la famille se manifeste dans le bas niveau de satisfaction conjugale. Même s'il n'est pas facile de mesurer le degré de satisfaction ou l'intensité de bonheur éprouvés par des conjoints à l'intérieur d'une expérience à la fois mouvante et complexe, les chercheurs ont non moins tenté d'en mesurer les variations d'un stade à l'autre. Or, il semble bien que la majorité des couples sont au plus creux de la vague précisément à cette période de la vie (Rollins et Feldman, 1970; Spanier, 1976; Wells, 1984). Par ailleurs, d'autres chercheurs ont relevé que pour bien des épouses, la période perçue comme la plus difficile était située après 30 ans de vie commune (Vaillant & Vaillant, 1993).

Les travaux de Rollins et Feldman, qui servent encore de paramètres aux études plus récentes, sont particulièrement intéressants. En effet, ils ont découvert que, dans les familles avec enfants, la courbe de satisfaction au fil des stades du cycle familial épouse la forme d'un U. La moyenne des couples, après avoir éprouvé une expérience intense de bonheur au moment de la lune de miel, traversent une période difficile qui atteint son point le plus critique au cours de la période coïncidant avec l'adolescence des enfants et le mitan de la vie des parents. Ce n'est que plus tard que les conjoints redécouvrent, en les établissant sur des bases nouvelles, les satisfactions de la vie à deux. C'est ainsi qu'« une proportion significative des mariages qui survivent aux tensions de l'étape de l'âge moyen améliore leur niveau d'ajustement vers la fin du cycle » (Wells, 1984, 241-243).

Les forces de changement

Quelle est donc la réalité qui sous-tend cette période critique ? Il s'agit d'une véritable force de changement qui vient bouleverser la vie. Elle jaillit de la rencontre de deux cycles du développement : celui, d'une part, d'individus uniques (époux, épouse, enfant) avec ce que chacun vit de façon inédite, confronté aux lois de sa propre croissance, et d'autre part, le cycle d'une communauté créée par le mariage, qui obéit inévitablement à ses propres lois. L'interaction des deux cycles provoque une remise en question et un ébranlement susceptible, à la limite, de se solder par la dislocation du système, comme elle peut aussi marquer un nouveau départ. On peut ramener à trois sources principales les causes de la tension propre à cette étape :

1. La première a trait à l'impact, sur les parents, du passage des enfants à l'adolescence. Elle tient au fait que l'enfant se soustrait à la dépendance de ses parents et prend ses distances au moment même où ces derniers éprouvent le plus vivement le besoin de se sentir appréciés en tant que parents ;

2. La deuxième, plus subtile, est liée à l'impact qu'a sur l'adulte, au mitan de la vie, le phénomène de l'adolescence en tant que tel avec son goût de l'aventure, le désir de tout relativiser et la tentation du narcissisme. Les dynamismes inhérents à la quête d'identité de l'adolescent ont en effet des répercussions inévitables chez l'adulte secoué par des forces de changement similaires, mais dont il est peu ou pas conscient;

3. La troisième source de tension, qui est indéniablement la plus profonde, jaillit des questionnements, souvent jugulés mais sans cesse répétés, sur ce que chacun, époux et épouse, a fait de sa vie, sur ses choix et ses engagements, sur ses frustrations et ses espoirs. Le malaise, qui s'exprime souvent plus clairement chez les femmes et de façon plus étouffée chez les hommes, met l'un et l'autre sur la route d'une transition qui force à se redéfinir, et entraîne du même coup le besoin d'instaurer de nouveaux rapports entre eux ainsi qu'avec les enfants.

Le mitan de la vie : une transition incontournable

L'expression «le démon du midi» a taillé sa place dans le discours populaire bien avant que la psychologie moderne ne commence à parler d'étapes, de stades, de transitions, de passages ou de saisons pour affirmer l'existence de grands tournants dans la vie de l'adulte. Cette expression savoureuse exprime une réalité profondément enracinée dans l'âme collective. Le lecteur est invité à se référer à l'étude plus élaborée de ce stade de la vie de l'adulte, présentée au chapitre trois.

Cette perception commune d'un tournant majeur autour de la quarantaine n'est pas un mythe. Le «démon du midi», c'est le besoin pour l'adulte d'accueillir le désir qui monte, de faire sauter les normes aliénantes dans lesquelles la société le maintient; c'est le besoin de secouer les barreaux de la prison dans laquelle chacun s'est enfermé; c'est le besoin de remettre en question les schèmes de pensée toutes faites et les règles imposées; c'est le besoin de se prouver à nouveau qu'on est une personne unique. Le «démon du midi», c'est l'heure où époux et épouse sentent monter en eux, avec intensité et persistance, le goût de l'aventure hors frontière. C'est comme si l'un et l'autre, prenant conscience du temps qui passe, voulaient se prouver à nouveau sa capacité de séduire.

Même si elle comporte bien des ressemblances avec la crise de l'adolescence, la crise du mitan de la vie n'est pas vécue de la même façon. Si elle peut comporter une période de régression, il reste que les dynamismes puissants qui la caractérisent en font apparaître l'autre face. Elle se traduit en effet par la capacité de procéder à une évaluation radicale de son passé et de son présent en vue de donner un sens nouveau à sa vie.

Aspects du stade du mitan de la vie

Cette transition majeure et complexe de l'existence a fait l'objet de nombreuses recherches. On sait qu'elle entraîne presque inévitablement un état de crise chez l'individu (Levinson, 1978a), qu'elle est ordinairement vécue plus intensément par l'un des conjoints, enfin, qu'elle provoque la déstabilisation du couple.

Jung (1962) en parle en termes d'individuation. Selon lui, l'adulte qui entreprend de repenser son identité en remettant en question l'ensemble des influences qui ont présidé à ses choix, et qui tente de reformuler les valeurs qui fondent son existence, se trouve engagé dans un processus de croissance d'où jaillit lentement une nouvelle perception de soi qui se traduit par la redéfinition de la totalité de ses rapports au monde.

Pour Artaud (1985, 116), il s'agit d'un pas en avant dans le processus jamais achevé de sa libération impliquant «le retour en soi et la découverte de son moi profond». Pour Fromm, le mitan de la vie est une période charnière dans l'accomplissement de la tâche essentielle de son existence : «La vie entière de l'individu, écrit-il, n'est rien d'autre que le processus de donner naissance à soi-même» (cité par Artaud, 1985, 122).

Enfin, pour Loevinger (1976), il s'agit d'une étape majeure dans la restructuration du moi. Délesté des contraintes magiques, des règles et des normes extérieures à lui, propres au stade du conformisme, l'adulte est engagé dans le voyage intérieur qui lui permet d'en découvrir les fondements. Ce stade de la conscience personnelle débouche sur l'autonomie décrite essentiellement comme une double capacité : celle de vivre avec ses conflits intérieurs et celle d'accepter l'autre dans sa différence sans se sentir amoindri et écrasé. Selon Loevinger toujours, cette restructuration du moi, qui reflète un niveau remarquable de maturité adulte, se traduit par une nouvelle capacité d'aimer dont le mitan de la vie marquerait le point de départ.

Des malaises sournois

On ne traverse pas le mitan de la vie sans passer par toute une gamme de malaises sournois et incisifs en tant que conjoint. L'expérience des malaises et leur intensité varient selon la position occupée par chaque adulte. Elle peut aller du refus total du changement à son opposé, l'accueil du voyage intérieur avec la désinstallation et l'insécurité inhérentes à cette expérience.

D'un côté, on trouve les personnes dont la vie est dirigée par les impératifs et les normes transmises par les parents, la société et ses institutions. Ce sont les individus qui sont rentrés dans le rang, même s'ils ont éprouvé un moment de révolte à l'adolescence. La conduite de leur vie s'est organisée à partir de ce que, croient-ils, la société attend d'eux. Au moment de franchir le cap du mitan de la vie, leur existence est accordée à une série de repères ou de règles toujours extérieurs. Et chacun s'y agrippe.

De l'autre, on rencontre les personnes qui, après avoir coulé leur existence de jeunes adultes dans le sens des grands impératifs de la société, acceptent, vers le milieu de la vie, de procéder à un inventaire en profondeur. Ils se sont taillé une carrière, ils se sont mariés, ont eu des enfants, ils ont assumé les rôles inhérents à ces tâches tels que définis par le milieu. Il s'agit maintenant, en renouant avec le fond de leur être, de percevoir les vraies raisons derrière leurs choix et de vérifier les valeurs qui leur ont donné sens. Il s'agit de prendre conscience des éléments aliénants de leur vie, et de se mettre courageusement à la recherche de leur vérité intérieure. Il s'agit enfin, tout en se redéfinissant soi-même, de redéfinir ses rapports à l'autre, aux autres, à la société, à Dieu, et de trouver une joie de vivre renouvelée en reformulant les valeurs authentiques de l'existence.

Entre ces deux pôles, toutes les positions sont possibles. Le malaise est donc inévitable, que l'individu se cramponne aux sécurités externes qui risquent de lui échapper, ne serait-ce qu'en raison du conjoint qui, lui, les confronte, ou que l'individu accepte la plongée dans son mystère avec tout ce que cela recèle d'inconnu.

L'étape ultime de la désillusion

Tôt ou tard, provoqué par tel ou tel événement ou simplement en raison de l'usure de la vie, l'un ou l'autre des conjoints ou les deux à la fois sont amenés à faire l'expérience du désenchantement et même de la désillusion totale. Étape inévitable, semble-t-il. Elle pourra marquer un nouveau départ. Malheureusement, il est possible aussi que tout s'effondre, que le couple se désintègre ou encore qu'il s'enlise dans la stagnation.

L'effondrement du rêve est d'autant plus troublant qu'il se conjugue avec une remise en question plus large où rien de la vie n'est épargné : celui de l'époux qui, après avoir travaillé fort pour tailler sa place dans la société et supporter sa famille, se trouve tout à coup envahi par les doutes sur ce qu'il a fait de sa vie ; celui de l'épouse qui, après s'être donnée à un foyer et à sa famille, devient impatiente et maussade alors que ses enfants ne semblent plus avoir besoin d'elle et qu'elle sent monter en elle comme une urgence à faire quelque chose d'autre avant qu'il ne soit trop tard ; celui de la femme de carrière qui, après avoir centré la totalité de ses énergies sur l'avancement professionnel, ressent tout à coup l'aliénation de ne pas avoir eu d'enfants ; enfin, l'effondrement du rêve de toutes ces femmes (elles comptent pour 60 %) qui ont tenté de concilier travail et maternité et qui, après y avoir investi tellement d'énergie, se retrouvent tout à coup épuisées, envahies par le sentiment révoltant d'avoir été exploitées (Zacks, 1980 ; Nadeau, 1993 ; Jenkins & Folk, 1994 ; Logan & Belliveau, 1995).

Chacun, époux et épouse, traverse cette crise à sa façon, à un degré et selon une durée qui lui est propre. Personne ne peut éviter d'être affecté sinon envahi par ces sentiments qui arrachent tantôt l'un, tantôt l'autre et parfois les deux, à un projet que l'on ne voudrait pourtant pas avoir poursuivi en vain. C'est, semble-t-il, le fond à toucher avant de pouvoir rebondir. Richard Bach (1984), dans un roman magnifique intitulé *The Bridge Across Forever*, l'illustre de façon remarquable. Dans une lettre chargée d'un riche symbolisme, qui exprime sa souffrance, l'héroïne tente d'expliquer à celui qu'elle aime l'exigence des passages qu'il n'a pas su faire :

> L'amour dans un couple, c'est comme une symphonie classique. Elle est faite de trois grands mouvements. L'ouverture, c'est l'annonce du thème, l'introduction des éléments dont est construite la symphonie dans sa totalité. Le développement, c'est l'exploration à fond et l'expansion de ce qui avait été esquissé au point de départ. Expansion qui, passant par des alternances de mineur évoquant les heures d'épreuves et de souffrance et des alternances de majeur, évoquant le bonheur et la joie, permet à tous les éléments de se fondre ensemble dans une réalité riche et complexe jusqu'à ce qu'arrive dans un dernier temps la récapitulation, la grande finale où sont repris et réaffirmés magistralement tous les éléments qui ont atteint leur pleine maturité. Une symphonie

qui ne se déploie pas dans toutes ses parties est tronquée. Les commencements ne peuvent pas se prolonger sans fin ; ils ne peuvent tout simplement pas être annonce et répétition de l'énoncé du thème, si merveilleux soit-il. Ils doivent avancer, se développer ou mourir d'ennui [...]. Évidemment la section du développement est pour toi un anathème [...] la croissance véritable devient impossible. Je me retrouve face à un mur solide de défense que tu ne cesses d'ériger. J'ai failli dans mon effort de t'introduire aux joies de la gratuité de l'amour. (Traduction de l'auteur.)

Comme une symphonie, l'amour a ses lois. Il y a des passages à faire, des étapes à franchir pour assurer son plein développement. Certaines formes doivent disparaître pour qu'il s'exprime à un niveau plus profond. Si les événements de la vie, comme l'adolescence des enfants et l'accès au midi de l'existence, sous-tendent et déclenchent d'une certaine façon cette évolution, il reste qu'elle passe par les choix concrets des personnes. Quel est donc le rôle de la femme et celui de l'homme au cœur de cette transition ?

Femme et homme face à la crise

Il n'existe pas d'études comparatives explicites qui rendent compte de l'expérience de la femme et celle de l'homme face à la double transition du midi de la vie, que ce soit dans le développement de l'individu ou du troisième grand stade du cycle de la vie du couple et de la famille. Mais l'ensemble de la recherche n'en indique pas moins une différence marquée entre l'expérience de chacun. Non seulement l'un et l'autre prennent-ils le tournant à leur façon et à leur propre rythme, mais tant les réactions que le mode d'intervention de l'épouse s'avèrent très différents des réactions et du mode d'intervention de l'époux.

On peut avancer l'hypothèse que les remises en question du midi de la vie sont amorcées plus tôt chez la femme, que la crise est souvent plus intense et plus globale, enfin que c'est elle qui ordinairement est l'agent de changement actif dans le couple. De son côté, l'homme résiste davantage aux malaises intérieurs qu'il tente d'étouffer; il est davantage enclin à rationaliser, mais surtout il a besoin d'être rassuré.

Derrière cette réalité se profile le mystère féminin et masculin dont les frontières ne seront jamais totalement cernées au-delà de la volonté de l'androgynie, si louable soit-elle. Le débat touchant le rapport nature/culture est loin d'être clos. Le sera-t-il jamais?

À chacun son espace

Si un pas est en train d'être fait en ce qui concerne la promotion de la femme, il demeure minime. Les sensibilités et la rhétorique ont évolué. Mais les femmes doivent toujours se battre doublement pour obtenir leur juste part dans une société gérée par le pouvoir masculin. Le malaise du mitan de la vie se transforme pour elles en cri pour affirmer leur place, leurs droits, leurs attentes, tant dans la société (milieu de travail, institution) qu'au sein de la famille, et de façon spécifique dans l'instauration de rapports égalitaires avec le conjoint. Après vingt ans de révolution féministe, Natalie Rogers (1987, 35-36) résume ainsi la situation réelle des femmes :

> Mon mari appréciait la vie conjugale lorsque je vivais ma vie à travers lui et pour lui [...]. Ses mots disaient «développe tes propres intérêts, ta propre identité», alors que ses actions et ses messages non-verbaux me punissaient de m'intéresser à ma propre vie et d'être efficace dans ce que je faisais.

Pour la femme, la transition du midi est vécue essentiellement sous le mode de l'affirmation de soi et de la recherche de son espace vital. Pour l'homme, dont le pouvoir a toujours été entretenu, l'enjeu est tout autre. Il consiste plutôt dans le besoin d'être réaffirmé et d'être rassuré au moment où il se sent menacé par la réduction de son potentiel sexuel et de sa force d'attraction (Lidz, 1980).

Erikson (1971, 135ss) va encore plus loin en soutenant que l'homme menacé de stagnation à cette étape de sa vie a besoin d'être provoqué pour s'ouvrir à quelque chose de neuf et libérer sa créativité. Dans les deux cas, le malaise est dérangeant. Dans sa volonté de se resituer, la femme déstabilise le mariage en plus de provoquer directement l'époux. Dans son besoin d'assurance, l'homme peut briser l'union fragile en cherchant ailleurs l'expérience de la symphonie encore au stade de l'ouverture où il est demeuré fixé.

S'ouvrir à l'autre face de son être

Les préjugés ont durci nos attitudes. On s'est habitué à dire et à penser qu'il est «normal» pour une femme de pleurer et pour un homme non! Il est temps pour l'homme de prendre conscience qu'il est appelé à s'ouvrir à l'univers mystérieux de ses émotions et d'apprendre à les exprimer. De l'autre côté, après avoir considéré comme «normal» de demander la permission jusqu'à l'âge de trente, trente-cinq ans, il est temps que la femme laisse monter en elle cette force sereine de l'être, jaillissant du sens profond de son autonomie.

Parce qu'elle est plus près de son corps et de ses émotions, la femme accueille plus facilement et vit plus intensément cette crise du développement. Alors que l'homme nie le malaise et raisonne, entravant les dynamismes de changement en lui, la femme s'engage plus naturellement dans un processus de transformation qui affecte la globalité de son expérience. Elle s'ouvre plus facilement aux ressources profondes de son être. Une harmonie se crée plus facilement entre forces féminines et forces masculines en elle. Mais pour elle comme pour l'homme, l'entreprise est de taille. Les forces culturelles qui s'y opposent sont énormes.

«Pourquoi, se demande Sheehy (1977, 262), l'homme qui cherche chez sa femme un soutien moral et un réconfort ne lui reconnaît-il pas les mêmes besoins?» Pourquoi l'homme accède-t-il si difficilement à la tendresse? Pourquoi une si forte résistance à s'ouvrir à la seconde partie de la symphonie?

Pourquoi, chez tellement de femmes, la crainte de la dépression et de l'instabilité émotive? Autant de questions qui laissent entrevoir qu'avancer dans la vie, dans le sens du plein développement de ses potentialités, ne va pas sans un rude combat contre les forces d'inertie qui nous habitent, d'où l'importance de la prise de conscience par les deux conjoints de la signification du passage auquel ils sont conviés. «La crise, écrit Artaud (1985, 14), n'apparaît plus comme une maladie passagère dont il faut se guérir, mais comme une phase indispensable à la croissance de la personne. Le malaise éprouvé, loin d'être rejeté de force à coup de volonté, doit être alors entendu comme l'écho d'une poussée intérieure [...] perçue comme le signe annonciateur d'une nouvelle étape de la croissance. »

«Ces femmes qui aiment trop»

«Qu'il est difficile d'aimer!» Le livre à succès de Robin Norwood (1986) vient de le rappeler à la conscience de la collectivité nord-américaine en mettant en perspective la révolte qui secoue des milliers de femmes dépossédées et avalées parce qu'elles n'existent pas pour elles-mêmes. Il illustre de façon dramatique le sentiment d'aliénation de trop de femmes face à tellement d'hommes.

Norwood décrit l'état déplorable de quantité de relations amoureuses où la femme se torture pour un être souvent fermé sur lui-même, manquant de confiance en soi, incapable de communication et figé sur le plan affectif. L'amour risque alors de se transformer en obsession. Il revêt diverses formes de contrôle pour conserver l'autre, pour le sauver, pour le guérir! Derrière cet amour se cachent des peurs non reconnues et encore moins avouées : peur de ne pas être aimable et d'être de peu de valeur, peur d'être laissée de côté, ignorée, abandonnée, peur d'être seule.

L'envers d'aimer trop, c'est de ne pas s'aimer assez soi-même. La personne qui manque d'amour de soi donne automatiquement la priorité à l'autre dans ses relations. Cette attitude revient à idolâtrer l'homme, substitut de ce que la femme ne trouve pas en elle-même, c'est-à-dire un être sûr d'être aimable.

Une telle relation est dévastatrice pour le couple et pour les enfants. Elle l'est pour l'homme, entretenu dans ses propres limites. La résistance occasionnelle ou persistante qu'il offre pour s'assumer lui-même et se distancier de la mère trop aimante et possessive ne fait que renforcer l'action de cette dernière dont la peur augmente, de perdre l'objet aimé. Cette relation est dévastatrice pour la femme, qui se considère comme ayant peu de valeur et d'importance. Elle s'installe dans une situation de dépendance. Elle s'accroche, plutôt que de faire confiance aux richesses de son être qui font d'elle un être désirable. Enfin, la situation est aussi dévastatrice pour les enfants. Ils se retrouvent au sein d'une relation appauvrie par le manque de cohérence et de chaleur. Ils sont écartelés par les forces de domination exercées de façon subtile et subversive tantôt par l'un, tantôt par l'autre parent : en général, contrôle de la mère et résistance passive du père.

Ce désordre de l'amour, souligne l'auteure, apparaît à l'évidence dans les couples où l'époux a des problèmes de personnalité, qui, en général, vont du manque de confiance en soi jusqu'à l'insécurité profonde dont souvent l'alcoolisme est l'expression. Ces individus sont caractérisés par la tendance à se fermer sur eux-mêmes, la difficulté ou le refus de communiquer; ils ont en général des tendances maussades ou dépressives. Les femmes qui choisissent ce type d'homme ont tendance à trop se sacrifier. Chez certains couples, les traits peuvent être prononcés au point de fausser la relation amoureuse. Chez d'autres, il peut s'agir de problèmes passagers ou peu profonds.

D'une façon ou d'une autre, tous les couples sont confrontés au défi d'instaurer des relations amoureuses équilibrées. Fromm (1968, 77-79) en décrit admirablement bien l'enjeu : «Si quelqu'un est capable d'amour productif, il s'aime également.

S'il ne peut aimer que les autres, il n'aime en aucune façon. Le précepte biblique "Aime ton prochain comme toi-même" signifie précisément que le respect de sa propre intégrité et singularité, ainsi que l'amour et la compréhension de son propre moi, sont inséparables du respect, de l'amour et de la compréhension d'autrui. L'amour de mon propre moi est indissolublement lié à l'amour des autres.»

Pour un grand nombre de femmes, la tâche à entreprendre consiste à se réapproprier l'amour de soi en vue de recréer des relations d'égalité. Dans cette situation, l'un et l'autre des conjoints ont autant d'importance et sont appelés aussi bien à recevoir qu'à donner. Ce n'est que lorsque des êtres entiers et égaux s'aiment que l'amour devient source de développement authentique et d'accomplissement.

Que se passe-t-il derrière la difficulté d'aimer? Où s'enracine donc la peur de ne pas être suffisamment aimable et importante? La cause tient essentiellement à la situation familiale inadéquate où ces femmes sont nées et ont grandi. Elles ont été privées de l'amour, de la sécurité affective et de l'attention dont elles avaient besoin.

Ces femmes sont issues d'une famille où les parents avaient des comportements compulsifs: chicanes fréquentes, tension élevée, refus de se parler, valeurs contradictoires, obsession par rapport au travail, à la propreté, à la religion, à l'argent, etc. Ces femmes ont vécu durant la petite enfance l'ambivalence, la confusion et peut-être le désarroi face à des parents séparés affectivement, souvent surmenés; face à une mère surprotectrice et un père réduit à la passivité, ou encore face à un père jaloux et une mère forcée de taire ses besoins.

Après avoir reçu trop peu de soins et d'affection de façon gratuite et cohérente, certaines femmes choisissent un homme fragile, sinon blessé dans sa personnalité. Elles choisissent inconsciemment quelqu'un qui a besoin d'elles, ce qui les sécurise tout en leur permettant de contrôler la situation. Elles vont se sacrifier pour lui donner ce qu'elles n'ont pas reçu, dans une espèce de substitution du rôle que les parents n'ont pas su assumer envers elles.

Cette situation de déséquilibre amoureux, qui peut perdurer pendant des années sans que les conjoints en soient conscients ou qu'ils refusent de reconnaître, puisqu'elle fait l'affaire des deux, est souvent mise en question au troisième stade de la vie du couple. Le besoin de faire le point sur sa propre vie et le jaillissement des attentes inassouvies éveillent un certain nombre de femmes à la situation aliénante dans laquelle elles sont enfermées.

Selon l'étude de Norwood, il semble toutefois que seul un état de crise aiguë peut déclencher une prise de conscience suffisante pour permettre lentement de recréer une relation amoureuse équilibrée. Après des années d'asservissement, le niveau d'estime de soi est descendu tellement bas que bien des femmes n'en arrivent même plus à croire, au fond d'elles-mêmes, qu'elles méritent d'être heureuses. Elles pensent au contraire qu'elles doivent gagner le droit de jouir de la vie. Elles refusent de croire à la gratuité de l'amour. Elles sont aussi incapables d'amour véritable, c'est-à-dire non contrôleur, que de véritable autonomie.

Malheureusement, une forte proportion de femmes oscillent entre cette situation extrême et une attitude moyenne que l'on pourrait qualifier d'autonomie amoureuse. Dans tous les cas, on trouve au point de départ le même problème : la lutte pour assurer son espace et les sacrifices inconscients consentis pour obtenir des gratifications affectives. Dans tous les cas encore, un peu plus tard, la relation conjugale est caractérisée par le combat inévitable pour dépasser ses peurs enfouies et apprendre à goûter l'amour gratuit, c'est-à-dire l'amour donné et reçu au-delà des calculs plus ou moins conscients, sans instinct de sacrifice d'une part et de contrôle d'autre part. Bref, seule la personne qui est sûre d'être aimée pour ce qu'elle est, est autonome. La route qui permet d'accéder à cette prise de conscience est longue et ardue.

Vers une nouvelle façon d'être ensemble

L'interaction entre le stade du mitan de la vie et celui de la famille, à l'heure de l'adolescence des enfants, commande donc une nouvelle façon d'être ensemble, ce qui implique pour le couple la nécessité de redéfinir son mariage. La seconde partie de la vie en effet doit avoir un sens propre, sinon elle ne sera qu'une pauvre imitation ou un prolongement aliénant de la première.

La volonté d'autonomie de la femme, sa décision de se tailler la place qui lui revient, le goût de laisser s'épanouir en elle les potentialités étouffées jusqu'alors, le désir d'échapper au déclin physique, le goût secret de l'aventure sexuelle, l'incertitude face à l'avenir, doublée du malaise de l'éventuelle séparation d'avec les enfants, sont autant de réalités qui ne rendent plus possible d'avancer sur une erre d'aller dont les bases se désagrègent.

Chez l'homme, la volonté de s'affirmer et d'être reconnu sur le plan professionnel, l'expérience troublante de la vulnérabilité émotionnelle et du besoin d'intégration, la peur du déclin sexuel et le goût de l'aventure adolescente, le sentiment que le temps commence à presser, le rejet ambigu du changement, secoué par les remises en question jaillissant du fond de l'être, sont autant de forces déstabilisantes.

Si l'on ajoute à ces remises en question parfois radicales la provocation directe des adolescents et adolescentes qui, à leur façon à eux, renvoient la mère et le père au voyage intérieur dans leur quête d'une nouvelle identité, on comprend que l'ensemble des couples traversent une période de crise souvent très difficile et angoissante, un peu comme celle du voyageur arrivé à un carrefour dépourvu d'indications claires. Il faut faire un choix. Un tournant s'impose.

Après une longue introduction, la symphonie s'apprête à passer au second grand mouvement. Le temps est venu d'un développement qui, en reprenant ce qui avait été initié, va s'exprimer en de nouvelles harmoniques pour laisser transparaître la complexité et la richesse à peine soupçonnée, jusque-là, d'une aventure à deux. Cinq défis spécifiques sont à relever :

— Faire la lumière sur les motifs qui ont présidé au mariage ;

— Évaluer la signification du sentiment amoureux et clarifier le rapport entre ce sentiment et l'institution du mariage ;

— Approfondir les composantes de l'amour ;

— Approfondir les règles de la communication ;

— Saisir la dynamique de la fidélité.

1 – LES MOTIFS QUI ONT PRÉSIDÉ AU MARIAGE

L'amour romanesque est le fondement idéologique du mariage moderne. La valorisation de cet amour, qui constitue un phénomène culturel relativement récent, a atteint un degré tel, au cours des dernières décennies dans les pays fortement industrialisés, qu'à partir du moment où il est affecté, le projet de couple risque de se désintégrer. «On se marie aujourd'hui, ou l'on vit ensemble "parce que l'on s'aime". Rien de plus, rien de moins !» (Roussel, 1989, 130).

Dans cette conjoncture, les transitions normales liées aux saisons de la vie du couple, conjuguées aux étapes du développement individuel, se transforment facilement en crises aiguës qui peuvent aller jusqu'à la rupture. Certaines crises en effet provoquent un état d'incertitude et d'affaiblissement des pulsions vitales chez l'individu qui entraînent une situation «de désillusion par rapport aux êtres les plus signifiants de son entourage» (DeGrace et Joshi, 1986, 361). Même la présence des enfants semble de peu de poids pour le retenir sur la voie de l'abandon du conjoint. La crise du troisième stade de la vie du couple semble bien être de cet ordre. Ce qui la rend encore plus critique à notre époque, c'est l'absence de supports sociaux offerts aux couples. Bref, jamais n'ont-ils été autant abandonnés à leurs seules ressources et confrontés à des défis aussi radicaux qu'ils le sont présentement.

L'élu(e) de son cœur

Au moment où surgissent plus ou moins nettement les questions lancinantes du mitan de la vie, la première tâche qui s'impose en est une de clarification. Elle consiste à faire un retour en arrière en même temps qu'elle renvoie à l'être profond, en vue de découvrir les raisons qui se situent derrière le choix amoureux; au fond, quels sont les motifs véritables qui ont présidé au choix de l'élu(e) de son cœur? De façon plus explicite, l'entreprise de clarification qui s'impose passe par les questions suivantes :

1. Au moment du mariage, vers quelle sorte de femme, quelle sorte d'homme, étais-je le plus fortement attiré(e)? Quel type de personnalité avais-je le goût de choisir et ai-je choisi de fait?

2. Sur quoi s'enracinait ou se fondait cet attrait? Autrement dit, d'où venait le modèle idéal que je portais en moi? Pourquoi ce type de personnalité plutôt que tel autre?

3. Jusqu'à quel point mon époux, mon épouse, correspond-il, correspond-elle présentement au modèle rêvé au moment du mariage?

4. Enfin, comment expliquer l'écart perçu au fil des années ou la distance entre la personne de mes rêves et la réalité? Autrement dit, quelles sont les causes profondes des conflits et du désenchantement éprouvé à un moment donné de la vie à deux?

On le voit, cette démarche consiste essentiellement à saisir que le choix amoureux obéit à des forces inconscientes. Non pas que le mariage soit une loterie ou l'effet du hasard, mais, en reconnaissant le fait que les raisons que l'époux ou l'épouse donne de son choix, au niveau de sa conscience claire, ne vont pas loin. Selon le psychanalyste français Jean G. Lemaire

(1979, 43), «demander» à deux partenaires, en dehors d'une phase critique, ce qui les a rassemblés n'apporte qu'un discours explicite d'une grande pauvreté. Les vraies raisons, car il y en a, leur échappent. «Les aspects inconscients qui ont si profondément "attiré" l'un vers l'autre les deux sujets, en général sur un mode aussi passionnel qu'ambivalent», sont méconnus. Bien plus, ils font l'objet d'une espèce de censure commune qui les maintient enfouis dans l'inconscient.

En réalité, c'est tout un ensemble de déterminants enchevêtrés dont on n'est pas conscient qui président à la sélection de l'élu(e) de son cœur. Ces déterminismes sont d'ordre socioculturel comme «l'obligation» de se marier pour passer au monde adulte, ou la pression parentale menant au choix amoureux dans telle ou telle catégorie sociale à l'exclusion de telle autre. Une fille issue d'une famille dont le père ou la mère ou les deux sont avocats ne marie pas un bûcheron! Les autres déterminismes renvoient à la psychologie des profondeurs, là où jouent les interdits et les impératifs inavoués, les désirs refoulés, les systèmes de défense et de protection, etc. Bref, là où opèrent les dynamismes les plus puissants de l'être.

Deux difficultés sérieuses se rattachent à cela. La première, c'est que la plupart des gens savent peu de chose en ce qui a trait à l'importance des processus inconscients dans la structuration, la réorganisation ou la désintégration du couple. La seconde, c'est que la connaissance des processus ne permet pas pour autant de pénétrer facilement à l'intérieur de cet univers clos que sont les forces inconscientes de notre être. Ces deux difficultés masquent une réalité profonde à savoir que l'humain est un être manquant. Il ne peut se suffire à lui-même. Il a besoin de l'autre. «Qu'arrive-t-il lorsque deux êtres manquants tombent amoureux», demandent les deux psychologues canadiens Geneviève Hone et Julien Mercure (1993)? Après avoir nourri un moment l'espoir d'être comblés, l'un et l'autre sont confrontés à la crise inévitable de leurs limites et de l'incapacité de remplir le vide. C'est alors que les conjoints sont confrontés à la décision de se séparer ou de tenir en avançant à petits pas vers la maturité de l'amour.

Reprenant la pensée de Freud, Lemaire (ib., 54ss) affirme qu'il existe deux modes possibles de choix amoureux. Ils peuvent se recouvrir ou se compléter. Ils ne s'excluent pas forcément.

1. Selon le premier mode, le choix amoureux se fait par référence à ses propres parents. On choisit d'abord son mari ou sa femme comme un prolongement ou un substitut de son père ou de sa mère. Freud (1962, 132) disait : «Trouver l'objet (c'est-à-dire l'être aimé), c'est au fond le retrouver.» Le premier être aimé de l'autre sexe pour un petit garçon, c'est sa mère ; le premier être aimé de l'autre sexe pour une petite fille, c'est son père. Qu'il y ait un rapport entre ce premier amour et l'élu ultérieur de son cœur est tout à fait plausible. Il serait étonnant en effet que le premier amour n'ait pas un impact important sur le choix amoureux de l'adulte. On peut comprendre dès lors l'impact de cet amour fascinant et intouchable à la fois sur le choix ultérieur de la femme ou de l'homme de sa vie. En langage psychanalytique, l'élu est le substitut de l'objet d'amour interdit ou refoulé par la loi de l'inceste au moment de l'Œdipe. Mais le désir ainsi refoulé n'en demeure pas moins actif.

Cette analyse peut paraître complexe. En fait, si elle recouvre une réalité dont bien des éléments nous échappent, elle n'est pas complètement hermétique non plus. Elle s'est exprimée depuis longtemps dans le dicton populaire : «Tel père, tel époux, telle mère, telle épouse!» Ce dicton risque par contre d'occulter une face de la réalité, à savoir que si l'on choisit un prolongement de son père ou de sa mère, il arrive aussi que l'on choisisse exactement le contraire. En effet, selon ce mode, le choix de l'époux se fait en référence à l'image paternelle telle qu'elle a été ou, à l'opposé, telle qu'on l'aurait voulue ; celui de l'épouse renvoie à l'image maternelle telle qu'elle a été ou, ici encore, à l'opposé, telle qu'elle aurait dû être.

Dans la même logique, Lemaire (ib., 55) affirme que, non seulement le partenaire est choisi pour sa ressemblance ou son opposition à telle figure parentale, mais que même le style de relation entrevu est défini à partir du modèle des relations père-mère ou sur les fantasmes qui en tiennent lieu. Il conclut que ce premier mode du choix amoureux est très fréquent et aussi tout à fait normal. La première personne de l'autre sexe qui a exercé un attrait sur soi sert de référence de base. Il peut y avoir problème lorsque l'impact est massif, c'est-à-dire lorsque le choix est «copie identique» ou, à l'opposé, lorsque le choix s'exerce sur un modèle radicalement contraire. En d'autres mots, c'est lorsque la référence à l'image parentale est très marquée et par conséquent trop exclusive que les conséquences cliniques apparaissent.

2. Selon le second mode appelé par Freud mode narcissique, le choix s'effectue en fonction des besoins psychiques propres à la personne. Dans le premier mode, la référence spontanée, c'est le parent de sexe opposé. Ici, le choix s'appuie sur la relation de l'individu à lui-même. Quatre cas peuvent se présenter. Le partenaire est choisi :

— par répétition de ce que l'on est soi-même ;

— ou de ce que l'on a été ;

— ou de l'idéal qu'on voudrait être et que l'on n'est pas ;

— ou enfin, comme une partie de soi-même retrouvée dans l'autre.

Ce qui ressort de ce processus, c'est que la détermination du conjoint est liée, à des degrés divers, à l'attente inconsciente de certaines satisfactions ou aux besoins d'équilibre personnel et de protection de soi.

Dans le premier cas, le choix se porte sur la personne qui est la «copie conforme» de l'image que l'individu se fait de lui-même. Il va chercher un partenaire conjugal susceptible de lui renvoyer l'image idéalisée à laquelle il prend plaisir à s'identifier. Dans le second cas, l'individu choisit un substitut à «l'idéal du moi» qu'il n'a pas su maintenir. Dans le troisième cas, on retrouve la personne qui a besoin de protéger une image idéale d'elle-même à laquelle elle ne correspond pas. Un exemple : l'individu qui se voit et se veut hétérosexuel mais qui éprouve des pulsions homosexuelles. Un tel individu cherchera souvent un partenaire dont les traits de personnalité contribuent à réprimer les pulsions gênantes et inavouées. Enfin, dans le dernier cas, on est face à l'individu anxieux et manquant de sécurité sur le plan affectif. Craignant qu'un lien amoureux trop intense réduise la marge de contrôle qu'il a sur sa propre vie, il choisit une personne qui a le même problème que lui.

L'idéalisation du partenaire

«Dans l'état naissant, les amoureux se sentent transfigurés, écrit Alberoni (1995, 61), ils se voient réciproquement pourvus de caractères merveilleux et héroïques.» Mais tôt ou tard, cette perception va changer. Un des phénomènes les plus significatifs, en effet, liés à l'un et l'autre de ces deux modes du choix amoureux consiste dans la très forte tendance à l'idéalisation du partenaire. Il s'agit d'un phénomène universel bien connu, enraciné dans l'imagination toute-puissante qui projette chez l'être aimé un état de perfection que, malheureusement, il ou elle ne possède pas. Tôt ou tard, l'illusion devra tomber pour faire place à la réalité, entraînant l'expérience de désenchantement que l'on sait. «Une fois dissipée l'aura de la nouveauté et du mystère, écrit Michel Dorais (1995, 111), et la séduction consommée, la relation apparaît sous une lumière plus crue et souvent plus cruelle pour le rêveur impénitent que devient tout amoureux.»

La construction de l'illusion obéit aux forces inconscientes comme le choix amoureux lui-même. Ce processus étonnant d'idéalisation semble trouver sa source dans les tout premiers moments de l'existence, alors que le petit bébé vit une expérience à la fois de totale dépendance et d'attachement à la mère qui comble tous les besoins et supprime toutes les douleurs, bref, à l'objet parfait d'amour.

S'appuyant toujours sur la pensée de Sigmund Freud et celle de Mélanie Klein, Lemaire (ib., 72-73, 76) soutient que « la quête amoureuse de l'adolescence et même de l'âge adulte répète ce processus [...] la stratégie vise à maintenir, grâce à l'activité fantasmatique, le caractère totalement bon de l'objet ou de l'être aimé. Au moment du coup de foudre ou de la lune de miel, il s'agit de supprimer radicalement toutes les situations de déplaisir et de nier tous les aspects insatisfaisants. Il n'y a guère de liens amoureux sans cette forme de surévaluation du partenaire, et sans cette euphorie, annulatrice d'anxiété, accompagnant le projet initial du couple et effaçant tout esprit critique et autocritique ».

Tout se passe comme si un mécanisme mystérieux et puissant venait occulter tous les traits négatifs ou les défauts de l'autre et même, jusqu'à un certain point, sa personnalité réelle. Ce n'est pas pour rien que l'on parle de l'amour aveugle. Les parents en savent quelque chose lorsqu'ils sont témoins de l'expérience romantique qui vient foudroyer et ravir le cœur de leur fils ou de leur fille avec un(e) partenaire dont ils voient à l'évidence, en certains cas, la non-compatibilité. « L'amour est l'exact contraire du choix, écrit Jean-Claude Kaufmann (1993, 37). Il est un refus d'évaluation de type scientifique, un refus de regarder la réalité en face pour ne voir que le bon côté des choses, il est un arbitraire aveuglant qui isole la personne aimée de tous les autres, qui crée le lien. Plus arbitraire, plus le déni de la réalité est fort, plus le lien est puissant. Ce qui ne veut pas dire durable ! »

Le coup de foudre ou l'amour aveugle est une expérience fascinante et merveilleuse à laquelle personne n'échappe. Constituant à la fois une forme et un temps de l'amour, il est en quelque sorte normal. Par contre, il comporte des risques certains.

Se tromper de personne

Il peut arriver que la projection de l'image idéale sur l'autre soit tellement forte qu'il y ait méprise sur le sujet lui-même, en ce sens que le partenaire idéalisé n'a rien de ce que la personne amoureuse imagine. Cela explique la désintégration rapide de bien des unions viciées au départ par une erreur fondamentale. On s'est trompé de personne ! Les points de rencontre réels et indispensables à partir desquels le projet amoureux peut s'édifier n'existent tout simplement pas.

Ce cas extrême est sans doute peu fréquent, mais il permet de rappeler que les jeunes courent plus de risques en raison de leur immaturité et de leurs plus fortes tendances à la projection. Les statistiques ne laissent pas de doute : le nombre de divorces est inversement proportionnel à l'âge de la formation du couple. C'est en effet chez les couples mariés avant l'âge de vingt ans que l'on trouve le taux le plus élevé de divorces. On observe aussi que le même processus d'idéalisation peut se perpétuer chez certains individus malgré l'expérience d'échecs répétitifs. L'immaturité affective qui les caractérise réduit d'autant plus leur capacité d'appréhension de la réalité.

La fuite dans le rêve ou dans l'hyperactivité

Un deuxième risque lié à l'idéalisation du partenaire est le refus ou l'incapacité d'en sortir comme dans le cas mentionné plus haut. Certains individus confrontés aux tensions de l'existence à deux et aux limites de leur partenaire préfèrent s'enfermer dans l'illusion. Ils cachent leur refus d'affronter la réalité et évitent les exigences de la négociation. Certains s'en tirent par la fuite en arrière dans le rêve. On recrute ici les amateurs de romans-feuilletons. D'autres optent pour la fuite en avant. Ils investissent la quasi-totalité de leurs énergies dans des tâches de tous genres, abandonnant la relation conjugale à elle-même, c'est-à-dire la condamnant à la désintégration à plus ou moins brève échéance. D'autres intérêts viennent se substituer au partenaire déchu.

Colère et agressivité

Un troisième risque lié à l'idéalisation du partenaire tient au bouleversement en terme de colère et d'agressivité qu'entraîne la désillusion. Personne en effet n'accepte la mort de son rêve sans être profondément ébranlé. À la limite, la désillusion s'assimile à la souffrance inhérente à une expérience de mort. Qu'arrive-t-il en effet lorsque l'on commence à s'apercevoir que l'être «merveilleux» que l'on a choisi n'est pas aussi parfait qu'on le croyait? Qu'arrive-t-il lorsque l'élu de son cœur apparaît sous son vrai jour, c'est-à-dire comme une personne habitée par ses propres peurs et des défauts bien réels que l'on s'est longtemps efforcé de nier?

Certains éprouvent alors des sentiments de colère dirigés contre le conjoint, qui ne correspond pas à l'image que l'on s'en était fait.

D'autres s'en prennent à eux-mêmes en se défendant mal de l'impression d'avoir commis une erreur ou, selon l'expression populaire, de s'être fait avoir. Chez la plupart, ces sentiments de colère alternent. Ils sont dirigés tantôt sur l'autre, tantôt sur soi. Tous font l'expérience de la déception. À la limite, elle peut entraîner la désintégration du couple.

On aura découvert, malheureusement trop tard, que «la fascination amoureuse ignore superbement l'incompatibilité de deux êtres» (Desjardins, 1985, 168).

Du conjoint de son rêve au conjoint réel

Le défi auquel tout couple est tôt ou tard confronté consiste à faire le deuil du conjoint idéal pour accueillir graduellement le conjoint réel.

Si, dans un premier temps, tomber amoureux c'est investir l'autre de ses propres rêves, dans un second temps, tomber amoureux veut dire apprendre à aimer l'autre pour ce qu'il est. La reconnaissance que l'élu de son cœur est, dans une très large part, l'élu de l'inconscient est un passage incontournable qui s'impose tôt ou tard. Dans le même mouvement, il importe de reconnaître la puissance de l'idéalisation de l'être aimé qui s'est exercée à notre insu.

L'amour est-il donc un leurre ? Dans une certaine mesure, oui. Et pourtant, si paradoxal que cela puisse paraître, la tâche des conjoints est de créer une vérité à partir de cet envoûtement du départ. Chacun est convié à assumer lucidement la totalité de l'expérience amoureuse première avec ce qu'elle représente de merveilleux et de pauvre. Chacun est appelé à s'ouvrir à l'autre dans une attitude d'accueil non conditionné. Il s'agit pour les deux d'accéder à la vérité de ce qui les unit et en même temps de ce qui les sépare inévitablement. Si, sur le plan de la sexualité, masculin et féminin sont irréductibles, il est vrai aussi que chaque être est irréductible à un autre sur le plan de son individualité. La différence fait loi.

Le défi qui se présente à tous les couples est de faire le passage de la fusion amoureuse à une relation intime qui non seulement reconnaît la différence mais l'accueille de façon positive. En effet, une des attentes aiguës de l'individu vers la fin de la trentaine est d'être reconnu en tant que personne : «Je veux être accepté pour ce que je suis par mon conjoint» (Gould, 1982, 22). Mettant l'accent sur l'envers de cette volonté, Desjardins (1985, 166) écrit : «C'est une demande infantile, indigne d'un adulte, destructrice de toute tentative de couple, que de vouloir l'autre comme un autre soi-même [...]. L'autre est un autre.» La difficulté, dans le couple, tient fondamentalement à l'éternelle tentation de l'un de se faire la mesure de l'autre.

Le passage vers la maturité de l'amour est un processus long et exigeant. Il est des tournants, en effet, qui ne se font pas sans le temps et qui ne s'effectuent pas non plus sans souffrance. Aucun couple ne peut franchir positivement le mitan de la vie sans passer par là. Ou bien le couple va stagner dans la désillusion et la frustration, ou bien le couple progressera, chacun des conjoints se retrouvant enrichi des possibilités nouvelles que lui donne l'acceptation inconditionnée du partenaire en plus d'être inspiré par lui. L'écrivain américain Eric Utne (1993) écrit : «Deux personnes ne peuvent demeurer ensemble pour longtemps sans une volonté forte de contribuer au plein développement et à l'épanouissement de l'autre.»

Il s'agit d'entrer dans une nouvelle période d'adaptation. Elle implique la capacité de porter un nouveau regard sur l'autre. Ce renouvellement du regard, à son tour, devient révélateur de ce que l'on est soi-même, de ses attentes, de ses peurs, de ses agressivités. Cette période nécessairement conflictuelle permet de découvrir une nouvelle façon de vivre ensemble qui ne sera plus tout à fait comme «avant», même si on en garde parfois une certaine nostalgie. Mais comme «le grain de blé mis en terre meurt avant de germer à neuf», elle est garante de l'éclosion de nouveaux fruits.

Selon l'expression de Colarusso et Nemiroff (1981, 90) : «Les liens qui unissent le couple changent de registre au mitan de la vie ; les mariages sains gagnent en profondeur tandis que d'autres prennent fin.» Bref, l'engagement de l'adulte avec les êtres qu'il aime doit constamment être réaligné.

L'amour et la liberté d'être de l'autre

Faut-il le redire, l'apparition d'un amour adulte entre les conjoints suppose que chacun a atteint une maturité suffisante pour renoncer à son narcissisme. Seul a atteint ce niveau l'individu capable de reconnaître à l'autre sa liberté d'être et de vivre, de désirer et de choisir. Seul a atteint ce niveau l'époux, l'épouse, qui lentement a accédé à l'amour «actif», «productif», c'est-à-dire à l'amour qui jaillit de la vitalité de sa personne, de son autonomie et de sa force intérieure, ce qui est tout le contraire d'un amour de calcul possessif et contrôleur.

Fromm (1968, 41-22) décrit de façon admirable l'amour qui a atteint ce niveau de maturité : «Est riche, dit-il, non celui qui a beaucoup mais celui qui donne beaucoup [...]. Que donne un être à un autre ? Il donne de lui-même, de ce qu'il a de plus précieux, il donne sa vie. Ceci ne signifie pas nécessairement qu'il sacrifie sa vie pour l'autre, mais qu'il donne de ce qui est vivant en lui : il donne de sa joie, de son intérêt, de sa compréhension, de son savoir, de son humeur, de sa tristesse, bref, de tout ce qui exprime et manifeste ce qui est vivant en lui [...]. En donnant, il ne peut empêcher que rejaillisse sur lui ce qu'il engendre à la vie chez l'autre [...] tous deux participent à la joie de ce qu'ils ont engendré à la vie [...]. Bref, l'amour est un pouvoir qui produit l'amour. »

L'amour véritable ne consiste donc pas à donner ce que j'ai envie de donner au partenaire de sorte qu'il corresponde à ce que je veux qu'il soit ou qu'elle soit. Il consiste plutôt à donner au partenaire tel qu'il est, et tel que j'ai à apprendre à l'accueillir, à le comprendre, à le ressentir. Les jeunes couples sont en général peu conscients qu'il y a une manière tout à fait égoïste de vouloir rendre l'autre heureux : c'est de le vouloir heureux à sa façon, selon sa propre image. En réalité, il n'y a d'amour véritable que dans le respect total de l'autre, c'est-à-dire dans l'ouverture à l'altérité. Or, cela n'est possible que « si j'ai atteint l'indépendance, si je puis me tenir debout et marcher sans avoir besoin de béquilles, sans avoir à dominer et à contrôler l'autre [...]. C'est alors qu'aimer signifie se compromettre sans garantie, se livrer sans réserve, en espérant que notre amour engendrera l'amour dans l'aimé » (Fromm, 1968, 46,152).

Que conclure au sujet de cette transformation du regard amoureux ? La prise de conscience que l'amour adulte passe par le deuil du conjoint de son rêve pour faire place au conjoint réel s'avère une condition incontournable du développement du couple. Cette prise de conscience constitue le grand pas en avant qui place les conjoints sur la route exigeante mais combien gratifiante de l'amour marqué au coin de l'autonomie personnelle et de la communion. Ce n'est qu'en s'engageant sur cette route avec lucidité et courage que chacun reste soi-même, que la personnalité de l'un n'absorbe pas la personnalité de l'autre, que les deux avancent dans le respect de leur être et de leur liberté et que, dès lors, l'union peut vraiment s'enrichir en s'approfondissant. «Si tu diffères de moi, loin de me léser, tu m'enrichis», rappelle le renard au Petit Prince (Saint-Exupéry, 1943).

2 – LA SIGNIFICATION DU SENTIMENT AMOUREUX AUJOURD'HUI

La lucidité concernant la signification du sentiment amoureux et la prise de conscience de ce qu'il comporte de richesses et de limites constituent une autre condition essentielle à l'établissement sur des bases nouvelles de la relation entre les conjoints au mitan de la vie.

Quel est donc le rapport entre «tomber en amour» et le mariage pour les couples d'aujourd'hui? La place importante donnée à notre époque à l'amour romantique marque-t-elle un progrès? Si oui, à quelles conditions?

Du mariage sans amour à l'amour sans mariage

Nous avons assisté, au cours des dernières années, à un déplacement de la valeur de référence dominante du couple. Au sentiment d'obligation du mariage s'est substitué la croyance dans le couple amoureux. On se marie ou on vit ensemble «parce que l'on s'aime». Si l'amour persiste, l'union durera. Sinon on se sépare.

Le couple et la famille ont connu une évolution radicale au cours du XXᵉ siècle. Se situant dans une perspective historique et socio-économique, le démographe français Louis Roussel (1989, 131-132) distingue trois types de familles accordés à autant d'époques et de situations économiques: la famille traditionnelle de la société agraire; la famille nucléaire caractéristique de l'ère de l'industrialisation, (ces deux premiers modèles sont toujours présents dans les pays en voie de développement) enfin, la famille éclatée de cette fin de siècle dans les pays riches.

1. Dans la famille dite traditionnelle, l'institution est le «définisseur» exclusif et absolu de l'union. Il existe un ordre des choses, sacré à la limite, auquel on se soumet. Les rôles entre femmes et hommes sont bien définis; «on accepte les enfants que le bon Dieu nous envoie»; l'idée d'une autonomie de l'individu n'est pas présentée; les parents ont un rôle déterminant dans le choix du conjoint de leur fils ou de leur fille quand ce n'est pas eux qui décident; enfin, on se marie pour la vie, «pour le meilleur ou pour le pire». Bref, le mariage est lié à la survie d'un groupe ou d'une collectivité constituée par les familles d'origine, entre lesquelles une alliance est créée dans une conjoncture socio-économique et même politique qui nécessite de fortes solidarités. Dans ce contexte, le mariage joue carrément le rôle d'institution ou de système régulateur du comportement.

Quelle place l'amour occupe-t-il dans la famille de la société agraire? Il n'est certes pas absent, mais il peut naître aussi bien après qu'avant le mariage. Il tient de toute manière une place de moindre importance (Cordero, 1995, 79). D'ailleurs, il ne doit pas être trop intense! Roussel rappelle avec humour l'opinion de Montaigne (1588) à ce sujet: «C'est une religieuse liaison, et dévote, que le mariage. Voilà pourquoi le plaisir qu'on en tire ce doit être un plaisir retenu, sérieux et mêlé de quelque sévérité. »

2. Avec le passage de la société de type essentiellement agraire à l'industrialisation, la famille a évolué dans le sens d'un équilibre entre institution et amour. Si les règles du mariage continuent à définir l'essentiel de la vie des individus qui s'y engagent, il reste que l'on ne se marie que si l'on s'aime et que le bonheur du couple tient une place importante. La famille a trouvé un fondement nouveau, celui de l'harmonie entre la règle et le désir, entre le bonheur et le contrat. Ce modèle obéit à une double inspiration: d'une part, la recherche

du bonheur lié à l'amour, et d'autre part, le respect de l'institution considérée comme le guide infaillible vers ce bonheur. C'est dire qu'à l'ère de la famille nucléaire on se marie par amour. Mais l'intensité du sentiment amoureux et des gratifications immédiates ne sont pas le critère ultime de la vie du couple. C'est le projet collectif qui prime. «Consentir à l'institution dans ce contexte, c'est parier qu'elle soutient et oriente nos désirs profonds et qu'en un sens, elle n'est pas l'ennemie de l'homme, mais son éducatrice» (Grimm, 1984).

3. À l'ère de la post-modernité et de l'émergence de la société de l'informatique, la famille est entrée dans une nouvelle phase. Ici, on ne croit ni nécessaire ni important de se marier. Il suffit de s'aimer. L'équilibre délicat de la famille de l'après-guerre s'est rompu. Pour une proportion importante des jeunes de la dernière génération, les aspects institution-nels du mariage ont, au cours des vingt dernières années, perdu leur signification. Désormais, c'est le sentiment amoureux et lui seul qui doit gouverner le choix, la vie commune, la forme qu'elle prend (mariage ou union de fait) et sa durée. Bref, une nouvelle idéologie préside à l'expérience du couple et à la perception de la famille. Fascinante à plusieurs égards, elle n'en comporte pas moins des limites sérieuses (Singley, 1992, 44ss; Cordero, 1995, 42ss).

Une nouvelle idéologie

Le mariage est perçu comme une formalité : pour certains, inutile et gênante, sinon à rejeter. «Le mariage n'a-t-il pas été assez longtemps le terrain privilégié de la domination réciproque?» Ne risque-t-il pas de l'être encore? «Structure d'oppression, il menace la spontanéité, l'élan inventif et créa-teur de l'amour.» On le rejette donc, ou bien on le retarde le plus longtemps possible. Pour d'autres, il s'agit d'une forma-lité de peu ou pas d'importance en ce qui concerne la définition du projet. On se marie pour faire plaisir à ses parents, pour la fête, et aussi parce que «l'amour a quelque chose de sacré»... «Se marier, c'est se frotter au sacré.»

Dorénavant, c'est l'amour qui structure le couple en même temps qu'il donne son identité à chacun des conjoints. Le statut fourni par l'institution ne pèse plus guère. Dans cette conjoncture, on saisit d'emblée le risque de surcharge idéologique et affective qui pèse sur le couple et le mariage. Les échecs multiples sont l'expression et le résultat de cette surcharge. On demande trop au couple et à la famille aujourd'hui. L'absence de soutien institutionnel et communautaire revient à abandonner le couple à une tâche impossible. Bien sûr, on peut soutenir que le couple se trouve aujourd'hui «libéré» de l'emprise du groupe, de la parenté, de la famille. Mais du coup, il se retrouve seul. Il ne trouve plus sa signification, sa solidité, ses fonctions dans l'univers humain et institutionnel qui le portait et qu'il servait.

Si l'on observe l'envers de la médaille, on s'aperçoit que la société se désintéresse du couple et de la famille. Elle accepte le divorce par consentement mutuel. Elle accepte encore plus facilement l'union par simple consentement mutuel. Il ne reste donc aux partenaires qu'à jouer à fond la carte de l'amour. C'est lui qui, les ayant placés sous le charme d'une forte attraction mutuelle, les amène à se fondre ensemble en occultant les différences. Cette collusion leur permet d'être à la fois celui qui est comblé et celui qui comble, ce qui renforce le rêve selon lequel la conjonction des deux donnera à chacun la plénitude et le confirmera dans son être profond.

Une autre valeur vient s'ajouter à l'exclusivité du sentiment amoureux comme «définisseur» de l'union, celle de l'autonomie. Si, dans la pratique, fusion et autonomie peuvent sembler contradictoires, l'idéologie, elle, s'en accommode bien. Les couples qui durent un temps soit peu, par souci de solidarité ou pour des intérêts divers, dont l'échange de gratifications, sont hantés par l'idée d'autonomie.

L'autonomie, c'est cette volonté d'être soi-même, c'est la reconnaissance de la possibilité pour chaque conjoint de poursuivre ses propres objectifs. Tel est le credo du choix amoureux présentement. Il s'inscrit en droite ligne dans la trajectoire de l'individualisme contemporain : chaque personne est un agent libre à qui est reconnu le droit à la réussite ou à l'échec. Dans cette foulée, le droit de se choisir soi-même un compagnon ou une compagne de vie est solidement acquis. Le désir d'autonomie en est un dérivatif normal. Il s'agit dès lors, pour le couple, de trouver la formule qui permet de tenir compte des aspirations de chaque partenaire. La capacité de se donner un projet commun, telle la décision d'avoir des enfants, ne fait que changer les conditions d'exercice du désir d'autonomie.

Du bonheur de nos grands-parents au bonheur des couples d'aujourd'hui

L'étude de l'évolution du sentiment amoureux et de son rapport avec le mariage donne évidemment le goût de comparer le passé et le présent et de s'interroger à savoir si les couples sont plus heureux aujourd'hui qu'ils ne l'étaient autrefois. Autrement dit, l'évolution actuelle marque-t-elle un progrès ?

Il serait présomptueux de prétendre apporter une réponse définitive à ces questions, mais il est légitime d'avancer quelques considérations. Disons d'abord qu'il n'était pas possible autrefois de jouer la carte de la tendresse comme on peut le faire maintenant. Sans doute faut-il aussi reconnaître que le mot «amour» n'avait pas non plus tout à fait la même signification qu'aujourd'hui, pas plus que le mot «bonheur». Il y avait certes alors des mariages heureux lorsque les attentes réciproques des conjoints étaient comblées, comme il y a, aujourd'hui, des couples satisfaits et heureux. Mais la différence des situations est telle que l'étude des attentes comblées ou non comblées ne permet pas de conclure de façon déterminante.

Roussel (1989, 35) pense qu'à un certain point de vue «les couples heureux d'autrefois étaient sans doute plus nombreux qu'aujourd'hui parce que la satisfaction y venait de la modestie des attentes plutôt que de la satisfaction de désirs exorbitants».

Sans doute a-t-il raison si on tient compte de l'état d'âme de notre époque. Selon Marcel Gauchet (1985), «nous vivons dans une société psychiquement épuisante». Un climat d'incertitude et à la limite d'angoisse générale semble n'épargner personne, ne serait-ce qu'en raison du sentiment de l'éphémère qui caractérise notre temps. «Les contraintes abolies, soutient encore Roussel (ib., 229), auraient dû d'emblée nous faire accéder à la liberté. Elles nous condamnent trop souvent au doute et à l'irrésolution.» En réalité, si l'institution du mariage doit trouver une nouvelle harmonie avec le sentiment amoureux, c'est qu'on aura redécouvert le caractère essentiel des valeurs de durée et de soutien.

Simplicité des attentes et sécurité profonde peuvent amener à penser que les couples d'hier étaient plus heureux. C'est plausible. Par contre, il n'y a pas de doute qu'à d'autres points de vue, l'évolution actuelle marque un progrès certain lié à l'égalité des personnes, à la liberté du choix, à l'autonomie, à la tendresse. Il est hors de doute que cette évolution est source de bonheur pour un grand nombre de couples et de familles. On peut faire l'hypothèse que les couples qui durent, et c'est quand même la majorité, durent précisément parce qu'ils sont heureux. En tout cas, ce sont de moins en moins les contraintes de l'institution qui les font tenir.

Qu'est-ce qui peut garder un homme et une femme ensemble ?

Si l'évolution du sentiment amoureux et la place qu'il occupe dans le projet familial représente un progrès, cette évolution n'est pas pour autant dépourvue de risques, au contraire. À partir du moment où l'amour romanesque est devenu le fondement idéologique du mariage ou de l'union de fait, les jeunes et les moins jeunes ont besoin de comprendre, au-delà de l'engouement qu'il déclenche, ce qu'il représente de menaces et ce qu'il comporte d'exigences en vue de l'épanouissement de leur projet.

Si l'amour est la raison déterminante pour former un couple aujourd'hui, le couple doit savoir qu'un double malentendu le guette : le premier, c'est que, par nature, l'amour passion est éphémère. S'il ne se transforme pas en quelque chose de plus profond, tout risque de s'effondrer. Le second, c'est que la pauvreté de la perception de l'institution du mariage abandonne le couple à la précarité d'un projet isolé. Leur projet est rendu plus fragile du fait qu'il est privé de sa dimension sociale. L'absence d'une parole officielle donnée par les conjoints, reconnue et confirmée par la société, laisse un vide dans l'âme auquel l'amour ne peut suppléer. Au contraire, l'amour authentique implique comme allant de soi la parole officielle. Il en a besoin pour s'épanouir. Bref, si le couple ne puise pas le soutien et l'inspiration dans les valeurs de durée et de dépassement, aidé en ceci par la structure que représente l'institution, le risque de rupture est énorme. Dans cette conjoncture, la question se pose : Qu'est-ce qui peut garder un homme et une femme ensemble ? Selon l'humoriste américain Lawrence Wright (1993), l'animosité entre femme et homme a atteint un point tel à notre époque qu'on ne devrait même plus se poser la question.

On saisit d'emblée que l'élément déterminant dans cette entreprise est celui de la durée. Sans perspective de durée, il est impossible d'investir en profondeur, et sans un investissement sérieux dès le départ, la durée est impossible. Ceux qui rationalisent et prétendent troquer la durée contre l'intensité sont en contradiction avec les attentes de l'être profond. Ils abandonnent la proie pour l'ombre. Ceux qui ne voient qu'une contrainte dans la durée sont aliénés par les courants de pensée superficiels qui ont libre cours dans notre société. Selon le psychologue canadien Paul-Eugène Chabot (1984, 3), le défi qui se pose consiste à «découvrir comment la stabilité pourrait jaillir de l'intérieur même du couple comme l'expression de sa réussite et comme levier de son action».

Avant de revenir à la question posée, rappelons brièvement ce qui, à notre époque, amène au départ une femme et un homme à former un couple. On s'unit parce qu'on s'aime. L'accent est mis sur les dimensions sentimentales et passionnelles de la relation. Les adolescents se mettent à cohabiter de plus en plus tôt, portés par le désir de savourer le bonheur de ne faire qu'un, sans contrainte, sans autre lien que «notre amour» dans un climat socioculturel qui célèbre l'idéal de l'égalité et de l'autonomie. L'idée de mariage, lorsqu'elle n'est pas rejetée, demeure tout à fait étrangère à cette impulsion. Le «risque» de la fusion inquiète peu au point de départ : «On saura bien trouver son espace!»

Ces raisons modernes de faire un couple peuvent-elles faire tenir ensemble un homme et une femme? Sont-elles suffisantes pour assurer le lien et la durée? Autrement dit, quelles sont les chances de durée des couples qui se font à partir de ces raisons, dans la conjoncture où précisément le mariage en tant qu'institution n'a plus de poids?

La crise actuelle du couple montre à l'évidence tout ce que cette démarche riche et pleine de promesses recèle en même temps d'ambiguïtés et de carences. D'où l'importance, pour les jeunes, de s'éveiller à une réalité plus complexe qu'ils ne veulent le croire et à la nécessité, pour les couples déjà formés, de s'ouvrir rapidement aux enjeux véritables de leur union.

1. Qu'est-ce donc qui peut garder un homme et une femme ensemble? Ce n'est pas d'abord le sentiment amoureux ou l'amour romantique vécu au départ. Il est fragile. Il est appelé à se transformer. L'amour fusionnel, nous l'avons souligné plus haut, doit évoluer pour permettre à l'intimité de se construire sur des bases plus larges et plus profondes. Il nécessite le dialogue, la négociation et, en fin de compte, le dépassement de soi.

2. Qu'est-ce qui peut garder un couple ensemble? Ce n'est pas non plus le recul dans la sphère privée et l'isolement de l'amour romantique du départ, si savoureux soit-il, axé sur l'hédonisme et la gratification immédiate. Au contraire, c'est l'action du couple sur le monde extérieur qui lui permet, à

l'heure des désillusions inévitables, de prendre la véritable mesure de lui-même et d'amorcer les passages vers la maturité de l'amour. Cette action sur le monde extérieur, qui peut prendre les formes les plus diverses, inclut en général l'accueil de l'enfant.

3. Ce n'est pas le désir de se cramponner à l'illusion de l'homme ou de la femme idéalisée au-delà du rêve, mais c'est avec le conjoint réel à découvrir, avec un regard qui doit sans cesse se renouveler, que l'on est appelé à avancer sur les routes de la vie. Le choix initial d'être ensemble doit se transformer en volonté de communion. Une volonté qui tient lieu d'interdit de se séparer tant qu'on ne sera pas allé au bout du désir illimité des débuts de la rencontre. Quel est donc l'enjeu? Celui d'accéder à la vérité de ce qui unit et de ce qui sépare inévitablement les partenaires en tant qu'êtres irréductibles l'un à l'autre. Ce que le rêve initial occulte, la vie se charge inéluctablement de nous le révéler. Le romancier français Pascal Bruckner (1989) l'exprime à sa façon : «Nous ne sommes jamais pareils, écrit-il. Nos amours et nos malentendus sont inévitables et éternels [...]. Un couple, ça reste toujours une série de crises traversées victorieusement au long des années!» Voilà pourquoi l'accueil de l'altérité suppose le temps car hors de la durée, il n'est pas de rencontre véritable entre les êtres. Finalement, cette rencontre doit être la raison même du projet de vie du couple.

4. Ce n'est pas en s'attachant au rêve du paradis enfin trouvé, ou à la quiétude amoureuse installée à demeure, comme si l'on pouvait arrêter le temps, que l'unité du couple se construit. Mais au contraire, c'est dans la mouvance des voyageurs. La lune de miel la plus douce connaît son déclin. Même le couple le plus attentif ne saurait l'empêcher. Le bonheur tranquille des débuts doit faire place à la prise de conscience troublante de la différence et du manque. Tôt ou tard, la crise sera aiguë. C'est là seulement, dans la nuit et le déracinement acceptés par le couple, que pourra surgir la vérité même d'un amour qui sera passé par le creuset de la

mort. «Le pari risqué de ceux qui forment un couple ou qui se marient consiste précisément dans cette œuvre de mutation progressive de leur désir et de leur amour dans le temps» (Donval, 1988, 18).

5. Qu'est-ce donc qui peut assurer la durée du couple? Ce n'est pas l'intensité du désir de «l'être ensemble» du départ qui se complaît dans le non-dit et n'a que faire de la parole officielle. Proclamer que «l'amour se suffit à lui-même!» ou que «l'engagement officiel est superflu!» est une illusion. Une longue sagesse nous a appris que parce qu'il est vacillant, le désir a besoin de la parole. Il ne saurait s'y substituer très longtemps, pas plus qu'il ne peut durer sans elle. La parole donnée et reçue, l'engagement proclamé et accueilli dans l'univers humain plus large que celui des seuls amoureux s'exprimant l'un à l'autre leurs attentes, est ce qui vient sceller la force du désir et lui permettre de se transformer en volonté.

Il est des heures dans la vie de tout couple où seule la volonté demeure parce qu'ancrée à la parole donnée, privée et publique. C'est de là que peut jaillir à nouveau le désir. Dans cette conjoncture, comment ressaisir la signification du mariage pour notre époque? Selon Roussel, le mariage moderne consisterait dans l'acte par lequel le couple renonce au repli dans l'intimité et reconnaît l'articulation de la société familiale et de la société globale. «S'il est vrai, écrit-il, que le mariage est la promesse réciproque qui lie deux individus, et donc un acte privé, il est aussi vrai que la vérité de cet acte exige que l'engagement soit accueilli par une instance sociale. La publicité du lien signifie que de son côté la société s'engage à respecter l'autonomie du couple en même temps que le couple reconnaît son insertion dans le social. Les deux instances se reconnaissent dès lors comme solidaires, différentes et autonomes» (Roussel, 1989, 241).

À la question posée: «Qu'est-ce qui peut faire tenir ensemble un homme et une femme?», il n'y a donc pas de réponses simples. La complexité tient au fait que l'on est devant une réalité où viennent se mêler rêve et désir, passion et volonté, parole privée et solidité institutionnelle, mathématique des gratifications et don de soi, autonomie et communion. Ce qu'il faut retenir, c'est que l'aventure amoureuse est un projet et une tâche jamais terminés. Elle repose sur la capacité de la femme et de l'homme d'évoluer sans cesse et de relever le défi du dépassement qu'elle implique au-delà de la mouvance du sentiment.

Liées à l'expérience concrète des couples, les recherches convergent pour indiquer les comportements et les attitudes perçues comme plus importantes par ces derniers en terme de source de satisfaction et d'évitement des causes de frustration. En tête de liste arrive la communication exprimée souvent comme une volonté d'équilibre entre l'intimité et l'autonomie (Robinson et Blanton, 1993; Sprecher *et al.*, 1995). Cette volonté implique l'habileté à régler les conflits normaux de la vie à deux (Kurdek, 1995). C'est autour de ces deux enjeux, communication active et intelligence face aux conflits en même temps que volonté de les régler que viennent se greffer tous les autres comportements jugés indispensables à la durée du couple.

3 – L'AMOUR : UNE EXPÉRIENCE MOUVANTE

Avec le passage des années, l'amour semble perdre de sa capacité de faire vibrer et d'exciter le désir. Il s'attiédit, vidant la relation époux-épouse de son intensité affective et de sa spontanéité. Alors que les enfants grandissent et qu'approche le mitan de la vie, le temps est donc venu de mettre au clair la réalité complexe de l'amour, d'essayer de voir de quoi il est fait et d'en redéfinir les éléments. Est-il seulement encore au rendez-vous après dix ans, quinze ans, vingt ans de vie commune, confronté à l'usure du quotidien, distrait par le travail, récupéré par les soins et l'éducation des enfants? Bref, à l'heure où les conjoints ressentent le poids des ans, l'amertume de la désillusion, et qu'ils ne sont plus certains de s'aimer encore, une interrogation incontournable s'impose : qu'est-ce que l'amour, en fin de compte ?

L'amour est un art

Pour le célèbre psychanalyste Erich Fromm (1968) «l'amour est un art qui commande la créativité, et l'effort. Il ne saurait donc se réduire à une sensation agréable, dont l'expérience est affaire de hasard, ce dans quoi l'on "tombe" si la chance vous sourit». L'amour est le tissu même dont la vie est faite. C'est autour de lui que gravite la totalité de l'aventure humaine. Il est à l'origine de la vie et chaque moment du parcours est marqué par lui. C'est en lui que baignent les plus grandes joies comme les plus profondes tristesses de l'existence.

L'auteur du best-seller, *Le Chemin le moins fréquenté*, le psychanalyste américain Scott Peck (1987, 90-91), se situe dans la même perspective lorsqu'il écrit que «l'amour, est trop grand, trop profond pour être jamais vraiment compris, mesuré ou limité par les mots. Vouloir le comprendre, c'est accepter d'effleurer le mystère». Pour lui, l'amour dans le couple, c'est «un projet», un «processus» de rencontre intime entre deux êtres. Il le voit comme une «action», c'est-à-dire «un acte d'évolution personnelle», qui «implique avec l'amour de l'autre, l'amour de soi». Il s'agit donc d'un processus qui force à «se préoccuper de sa propre évolution autant que de celle des autres». La clé de cette évolution est spirituelle. «On ne peut justement faire évoluer autrui sans évoluer soi-même spirituellement», soutient-il. Ce «processus» ne va pas sans dépassement et «implique un effort [...]. L'amour, c'est ce qu'on fait. C'est un acte de volonté, c'est-à-dire désir et action conjointement». Il résume sa vision dans une définition qu'il qualifie d'audacieuse : «L'amour, c'est la volonté de se dépasser dans le but de nourrir sa propre évolution spirituelle et celle de quelqu'un d'autre.» Le moment est venu de reprendre la question : qu'en est-il de l'amour au mitan de la vie ?

La dynamique de l'amour

On ne compte plus les tentatives pour comprendre l'amour. On y revient toujours à partir des catégories bien connues d'Eros, de Philia, d'Agapé, héritées de la pensée grecque, jusqu'aux concepts modernes d'amour fraternel, d'amour maternel, d'amour de bienfaisance, d'amour érotique, etc. Il va sans dire que l'on ne saurait réduire l'expérience amoureuse à une typologie quelconque. Toutefois, il est intéressant de revenir à la théorie du docteur Sternberg dont nous avons parlé au chapitre six. Sa vision de l'amour, soutenue par plusieurs autres penseurs dont Erikson et Fromm, pour mentionner les plus remarquables, s'avère tout à fait significative en effet pour éclairer l'expérience des conjoints rendus au mitan de la vie.

On se souvient que pour Sternberg (1986), l'amour est fait de trois composantes dynamiques : la passion, l'intimité et l'engagement. Ces «visages» de l'amour sont appelés idéalement à se conjuguer, entraînant du même coup l'équilibre amoureux parfait. Mais voilà, on l'a toujours su, cela ne va pas de soi. À certaines heures de la vie, la passion occupe la presque totalité de l'espace, ce qui est particulièrement évident au cours de la lune de miel ; à d'autres moments, c'est l'intimité qui l'emporte, à d'autres, enfin, c'est l'engagement ou la volonté de tenir au projet. Si les trois composantes sont en principe toujours présentes, on sait bien par contre que l'une ou l'autre peut être douloureusement en veilleuse. Quels sont les conjoints qui n'ont pas connu des moments où ils ont l'impression qu'il n'y a plus que l'engagement qui tient ? Bref, l'équilibre est précaire. On comprend que la question se pose : Que se passe-t-il après douze ans, quinze ans, vingt ans de vie commune ? La perspective offerte par Sternberg permet de la reformuler ainsi : «Comment ou de quelle façon est-ce que j'aime mon conjoint en ce moment ?» L'effort pour répondre à cette question implique l'étude du rapport entre passion, intimité et engagement dans l'évolution de l'amour dans la vie de tous les couples.

L'amour-passion

Le coup de foudre, l'amour romantique, la poussée sexuelle, la pulsion amoureuse, l'érotisme, la fusion amoureuse sont autant de termes utilisés pour décrire l'expérience vécue par la femme et l'homme «tombés en amour». Selon Sternberg (1986, 48), le coup de foudre est «l'élément moteur de l'amour [...]. Il déclenche la réaction physiologique et le désir intense d'être uni à la personne aimée». On retrouve la même pensée chez l'auteure française Catherine Hermory (1985), pour qui «la passion, c'est une sorte de fièvre. Une violence dans l'amour qui vous prend tout d'un coup [...]. Alors que l'amour est comme un vent doux et régulier [...] la passion, c'est tout à coup la tornade»! On doit au psychologue américain Keith Davis (1985) l'explicitation suivante. Selon lui, trois traits caractérisent l'amour-passion :

La fascination. L'un et l'autre sont saisis. Ils sont comme sous le coup d'un envoûtement. «Je ne fais que penser à lui, à elle.» «Je n'arrive pas à me concentrer.» Le phénomène de l'idéalisation joue à fond. «Je ne lui vois pas de défauts.»

L'exclusivité. On se suffit à deux. On n'a besoin de personne. Les autres sont facilement perçus comme dérangeants. Les autres relations perdent leur importance.

Le désir sexuel. Les amoureux veulent être près l'un de l'autre, se toucher, se cajoler et faire l'amour.

Si la poussée sexuelle tient une grande place dans l'amour-passion, il est toutefois plus que cela, même si en certains cas il ne s'exprime qu'à ce niveau. Rappelons à ce sujet que la position de Freud qui affirme que l'amour humain ne serait que l'expression ou une sublimation de l'instinct sexuel est sérieusement remise en question par Fromm (1968, 34-54). «Ce que Freud ignore, affirme-t-il, c'est l'aspect psychobiologique de la sexualité.» Le besoin sexuel, en effet, n'est pas du même ordre que le besoin de manger ou de boire. On peut se passer de l'exercice de la génitalité. On ne peut se passer de manger et de boire. Selon lui, «le désir sexuel, sans exclure la dimension génitale, va plus loin, il est une manifestation du besoin d'amour et d'union». Il s'agit «d'un désir de fusion interpersonnelle». Bref, «le désir est le plus puissant dynamisme en l'homme. C'est la passion la plus fondamentale, c'est la force qui maintient la cohésion de la race humaine, du clan, de la famille, de la société».

Le psychanalyste français Armand Desjardins (1985, 174-176) va dans le même sens en soutenant que «tomber en amour» n'est pas qu'une question de sexe, encore que l'attraction sexuelle occupe parfois une énorme place. «Il existe, dit-il, deux types d'attraction sexuelle: [...] l'attraction sexuelle immédiate de surface. Il y a dix femmes à la terrasse du café où je suis en train de boire un jus de fruit. Sur les dix, il y en a cinq qui m'attirent et une qui m'attire beaucoup. Je voudrais faire l'amour avec elle si les conditions le permettaient. Il y a une autre attirance [...] une attirance qui vient de la profondeur de l'être et non plus de la fascination de surface [...]. C'est cet aspect non plus seulement physique mais affectif et même spirituel qui s'exprime à travers l'attirance sexuelle.»

Après avoir souligné que l'attirance fondée sur les attributs érotiques purement physiques ne mène pas loin, l'auteur propose cinq critères de la fascination amoureuse à partir desquels le couple a des chances de se bâtir: le sentiment d'avoir trouvé un ami; se sentir à l'aise avec l'autre; avoir un minimum de similarité; éprouver un sentiment de confiance l'un par rapport à l'autre; enfin, être habité par une forte impulsion à rendre l'autre heureux.

Sexe et amour

Si la passion du départ est plus que le sexe, elle n'est tout de même pas l'amour. «Le sexe n'est pas l'amour, ce n'est qu'un territoire que l'amour s'approprie», écrit Kundera (1979). En définitive, le fait de prendre le sexe pour de l'amour est une source de confusion grave. C'est une illusion de croire que «tomber en amour», c'est s'aimer vraiment. «L'intensité de l'engouement, cet état d'être "fou l'un de l'autre", a bien peu à faire avec la vérité de l'amour», rappelle Fromm (1968, 18). Cette méconnaissance se retrouve derrière une erreur parfois désastreuse chez les amoureux qui croient n'avoir rien à apprendre sur l'amour. Dans leur livre *De l'amour-passion au plein amour*, Cuerrier et Provost (1988) posent la question : «Pourquoi sommes-nous si nombreux à être fascinés et attirés par l'amour-passion et en même temps si peu résolus à le vivre?» Selon eux, la réponse tient précisément au fait que l'on a trop peu compris ce qu'est l'amour.

«Je déplore du fond du cœur, presque quotidiennement, l'épouvantable confusion et la souffrance que le mythe de l'amour romantique engendre, écrit Peck (1987, 101-102) ; la confusion est d'autant plus grande que femme et homme vivent autrement l'expérience amoureuse. La différence entre l'érotisme féminin et l'érotisme masculin, en effet, réside dans le fait que la femme n'éprouve de plaisir sexuel que si elle aime l'homme dans sa globalité.» Or, cela n'est pas aussi évident pour l'homme, d'où le risque plus grand pour lui de prendre la passion pour l'amour véritable. Selon Alberoni, le risque de confondre érotisme et amour est toujours présent. Il fait partie de toute expérience amoureuse (Alberoni, 1995, 98).

De l'amour-passion au «plein amour»

Si «tomber en amour» est inévitablement temporaire, et que la lune de miel s'estompe tôt ou tard, cela ne veut pas dire que les conjoints ont cessé de s'aimer. Si l'amour-passion est fragile, s'il risque de s'user rapidement, s'il ne peut suffire à l'amour, il n'est pas question pour autant d'en nier l'importance. En d'autres mots, si le plein amour a besoin, pour s'établir, de bases plus larges et plus profondes que les forces érotiques, ces forces ne sont pas à exclure. Il faudrait peut-être parler davantage en termes de transformation ou d'approfondissement de l'amour qu'en terme de passage. La passion est en fait très proche de «l'amour consommé ou complet», selon l'expression de Sternberg.

Comme toute émotion, le sentiment amoureux est mouvant. Il peut s'imposer comme une force décisive au moment du choix du partenaire; il peut s'exprimer dans un érotisme débordant durant la lune de miel; il peut sous-tendre l'expérience fascinante de la fusion entre les conjoints pendant un certain temps. Ce sentiment amoureux qui, dans certains cas, a peu à faire avec l'intimité et l'engagement peut aussi sommeiller sinon sembler s'éteindre. En fait, tôt ou tard, l'émotion se calme, comme elle peut aussi renaître. Elle est récurrente, autrement sans doute, mais s'exerçant toujours comme une force. L'entre-deux est le temps des maturations. Dans une perspective de développement, les premiers malaises de l'amour, qui découlent de l'attiédissement du sentiment amoureux, constituent la matière même de l'émergence de l'autre composante de l'amour qu'est l'intimité.

L'amour en tant qu'expérience d'intimité

Comment poursuivre le rêve de l'amour alors que tombent les illusions et la passion? Sternberg, qui définit l'intimité à la fois comme un processus et comme un acquis, soutient que son développement est le projet d'une vie. Au début, les partenaires s'ouvrent l'un et l'autre en ce qui concerne certains aspects de leur vie. Ils parlent de leurs goûts et de leurs intérêts, de leurs rêves et de leurs désirs. Il font l'expérience de l'intimité sexuelle. Durant cette phase, le développement de l'intimité est rapide. Cette ouverture demeure toutefois à la surface de l'être sur plusieurs plans. Ses limites tiennent au fait qu'on ne révèle que ce que l'on veut bien. De plus, la forte tendance à l'idéalisation du partenaire occulte une bonne partie de la réalité. Enfin, la place prédominante de l'érotisme tend à réduire la communication profonde. On comprend dans cette perspective l'expression un peu piquante d'Alberoni (1987, 13) : «Lorsque deux personnes disent ne se comprendre qu'au

321

lit, il y a tout lieu de penser qu'elles n'ont pas grand-chose en commun.»

Après l'ouverture mutuelle rapide des débuts, le couple entre dans une phase où l'intimité est plus ou moins latente. Une longue période de silence relatif commence, au cours de laquelle le travail et les enfants mobilisent toute l'énergie. Lorsque les époux se parlent, c'est pour parler de maison, de finance, d'ameublement, des enfants, etc. Le champ des besoins et des attentes personnelles s'exprime à travers un certain nombre de signes sans vraiment laisser place au dialogue. En général, l'époux s'en accommode assez bien. L'épouse moins. Si la communication disparaît totalement, le couple est sérieusement en danger. Sternberg souligne toutefois que le développement de l'intimité peut, et doit sans doute traverser des périodes de silence sans que la qualité de la relation du couple en soit affectée. Il n'est pas de croissance sans période de germination. Ce sont les lents mûrissements qui donnent au fruit sa saveur.

À certaines étapes de la vie du couple par contre, dont celle qui nous intéresse présentement, le développement de l'intimité devient l'objet d'une préoccupation directe. On ne traverse pas le mitan de la vie et l'éventuel départ des enfants sans reprendre de façon explicite un dialogue qui, en atteignant au plus profond de l'être, permet les clarifications indispensables à la redéfinition de la relation du couple et, par la force des choses, de tout le système familial. On sait, en effet, que le degré d'intimité dont les conjoints font l'expérience constitue une mesure importante du bien-être physique, émotionnel et psychologique de chacun (Van den Broucke *et al.*, 1995).

Vers une définition de l'intimité

Peut-on aller plus loin pour définir l'intimité? Rappelons que pour Sternberg (1986, 48), l'intimité consiste essentiellement dans la communication profonde et le soutien mutuel. Il rejoint ainsi la pensée d'Erikson (1968, 85-87), dont nous avons parlé précédemment, pour qui «l'intimité est la mutualité», c'est-à-dire «une relation dans laquelle les parte-naires dépendent l'un de l'autre pour le développement de leurs forces respectives dans une interdépendance authentique excluant la fusion [...]. [Cette relation] implique l'ouverture, l'engagement, la responsabilité, le rapprochement, la maturité génitale et les sentiments d'amour et de sollicitude». «Elle ne va pas sans sacrifices et compromis, insistait-il lors d'une entrevue à l'occasion de ses quatre-vingts ans. Elle constitue le point d'ancrage de l'amour dans le couple avec tout ce que cela suppose de dépassement de soi» (Hall, 1983, 25).

On retrouve la même pensée chez Fromm (1968, 47, 50), pour qui l'intimité c'est «la sollicitude, la responsabilité, le respect et la connaissance». Parmi ces éléments, qui ne sont pas séparés mais s'additionnent l'un l'autre, la connaissance réciproque joue un rôle essentiel. «Respecter une personne, soutient-il, est impossible sans la connaître; la sollicitude et la responsabilité seraient aveugles si elles n'étaient guidées par la connaissance [...]. En tant qu'intégrée à l'amour, la connais-sance a ceci de spécifique qu'elle ne reste pas à la périphérie, mais pénètre jusqu'au noyau.»

La revue *Psychology Today* publiait récemment un article au titre fort évocateur dans la conjoncture présente : «La création de la confiance et de l'intimité à l'ère du divorce». S'appuyant sur plusieurs recherches, l'auteur met en lumière la corréla-tion étroite entre l'absence d'intimité dans le couple et le divorce. Dans la définition de l'intimité, il insiste sur la capa-cité de développer la confiance réciproque. «Être intime, c'est faire un acte intelligent de foi [...]. "Avoir foi" en l'autre signifie être certain de la fidélité et de l'inaltérabilité de ses attitudes fondamentales, du cœur de sa personnalité, et de son amour. Être soi-même et ne pas avoir à abandonner ses propres valeurs pour plaire à l'autre, voilà ce en quoi l'amour intime consiste.» Comment l'intimité s'établit-elle? «En faisant des choses l'un pour l'autre, en passant du temps ensemble et en faisant des choses ensemble [...]. Enfin, par l'ouverture et le partage réciproque de son vécu» (Avery, 1989, 27-31).

4 – INTIMITÉ ET COMMUNICATION

Le développement de l'intimité passe par la communication. Or, la communication, faut-il le rappeler, ce n'est pas qu'une façon agréable de se parler. C'est la vie même du couple qui en dépend. C'est elle qui permet à chacun de se dire à lui-même en se disant à l'autre. C'est à travers elle que non seulement se règle le déroulement du quotidien mais que s'établit la rencontre profonde des êtres. C'est elle qui permet au couple de renaître sans cesse, et aux grands tournants de la vie de se redéfinir sur des bases tout à fait différentes. Bref, c'est à partir de la communication que l'amour entre dans le cours normal d'une évolution jamais terminée, en se développant sous le mode de l'intimité.

L'indice le plus net de la permanence du couple, c'est sa capacité à communiquer en profondeur, ce qui suppose la connaissance de soi, la découverte et l'acceptation de l'autre, la confiance et un solide engagement mutuel (Rogers, 1972).

Pour le psychologue français Albert Donval (1988, 19), «l'art d'aimer passe par la parole». «Lorsqu'un homme et une femme se séparent, dit-il, c'est qu'ils ne se parlent plus. Lorsqu'un homme et une femme se "parlent mal", c'est-à-dire qu'ils n'arrivent plus à communiquer sur tous les plans, quelque chose se brise dans leur relation [...]. Pour un couple, renouer avec la communication atténuée ou rompue, c'est vraiment naître à nouveau et naître différent de ce qu'il était avant.» Si la parole n'est pas le tout de la communication, elle en est l'élément principal.

La communication consiste dans l'ouverture et le partage sur le plan des attentes et des besoins, sur le plan des émotions qui traduisent les joies et les peines, enfin, sur le plan des faits et des opinions. Elle implique la capacité de négocier non seulement les conflits quotidiens, mais aussi ceux qui jaillissent de la différence profonde entre les êtres en ce qui a trait à la vision et aux valeurs de chacun, ses attitudes, ses aspirations, ses rêves. En effet, les personnes qui s'aiment ne sont pas épargnées pour autant des défis de l'altérité.

Ces conflits inévitables, soutient Fromm (1968, 122), «ne sont pas destructeurs». Ils donnent lieu à une «clarification dont les deux personnes émergent avec plus de connaissance et de force». «L'amour, ajoute-t-il, n'est possible que si deux personnes communiquent entre elles à partir du centre de leur existence sans fuir leur propre réalité [...]. Il n'y a qu'une seule preuve de la présence de l'amour : la profondeur de la relation, la vitalité et la force de chaque partenaire.»

Rappelons que les malaises qui se transforment souvent en sentiments d'aliénation sont causés par la peur de reconnaître et d'affronter les conflits, ou plus simplement le manque de courage et de volonté de chercher ensemble des solutions. La frustration tient au fait que nous choisissons de taire notre désir plutôt que de dire ce que nous ressentons et ce que nous pensons. Cette attitude bloque au départ toute chance d'évolution et de croissance.

Du sentiment au geste

Un aspect important à mettre en lumière, c'est que la communication doit aller plus loin que l'ouverture sur ses émotions et ses sentiments. Avec raison, on a donné beaucoup d'importance, au cours des deux dernières décennies, au partage des sentiments. Il fallait sortir d'un ordre social aux conventions trop rigides qui voulait nous amener à «vivre comme si l'union extérieure et le monde intérieur coexistaient en parfaite harmonie», selon l'expression du psychothérapeute américain Edward Ford (1982, 93). Il fallait apprendre à regarder en face ses sentiments, à en saisir la signification et à s'en ouvrir. Cette entreprise s'imposait. Mais elle ne suffit pas.

Si la parole est libérante, elle ne peut se substituer à l'action. C'est le geste posé qui change tout. En effet, si les sentiments occupent une place importante dans l'être, ils ne sont pas tout l'être. Ce qui fait d'un individu un être unique, ce sont aussi et essentiellement sa vision, ses valeurs, ses attitudes profondes, ses actes.

Aucun individu ne veut être perçu et jugé à partir de la fluctuation de ses sentiments, pas plus qu'il n'accepte d'en faire la mesure de sa vie. Ce qui ne veut pas dire que nous ne vivons pas avec eux. En général, nous profitons de la richesse de nos émotions et de nos sentiments en ce sens que nous savons nous en servir pour aller plus loin dans la compréhension de ce qui se passe en nous ou en l'autre et pour corriger la direction, s'il y a lieu de le faire. Par contre, le risque qu'ils nous submergent est toujours présent.

Nos sentiments ne sauraient donc occuper la place centrale de notre vie. Il importe de les prendre pour ce qu'ils sont, c'est-à-dire les indicateurs ou les signes des peines et des joies qu'apportent nos choix, nos engagements, nos comportements, notre vie. Si nous voulons changer nos sentiments, il faut donc changer nos comportements. S'ouvrir à l'autre au sujet de ses peines, de ses déceptions et de ses attentes est un premier pas qui devient significatif dans la mesure où une action est déclenchée en vue de changer le comportement ou l'attitude en cause.

Pour Ford et Englund (1982, 88-89), l'enjeu est clair. Rappelant les lamentations d'Eliza Doolittle dans *Pygmalion*, la pièce bien connue de Bernard Shaw : «Des paroles ! des paroles ! J'en ai marre, de tes paroles !... Si tu m'aimes, montre-le-moi ! », les auteurs concluent : «Ce sont les actes qui font naître les sentiments [...]. La seule façon de supprimer les sentiments pénibles, c'est donc d'agir sur les actes [...] autrement, on se nourrit d'illusion [...]. La parole peut soulager, mais il faut aller plus loin [...]. Il faut travailler avec lucidité et courage à changer la situation...» Bref, les émotions et les sentiments sont un thermomètre qui indique la fièvre sans la guérir.

Quelles sont les principaux facteurs qui contribuent à la communication dans le couple ?

— l'humour, l'écoute active, l'empathie ou la capacité de se mettre à la place de l'autre, la capacité de se réserver des moments qui deviennent en quelque sorte «sacrés»;

— la capacité de faire taire un moment l'émotion qui monte pour essayer de clarifier ce qui se passe véritablement en soi, et pour écouter l'autre;

— la compréhension que le compromis est un élément normal de la vie à deux;

— la capacité d'identifier et d'évaluer les problèmes externes et internes à la relation;

— enfin, la volonté de trouver ensemble des solutions et d'amorcer les changements concrets de comportements et d'attitudes qui transforment la situation.

Derrière cela se profile une condition essentielle à la communication et à l'intimité dans le couple : c'est l'effort pour se comprendre et s'accepter en tant que femme et en tant qu'homme. «Le mariage, écrit un journaliste de la revue *U.S. News and World Report* (1983, 20 juin, 44), est la réalité la plus complexe qui soit, en deçà de la fusion nucléaire [...] et la fusion nucléaire peut être moins compliquée!»

Shirley Luthman (1972), dans son classique *Intimacy : The Essence of Male and Female,* met en relief la complexité de la relation homme/femme. Elle rappelle que la condition indispensable à toute communication est, au point de départ, la reconnaissance que femme et homme sont différents. Le fonctionnement, les attitudes, les comportements diffèrent et cela sur presque tous les plans. Que cette différence relève davantage de la culture que des gènes ne change rien à la réalité. Un homme ne vit pas l'intimité sexuelle de la même manière qu'une femme; on est mère d'une certaine façon comme on est père d'une autre façon; une femme ne se situe pas face au travail professionnel tout à fait de la même manière qu'un homme pour qui le travail se transforme souvent en un dieu; un homme ne donne pas aux sentiments et à leur expression la même importance que la femme, plus proche de son être profond, etc.

Dans cette conjoncture, on voit bien qu'il n'y a pas de communication et encore moins d'intimité possibles si les différences et les désaccords ne sont pas perçus «comme une opportunité pour la croissance et la compréhension plutôt que comme un lieu de rejet et de critique» (ib., 126).

Enfin, une des conclusions importantes de Luthman est que la communication est l'effort qui permet «d'aller le plus loin possible pour répondre aux attentes de l'un et de l'autre tout en demeurant soi-même» (ib., 143). Elle invite les conjoints à devenir des adultes mieux dégagés de leur égocentrisme infantile, ce qui leur permet du même coup d'accéder à un meilleur équilibre humain. Malheureusement, il n'existe pas en ceci de raccourcis faciles et rapides.

Si, dans la perspective de Sternberg, on accepte l'idée que l'intimité est une composante de l'amour, quelle conclusion pouvons-nous tirer? D'abord, rappeler l'évidence, à savoir que la réussite de l'amour n'est pas donnée d'avance. Le développement de l'intimité constitue en effet une tâche majeure dans la vie de tout couple et la condition incontournable pour l'assumer est la communication. Deuxièmement, souligner que cette entreprise s'impose avec d'autant plus de force à la troisième grande étape de la vie du couple; que l'intimité du départ, à l'époque de la lune de miel, ne va pas en profondeur même si elle constitue un moment intense de communication; et que l'étape qui suit la favorise bien peu avec l'arrivée des enfants et l'important investissement social et professionnel. Enfin, affirmer avec insistance que le dialogue ouvert et explicite qu'elle implique suppose une forte volonté et du courage, ce à quoi nous nous arrêtons maintenant.

L'amour : un engagement

Il n'est pas d'amour véritable sans engagement. Accepter de parler de ce qui se passe en soi dans la relation avec son conjoint, exprimer les insatisfactions qui troublent et font souffrir, peut être aussi éprouvant que d'écouter l'autre parler de ce qui se passe au fond de lui ou d'elle. Passer de l'amour fusionnel centré sur soi à l'amour adulte est une démarche qui ne va pas de soi. Se sentir menacé et, même parfois, envahi par un sentiment de désillusion et en même temps dépasser résolument le mythe de l'amour romantique pour travailler à se donner un nouveau projet de couple est finalement une entreprise presque démesurée.

Pour les milliers de couples qui ont un passé derrière eux, la preuve est faite : pour se développer et pour durer, l'amour a besoin de plus que l'attrait et le désir. Il suppose l'engagement. Non seulement l'engagement externe qui découle de la parole donnée publiquement et qui a été confirmée par la collectivité, mais l'engagement qui repose sur la volonté active de chacun des conjoints de se lier à l'autre et ce, au sein d'une alliance qui dépasse la froide logique de la recherche de l'intérêt. L'autre est ici reconnu comme ayant une valeur absolue, comme celui ou celle pour qui on porte un amour qui se voudrait inconditionnel. On est donc loin de la logique du contrat courant où l'on ne se sent lié que si l'on reçoit des avantages de l'autre.

Quand un couple se constitue, c'est, selon l'expression de toujours, «pour le meilleur et pour le pire». L'engagement réciproque implique en effet la volonté de maintenir l'union même aux heures les plus difficiles. On se marie pour le meilleur, c'est-à-dire pour le bonheur, aussi longtemps que des conditions favorables le rendent possible; pour le pire aussi, en se disposant à accepter les malheurs, les souffrances qui tôt ou tard apparaissent dans l'existence du couple et de la famille.

Au contraire, se marier pour le meilleur et sans le pire, c'est considérer que le malheur, les déceptions, la souffrance, la maladie, n'ont pas leur place dans un foyer. L'expression plus ou moins consciente de cette réalité se retrouve dans l'expression «Si ça ne va pas, on se séparera!» Une telle absence d'engagement face aux difficultés à affronter est au point de départ une négation de l'amour. La volonté de la durée et l'engagement inconditionnel qui en découle est un élément constitutif de l'amour conjugal. Autrement, comment croire en l'amour!

Lorsqu'il parle de l'engagement, Sternberg (1986, 47) commence par une description plutôt négative: «L'engagement, dit-il, c'est tout ce qui reste de l'amour lorsque des couples ont perdu l'intimité et que la passion s'est éteinte.» Cette approche a l'avantage de mettre en relief le fait que l'amour est impossible s'il n'implique pas la décision d'aimer l'autre et la volonté de maintenir cet amour. Sous un certain angle, l'amour conjugal comporte donc quelque chose de l'amour inconditionnel, tel celui des parents pour leurs enfants. Il s'agit d'un amour qui ne lâche pas, d'un amour qui n'en finit pas de se dire, de poser des gestes, de recommencer.

Amour et volonté de la durée

Il semble tout à fait sûr, si l'on s'en remet à la recherche, que le déclin de l'idéal de la permanence du mariage est directement associé à l'augmentation du divorce (Glenn, 1991). Pourtant, l'idée d'engagement et de durée est toujours au cœur du rêve de la grande majorité des amants, et cela malgré les courants de pensée véhiculés par la culture de l'éphémère caractéristique de notre époque. Finalement, le lien amoureux n'est pas possible sans promesse d'avenir.

Dans son étude sur le rapport entre l'intimité et le divorce, Avery (1989, 27-31) affirme que la volonté de durer est la pierre d'assise de l'amour. Cette volonté s'appuie sur la conviction, de la part des deux partenaires, que «le mariage va durer non d'abord à cause des enfants et des finances, mais parce que la relation en elle-même est hautement valorisée et précieuse». Il établit une distinction entre «l'engagement personnel», qui jaillit de la conviction que la relation mérite que l'on s'y consacre à fond, et «l'engagement contraint», motivé par des forces internes et externes, croyances religieuses et morales, pression sociale, enfants, finances, etc. Cette distinction discutable, parce qu'elle éclaire peu les raisons derrière «l'engagement personnel», mérite quand même que l'on s'y arrête car elle renvoie à la question des motivations profondes de l'engagement.

La volonté de la durée dans l'amour, ainsi que l'engagement et la fidélité dans le déroulement de la vie d'un couple ne prennent pas comme modèle les contrôles faits normalement entre deux parties où le lien est dissous au moment où l'un des deux ne correspond plus aux justes attentes de l'autre. L'union du couple obéit à une toute autre logique. Le mariage en effet ne se situe pas d'abord dans le champ de la justice. Il relève de l'univers de l'amour. Dès lors, une série de questions incontournables se posent : Où trouver les motivations pour maintenir une volonté d'engagement assez forte pour permettre à l'amour d'évoluer ? Sur quoi vont s'enraciner les raisons qui le portent lorsque la romance a disparu ? Sur quoi va s'appuyer le développement de l'intimité et avec elle l'acceptation et le dépassement des déceptions et des épreuves inévitables de l'existence ?

Les motifs de l'engagement dans l'amour sont aussi divers et multiples que les individus qui décident de se marier. Il y a ceux qui sont le fruit de l'intensité de l'amour à l'heure de la lune de miel ; il y a aussi ceux qui, ajoutés au premier, sont liés aux sens de la dignité de la personne, au sacré de la parole donnée, au respect de l'institution du mariage, au sacré de l'amour, à la pression sociale, à la peur de la solitude, etc. Il en est un qui retient l'attention de plusieurs chercheurs présentement, celui de l'expérience religieuse ou spirituelle. Comme ce champ est nouveau, il est intéressant de s'y arrêter un moment. Nous l'abordons en utilisant le concept de religion.

La religion dans la vie du couple

Quelle est donc la place de la religion dans la vie du couple et de la famille ? Rappelons au départ que si la religion peut

constituer un motif d'engagement, elle a par contre essentiellement trait au sens donné à la vie, aux grands projets de
l'existence, à l'amour, à la souffrance, etc. C'est sans doute la
raison pour laquelle on relève toute une variété de concepts
utilisés d'une recherche à l'autre. Les auteurs parlent de «pratique religieuse», «d'implication religieuse» de «participation
religieuse», de «dévotion religieuse», etc. C'est ainsi que
Scanzoni et Arnett (1987) ont centré leurs travaux sur les
variables «engagement marital» et «dévotion religieuse».
Snowden *et al.* (1988) tentent d'établir la corrélation entre la
religion et la capacité de faire face aux changements inhérents
à la vie familiale. Neighbors *et al.* (1983) établissent la corrélation entre religion et situation familiale contraignante ;
Antonovsky (1979) mène sa recherche en utilisant le concept
de cohérence dans la poursuite du projet matrimonial ; Bowen
(1988) s'est penché sur le rapport entre la qualité de la vie
familiale et les valeurs significatives assumées par le couple et
les autres membres de la famille ; Booth *et al.* (1995) ont tenté
de préciser la corrélation entre la pratique religieuse et la
qualité de vie du couple.

Que ressort-il de toutes ces études ? Toutes arrivent à la
conclusion qu'il existe une corrélation positive entre religion
et succès du mariage. Ce succès serait lié à la participation des
couples à la vie religieuse de leur communauté. Mais cela
renvoie à une autre question : de quelle religion s'agit-il, non
pas en terme de dénomination (juive, catholique, protestante,
bouddhiste, musulmane, etc.), mais en terme de signification
de l'expérience religieuse ou de la place donnée à la dimension
spirituelle dans la vie de chacun ? (Hétu, 1980).

Autrement dit, sur quoi l'engagement conjugal prend-il
appui : sur les normes externes édictées par sa religion ou sur
des convictions enracinées dans sa foi personnelle en Dieu ?
Comme cette question renvoie à son tour à la double fonction
de la religion, normative ou régulatrice versus inspiratrice ou
créatrice de sens, la réponse n'est plus simple. Dans le premier
cas, la stabilité conjugale se rattacherait surtout au respect de

la norme. La religion constitue alors une pression de plus. Dans le second cas, la stabilité conjugale s'enracinerait dans une vision et des valeurs, liées à l'expérience spirituelle intime. Sans doute les deux fonctions se conjuguent-elles dans un certain nombre de cas. Il est hors de doute toutefois que la dernière est plus significative.

Évolution spirituelle et évolution dans l'amour

Se référant à l'expérience spirituelle intime, Peck (1987, 207) écrit : «Le véritable amour ne peut s'appliquer qu'à des êtres humains qui sont capables d'évoluer spirituellement. Comment autrement vivre l'amour comme un élargissement du moi, une ouverture véritable à l'altérité comme un dépassement de soi ?» Pour lui, évolution spirituelle et évolution dans l'amour vont de pair. Il insiste dès lors sur les conditions nécessaires à l'évolution spirituelle ou à l'approfondissement de l'expérience intime de Dieu. «Il est indispensable, affirme-t-il, que notre religion soit complètement personnelle, entièrement forgée par nos doutes et la remise en question de notre propre expérience de la réalité [...]. Il est essentiel pour notre évolution spirituelle de devenir des hommes sceptiques au sujet de ce qui nous a été enseigné, c'est-à-dire des idées reçues et des préjugés de notre culture [...]. Par la suite il faut se mettre à la recherche du vrai Dieu [...]. Tous ceux d'entre nous, poursuit-il, qui parient sur un Dieu amour, trouvent en lui la source de la force d'évolution qui donne à la fois la vision et le soutien sur les chemins exigeants de la croissance totale.» Et il conclut : «Ce chemin de l'évolution spirituelle demande, en pensée et en action, du courage, de l'initiative et de l'indépendance. Ni la religion où l'on s'installe ni l'athéisme ou l'agnosticisme ne sont des forces d'évolution de l'être, mais bien celles de la contemplation et du mysticisme» (ib., 357).

On retrouve la même pensée chez les deux psychothérapeutes américains Edward Ford et Steve Englund (1982, 132). Dans un chapitre intitulé «Au-delà de l'amour humain», les auteurs insistent sur «la nécessité vitale» de l'ouverture du cœur et de l'esprit au spirituel dans l'édification d'une relation significative. «L'amour humain ne suffit tout simplement pas [...]. Cette insuffisance à répondre aux épreuves et aux exigences de la vie est une évidence jaillie de l'expérience de la vie et de l'amour [...]. Si nous voulons que notre amour reste ferme devant les difficultés de la vie, il nous faudra le puiser à la Source de l'Amour.»

Au moment où le mariage et la famille traversent une des crises les plus radicales qu'ils aient connues dans l'histoire, l'approfondissement de l'expérience spirituelle n'agira évidemment pas de façon magique même pour les personnes qui ont pu en vérifier «l'existence réelle» (Ichtchananski, 1988). Par contre, peut-être fournira-t-elle la vision et le courage d'explorer individuellement et collectivement les voies qui permettront aux couples et aux familles de faire les passages nécessaires et de goûter un peu plus la sérénité indispensable au bonheur.

On s'était posé la question à savoir de quoi est faite l'expérience amoureuse des conjoints après douze ans, quinze ans, vingt ans de vie commune. Voilà bien une question à laquelle personne ne saurait donner une réponse absolue. Il y a sans doute autant d'expériences de l'amour qu'il y a de couples. Des couples qui ont traversé les crises normales d'un amour qui, comme tout ce qui est vivant, n'a jamais fini d'évoluer pour avancer vers un équilibre toujours plus parfait, où viennent s'harmoniser l'intensité du désir, la profondeur de la rencontre entre les êtres et la solidité de l'engagement.

5 – LA FIDÉLITÉ, L'AUTRE FACE DE L'AMOUR ENGAGÉ

Le débat sur la fidélité conjugale ne date pas d'aujourd'hui. Pour ceux qui ne croient pas que l'amour et la durée vont de pair, la fidélité n'est pas perçue comme une loi de l'amour. Par contre, pour ceux qui s'aiment et s'engagent librement dans la mutualité de l'amour, la fidélité dans le mariage ne se discute pas : «Si c'est pour aller avec une autre femme, c'est pas la peine de se marier!», rétorquait un jeune homme dans le cadre d'une enquête sur le mariage et la fidélité (Roussel et Bourguignon, 1978, 65). Pour lui et sans nul doute pour des milliers d'autres, la fidélité apparaît comme l'autre face de l'engagement et l'autre nom de l'exclusivité. Elle comporte sa dynamique propre. Quant à savoir, à partir de l'expérience empirique, si la fidélité est pertinente ou non dans la vie d'un couple, il suffit, selon Sammans (1977), de se rappeler les résultats douloureux obtenus par la vague du «mariage ouvert» prôné par le couple O'Neil (1972) au tournant des années soixante-dix, et ce que laissera dans la mémoire collective la vague actuelle des unions transitoires et hors cadres.

L'interdit de l'infidélité

Il est intéressant de regarder la fidélité à partir de son envers. L'effort pour comprendre la signification de l'interdit de l'infidélité a l'avantage de nous renvoyer au-delà de l'amour, au rôle de la loi ou de la règle dans la conduite de la vie. «C'est l'ordre de la loi qui fonde l'homme»! C'est elle qui en fait un être civilisé. Sans lois, il n'est pas de civilisation, il n'est pas de vie «humaine» possible. «Parce qu'elle impose les règles du jeu dans les rapports entre les êtres, écrit Beraudy (1985, 98), la loi est au service de la société et de l'individu.»

«La nécessité de la loi, c'est la nécessité même de l'ordre en tant que condition de toute vie et de toute création humaine, soutient de son côté le philosophe français Paul Moreau (1988, 52). Ceux qui le nient prônent en théorie une communauté d'amour et retombent en fait aux luttes de la jungle.»

Après avoir souligné les aléas du désir et de l'amour romantique comme fondement de la qualité et de la durée de la relation dans le couple, Beraudy (*ib.* 102-103) s'attarde au rôle de l'interdit d'infidélité et, à l'inverse, à la signification de la loi de la fidélité : «En interdisant aux conjoints de chercher ailleurs que dans le couple leur satisfaction, la loi de fidélité retourne le processus de crise en processus dynamique de maturation de l'amour. Cette loi, poursuit-il, pose le couple comme le lieu où se joue une partie impossible à esquiver : celle d'un amour à développer à travers les aléas de la vie psychologique [...]. Il n'y a pas d'amour sans histoires, c'est-à-dire sans nécessité d'avoir à se recréer [...]. En obligeant les époux à chercher une solution à leurs problèmes à l'intérieur même du couple, la loi de fidélité leur évite d'être les jouets de leur inconscient. Elle leur permet de canaliser dans une direction cohérente le flux désordonné et chaotique de leurs êtres pulsionnels, qui fait de l'amour une vérité toujours à construire, parce que jamais donnée définitivement.»

La fidélité est donc une tâche complexe. Elle implique d'abord la fidélité à soi-même, elle renvoie ensuite à la fidélité à l'autre ; enfin, elle prend la forme d'un projet de vie à deux à construire.

Elle est d'abord fidélité à soi-même, c'est-à-dire au libre choix, à la parole donnée, à l'engagement dans l'amour. Il n'est de liberté véritable que dans la fidélité à ses engagements profonds. Elle est inévitablement appel au dépassement où viennent s'intégrer la pulsion affective et la maturité de l'amour. L'incapacité à vivre la fidélité est fuite et illusion. Il n'est pas facile de construire le pont de la fidélité lorsque les deux rives que l'on voudrait relier sont des terres mouvantes. Et pourtant, c'est au cœur de cette entreprise jamais terminée que se vérifie et se structure la richesse de chaque être.

> Il n'y a probablement aucune variable longitudinale isolée qui prédit aussi clairement la santé mentale que la capacité d'un homme à rester heureusement marié dans le temps (Vaillant, 1977, 320).

Le deuxième aspect de la fidélité véritable, c'est la fidélité à l'autre. Elle consiste à l'accueillir dans sa différence et à l'autoriser en quelque sorte à naître à lui-même au-delà du rêve ou de l'idéalisation dans laquelle l'a enfermé la fougue amoureuse du départ. Elle est reconnaissance que l'autre, au-delà de mes attentes souvent narcissiques, doit d'abord être fidèle à lui-même. Dans l'aventure conjugale, la liberté passe par l'autre (le conjoint, les enfants). La liberté est davantage fonction que de soi-même. Elle est poursuite dynamique du développement d'une relation exclusive choisie librement.

Enfin, la fidélité est projet de vie à construire à deux. Elle naît d'une promesse et de la confiance réciproque d'avancer ensemble. Elle n'est pas une donnée de départ, mais une tâche à accomplir de manière progressive. En ce sens, elle est fonction d'un choix libre, exposé et fragile, toujours à renouveler. Cette volonté par contre suppose le sérieux des choix du début. S'engager à moitié ou de manière conditionnelle équivaut à compromettre sérieusement la réussite de l'union. En effet, sans un acte de confiance totale réciproque au point de départ, la fidélité et la durée sont sapées à leur fondement. Elle est de plus une violation dramatique des droits du partenaire. On comprend le scepticisme des jeunes générations qui rêvent de construire un projet de vie à la dimension de leur amour, fait d'exclusivité et de tendresse, alors que les grands courants de la société de l'éphémère ne leur parlent que d'essais et de ruptures.

Ajoutons enfin que la tentation de l'infidélité se pose avec une particulière acuité à l'approche du mitan de la vie. De nombreux facteurs y concourent, dont le besoin de vérifier son pouvoir de séduction chez la femme et le désir chez l'homme de se prouver sa virilité. Cette tentation est d'autant plus sérieuse qu'elle s'inscrit dans une conjoncture globale de malaise et de remise en question qui affectent la totalité de l'expérience conjugale. Que la fidélité soit un défi exigeant à cette étape de la vie du couple n'est pas de la rhétorique. Seuls les couples qui ont développé une confiance réciproque au fil des années et qui sont capables de se dire «je te préfère, bien que les autres restent désirables», sauront relever le défi et faire un pas de plus sur la route de l'intimité, là où l'amour atteint sa véritable consistance (Druet, 1988). Georges Dor l'a exprimé avec humour dans une de ses chansons :

> Je choisis, mon amour,
> De t'aimer pour le combat des jours
> Et pour que dure notre amour
> Contre vents et marées
> Envers et contre tout
> Et contre moi surtout !

L'amour, un projet à vie

Aimer est un art aux multiples facettes dont les reflets jaillissant du plus profond de l'humain se transforment en forces de vie. Parler des composantes de l'amour (passion, intimité et engagement), c'est évoquer ces aspects multiples et mystérieux qui président au choix libre entre un homme et une femme, à leur évolution affective et spirituelle et à leur fécondité.

Comme tout ce qui est vivant, l'amour se transforme, évolue, se développe. Entre le point de départ et un point d'arrivée jamais atteint, la tâche dévolue aux conjoints est sans commune mesure avec toutes les autres tâches et projets de l'existence. Que de chemin à parcourir entre la pulsion du départ et les connivences délicates de la maturité de l'amour ! Les questions incontournables que chaque couple doit affronter tôt ou tard sont les mêmes pour tous : Comment poursuivre le rêve lorsque les illusions tombent ? Comment conserver l'idéal alors que la relation est menacée par l'usure du quotidien et les déceptions de l'altérité ? Comment accueillir le conjoint réel alors que se désintègre l'image du conjoint idéalisé ? Bref, comment s'opère le passage entre l'amour romantique du départ et l'amour accompli où viennent se mêler harmonieusement passion et érotisme, intimité profonde et engagement volontaire ?

Il n'existe pas de réponses toutes faites à ces questions, mais la preuve est faite qu'il est possible de laisser tomber les illusions et de poursuivre le rêve. La preuve est faite qu'il est possible, au-delà de la lune de miel, de s'ouvrir à l'amour qui s'articule au regard neuf que j'essaie de porter sur l'autre. La preuve est faite qu'il est possible de conserver dans sa vie de couple la douceur et la tendresse du début, car si «tomber en amour» n'est pas l'amour accompli, il ne fait pas moins partie du mystérieux dessein de l'amour. La preuve est faite, car pour des milliers de couples et de familles, l'amour est un projet qui mobilise au fil des jours le meilleur des énergies dans une volonté commune d'épanouissement individuel.

Le défi que représente la transformation de l'amour et sa maturation progressive n'est pas réservé à une étape particulière de la vie. Il est de toujours. L'acuité qu'il revêt au mitan de la vie est lié à la capacité des êtres de saisir à ce moment, avec des yeux neufs, l'importance d'un projet dont la redéfinition les portera plus loin alors qu'ils abordent le second versant de leur trajectoire humaine.

Dans le contexte de la crise qui secoue présentement les couples et les familles, la remarque de la sociologue Denise Bombardier et du psychanalyste Claude Saint-Laurent (1989, 207) reflète trop bien l'inquiétude générale : «On peut se demander, écrivent les auteurs, si dans l'avenir l'amour ne sera pas un privilège rare de certains individus qui auront tout fait pour y accéder.» Pourtant, ce défi que les couples d'aujourd'hui ont à relever n'est pas hors de leur portée. Khalil Gibran (1956, 17-18), tout en évoquant l'ampleur de la tâche, pose les jalons de la voie à suivre :

Vous resterez ensemble quand les blanches ailes de la mort disperseront vos jours.
Oui, vous serez ensemble jusque dans la silencieuse mémoire de Dieu.
Mais qu'il y ait des espaces dans votre communion,
Et que les vents du ciel dansent entre vous.
Aimez-vous l'un l'autre, mais ne faites pas de l'amour une entrave :
Qu'il soit plutôt une mer mouvante entre les rivages de vos âmes.

Emplissez chacun la coupe de l'autre mais ne buvez pas à une seule coupe.
Partagez votre pain mais ne mangez pas de la même miche.
Chantez et dansez ensemble et soyez joyeux, mais demeurez chacun seul,
De même que les cordes d'un luth sont seules cependant qu'elles vibrent de la même harmonie.
Donnez vos cœurs, mais non pas à la garde l'un de l'autre.
Car seule la main de la Vie peut contenir vos cœurs.
Et tenez-vous ensemble, mais pas trop proches non plus :
Car les piliers du temple s'érigent à distance.
Et le chêne et le cyprès ne croissent pas dans l'ombre l'un de l'autre.

II – L'INSTAURATION DE NOUVEAUX RAPPORTS PARENTS/ENFANTS

Quand le premier enfant atteint l'âge de l'adolescence, la famille est confrontée à une seconde tâche incontournable : la création de nouveaux rapports parents/enfants. Cette transformation affecte tous les membres de la famille, les parents et les adolescents, mais aussi ceux de la famille élargie, grands-parents, oncles et tantes, etc. La tâche majeure du développement à laquelle l'adolescent est confronté consiste dans la structuration de son identité propre. Comme la chenille devient papillon au terme d'une longue métamorphose, il entreprend le passage complexe et éprouvant qui débouchera sur la vie adulte. Cette transition se fait en trois temps :

1. L'éveil à l'autonomie de la conscience ou la capacité de s'émanciper des règles et des interdits de l'enfance ;

2. La distanciation sinon la rébellion contre l'ordre familial et social établi ;

3. L'accès à l'identité personnelle ou la capacité d'intégrer les grandes valeurs de l'humanité et de se donner un projet de vie.

Exprimé en langage plus simple, voici la description qu'en fait une jeune adulte étudiante universitaire : «L'adolescence est une période d'exploration très tumultueuse où l'on cherche à savoir qui l'on est et ce que l'on veut faire. On cherche aussi à se faire une opinion sur les choses de la vie : l'amour, la mort, l'amitié, l'avenir. Enfin, on cherche à se distancier tranquillement de nos parents. Pour y arriver, c'est inévitable, on conteste l'autorité. Mais derrière toutes ces ruades et ces coups de coude, il y a quand même la fragilité et le besoin de se faire guider de temps en temps» (Audet, 1995).

Le terme transition ou passage utilisé ici ne doit pas faire perdre de vue que le stade de l'adolescence vaut pour lui-même. Il est un moment précieux de la vie, riche de découvertes et de choix. Un moment aussi d'incertitudes et de révoltes qui dérangent... en particulier les parents. Il n'est pas toujours facile de s'asseoir à la même table avec des jeunes rebelles en quête d'une cause. Si, dans l'ensemble, cette période est vécue sans trop de heurts et que la plupart des adolescents et adolescentes la traversent sans bouleversements trop graves, on connaît aussi des cas où, à certaines heures, la tension devient très lourde à porter. Enfin, il y a aussi des situations extrêmes où l'adolescent quitte le foyer à seize ans en claquant la porte.

Quand les enfants arrivent à l'adolescence, tout le système familial est affecté et parfois sérieusement ébranlé. Bref, de tous les événements naturels qui jalonnent le parcours de la vie d'une famille, l'émergence de l'adolescence est celui qui met le plus radicalement à l'épreuve la flexibilité du système. L'accompagnement des enfants parvenus à ce stade se pose dans des termes complètement différents.

L'adolescent taille sa place

L'adolescent provoque quotidiennement la famille par sa façon de s'habiller, son langage, ses mimiques, le choix de ses héros et idoles étrangers aux parents et encore plus aux grands-parents. Un jour, il est enthousiaste, prêt à transformer le monde, le lendemain, il est maussade, hésitant, révolté.

Un jour, il est affectueux et heureux de parler de ses aventures et de partager ses rêves intimes. Son père, sa mère deviennent tout à coup des confidents. Le lendemain, il prend ses distances et rejette avec désinvolture les confidents de la veille.

L'adolescent veut aller vers les amis de son âge. Avec eux, il veut vivre le conflit des générations et bâtir le monde autrement. Après des années d'acceptation tranquille de la vision et des valeurs des parents ainsi que de soumission aux comportements familiaux, il veut faire l'apprentissage du pouvoir.

L'adolescent ne sait pas encore que la liberté est le fruit d'une rude conquête et se traduit par les exigences de la responsabilité. Il en fait un absolu, un en-soi qui lui permet de s'opposer et de contester *ad nauseam*. Tout cela, il le fait par instinct, sans se poser de questions, avec une espèce de plaisir sauvage, simplement parce qu'il va vers sa propre vérité, qu'il est tout entier engagé à construire son univers de sens et à définir son projet de vie. Il avance sans se préoccuper du passé, le sien, ou de celui porté par la mémoire des autres qui l'ont précédé. Il taille sa place sans se soucier de la peine qu'il cause à ceux qui, parce qu'ils lui ont donné la vie, voudraient le guider et le protéger.

Les parents pris par surprise

Qu'arrive-t-il aux parents? Face aux comportements inattendus et aux bouleversements physiques et psychologiques de leur enfant, ils en viennent parfois à ne plus trop savoir comment réagir. Ils essayent de trouver un juste équilibre entre la rigueur et la flexibilité. Déstabilisés par les alternances d'affection et de désinvolture de leur adolescent, ils n'arrivent pas toujours à résister aux sentiments de frustration et parfois d'angoisse qui s'immiscent en eux.

Une chose est claire : les rapports entretenus hier entre les parents et leurs enfants ne sont plus valables aujourd'hui.

Alors que l'adolescent refait à son propre compte l'histoire du monde sans savoir qu'en fait il la recommence, l'instauration d'un nouveau style de relations s'impose. Les parents savent bien qu'il ne faut pas trop insister pour le lui dire. Il faut lui laisser la conviction qu'avec lui c'est le printemps qui naît. Autrement, serait-il prêt à prendre le risque de l'engagement à fond, de la créativité et de l'amour? La tâche délicate qu'il leur faut assumer consiste à transmettre la mémoire du passé, en évitant d'en faire un carcan étouffant. Ils ont à la proposer comme une source d'inspiration et d'appel au dépassement en vue de construire l'avenir.

Une conjoncture complexe

Le défi d'instaurer de nouvelles relations intrafamiliales se complique du fait que les parents, tant dans leur individualité qu'en tant que couple, traversent une période de remise en question inévitable qui les atteint dans leur être profond. Chacun est confronté à la crise d'identité du mitan de la vie. Les deux doivent s'y adapter en redéfinissant la relation qui les a unis. Au même moment, ils sont en tant que parents confrontés au mystère inéluctable de la vie donnée et de la vie reprise. Ils font l'expérience du message troublant du prophète :

> Vos enfants ne sont pas vos enfants. Ils sont les fils et les filles de l'appel de la vie à elle-même.
> Ils viennent à travers vous mais non de vous.
> Et bien qu'ils soient à vous, ils ne vous appartiennent pas.
> [...]
> Ne tentez pas de les faire comme vous. Car la vie ne va pas en arrière, ni ne s'attarde avec hier
> (Gibran, 1956, 19).

Une expérience qui est déchirante à certaines heures. Déjà, la naissance a été à la fois un arrachement et une joie. Avec l'adolescence, le double mouvement se poursuit inexorablement. Car la vie grandit dans la mesure où elle peut se détacher de ceux qui l'ont donnée. Donner naissance à un enfant, c'est accepter de vivre dans sa chair le paradoxe mort-vie.

Les parents ont tissé avec l'enfant des liens nécessaires à sa survie et son bonheur. Pourtant, peu à peu, il rompt les attaches, il prend ses distances sans trop en avoir conscience, sans savoir qu'il fait mal à ceux qui l'entourent. L'adolescent va de l'avant. Il a hâte d'aller vers lui-même pour prendre sa place parmi le monde des adultes, eux qui incarnent pour lui la liberté et le pouvoir. Bref, pour les parents, l'expérience de la rupture inévitable s'inscrit comme une condition du développement de l'adolescent appelé à se prendre en main graduellement à travers la transformation obligée des rapports entre eux.

Cette entreprise, s'ajoutant à celle de la redéfinition par les parents de leurs propres relations, constitue le défi majeur du stade. Un sondage récent du Service d'orientation des foyers (1989), effectué auprès d'un échantillonage de 775 personnes vivant en couple au Québec et au Nouveau-Brunswick, révèle que dans 67 % des cas, le problème majeur de la famille tient précisément aux difficultés de communication entre conjoints et entre parents/enfants. Les autres problèmes familiaux arrivent après : les problèmes financiers (52 %), la confrontation des valeurs (42 %) et l'instabilité de la famille (41 %). Il ne faut donc pas s'étonner que ce soit justement à cette étape de la vie du couple et de la famille que le niveau d'insatisfaction maritale est le plus marqué (Rollins et Feldman, 1970 ; Steinberg et Silverbery, 1987 ; Lovel *et al.*, 1987 ; Heuvel, 1988 ; Kaufmann, 1993, 108 ; Vaillant & Vaillant, 1993).

Essai de définition

Peut-on se hasarder à décrire sinon à donner une définition des nouveaux rapports à instaurer entre parents/enfants à l'époque de l'adolescence, tout en se souvenant qu'il ne saurait y avoir une seule façon de jeter des ponts entre deux terres mouvantes ? À partir des nombreuses études sur le sujet et du sens commun, il est possible d'en poser les jalons. Rappelons au départ les trois attitudes de base qui sous-tendent le défi relationnel parents-adolescents :

Premièrement, l'acceptation personnelle par les parents du mystère de la vie, à la fois don et renoncement. C'est en acceptant de dépasser l'instinct de possession que les parents orientent l'enfant sur l'exigeante trajectoire du plein développement, et c'est en accueillant la volonté d'indépendance de l'adolescent qu'ils créent une relation génératrice de vie.

Deuxièmement, l'intelligence de l'enjeu en cours. La connaissance précise des implications et de la portée du stade de l'adolescence dans le développement de la personne est un préalable indispensable. En effet, si la compréhension des transformations physiques, intellectuelles et affectives ne règle pas tout dans l'établissement de rapports adaptés, elle permet d'en poser les bases. En ce sens, l'apport de la psychologie de l'adolescence est précieux, ne serait-ce que parce qu'il permet d'observer la métamorphose en cours.

Enfin, la volonté d'accompagner l'adolescent sans témérité ni rigidité excessive. Si l'oiseau peut s'envoler hors du nid quelques jours ou quelques semaines après son éclosion, il n'en est pas ainsi de l'enfant, qui a besoin de quinze à vingt ans d'attention et de soutien marqués au coin de l'affection et de l'intelligence avant de pouvoir voler de ses propres ailes.

La variété des styles parentaux

Dans la description des relations parents/adolescents, l'enjeu principal consiste dans l'établissement et le maintien d'un équilibre entre la délégation progressive du pouvoir décisionnel du côté des parents et la recherche d'autonomie du côté de l'adolescent. MacCoby et Martin (1983) ont identifié quatre styles parentaux à l'intérieur de cet axe :

1. Le style parental démocratique. Les parents posent des exigences et entretiennent une communication active en

restant sensibles aux demandes de l'adolescent. On s'est aperçu que le style caractérisé par des règles claires et explicites respectées réciproquement, dans la reconnaissance des droits de chacun, est associé à une évolution positive de l'adolescent : meilleure adaptation sociale, estime de soi élevée, intériorisation des principes moraux, construction d'une échelle de valeurs significatives, etc. Une recherche sur la transmission des valeurs religieuses révèle que ce sont justement «les parents qui ont de l'autorité, c'est-à-dire les parents qui offrent du support et un certain contrôle, qui élèvent les enfants les plus susceptibles de partager plus tard leurs valeurs» (Clark, Worthington et Dansen, 1988).

2. Le style autocratique ou autoritaire. Les parents exercent un contrôle étroit sur l'adolescent, mais sont insensibles à l'expression de ses attentes ou ne l'écoutent pas. On sait que les adolescents qui grandissent dans ce contexte relationnel à sens unique manquent d'initiative et de spontanéité. Ils sont inhibés socialement et ont peu confiance en eux. Leur orientation morale est externe, en ce sens qu'ils sont davantage guidés par les contingences extérieures que par des principes intériorisés. Enfin, tout indique qu'ils sont moins motivés intellectuellement.

3. Le style indulgent. Les parents sont sensibles aux besoins et aux désirs exprimés par l'adolescent mais exercent peu de contrôle ; ils s'esquivent de leur responsabilité pour ce qui est de la structuration de la conscience personnelle et de la transmission des valeurs. Dans ce cas, l'adolescent est plus ou moins abandonné à lui-même face à ses choix. Il se retrouve seul, sans points de repère parentaux. Les conclusions de la recherche convergent pour affirmer que l'absence de contrôle et la permissivité créent des adolescents impulsifs et agressifs. Leur instabilité émotive est plus prononcée que chez la moyenne et ils ont plus de difficulté à assumer des responsabilités.

4. Les parents négligents. Ils refusent de s'engager dans une relation avec l'adolescent. Ils n'ont ni communication

avec lui ni sensibilité à ses attentes. On retrouve fréquemment ce type de parents dans l'histoire personnelle des jeunes délinquants. Ce style parental est associé à la difficulté de l'adolescent d'exprimer ses besoins, à l'insensibilité à autrui et à la pauvreté de ses interactions.

La clé de voûte du système familial : la communication

Une des réalités déterminantes qui ressort de la recherche de MacCoby et Martin sur les styles parentaux est la place cruciale que tient la communication. Cette conclusion est supportée par plusieurs autres études. Cloutier et Groleau (1987) ont découvert, par exemple, que le degré de satisfaction exprimé par l'adolescent tient moins au pouvoir décisionnel que pièce par pièce il «arrache» à ses parents dans l'acquisition progressive de son autonomie, qu'à la qualité de la communication en terme de temps, d'ouverture et d'intensité. On a également relevé que les parents estiment communiquer davantage avec le jeune que ce dernier ne croit le faire avec eux. Deux autres chercheurs qui se sont penchés directement sur l'impact de chacun des styles parentaux sur les adolescents dans des familles reconstituées ont découvert que, tout comme dans les familles intactes, les adolescents se déclarent le plus satisfaits dans le style démocratique et le moins dans le style négligent ou désengagé (Burnett & Sims, 1994). De leur côté, Henry et Lovelace (1995) sont arrivés au même résultat, mais à partir d'un autre instrument de mesure. Le degré de satisfaction des adolescents est mesuré à la flexibilité ou à l'absence de contrôles rigides, à la régularité des rituels quotidiens et à l'efficacité de la communication avec les parents et, ici encore, tant dans les familles intactes que dans celles qui sont recomposées. Enfin, Hansen & Bozett (1987) ont relevé que la mère occupe une place plus grande que le père, perçu par les adolescents comme s'impliquant trop peu, alors qu'ils jugent que sa participation active est indispensable. Par contre, à partir de dix-huit ans, le climat relationnel s'améliore pour le bénéfice de tous (Thornton *et al.*, 1995).

Quelle conclusion tirer de ces recherches? La première, c'est que la communication est plus importante que la convergence, en ce sens qu'à moyen et à long terme, c'est moins la victoire remportée qui compte pour l'adolescent que le dialogue et la négociation intelligente en vue d'un compromis ou, à tout le moins, la communication permettant d'exprimer son point de vue.

La seconde, c'est que les parents doivent s'armer de patience. Si les valeurs dont ils vivent et qu'ils entendent communiquer à leurs adolescents sont au cœur des échanges quotidiens, cela ne veut pas dire que l'adolescent va les adopter automatiquement.

La sociologue canadienne Denise Robitaille (1987) souligne à ce sujet que «ce qui est le plus éprouvant pour les parents à l'adolescence : c'est que leur jeune "n'achète" rien sans discuter et sans essayer». Savoir écouter et être prêt à dialoguer sur tous les sujets est un facteur décisif dans leur développement. En plus de la patience, «les parents doivent donc faire preuve d'imagination [...]. Heureusement, poursuit-elle, les adolescents savent tout! Tous les sujets sont donc bons [...]. C'est à l'occasion de ces moments-là [...] que les parents peuvent communiquer leur système de valeurs...» Ce qui implique qu'au-delà des règles ou des doctrines, ils l'aient intériorisé ou qu'ils en aient découvert les fondements. Autrement, comment pourraient-ils intervenir avec autorité? Selon Jean-Claude Boyer (1995), la cohérence des parents est un des facteurs les plus importants dans l'accès à l'identité de l'adolescent. Il a besoin de parents dont les références fondamentales se recoupent par rapport aux grands enjeux existentiels. Par contre, il faut aussi accepter de reconnaître les limites de l'influence de la famille. David Rowe (1994) rappelle la force déterminante et mystérieuse des gènes ainsi que le conditionnement puissant de l'environnement humain.

En effet, l'élément le plus déterminant dans la transmission des valeurs est la clarté du côté des parents. C'est elle qui permet aux adolescents de se faire une idée précise de ce que les parents pensent et par la suite, de faire leur propre choix (Whitbeck et Gecas, 1988). Les jeunes, on le sait, peuvent difficilement parvenir à se structurer si les adultes qui les entourent sont confus. L'adolescent observe les valeurs mises de l'avant par ses parents, il les compare avec celles de la société, de la culture ambiante, de ses amis. Il en relève les contradictions, et les éprouve pour construire progressivement son propre système de valeurs. C'est ainsi que s'accomplit une des tâches essentielles du développement humain.

«L'autonomie, dans cette conjoncture, ne signifie pas nécessairement détachement par rapport à la famille ou libération totale de l'influence parentale, mais bien plus une transformation des liens émotionnels avec les parents» (Grotevant, 1983). On a tort en effet, soutient la psychologue Monique Morval (1986), «d'opposer autonomie et proximité au lien affectif», car c'est précisément dans l'interaction des deux que l'adolescent se structure. L'autonomie, qui permet à l'adolescent de s'affirmer comme être unique et distinct, s'enracine sur la qualité du lien affectif, qui engendre sécurité et estime de soi. Le fait, de la part des parents, d'adopter une position ferme et d'imposer des limites fournit à l'adolescent une cible à combattre. Elle a valeur de force à laquelle il se mesure. Ce type d'interaction «facilite son processus d'individuation tout en lui montrant que ses parents lui portent intérêt».

Si, dans cette perspective, l'on revient à la question des styles parentaux, on peut dire que le style parental démocratique, qui se traduit par le maintien de relations ouvertes marquées par la compréhension et la patience, est la meilleure définition que l'on puisse donner des rapports à instaurer entre parents et adolescents. Ajoutons que l'application de la relation idéale parents/adolescents est conjecturale, en ce sens qu'elle est profondément affectée par la réalité socioculturelle et économique ambiante. Dans le contexte de la société éclatée de cette fin de siècle, deux questions méritent de retenir particulièrement l'attention. La première : comment l'adolescent peut-il définir son identité dans une société qui ne dispose plus de points de repère collectifs ? La seconde : comment les parents peuvent-ils transmettre les valeurs significatives de l'existence à l'ère du pluralisme et de la sécularité ?

Construire son identité dans une société éclatée

Depuis quinze ans, le taux de suicide chez les adolescents et adolescentes a augmenté de 400 % au Canada. Il se situe au deuxième rang des causes de décès chez les jeunes. La proportion d'abandon scolaire est en hausse et atteint 40 % dans certains milieux. Enfin, toujours selon Statistique Canada, les jeunes consomment davantage de drogues. Voilà, de l'avis des observateurs, autant d'indicateurs de la difficulté d'être adolescent aujourd'hui.

La crise d'identité des adultes

Il semble bien que la profondeur et la rapidité des changements de la société sur tous les plans laissent les jeunes non seulement devant un horizon incertain sinon bouché, mais les privent en plus des points de repère indispensables à la structuration de leur identité. Les héros sont morts, et avec eux les modèles sûrs et les certitudes. La société n'offre plus aux jeunes générations ces grandes idéologies et ces grands modèles capables de mobiliser les énergies et d'entretenir l'utopie collective.

On a l'impression que dans certaines collectivités, la fièvre nationaliste est tout ce qui reste pour arracher à la torpeur. Dans quelques cas, ces poussées mettent en péril un ordre politique et économique remarquable en terme d'équilibre et de justice. En certains endroits, elles se déploient dans la violence.

Il est une leçon de l'histoire qu'on n'a pas le droit d'oublier. Quand des chefs politiques n'ont rien d'autre à proposer à leur jeunesse que le discours tribal, le risque que s'éveillent des forces aveugles susceptibles de conduire aux pires aberrations est énorme.

Le vide existentiel caractéristique de notre époque est accentué par l'esquive des adultes face aux valeurs, étant eux-mêmes aux prises avec une crise d'identité. Pour le sociologue français Georges Eid (1995), «l'adulte, depuis les années soixante, n'arrive plus à fonctionner comme un modèle pour l'enfant et l'adolescent [...]. Il n'est plus sûr de ce qu'il fait et doit proposer à l'enfant et surtout à l'adolescent». On assiste, poursuit-il, «à une inversion de modèle. Le modèle dominant aujourd'hui est le modèle adolescent». Pourtant, les adolescents ont besoin que les adultes leur fixent des limites, un cadre, certes flexible, mais cadre tout de même. Habitués aux réponses toutes faites, peu entraînés aux interrogations radicales, les adultes sont les victimes d'une société qui a évolué trop vite. Si l'on prend comme indicateur la popularité des gourous de tout acabit, on s'aperçoit, au sortir de la crise des institutions, qu'une importante proportion d'individus ont plus ou moins perdu le souffle, confrontés à une série de questions nouvelles qui les renvoient aux enjeux fondamentaux de l'existence. La famille n'est évidemment pas épargnée.

Le problème ne tient pas tellement au fait que ces individus, et en l'occurrence les parents, n'ont pas réponse à tout. Il tient au fait qu'ils n'ont pas réussi à clarifier les valeurs et principes fondamentaux à partir desquels ils pourraient forger leur jugement. Il faut espérer que se fera la maturation de la conscience personnelle à laquelle nos contemporains sont provoqués de façon urgente. Ce n'est qu'à cette condition que l'on évitera la résurgence des pouvoirs institutionnels réducteurs et des fondamentalismes qui menacent un peu partout.

L'indifférenciation des sexes

L'indifférenciation des sexes est un autre facteur qui rend plus hasardeuse la route des jeunes vers l'identité. La redéfinition trop longtemps retenue de la place de la femme dans la famille, dans le monde du travail et dans la société en général entraîne une double transformation : celle des rôles féminins et, par la force des choses, celle des rôles masculins. Il est inévitable que ce passage obligé vers une nouvelle définition de la différence s'accompagne d'une certaine confusion. Entretenue par le courant populaire de l'unisexe, elle crée pour la jeunesse d'aujourd'hui une difficulté supplémentaire. On ne saurait oublier en effet que la différence est source de sens.

Si être femme et être homme sont deux façons d'être non différenciées sur les plans économique, intellectuel, spirituel, etc., il n'en est pas ainsi par rapport à la tâche la plus fondamentale de l'espèce humaine, celle d'en assurer la continuation. Être mère, être père, sont deux façons de donner la vie et de l'accompagner. Elles sont irréductibles l'une à l'autre. Elles se traduisent par la différence des relations mère-enfant et père-enfant, ainsi que par la diversité des tâches. Comment vivre ces relations, comment définir les rôles et partager les tâches, demeurent des questions aiguës. Même si elles ont reçu une réponse satisfaisante dans sa propre famille, l'enfant qui arrive à l'adolescence se voit aux prises avec un enjeu qui reçoit dans la société des solutions diverses et parfois contradictoires. Cette situation ambiguë affecte directement la formation de son identité.

« L'interminable adolescence »

Enfin, la révolution technologique qui, selon l'ex-présidente de l'Institut de recherche C.D. Howe, sera encore plus rapide et plus dérangeante dans la décennie 1990, a bouleversé l'univers des professions et de l'emploi (Farow, 1989). La situation qui s'ensuit pour trop de jeunes, sans espoir de travail et réduits au chômage, est dramatique. Cette réalité sous-tend un phénomène neuf dont on est incapable pour le moment d'évaluer toute la portée : l'allongement de l'adolescence. Non seulement cette étape commence plus jeune sur le plan physiologique mais surtout, on ne sait plus quand elle finit. L'indicateur le plus net du phénomène tient au fait que les enfants n'en finissent plus de quitter le foyer.

D'après Statistique Canada (1995, Cat. 91-543), la proportion de jeunes de 20 à 24 ans qui demeurent avec leurs parents a augmenté entre 1981 et 1991. De nombreux indices, en l'absence de chiffres précis, permettent d'affirmer que la tendance ne s'est pas résorbée cinq ans plus tard. Elle atteindrait 52,6 % de tous les jeunes : 67,2 % des 20 à 24 ans et 38,1 % des 25 à 29 ans. Si on recule d'un cran dans les strates d'âge pour observer la situation des 18 à 24 ans, on s'aperçoit que près de 60 % d'entre eux vivent avec leurs parents. La proportion de garçons qui collent à la maison est d'un peu plus de 10 % plus élevée que celle des filles. On observe le même phénomène chez nos voisins du Sud, le fait étant particulièrement marqué pour les garçons (Buck & Scott, 1993). Toujours selon Statistique Canada, plus de 25 % sont en chômage, un peu plus du tiers sont aux études. Deux démographes canadiens (Boyd et Pryor, 1988) ont fait une analyse particulièrement éclairante de cette situation, qui s'avère très troublante non seulement en raison de l'impact sur les jeunes mais aussi parce qu'elle traduit l'échec d'un système économique incapable d'intégrer les nouvelles générations. On retrouve un phénomène similaire dans la plupart des pays fortement industrialisés. Déjà en 1986, en France, « 58 % des garçons de 20 à 24 ans vivent chez papa-maman» (Révillon, 1988). La tendance se poursuit avec un départ de plus en plus tardif (Singley, 1992, 28).

L'écrivaine française Christiane Collange (1985) trace un portrait peu flatteur de ces jeunes de vingt ans et plus qui, dans une société de consommation, «se transforment en profiteurs du foyer familial et de l'effort des parents». Si quelques-uns se sentent gênés d'être encore à la charge de leurs parents, plusieurs y trouvent un lieu qui, en plus de leur offrir les services, leur sert de milieu de vie sécurisant.

Le retard psychologique que risque d'entraîner pour l'enfant cette situation de dépendance prolongée est plus grave encore que l'attardement au foyer lui-même, sans parler du poids que cela fait reposer sur les parents. La société reconnaît le passage du statut d'adolescent à celui de jeune adulte à sa capacité de se prendre en main et d'assurer son autonomie financière. Pour l'individu en cause, cela veut dire que des choix importants de l'existence, choix professionnel et choix de vie, ont été faits ou sont en train de se faire. Il a un emploi, un logement et normalement, un conjoint.

Pour le psychanalyste français Tony Anatrella (1988), il existe un danger réel que l'adolescent cède à la tentation de remettre toujours à plus tard les choix qui s'imposent, et se cantonne dans l'irresponsabilité et l'immaturité, entretenues et encouragées par sa situation de dépendance. Il y a un moment pour apprendre à marcher, à parler, à lire et à écrire. Il y a un moment aussi pour voler de ses propres ailes. On ne peut éviter la question : jusqu'à quand cette heure peut-elle être retardée sans laisser des traces trop négatives dans la succession des étapes du développement psychosocial ?

La nouveauté du phénomène de l'allongement de l'adolescence ne permet pas de donner une réponse claire. Elle n'en demeure pas moins préoccupante. Surtout, elle pose aux parents un défi complexe : quel rapport établir avec l'adolescent qui s'attarde trop ? Comment le soutenir dans les choix qui s'imposent et en certains cas continuer à l'accueillir au foyer, sans par ailleurs paralyser son développement ? En attendant, force est de reconnaître que nous faisons face à un grave problème de société. Une des conséquences les plus inquiétantes, c'est que de plus en plus de jeunes, se sentant impuissants à inventer leur monde, ne semblent guère avoir d'autres choix que de s'en évader.

Enfin, l'ampleur du phénomène est telle qu'on assiste à un véritable déplacement du centre d'intérêt dans les études sur la famille. Selon les démographes Fernando Rajulton et Zenaida Ravanera (1995), c'est maintenant le départ du foyer parental, plutôt que le mariage, qui est devenu le rite de passage à l'autonomie adulte le plus important.

Le besoin de modèle

Être parent, qu'est-ce que ça veut dire en 1985? «Ah! c'est terrible!», rétorquait sans hésitation l'écrivaine française Nicole de Buron dans une interview accordée à Renée Rowan (1985). «On ne sait pas comment éduquer ses enfants. On n'a pas de modèles sur lesquels s'appuyer [...] on tâtonne. C'est très difficile d'être une mère.» Le cri de la romancière est révélateur. Si l'absence de modèles laisse les parents dans l'impuissance, qu'en est-il donc de l'adolescent compte tenu du mélange complexe de fragilité et de potentialités qui le caractérise à ce stade délicat de l'existence? Comment arrivera-t-il à se structurer s'il est aussi privé de modèles, quand on sait précisément que la référence, consciente ou non, à des modèles est indispensable à l'élaboration de sa personnalité?

Suite à l'affirmation d'Erikson (1971, 130), à savoir que «les jeunes ont besoin par-dessus tout d'adultes pour les confirmer», Levinson (1978) est arrivé à la conclusion, au terme de sa recherche, que la définition de l'identité à l'adolescence passe par la filiation à une personne significative ou à un mentor. En effet, au moment où toutes les identifications et les continuités sur lesquelles l'enfant s'était appuyé jusqu'alors sont remises en question, il est nécessaire, au-delà des héros fantaisistes et des idoles de l'heure, que s'imposent des modèles significatifs à partir desquels il élabore son projet de vie.

Selon lui, le rêve articulé aux richesses profondes de l'être a besoin d'un déclencheur pour s'éveiller et prendre forme. Le rôle du mentor, c'est en quelque sorte de saisir l'adolescent, de capter son attention et d'éveiller son intérêt. Objet d'admiration, le mentor devient dès lors force d'inspiration. Il fournit une direction à l'énergie de l'adolescent en même temps qu'il le soutient dans l'élaboration d'un projet correspondant à son rêve.

Levinson s'est aussi aperçu que souvent, plus d'une personne joue le rôle de mentor, que ce rôle prend diverses formes (professeur, conseiller, promoteur) et qu'il est tenu en général par des personnes autres que les parents. Ces derniers assument toutefois certaines fonctions déterminantes du mentor, dont celle de « modèle que le jeune homme peut admirer et imiter », en plus de lui fournir l'encadrement humain indispensable à son évolution.

Le besoin d'encadrement

L'adolescent ne peut accéder à l'autonomie et au sens de la responsabilité sans l'encadrement que lui fournit la famille. S'il a besoin de ses pairs et des adultes, la contribution des parents est indispensable. En effet, c'est à ces derniers que revient la tâche redoutable de lui fournir l'encadrement nécessaire à son développement. En quoi consiste cet encadrement ? En résumé, il est fait de l'attitude et des gestes des parents qui assument la double tâche de guider l'adolescent dans la structuration de son moi en tant qu'être autonome et responsable, et de le confirmer au fur et à mesure qu'il progresse. De façon plus explicite :

— Il est fait de l'accueil de l'adolescent avec ses remises en question, son instabilité émotive, son éloignement, en même temps que son besoin d'affection et de reconnaissance ;

— Il est fait de la prise de conscience et de l'acceptation profonde par les parents d'un nouveau type de relation à établir avec l'enfant et la volonté de le promouvoir. À moins, en effet, que « l'attachement parents/enfants évolue pour se traduire en terme de mutualité et d'égalité », l'ambiguïté persistante des rapports ne peut qu'exacerber les conflits (Newman et Newman, 1988). Dans certains cas, les parents abdiquent à ce point leurs responsabilités que l'adolescent se sent abandonné et même rejeté. Dans d'autres cas, les parents s'obstinent à exercer leur autorité de façon absolue, paralysant toute tentative et toute possibilité de l'adolescent de faire l'expérience de son autonomie ;

— Il est fait de l'effort de clarification et de reformulation des valeurs dans un climat familial qui encourage l'ouverture et favorise les remises en question tout en offrant les points de repère fondamentaux. Aux parents en effet revient la tâche exigeante d'encourager l'adolescent à s'interroger et à partager ses questions tout en dépassant l'anomie d'une société où l'on n'a plus d'idées claires et fermes sur ce qui est important ;

— Il est fait d'un effort sans cesse repris de cohérence dans le vécu familial, c'est-à-dire d'un rapport significatif entre les valeurs professées et le vécu quotidien. Malgré l'influence des pairs, du milieu scolaire et de l'environnement social, «la famille continue à fournir le milieu de vie le plus important et par suite le plus déterminant dans le développement de son identité [...]. Les adolescents de milieu familial cohérent et flexible ont un moi mieux structuré» (Watson et Protinsky, 1988). Dans une étude sur l'impact de l'hyperactivité adolescente dans le dénouement de la crise d'identité, Boyer (1988) arrive aux mêmes conclusions. Il souligne l'importance d'un milieu familial équilibré afin de soutenir cet adolescent dans son évolution au sein d'une société et souvent d'un milieu scolaire qui favorisent trop peu son accès à l'identité achevée ;

— Il est fait de l'entente entre le père et la mère en ce qui a trait aux règles importantes dans l'accompagnement de l'adolescent. Ne pas faire front commun au sujet des enjeux sérieux (santé, études, sexualité, discipline personnelle, etc.), c'est abandonner l'adolescent à la confusion ;

— Il est fait de l'exercice intelligent de l'autorité, c'est-à-dire d'un dosage équilibré de fermeté et de souplesse. Au-delà des courants de pensée superficiels concernant la façon d'élever les enfants, qui ont traversé notre société au cours des deux dernières décennies, une vérité permanente réapparaît : l'autorité ne constitue pas un empêchement à la formation. Au contraire, exercée avec finesse, elle est un des facteurs déterminants qui la rendent possible. Leur expérience de la vie permet aux parents de poser des balises et d'encadrer en quelque sorte les passages que doit franchir l'adolescent. De cette façon, ils exercent un contrôle sans étouffer. Ils laissent de la liberté sans verser dans le laisser-aller. Bref, il revient aux parents d'établir des règles et de les faire respecter, conscients que l'expérience de l'adolescent est insuffisante pour le prémunir contre les dangers qui le menacent. On ne saurait oublier qu'un des traits caractéristiques de l'égocentrisme adolescent consiste dans le fait d'être persuadé que cela ne lui arrivera pas à lui ! Or, on sait trop bien que cela arrive ! Artaud (1982), se situant dans la perspective de la formation totale, résume bien l'enjeu :

« Une personnalité, pour croître, a besoin de se référer à un modèle humain, qui, même s'il vient restreindre l'expression de ses possibilités, n'en demeure pas moins indispensable à son édification. L'exercice de cette fonction suppose, de la part de l'éducateur, la mise en œuvre d'une autorité qui fournit des modèles de comportements qui permettent aux potentialités individuelles de prendre forme tout en leur posant des limites structurantes ; l'exercice de cette fonction de la part de l'éducateur suppose la mise en œuvre d'une autorité qui incite l'enfant, l'adolescent à l'effort et au dépassement comme condition d'accès à la maturité. »

Il est fait du rappel à l'adolescent, à qui l'on fait confiance, qu'il doit respecter les règles du jeu. La structuration d'une discipline personnelle et la formation de la conscience empruntent cette route.

Il est fait de la volonté inaltérable des parents d'entretenir le dialogue et d'assurer une communication ouverte malgré les conflits inévitables qui sont la loi même de toute croissance. C'est ainsi que l'adolescent se retrouve dans un encadrement humain qui lui permet de s'opposer sans être rejeté. Il est amené à s'auto-évaluer et à apprendre qui il est par les images que lui renvoient ses parents, le confirmant dans ses attitudes et dans ses choix, ou au contraire lui indiquant qu'il est en train de s'engager sur une fausse piste. C'est à cette expérience qu'est rattaché pour une large part le développement de l'estime de soi si important dans l'édification de la personnalité.

Un fait intéressant mérite d'être noté ici. Des chercheurs ont découvert que l'étroite corrélation qui existe entre la qualité de la relation parents/adolescents et l'estime de soi chez ces derniers joue également pour les parents. On savait que le niveau d'estime de soi chez les enfants et les adolescents dépend largement de l'image qui leur est renvoyée par leurs parents. En poursuivant l'étude sur l'influence réciproque de la communication, on est arrivé à la conclusion que «le niveau d'estime de soi est également plus élevé chez les parents s'ils ont l'impression qu'ils reçoivent un certain support et peuvent communiquer avec leurs enfants à l'âge de l'adolescence» (Demo, Small et Ritch, 1987; Larson et Lowe, 1990).

Enfin, l'encadrement nécessaire à l'adolescence est fait du respect mutuel parents/adolescents. Les premiers ont des ressources émotives qui ne sont pas illimitées. Les seconds traversent une phase d'égocentrisme aiguë et de fragilité émotive accusée. De part et d'autre, il faut en être conscient. Il existe un seuil que l'adolescent ne doit pas franchir, celui du mépris et de la grossièreté. Il ne peut demander aux parents de tout supporter, sinon, une des conditions essentielles de la vie familiale est violée, ce qui entraîne la désintégration de l'encadrement nécessaire à la définition de son identité.

Cet encadrement, qui fait apparaître à l'évidence le paradoxe attachement-éloignement, dans lequel évoluent parents et adolescents, met aussi en lumière le défi qu'il représente. Défi souvent perçu avec raison comme démesuré, à notre époque, en l'absence des supports sociaux indispensables pour appuyer les structures d'autorité de la famille. Désormais, tout repose sur la personnalité des parents. Si la création de relations parents/adolescents adaptées est une tâche fascinante à notre époque, libre des contraintes institutionnelles du passé et de certains atavismes réducteurs, il faut bien admettre aussi qu'elle exige des parents un effort presque surhumain.

Est-ce pour n'avoir pas senti s'éveiller en eux un grand projet, avoir été privé d'un milieu familial équilibré, ou ne pas avoir réussi à trouver une personne inspirante ou un modèle que tant d'adolescents désenchantés piétinent et n'ont pas la volonté de protester contre un système qui les ignore? Voilà une question qu'il n'est pas facile d'éviter à l'heure actuelle.

Construire son échelle de valeur dans une société anomique

> Tant que la famille et l'école s'inscrivaient dans le contexte d'une société monolithique où le consensus sur un système de valeurs clairement définies ne posait pas de problèmes majeurs, la transmission des valeurs allaient de soi [...]. Mais il est évident qu'il n'en va plus de même aujourd'hui (Artaud, 1989).

Nous sommes à l'ère de la modernité. Avec elle, nous avons accédé à un au-delà de l'affirmation autoritaire et de l'imposition des valeurs. Il faudra dorénavant les reformuler de façon personnelle. Le risque de démission est énorme, de même que celui des compromissions qui aboutissent à la permissivité abusive. Si nous nous arrêtons un moment à cette conjoncture, c'est qu'elle conduit à la question difficile mais inévitable du fondement des valeurs et de leur transmission.

La modernité, écrit Marcel Brisebois (1989), c'est «l'état social où l'emportent l'individu, la faculté du présent, la capacité poétique, l'intériorisation de l'errance, du questionnement et du doute [...] la modernité c'est le mouvement plus l'incertitude [...]. Malgré ses vices et ses crimes, je vois bien la

richesse de notre monde, de son principe de liberté individuelle». Par contre, poursuit l'auteur, «un des problèmes
majeurs de notre société est qu'elle donne trop souvent des
signes de détresse, dus à l'absence de convictions profondes.
Nous bougeons, mais sans guide; nous sommes en mouvement
mais sans direction [...]. Une bonne part de nos problèmes
provient de ce que nous sommes restés sans morale et sans
foi, de ce que nous n'avons aucune vérité propre, aucune
position claire et ferme sur quoi que ce soit d'important».

Ce double visage de notre époque a quelque chose de
fascinant par la place qu'il assure à la liberté et à la créativité,
à l'accomplissement personnel et collectif hors des sentiers
battus. Autant de richesses reconquises pour lesquelles il faut
se battre face à la tentation résurgente de rechercher la
sécurité des systèmes et de se cantonner dans le giron des
institutions naturellement avides de pouvoir. Notre époque
n'en est pas moins troublante. On songe d'abord à l'explosion
technologique et à l'allure vertigineuse des changements qui
en découlent, mais ceci n'est que la surface. La société
moderne est troublante surtout parce qu'elle n'offre plus de
points de repère communs. Si la société pluraliste peut être le
lieu des choix et de la maturation de la personne, elle peut être
aussi le lieu des pires servitudes.

Au lendemain de la crise des institutions et de l'avancement du pluralisme idéologique, l'individu est laissé à
lui-même pour inventer des solutions aux questions multiples
auxquelles il est confronté. Face à ces questions, qui incluent
les enjeux ultimes ayant trait à la vie, à l'identité de l'être, à la
mort (bébé-éprouvette, location d'utérus, mère porteuse,
euthanasie, mort dans la dignité, suicide, avortement, etc.), on
ne trouve plus de réponses toutes faites, convaincantes,
auxquelles tous pourraient se rallier. Dorénavant, l'individu
est confronté à la diversité des opinions, aux courants idéolo-
giques souvent contradictoires et aux luttes acharnées,
facilement fanatiques, des groupes partisans.

Dans ce contexte, le risque couru par les jeunes est énorme : «Faute d'avoir pu développer un référentiel de valeurs solidement ancré dans leur personnalité, les jeunes risquent de perdre pied. Les uns en viendront à laisser voguer leurs jugements et leurs règles de conduite au gré des sollicitations du moment, prolongeant ainsi indéfiniment les tâtonnements dans leur recherche d'identité. Les autres tenteront, par besoin de sécurité, de se refuser au questionnement et aux remises en question qui auraient ouvert la voie à leur identité personnelle. Ils entreront dans la vie adulte avec une identité d'emprunt basée sur la conformité aux modèles transmis» (Artaud & Michaud, 1993, 3). La confrontation à un milieu pluraliste ne suffit pas en lui-même pour que le jeune opère les remises en question nécessaires au développement d'un jugement personnel qui l'entraîne sur des routes de croissance. Il lui faut des guides adaptés à la situation et aux conditionnements de la société actuelle.

La reformulation des valeurs

Cette société est le berceau où grandissent les enfants d'aujourd'hui et où ils arrivent à l'adolescence. Sa complexité ne facilite pas la résolution des conflits intérieurs qui tiraillent les jeunes au moment où ils vivent l'étape décisive de la structuration de leur personnalité, même si l'ouverture à tous les courants de pensée en fournit l'occasion. En principe, ils ne sont pas prêts à accepter des valeurs toutes faites. Et il convient de s'en réjouir. Mais comment arriveront-ils à se construire une échelle de valeurs personnelle ? Cette formation doit emprunter une autre voie que celle de l'affirmation simpliste, comme si les parents n'avaient qu'à dire leur conviction ou à imposer leurs visions. La route incontournable est celle de la reformulation des valeurs. On hissera une réalité au niveau d'une valeur importante quand on en aura exploré à fond la signification pour le développement humain. C'est en acceptant cette démarche exigeante que les jeunes se construiront une échelle de valeurs significative et que les parents assumeront leur «rôle d'architecte d'une liberté naissante» (Naud, 1985). Ensemble, parents et adolescents, ils prendront conscience, chacun à partir de sa propre expérience, qu'il existe un ordre des choses et un chemin où se logent la liberté véritable et le sens de la responsabilité.

◆ *Une échelle de valeurs personnelle*

Un sondage sur les valeurs des jeunes publié il y a quelques années dans la revue *L'Actualité*, posait les questions suivantes : «À quoi rêvent-ils? Qu'attendent-ils de la vie? Que pensent-ils de l'école, de la famille, de l'argent, de l'amour [...]. De quoi s'inquiètent-ils?» Le résultat de ce sondage montre que 72% des jeunes sont préoccupés par l'environnement. La plupart attendent peu de la politique et de la religion. Par contre, 54% d'entre eux estiment que l'amour de son prochain, le don de soi et l'altruisme sont des valeurs de première importance. Les réalités qui reçoivent la plus haute cote d'appréciation sont le bonheur (90%), la famille (73%) et la carrière (69%). Enfin, la majorité de ces jeunes de 15-18 ans, dont 87% comptent aller à l'université, ont confiance en eux. Cette attitude de confiance se traduit par le fait que 77% sont d'avis que les jeunes ont beaucoup ou assez d'influence dans la société d'aujourd'hui. On devine bien que la proportion serait moins élevée si le sondage avait inclus les étudiants du secteur professionnel qui se dirigent vers le marché du travail sans passer par les études supérieures (Arseneault *et al.*, 1989). Un autre sondage fait quelques mois plus tard, avec un échantillonnage plus large, auprès des 17-30 ans arrivait sensiblement aux mêmes conclusions. Pour ces derniers, toutefois, l'emploi est la préoccupation principale. Du côté des valeurs, c'est la famille qui occupe la première place (Cauchon, 1989).

Ces sondages, comme bien d'autres qui révèlent la vision et les valeurs des jeunes d'aujourd'hui, sont des indicateurs de la richesse qui les habite et de leur capacité de faire des choix significatifs, malgré l'ambiguïté de la société éclatée dans laquelle ils grandissent.

La même ambiguïté explique aussi des carences graves. Dans le sondage publié par *L'Actualité*, par exemple, 24 % seulement trouvent tout à fait important le problème de l'immigration, et l'intérêt pour le tiers monde ne touche sérieusement que 41 % d'entre eux ; 32 % ne sont pas du tout touchés par le problème de l'avortement. On sent bien qu'il faut aller plus loin, qu'ils ont besoin d'être provoqués, d'être soutenus, pour découvrir et reformuler les valeurs susceptibles de construire une société plus humaine.

◆ *Éviter les démissions*

L'esquive de trop d'adultes face aux valeurs met la jeunesse en péril, et avec elle, le monde. «L'humanité court au désastre si une correction rapide n'est pas apportée», soutenait le généticien français Albert Jacquard dans le cadre du Congrès international de l'Enseignement des Sciences tenu à Ottawa en octobre 1989. Le même message était transmis par les quatre autres intervenants majeurs, Robert Baterman, Yvan Illich, David Suzuki et Hubert Reeves. Selon eux, deux lieux urgents d'intervention s'imposent : le premier, c'est l'environnement. Il faut sauver la planète en danger. Le second, c'est la transformation de la conscience individuelle et collective. Il faut que s'instaure une nouvelle vision, il faut ressaisir les valeurs essentielles de l'existence (respect de la nature, respect de la vie, vérité de l'amour) et de la survie de l'humanité (solidarité mondiale, justice, équité). Ou bien le monde se prépare à faire un saut en avant dans le sens de l'humanisation des rapports qui tissent les liens entre tous les gens qui habitent la planète, ou bien l'on connaîtra un recul tragique de civilisation !

Ce discours, sous une multiplicité de formes, n'a cessé de retentir au cours des dernières années. Il traduit une urgence. On peut se demander, en 1996, si le virage est entrepris. Le triomphe du capitalisme sauvage qui entraîne l'écart toujours plus tragique entre les riches et les pauvres et la montée des nationalismes qui menacent l'équilibre toujours fragile entre les ethnies constituent des phénomènes déroutants. Selon l'expression de Jean Ferrat (1995), «nous vivons dans un monde où la jungle étend son empire. Partout on assiste à une subordination de la vie au profit et à la loi du marché sans frein qui pressure les gens et les sociétés jusqu'à l'explosion».

Le défi est de taille. Jeunes et adultes y sont confrontés. Aux adultes, il demande de la lucidité et du courage. Quant aux jeunes, plus fragiles face aux risques de confusion qui nous menacent tous, ils ont encore plus besoin d'aide. Un fait assez récent l'illustre bien. On se souvient du débat qui a fait les manchettes à l'hiver 1988, opposant un service du ministère des Affaires sociales et de la Santé du gouvernement du Québec à Radio-Canada, au sujet des risques du sida. Sous prétexte de ne pas faire la morale, les technocrates du ministère avaient choisi de ne pas parler de contrôle, de respect, bref, de faire silence sur l'essentiel pour ne passer aux jeunes que le message de la consommation : «Utilisez des condoms...» La Société Radio-Canada s'y est refusé. Cet exemple est significatif de l'avilissement d'une culture qui, en renvoyant les jeunes à l'échappatoire technique, trahit ceux-là même qu'elle a mission d'éclairer, de soutenir et de guider. Certaines démissions sont dramatiques.

◆ *Tout n'est pas permis*

Un autre trait de notre époque qui contribue à la complexité de la formation aux valeurs tient à la façon de solutionner les conflits parents/enfants. Du courant déclenché par le psychologue américain Thomas Gordon (1976), selon lequel il ne doit pas y avoir de perdant dans la relation parents/adolescents, on a fait un absolu.

Il n'y a pas de doute qu'à long terme, l'affirmation de Gordon ait valeur de principe. Mais la réalité est parfois toute autre dans son application quotidienne. L'interprétation superficielle de la pensée de l'auteur s'est malheureusement transmise par un courant à la mode qui a conduit bien des parents à abdiquer plus ou moins leurs responsabilités.

L'instauration de relations humaines, démocratiques, saines et efficaces, n'exclut pas les conflits et n'élimine pas les perdants. La recherche de compromis et l'alternance des victoires sont hautement souhaitables. On pourrait rêver en effet d'un équilibre entre les parents et les adolescents au chapitre des victoires et des défaites. Mais il faut aussi affirmer que tout n'est pas négociable. Selon l'expression de Christiane Collange (1985) : « Non, tout n'est pas permis ! [...]. Il est des grandes règles de l'existence [...]. Elles concernent le meurtre, la violence, le vol, le respect d'autrui, le souci de la vérité [...] tout ce qui fait la différence entre la civilisation et la barbarie. »

Les parents ne peuvent pas, sous prétexte d'éviter de brimer l'adolescent dans sa personnalité, le laisser se détruire lui-même ou détruire les autres. Par détruire, entendons tout ce qui met en péril l'équilibre physique, affectif, social de l'adolescent ou tout ce qui risque d'affecter sérieusement son développement ou celui des autres. Bref, il est inévitable qu'il y ait parfois des perdants dans l'immédiat. La décision finale, en certains cas, revient aux parents, forts de leur expérience et de leur responsabilité. L'adolescent continuera quant à lui à explorer les limites de son pouvoir. Il continuera à vérifier jusqu'où il peut aller dans la transgression des interdits.

Un des terrains où la confusion se manifeste avec le plus d'évidence est celui de la sexualité. Lorsque 20 % des filles et 34 % des garçons déclarent avoir eu des relations sexuelles avec pénétration avant l'âge de 15 ans, des questions sérieuses montent à l'esprit des éducateurs (Tourigny, 1995). Les jeunes adolescents et adolescentes sont, à ce moment de leur vie, à l'âge de la pyschologie comparée, ils ont tout à découvrir sur la personnalité les uns des autres en tant que femme, en tant qu'homme ; ils sont à l'âge où un des défis importants à relever est celui du contrôle des pulsions qui les fait lentement accéder à l'âge adulte. Comment se fait-il qu'il ne se trouve plus personne pour leur dire non ! Pour leur dire que ce n'est pas le temps, qu'ils ne sont pas prêts, pour leur dire qu'à leur âge cela est interdit. Les parents qui n'osent pas mettre de barrières à l'instinct naissant, qui n'opposent rien de solide à l'adolescent, abandonnent à eux-mêmes des êtres fragiles incapables de se construire sans encadrement. Une des pires trahisons que les adultes peuvent faire aux jeunes c'est de ne rien exiger d'eux.

Le retour au fondement des valeurs

Les parents qui sont sans doute trop seuls pour reformuler avec leurs adolescents les valeurs qui charpentent l'agir humain sont confrontés à une question capitale : sur quoi s'appuyer pour mener à bien cette entreprise en l'absence de consensus sociaux et d'institutions dont l'autorité serait telle qu'elle pourrait susciter l'assentiment ? La démarche se complique du fait qu'elle exige la qualité de l'interaction entre parents et enfants, de même que la rigueur et le sérieux dans la quête d'authenticité des uns et des autres.

Il n'existe évidemment pas de points de repère à partir desquels tout s'éclairerait comme par magie. On se retrouve au contraire en terrain d'exploration. Parents et adolescents sont renvoyés au fondement même de l'agir humain. Pourquoi la fidélité, pourquoi la vérité, pourquoi l'amour ? Sur quoi s'appuient les droits de l'homme, à partir de quoi la morale, pourquoi la loi ? La démarche à entreprendre et à poursuivre consiste dans un premier temps à analyser et à évaluer les besoins, les attentes et les aspirations profondes de l'humain. Elle consiste ensuite à saisir le lien entre besoins et valeurs et à construire à partir de là une échelle de valeurs correspondante. Enfin, elle consiste à préciser l'articulation entre valeurs, droits, règles éthiques ou morale et loi.

1. *L'humain, un être de besoins.* L'individu est un être de besoins. C'est la satisfaction de ces besoins qui rend possible la vie et son épanouissement. Quelles sont donc les réalités indispensables à la survie d'un être et à son développement ?

Si, au début, l'enfant a besoin de nourriture, de chaleur, de protection et d'affection, à mesure que passent les mois et les années, il éprouve d'autres besoins, correspondant à d'autres dimensions de son être. La réponse adéquate à ces besoins assure le développement total de chaque individu tout au long de sa vie. Personne ne peut vivre et s'épanouir s'il ne reçoit une satisfaction minimale de ces besoins à tous les niveaux de l'être : physique, affectif, intellectuel et spirituel. On doit à Maslow (1962) d'avoir discerné de façon articulée la série des besoins, depuis les besoins d'ordre physiologique jusqu'aux besoins plus élevés de l'ordre de la transcendance. On saisit d'emblée le lien entre besoins et valeurs. Est déclarée «valeur» la réalité qui correspond à un besoin ou à une attente. L'importance accordée à une valeur correspond à la place qu'elle tient en fonction de la vie ou de l'épanouissement de l'individu ou de la société.

2. *Le rapport entre besoins et valeurs.* Besoins, attentes et aspirations sont autant de mots qui définissent les réalités importantes de l'existence désignées en termes de valeurs. Des réalités sans lesquelles la vie de l'individu est impossible et la société, impensable. Exprimées de façon positive, elles sont le guide qui assure la croissance harmonieuse de la personne et l'humanisation des rapports humains. C'est en référence à elles que s'édifie la civilisation.

La prise de conscience individuelle et collective de la signification de la réalité susceptible de répondre aux besoins constitue un élément décisif dans la définition d'une valeur. C'est pour avoir saisi la signification tant du besoin que de la réalité qui le comble que cette dernière devient une valeur. Par exemple, le respect est une valeur parce que chaque individu a besoin d'être accueilli pour ce qu'il est.

C'est à partir de là aussi que l'on établit une hiérarchie des valeurs. L'ambivalence du terme valeur met en relief la pauvreté d'une analyse où l'on ne distingue plus entre les valeurs fondamentales ou universelles de l'existence et les valeurs de moindre importance. De nombreux conflits de valeurs résultent justement de l'incapacité ou du refus de discerner entre deux réalités d'inégale importance.

À titre d'exemple, comment expliquer les hésitations de la société à s'opposer radicalement à l'idée même de mère porteuse ? Pourtant, ne fait-on pas face à un enjeu qui comporte la négation d'un besoin fondamental et donc, à l'inverse, d'un droit absolu de l'enfant, celui d'avoir une mère et un père à partir desquels il saura se définir ? Dans ce débat non résolu, tout se passe comme si on avait perdu de vue le fait que le sens de l'appartenance et le lien vital avec ses racines est une valeur essentielle avec laquelle on ne joue pas. Dans un autre domaine, comment expliquer la démence de la consommation dont les excès se traduisent par le gaspillage, y compris celui de la nourriture dans quantité de foyers ? Ici encore, l'absence de sensibilité vis-à-vis tout un ensemble de besoins fondamentaux a entraîné dans nos pays riches l'aveuglement concernant des valeurs qui sont à la base de l'existence individuelle et collective.

Enfin, c'est à partir de ce type d'analyse et du constat que les besoins fondent les valeurs que l'on peut saisir par la suite que ce sont aussi les valeurs qui fondent l'éthique, le droit et la loi.

3. *Le rapport entre valeurs, morale, droit, loi.* La morale, le droit et les lois ne sont pas le fruit d'une élucubration quelconque, si brillante soit-elle. Ils n'ont pas été inventés, mais jaillissent de la prise de conscience des valeurs qui rendent possible la vie des individus et humanisent les rapports entre eux. La morale, le droit et la loi, chacun à sa façon, expriment ou articulent, tout en assumant leur fonction propre, les grandes valeurs de l'humanité. Ils sont la formulation, sous trois modes différents, de la réponse aux besoins et aux attentes fondamentales de l'existence.

La prise de conscience des valeurs, qui se traduit par la structuration des règles morales, les déclarations des droits et l'élaboration des lois, est une œuvre jamais terminée. Elle est le fruit de la longue maturation de l'humanité et s'exprime dans le difficile processus de civilisation, sans cesse menacé de recul. De plus, elle constitue une tâche que chaque individu est appelé à assumer avec les femmes et les hommes de sa génération. Cette prise de conscience s'impose enfin avec d'autant plus de force aux jeunes de notre époque qu'ils sont davantage laissés à eux-mêmes.

La marche de la civilisation n'est possible finalement que si le plus grand nombre d'individus accèdent à la conscience des fondements et de la signification des règles morales, des droits humains et des lois. L'éducation aux valeurs et la nécessité particulièrement pressante de les reformuler à notre époque reposent donc sur la compréhension personnelle que le bien est ce qui s'inscrit dans la ligne de la promotion des réalités importantes de la vie (justice, amour, honnêteté, fidélité, etc.), autant de réalités qui placent l'individu, la famille et la société sur une trajectoire de croissance. À l'inverse, le mal est ce qui brime ces réalités ou s'y oppose.

L'accueil des règles morales et leur élaboration face aux questions nouvelles, le respect des droits humains et leur affirmation, enfin, la promulgation des lois et leur application vont donc de pair avec le développement de la conscience des individus et de la collectivité. Elles fondent la civilisation. C'est sur elles que repose tout projet de société.

Avant de conclure au sujet de la tâche des parents, il reste à rappeler que si la reformulation des valeurs emprunte la route de la psychologie des besoins, il est une voie complémentaire à explorer, celle de la philosophie, qui lui est antérieure. Elle est faite de la longue observation et de la réflexion de celles et ceux qui, au fil des siècles et encore aujourd'hui, parviennent à pénétrer plus profondément le mystère de l'humain. Sagesse de l'humanité, elle se transmet de père en fils, de mère en fille, de maître en élève.

Dans l'entreprise de reformulation à laquelle nous sommes confrontés, la philosophie permet d'affirmer les grandes lois de l'existence particulièrement pertinentes pour notre temps : la fraternité universelle, la solidarité, le respect de la vie sous toutes ses formes, la fidélité conjugale, le respect des biens d'autrui. C'est sur le chemin menant à cette découverte que les parents d'aujourd'hui doivent guider leurs enfants. Assumant en cela un rôle irremplaçable, ils les soutiennent sur les routes exigeantes de l'accès à l'autonomie, au-delà de la manipulation qui les guette, et au sens de la responsabilité qui fera d'eux les artisans confiants de leur propre avenir.

Les valeurs de la sexualité

Si la structuration de son identité est la grande tâche de l'adolescence, la sexualité n'en constitue pas moins sa préoccupation majeure, en plus d'être une des forces qui commande des choix exigeants. D'où l'intérêt à s'arrêter aux valeurs de la sexualité, étant donné que le rapport parents/adolescents est fortement polarisé par cet enjeu.

«Lorsque l'homme atteint la puberté, écrit Erikson (1971, 129, 134), il n'est pas prêt encore pour le rôle conjugal ou parental. C'est en fait un problème réel que de décider si la liberté précoce dans l'exercice direct de la sexualité est de nature à lui donner plus de liberté en tant que personne et en tant que gérant de la liberté des autres [...]. La machinerie sexuelle arrivée récemment à maturité, doit être maintenue en sommeil pour toutes ou une partie de ses fonctions, tandis que l'individu se prépare à prendre sa place dans l'ordre adulte [...]. Sur le plan de la sexualité, l'âge adulte est celui de la génitalité, de la capacité à consommer pleinement, dans un échange mutuel, l'acte sexuel.»

Il est évident que la sexualité des jeunes ne se vit pas aujourd'hui dans la perspective de cette analyse. Les moyens de communication de masse, en particulier la télévision, ont fait passer le sexe de la chambre à coucher au salon. Très jeunes, les enfants sont exposés aux pratiques sexuelles, en général sans souci des valeurs et souvent associées à la violence. Ce contexte devenu promoteur de la permissivité a pour effet d'entraîner une grave distorsion de la vision que se font les jeunes de la sexualité.

Le problème est double : les jeunes ne sont ordinairement pas initiés aux valeurs qui structurent la sexualité ou ils le sont très peu. De plus, les *mass media* qui, en pratique, font leur initiation sexuelle, les laissent avec une vision incomplète et étriquée de la sexualité ! La proportion d'enfants nés orphelins, la situation douloureuse des adolescentes-mères, la recrudescence des maladies vénériennes et du sida, confirment à l'évidence le besoin de repenser l'éducation sexuelle.

Ce bilan plutôt sombre est peu atténué par l'école qui ne fait guère plus que refléter les courants de la société. Son mode d'intervention est réduit à l'information. Malheureusement, il ne suffit pas de renseigner les enfants et les adolescents sur l'anatomie, la physiologie, sur les précautions à prendre pour éviter les grossesses précoces, ou encore de leur apprendre comment se protéger du sida. Il faut les aider à réfléchir sur le sens des forces qui surgissent en eux et sur les conséquences de leurs actes. Bref, vidée de signification, l'information fait bien peu pour aider les adolescents à assumer leur sexualité.

La tâche des parents s'avère donc d'autant plus exigeante et irremplaçable. Les questions reliées à la sexualité doivent être au cœur de leurs échanges avec leurs adolescents. C'est par la communication que les parents aideront l'adolescent à s'éveiller aux conséquences de ses actes et à sa responsabilité en ce domaine. Les conclusions de la recherche sont unanimes : «Lorsque les parents et les jeunes augmentent le niveau de communication touchant la sexualité, on peut s'attendre à ce que ces adolescents aient moins de fausses informations, soient plus ouverts avec leurs parents, aient une perception plus juste de leur pensée, enfin n'aient des activités sexuelles qu'à un âge plus avancé» (Green & Sollie, 1989). Ce que les jeunes attendent de leurs parents, c'est la possibilité de parler ouvertement avec eux de sexualité. Des études révèlent que les filles en particulier veulent que leur mère leur parle de choix et de sentiment (Brock & Jennings, 1993). Malheureusement, à peu près toutes les enquêtes auprès des parents indiquent qu'ils n'ont pas su assumer cette tâche.

La formation aux valeurs de la sexualité emprunte le même chemin que la formation aux autres valeurs importantes de la vie, correspondant en ceci à l'importance de la sexualité elle-même dans l'aventure humaine. Si elle doit se faire dans un climat de dialogue ouvert, elle suppose que les parents aient au préalable intégré leur sexualité, qu'ils la vivent avec cohérence, et qu'ils connaissent, en tant qu'éducateurs, les étapes principales du développement psychosexuel de l'enfant et de l'adolescent. Nous les rappelons brièvement avec les tâches qui y correspondent.

1. À l'adolescence, les relations filles/garçons sont carrément marquées par la sexualité. Jusque-là, elles l'étaient très peu, en ce sens que la pulsion sexuelle, sauf pour la curiosité qui perdure depuis la petite enfance, demeurait plutôt étrangère à leurs rapports. C'est le moment de l'éveil de l'intérêt et de l'attrait pour l'autre sexe. La première tâche qui s'impose, au moment où la sexualité se transforme en force de rencontre et devient route d'humanisation des rapports femme/homme, c'est l'entrée dans le processus d'apprivoisement de la personne de l'autre sexe. L'heure est à la psychologie comparée fille/garçon.

Les deux risques majeurs à ce moment tiennent à une éducation sexuelle réduite d'une part à l'information physiologique et aux techniques de protection et, d'autre part, au climat de permissivité caractéristique de notre époque. La liberté précoce dans l'exercice direct de la sexualité enferme le jeune adolescent et la jeune adolescente dans un univers narcissique qui les empêche d'accéder à la connaissance véritable de l'autre. Leur évolution vers la maturité est retardée. Une éducation sexuelle bien faite tiendra compte résolument de cette réalité. Prenant conscience des dynamismes inhérents à la pulsion sexuelle, adolescents et adolescentes sont appelés à canaliser l'énergie qui les habite dans des projets qui vont dans le sens de la découverte de l'autre en tant qu'autre, et à résister à la tentation, particulièrement forte chez le garçon, de réduire l'autre à un objet sexuel.

2. Le deuxième défi que pose la sexualité à l'adolescence consiste dans la maîtrise de ses pulsions. À l'instinct de gratification immédiate caractéristique de la petite enfance doit faire place la maîtrise de soi et la capacité d'attendre. La résistance au « tout, tout de suite ! » est un facteur essentiel à la croissance.

En effet, « laissé à la merci de ses pulsions et des sollicitations de son milieu, l'adolescent risque de régresser à un stade antérieur de son développement moral en prenant ses désirs pour critère de la moralité de ses actes ou, pour se donner la sécurité nécessaire à sa croissance, d'adopter le système de valeurs de son milieu sans pouvoir accéder à une moralité responsable » (Artaud, 1985b).

Un des risques graves consiste à entretenir la confusion entre la pulsion sexuelle et l'amour véritable. La situation d'exploitation objective qui en découle se traduira, si elle se prolonge indûment, par l'incapacité de croire en l'amour et même, à la limite, par le cynisme.

3. La troisième tâche du développement psychosexuel à l'adolescence est la découverte d'un sens et d'une direction à la sexualité. Cette entreprise implique l'intégration de sa sexualité à la totalité des aspects de son être (affectif, social, intellectuel, spirituel) et la saisie des valeurs qui la structurent. Les adolescents sont donc invités à une recherche sur la signification de la sexualité, de l'amour, du couple, du mariage, de la famille. Notons qu'en ceci la référence à la sagesse véhiculée par la plupart des grandes religions, dont le christianisme, n'est pas à dédaigner. Derrière certaines positions d'ordre éthique discutables, il importe que les jeunes découvrent la riche vision de l'amour et de la sexualité humaine qu'elles véhiculent. Cette démarche est importante même si la norme religieuse est battue en brèche et finalement n'en est qu'une parmi les autres promues par le groupe des pairs, les *mass media* et la vision propre des parents (Cochran & Beegley, 1991). Elle est de nature à faciliter aux jeunes la découverte des valeurs de la sexualité, de la mutualité, de l'intimité, du don de soi, de la fidélité, de l'engagement, etc.

Il faut être aussi conscient du lien étroit qui existe entre la sexualité et l'accès à l'identité. La sexualité bien intégrée est en effet un facteur essentiel de l'identité. Sans elle, il n'est pas d'amour véritable possible.

« L'amour, au sens le plus vrai du terme, présuppose une identité bien établie », écrit Erikson (1971, 133). Dans un processus de croissance où tout est interrelié, la découverte des valeurs de l'amour et l'accès à l'identité au sens de l'autonomie, de la responsabilité et de la capacité d'engagement ne font finalement qu'un.

Le risque majeur auquel échappe plus difficilement un nombre important de jeunes aujourd'hui, c'est de rester dans un état de confusion plus ou moins marqué au sujet des valeurs et des grandes lois de la sexualité. Un état de confusion qui n'est pas sans lien avec la fragilité de leur identité personnelle. Cette situation explique en partie les nombreux échecs des jeunes couples actuels, de même que l'hésitation ou le refus de se lier légalement par le mariage. Pourtant, on le sait, « une identité prouve sa force lorsqu'elle ne craint pas de s'exposer » (ib., 133).

La formation des adolescents aux valeurs de la sexualité est à situer au centre des préoccupations éducatives des parents. Leur épanouissement dépend pour une large part de leur capacité à en découvrir le sens véritable. Tous n'éviteront évidemment pas certaines expériences négatives, parfois désastreuses, mais avec l'aide des parents, la démarche menée avec cohérence, patience et respect soutiendra leur cheminement en même temps qu'elle les guidera vers la pleine compréhension de l'amour. L'impact de la culture de la permissivité a rendu la majorité des parents sceptiques. Que dire, que faire à l'ère du sexe tous azimuts? Plusieurs lâchent. On ose un peu parler de prévention. Pourtant, les parents exercent toujours une influence. Plus forte qu'ils sont portés à le croire dans la chaleur du combat avec des adolescents dont le propre est de faire reculer les barrières. Les études abondent sur le rôle des parents et son impact dans la formation des attitudes et des comportements sexuels de leurs adolescents et adolescentes. La conclusion qui émerge, c'est que les parents exercent bel et bien une influence. Elle est dépendante de l'attitude qu'ils ont eux-mêmes face à la sexualité et aux règles instaurées pour ce qui est des fréquentations amoureuses de leurs enfants. Jusqu'où cette influence est-elle décisive dans le comportement des jeunes, surtout des garçons, demeure une question pour laquelle il n'existe pas de réponse (Hovell *et al.*, 1994).

Une saine éducation sexuelle s'impose. L'entreprise n'est certes pas facile. Certains parents peuvent se sentir dépassés et se demander comment s'y prendre. Nous reproduisons une lettre publiée dans la revue *American Family* (1989, sept.), qui reflète bien la situation actuelle en plus de se situer dans une perspective d'authenticité. Il s'agit d'une lettre de la mère à sa fille. On pourrait imaginer une lettre du père à son fils.

Chère _____,

J'hésite depuis un bon moment à te parler de sexualité. Ce n'est pas un sujet que l'on aborde dans n'importe quelle circonstance. En tout cas, c'est ce que j'étais portée à penser. En évitant le sujet, je me cache sans doute le fait que les problèmes de sexualité à l'adolescence se posent bel et bien. Cette attitude que je partage avec de trop nombreux parents n'aide pas. Au cours de cette année, plus d'un million d'adolescentes vont devenir enceintes... Devenir mère à cette étape de la vie est une erreur. Un nombre égal d'adolescents vont s'embarquer dans une aventure pour laquelle ils ne sont pas prêts. Devenir père à ce moment est un faux exploit, aux conséquences désastreuses. Il y a une autre façon d'être ensemble et d'apprendre à vous connaître qui convient à votre âge. Il faut savoir maîtriser la pulsion sexuelle, il faut savoir dire non. Il y a tellement plus qui t'attend. J'essaie de comprendre comment tu te sens, quelles sont tes questions, mais j'ai de la difficulté à exprimer mes pensées. Ensemble, nous devrions y arriver. Je suis prête à essayer si tu le veux. Vas-y, pose-moi tes questions. N'importe quoi. N'importe quand. Je t'aime, même si je ne te le dis pas assez souvent.

Je t'embrasse,

_____

RÉSUMÉ

Le passage du mitan de la vie est un tournant majeur dans l'existence de l'individu. Peu de personnes arrivent à éviter les malaises propres à ce stade. Plusieurs sont aux prises avec des remises en question bouleversantes. Vécu en couple, ce stade constitue en général une période critique. Le mariage peut être ébranlé. Jamais plus qu'à cette étape en effet le rapport des conjoints est-il davantage soumis au feu de l'être à deux. C'est le moment où s'impose une redéfinition de leur relation, s'ils doivent évoluer de façon positive, en évitant la stagnation et, à la limite, la rupture. L'approfondissement de l'intimité et le renouvellement de la communication sont les acquis normaux du stade.

Le fait que les enfants grandissent constitue un autre facteur décisif. En effet, l'arrivée d'un enfant à l'âge de l'adolescence entraîne un véritable tournant dans la vie d'une famille. Même si la tendance actuelle est de démystifier la crise de l'adolescence, il n'en demeure pas moins qu'il s'agit d'une période difficile pour tous. La conduite à risques qui les caractérise est inévitablement troublante à certaines heures. Or, il n'existe pas de formule magique pour la traverser. Mais une chose est certaine, il est indispensable de travailler à l'instauration de nouveaux rapports parents/enfants.

La redéfinition des relations avec l'adolescent prend appui sur une attitude de compréhension, de respect pour ce qu'il vit, et de confiance. La redoutable tâche d'harmoniser souplesse et fermeté est au cœur de la démarche. L'adolescent a besoin d'une autorité morale qu'il respecte, même si l'expérience qu'il en fait est conflictuelle. L'important est de le soutenir et de le guider sur les routes parfois cahoteuses de l'accès à l'autonomie et au sens de la responsabilité.

Cette troisième étape dans la vie du couple et de la famille est sans contredit la plus critique. Toutefois, si on considère le couple et la famille comme une réalité vivante, cette crise, faite de remises en question et d'ajustements, est normale. «Le propre de la famille en société ne consiste-t-il pas justement en ce qu'elle soit en évolution constante?» (Maddock, 1989).

Chapitre 9

Le «nid vide»: une nouvelle façon d'être ensemble (Stade 4)

Vos enfants ne sont pas vos enfants. Ils sont les fils et les filles de l'appel de la vie à elle-même. [...]
Et bien qu'ils soient à vous, ils ne vous appartiennent pas.

Le Prophète, Khalil Gibran

C'est dans le face à face retrouvé que l'amour est appelé à naître à neuf.

Claude Michaud

Si vous voulez tenir quelque chose d'important dans la vie, alors tenez-le avec délicatesse, comme vous tenez de l'eau dans la paume de vos mains.

Proverbe bouddhique

*A*vec le départ du dernier enfant, le couple se retrouve seul. C'est le retour à la case «Départ». Cette étape, appelée à s'ouvrir sur une expérience d'intimité plus profonde, s'exprime dans la connivence amoureuse des individus qui après avoir fait ensemble une longue route ont appris à s'aimer dans le respect profond et la tendresse. Certains parlent de «seconde lune de miel» et de «retrouvailles». Mais pour y accéder, les conjoints doivent passer d'abord par l'expérience troublante d'une maison devenue trop grande, de la solitude, de l'impression d'être devenus inutiles et surtout du poids du silence après des années d'échanges davantage orientés sur les enfants que sur leurs besoins et leurs attentes réciproques. Bref, cette étape comme toutes les autres comporte sa part de souffrance et ses défis particuliers.

Le quatrième stade de la vie du couple et de la famille débute avec le départ des enfants et se termine à la retraite. Il tend présentement à devenir le plus long, commençant vers le milieu de la quarantaine pour se terminer en général dans la soixantaine. Il est affecté par le phénomène actuel, qui tend à se généraliser, de l'allongement de l'adolescence des enfants et leur départ tardif du foyer. Enfin, on peut s'attendre à ce que la tendance à avoir ses enfants à un âge plus avancé, chez un nombre croissant de femmes désireuses d'assurer d'abord leur carrière, aura aussi une incidence sur l'ensemble du stade.

Cette étape peut être particulièrement riche d'intimité et de joie de vivre. Ce n'est pas parce que les enfants sont maintenant élevés et qu'ils sont devenus des adultes que les parents vont sombrer dans le désœuvrement. Au contraire, ils ont plus à faire que jamais en ce sens que la liberté retrouvée s'ouvre sur un champ quasi illimité d'activités et de projets impensables hier. Mais surtout, au cœur de cette situation nouvelle, ils ont à inventer une nouvelle façon d'être ensemble. Le «syndrome du nid vide», sur lequel on a pu s'attarder dans les décennies antérieures en s'apitoyant sur le sort des mères en dépression, incapables de se donner un nouveau projet après n'avoir existé que pour leurs enfants, est chose du passé.

Voici, dans une perspective développementale, les principales tâches qui mobilisent l'énergie du couple au cours de cette étape : aider les enfants à quitter, apprendre à se retrouver face à face, s'adapter à de nouvelles relations avec les partenaires de ses enfants et les petits-enfants, accueillir les réalités de l'existence (maladie, mort de ses parents, etc.).

Le départ des enfants

En 1971, Evelyn Duvall définissait la famille à cette étape de son évolution comme un «centre de lancement». L'expression reflète bien la responsabilité de la famille à ce moment : permettre aux enfants qui ont grandi d'assumer à leur tour les tâches qui font d'eux des adultes responsables. L'opération est complexe. Elle implique, chez l'adolescent, une identité bien établie et une confiance en soi suffisante pour faire le saut en dehors du nid protecteur. Elle implique aussi la volonté profonde des parents de voir leurs enfants s'émanciper. En quoi consiste cette transition?

Une expérience de rupture

«Vos enfants ne sont pas vos enfants [...] bien qu'ils soient à vous, ils ne vous appartiennent pas» (Gibran, 1956). Au moment où l'enfant s'apprête à quitter le foyer pour s'établir ailleurs, les liens tissés depuis tant d'années sont profondément modifiés. L'impact sur les parents peut être énorme. C'est toute une étape de la vie, un mode d'interaction qui s'évanouit (Sheehy, 1977, 255) parle de «l'aspect poignant du tournant des quarante ans avec le départ progressif des enfants». Pour bien des parents, ce départ est vécu comme un deuil. C'est un peu comme si le dernier rempart contre le vieillissement venait de s'effondrer.

La plupart des parents ont à se défendre d'un sentiment ambigu d'abandon. Souvent, malheureusement, le support mutuel fait défaut. «Après s'être perdus de vue pendant vingt ans comme conjoints, on redoute de se retrouver en tête-à-tête dans une grande maison vide, remplie d'ombres et de souvenirs», écrit Sylvie Halpern (1988). On comprend que, plus ou moins consciemment, époux et épouses veuillent étirer le plus longtemps possible leur statut de parents. Un statut qui les valorise et surtout les rassure.

Une enquête auprès de 84 familles s'est employée à mesurer le niveau de stress et de désorganisation entraîné par le départ des enfants à partir de quatre tests : le premier visait à mesurer le stress lié au rôle parental; le second, la capacité d'adaptation et le degré de cohérence de la famille; le troisième, la qualité de la communication parents/adolescents; le dernier tentait d'évaluer les stratégies utilisées pour faire face aux situations de crise (Anderson, 1988).

L'auteur est arrivé à la conclusion que dans la majorité des cas, le départ des enfants est vécu comme une crise normale, c'est-à-dire une transition à laquelle les membres de la famille, en particulier les parents, s'adaptent sans être trop affectés.

Toutefois, pour certains, il s'agit d'une expérience traumatisante qui nécessite un recours thérapeutique. Le facteur discriminant entre les deux situations est la qualité de la communication dans la famille. Autrement dit, les parents vivent beaucoup mieux les départs lorsque les relations avec leurs enfants et la relation du couple sont bonnes. Expérience de rupture, le départ des enfants constitue une source inévitable de tensions qui est vécue autrement par le père et la mère. Si les départs ne semblent pas trop affecter les pères dans leur ensemble, tout indique par contre que l'expérience soit plus difficile chez les pères plus âgés qui ont eu moins d'enfants, qui ont été moins heureux en mariage et qui ont développé un fort attachement à leurs enfants (Lewis *et al.*, 1979). Tous éprouvent de la difficulté à redéfinir la relation avec les enfants maintenant autonomes. Ils ne savent pas trop comment exprimer l'intérêt et l'affection qu'ils continuent à leur porter. Enfin, leur plus grand regret, c'est de ne pas leur avoir consacré assez de temps (McCubbin & Dahl, 1985, 266).

Les mères, de leur côté, sont dans l'ensemble davantage bouleversées par les départs. Cela est particulièrement évident chez celles qui n'ont pas une occupation en dehors du foyer (ib., 265).

Plusieurs vivent le départ comme une perte. Elles peuvent même se sentir rejetées en plus d'être guettées par un sentiment d'inutilité (Wells, 1984, 247). Enfin, «elles risquent de ne plus se sentir utiles à leur famille, d'éprouver un sentiment de dévalorisation et de ressentir de l'insécurité face à la possibilité de s'engager dans leur communauté» (Grenier, 1987).

Toutefois, pour les deux parents, le départ des enfants est souvent l'occasion de faire enfin les choses dont on rêve depuis longtemps, de réaliser de nouvelles ambitions, tout en appréciant l'allègement du fardeau économique. Il semble bien que l'accès à cette étape de la vie constitue pour la majorité des couples une occasion de croissance et de créativité, ne serait-ce qu'en raison de la possibilité d'explorer de nouvelles avenues et d'assumer de nouveaux rôles.

La tentation de retenir l'enfant

La pauvreté de la relation entre les conjoints constitue probablement le risque le plus susceptible de compromettre la transition. Le départ du dernier enfant la démasque inévitablement et provoque la prise de conscience des deux solitudes. On peut assister alors à une véritable conspiration plus ou moins consciente d'un ou des deux parents pour retenir l'enfant. Plutôt que de s'employer à instaurer de nouveaux rapports avec l'enfant et à construire un nouvel équilibre dans leur vie de couple, ils s'opposent à l'idée que l'enfant doive quitter, refusent la transformation de la relation que cela implique, et se cramponnent à leur rôle de parent protecteur.

Alors qu'ils devraient coopérer au départ de l'enfant, ils le retiennent. Cette attitude est désastreuse en ce sens que la transition avortée risque de se solder par un blocage du développement normal. Plus subtil mais plus fréquent est le cas où l'enfant quitte mais sans que le cordon ne soit coupé, c'est-à-dire sans une redéfinition de la relation parents-enfant.

Ces deux situations ambiguës risquent de se généraliser dans la conjoncture démographique et socio-économique présente. Tout indique en effet qu'elles feront de moins en moins figure d'exception. «Avant, on avait de grosses familles, rappelle le psychologue Michel Trozo. Aujourd'hui, on fait moins d'enfants [...] alors on a tendance à les garder.» Pour les jeunes sans perspective de travail, économiquement dépendants et dont les études se prolongent, la possibilité de «coller» à la maison est une aubaine! «Chacun a de bonnes raisons de faire durer indéfiniment la vie de famille y compris les parents [...]. Enfin, l'adolescent est souvent le support

émotif qu'on encourage à rester pour combler le vide»
(Halpern, 1988, 119 et 121).

Il ne faut pas s'étonner, dans cette conjoncture, si la proportion de jeunes qui s'attardent au foyer est en hausse. Plus
du tiers des jeunes entre 20 et 29 ans vivent encore à la
maison. «Ils n'en finissent plus de quitter!», lance l'écrivaine
française, mère de quatre enfants, Christiane Collange (1985).

Pour faire un pendant à ces données, une équipe de chercheurs a tenté d'établir le rapport entre la structure familiale
et le départ de la maison. Au terme d'une étude comparative
entre les attentes des parents et celles des enfants en ce qui a
trait au moment approprié pour le départ, les auteurs se sont
aperçus que les enfants de familles monoparentales s'attar-
daient plus longtemps au foyer et qu'à l'opposé, les enfants de
familles reconstituées quittaient plus tôt. L'intensité du lien
affectif et l'absence relative de conflits expliqueraient la situation dans le premier cas, alors qu'au contraire, les relations
plus froides vécues dans le second cas se traduisent par une
séparation plus hâtive (Goldscheider & Goldscheider, 1989).
On s'est aperçu aussi que les filles retardent moins leur départ
de la maison que les garçons sauf si elles sont étudiantes
(Singley, 1992, 28).

La génération «sandwich»

En plus de se trouver partagés entre la joie d'avoir encore
leur nichée et l'impatience de vivre enfin seuls, ces parents
d'âge moyen sont troublés par un autre phénomène que le
sociologue canadien Ben Schlesinger (1989) qualifie de génération «sandwich». Non seulement les jeunes demeurent-ils
plus longtemps à la maison familiale, mais les grands-parents
vivent plus longtemps et doivent recevoir plus de soins et de
soutien de la part de leurs enfants. La génération médiane, les
parents d'âge moyen, se retrouve donc coincée entre deux
générations. Si le rapport de réciprocité peut être profitable à
tous, il n'en demeure pas moins que ces parents doivent
souvent porter un très lourd fardeau financier et émotionnel.

Selon l'auteur, plusieurs se sentent submergés ; ils ont l'impression de « se faire avoir » et de ne pas être libres de mener leur propre vie. Par contre, le sens du devoir accompli sinon la joie de l'aide apportée, même si elle est exigeante, n'affecterait pas l'impression de bien-être et de satisfaction de ces couples si on s'en remet aux résultats d'autres enquêtes (Loomis & Booth, 1995).

Coopérer activement au départ

Dans une perspective développementale, il ne fait pas de doute que le départ de la maison familiale ne doit pas être retardé indéfiniment et que les parents sont appelés à y coopérer plus activement justement au moment où cela s'avère plus exigeant. L'objectif n'est évidemment pas d'expulser l'enfant, mais de l'aider à se prendre en main, à se trouver une résidence, à se gérer financièrement, etc. Que faire lorsque le départ risque de trop tarder ? Tout indique qu'il est alors important de renégocier le rapport parents-enfant. Il s'agit de créer un nouveau contrat au terme duquel on convient que le jeune adulte paie pour ses dépenses s'il a un revenu, contribue aux tâches d'entretien de la maison, s'occupe de lui-même et assume la responsabilité de ses choix (Lamana et Riedmann, 1981, 414).

En conclusion, disons que si la transition vécue par les parents lors du départ des enfants ne va pas sans une certaine souffrance, il reste que, la plupart du temps, elle se solde de façon positive. Selon l'expression d'un couple interviewé, « le nid est peut-être vide mais il est sûrement confortable ».

Une nouvelle façon d'être ensemble

Une scène du film remarquable, *Un violon sur les toits* a illustré de façon savoureuse qu'au lendemain du départ des enfants, la tâche majeure à laquelle les conjoints sont conviés est celle des « retrouvailles » et de la tendresse. Au soir d'une longue journée, Tevye (Topol) et Golda (Norma Crane) se retrouvent seuls. Leur fille vient de se marier. Non sans une certaine nostalgie, Tevye évoque dans un duo d'une merveilleuse intensité la place que dorénavant l'amour occupe dans le monde neuf qui lentement s'élabore sous leurs yeux. « Golda, m'aimes-tu ? », lui demande-t-il. Elle se défend. Ce n'est pas une question à poser ! On ne parle pas ainsi de l'amour ! Tevye insiste. Finalement, l'un et l'autre osent affirmer qu'ils s'aiment. Et Tevye de conclure le duo en chantant : « Bien sûr, cela ne change rien aux réalités quotidiennes, mais après vingt-cinq ans de vie ensemble, comme c'est bon de le savoir ! »

Le quatrième stade de la vie du couple peut être une véritable expérience de « retrouvailles ». Certains auteurs parlent de « seconde lune de miel ». D'autres, d'accès à la « maturité de l'amour » (Papalia et Olds, 1979, 379 ; Neugarten, 1979). Tous reconnaissent que le stade du « nid vide » peut en effet constituer un moment remarquable de croissance dans l'amour, alors que homme et femme sont plus en mesure d'être proches l'un de l'autre à la fin de la vie adulte comme ce fut le cas au début (Sheehy, 1977). Mais ici, comme à toutes les étapes du développement, à la condition d'en relever les défis inhérents. En effet, le changement radical de la situation familiale qu'entraîne le départ du dernier enfant, conjugué avec le stade de la maturité de l'âge adulte, implique non seulement une réorganisation du temps, de l'activité et de l'espace, mais exige aussi la réinvention du face à face, c'est-à-dire trouver une nouvelle façon d'être ensemble affectivement. Bref, le moment est venu de « réajuster les bases de la relation » (Houde, 1986, 220).

Une transition à risque

Si la transition au « nid vide » peut être une occasion de croissance individuelle et de renouvellement de la vie du couple, elle peut aussi provoquer une dramatique désorganisation : isolement, antagonisme, aventure extramaritale et à la limite, séparation. Sur ce dernier point, les statistiques sont troublantes. Alors qu'en 1975 0,08 % d'hommes et 0,05 % de femmes de 45 à 49 ans ont divorcé, en 1985, la proportion pour cette catégorie d'âge passait à 10,1 % chez les hommes et à 8,1 % chez les femmes. Parmi les 49 ans et plus, on comptait, en 1975, 1 % d'hommes et 0,7 % de femmes qui se séparaient. Dix ans plus tard, la proportion est passée à 9,8 % chez les hommes et à 7,4 % chez les femmes. En 1993, dernière année pour laquelle nous disposons de statistiques, les mêmes tendances se poursuivent.

Sur 78 226 divorces enregistrés en 1993, un peu plus de 10 %, soit 7 853, sont survenus chez des couples dont la moyenne d'âge était située entre 45 et 49 ans. On se retrouve donc dans cette catégorie d'âge avec 13,2 % de tous les hommes et 11,1 % de toutes les femmes qui font l'expérience du divorce. Enfin, 8 022 divorces au cours de l'année 1993 ont été enregistrés chez des conjoints de plus de 49 ans. Comme quoi il n'y a plus d'âge pour divorcer. (Statistique Canada, 1975 ; 1985, Cat. 84-205 ; 1995, Cat. 84-213). Il n'existe pas de données pour les couples en union consensuelle qui se séparent. Si on assume que la proportion de rupture est plus élevée dans cette catégorie de ménages, on peut estimer que le nombre de conjoints qui connaissent la séparation alors qu'ils sont au seuil de la retraite va en augmentant.

Se retrouver seuls laisse à bien des conjoints une sensation de vertige dans une maison devenue trop grande et silencieuse. Le vide physique éprouvé se transpose subrepticement en vide intérieur. Au sentiment d'inutilité s'ajoute une interrogation lancinante : «À quoi donc ont servi tant d'efforts puisque les enfants sont partis... à quoi donc a servi ma vie?» Cette poussée narcissique est d'autant plus inévitable qu'elle coïncide avec ce moment de la vie où la femme et l'homme doivent réajuster leur vision d'eux-mêmes. La perception que l'on a de soi est troublée. Son apparence n'est plus la même. Sa résistance physique diminue. La maladie, la mort et «le temps qu'il me reste à vivre» sont des réalités qui se logent définitivement dans la pensée. La sexualité redevient une préoccupation. On ne se voit plus de la même façon par rapport à ses parents devenus vieux, quand ils sont encore là.

«La psychologie de cette période est celle de l'incertitude [...]. De nouveaux développements, de nouvelles possibilités peuvent conduire, soit à la catastrophe soit à la croissance, l'issue restant toujours incertaine» (Gutman, 1980). Bref, la combinaison des facteurs qui caractérisent le stade du retour au face à face est bouleversante. Ce dernier comporte des deuils inévitables, celui du départ des enfants, celui aussi de l'illusion de la jeunesse sans fin. Mais ces deuils, dont on ne saurait faire l'économie, ne laissent-ils pas présager que quelque chose de différent, que quelque chose de neuf est en train de naître?

Une expérience positive

La plupart des recherches arrivent à la conclusion que malgré les bouleversements qu'il comporte, le stade des retrouvailles constitue pour la majorité des couples un moment gratifiant de la vie. Un psychologue américain a tenté de dégager, à partir d'une vaste enquête qui lui a apporté 2 327 réponses, les facteurs principaux associés à la satisfaction éprouvée à cette étape (Lee, 1988).

L'existence d'un bon réseau d'amis est le facteur le plus étroitement lié en même temps que le meilleur indicateur du bonheur des conjoints au lendemain du départ des enfants. L'intégration à un réseau plus large a nettement valeur de soutien. Il semble aussi que la fréquence des interactions contribue à renforcer la relation dans le couple. L'auteur note que l'interaction est plus importante avec le groupe d'amis qu'avec les membres de la famille. Elle contribuerait davantage aux ajustements de cette étape, tant sur le plan individuel que conjugal. Les hommes qui ont une pratique religieuse et de nombreux petits-enfants se déclarent plus heureux. Les femmes ressentent davantage de satisfaction si leur époux a un emploi alors que ces derniers sont indifférents au fait que leur épouse travaille ou non. Enfin, un facteur est associé négativement à la satisfaction des conjoints : avoir des enfants qui s'attardent au foyer.

Ces conclusions circonstancielles, reflétant la situation aux États-Unis au cours des années quatre-vingt, ne correspondent pas nécessairement en tous points à l'expérience des couples canadiens des années quatre-vingt-dix. Par contre, elles recouvrent vraisemblablement les mêmes sensibilités.

Le défi des «retrouvailles»

L'invention d'une nouvelle façon d'être ensemble qui soit à la fois gratifiante pour les deux et source d'épanouissement pour chacun suppose une forte volonté commune. Elle commande un nouvel investissement, notamment sur les plans de l'altérité, de l'intimité, de la sexualité et de l'affection. C'est en ce sens que pour tous les couples, les «retrouvailles» constituent un défi de taille. Les conjoints doivent créer un nouvel équilibre dans le rapport à soi, à l'autre, à la société et, s'ils sont croyants, à Dieu. Ils ne sauraient passer outre en effet aux questions qui surgissent immanquablement : Où et comment utiliser l'énergie libérée par le départ des enfants ? À quoi rattacher ses raisons et sa joie de vivre ? Comment meubler le face à face retrouvé ? Où trouver les gratifications affectives ? Etc. C'est dans l'effort patient fait au fil des jours, assaisonné d'une bonne dose d'humour, qu'ensemble ils trouvent des solutions satisfaisantes. «L'adaptation réussie, écrit la psychologue Carolla Mann (1980, 142), veut dire concrètement que chacun des partenaires peut poursuivre ses propres buts qui se transforment en source de réalisation de soi et d'accomplissement ; en même temps, les deux se retrouvent disponibles l'un envers l'autre, moins portés à la compétition et à la rivalité ; enfin, ils sont capables de respecter le désir d'autonomie ou d'individuation de chacun, tout en conservant un sens plus profond de l'interdépendance et de la mutualité.» Dans cette perspective, une nouvelle répartition des tâches ménagères s'avère une source non négligeable de satisfaction surtout du côté des femmes (Ward, 1993).

◆ *La poursuite des projets personnels*

Épouse et époux, on l'imagine bien, vivent différemment le départ des enfants et font chacun à leur façon l'expérience du foyer vide. Les exigences d'adaptation passent nécessairement par des routes différentes.

La femme désire d'abord sortir des rôles de la maternité. S'éveillant aux potentialités qui sommeillent en elle, elle a le goût d'investir dans des buts plus personnels, d'explorer de nouvelles avenues, de faire de nouveaux choix sur le plan du travail, de la carrière, des loisirs. «Ce n'est pas en continuant sur la même lancée, soutient Gail Sheehy (1977, 257), qu'une femme trouve un nouvel épanouissement [...] mais bien en cultivant des talents qu'elle a laissés en friche, en permettant à ses ambitions de s'exprimer, en approfondissant ses convictions.» La maison qui se vide la libère de ses occupations et lui permet de s'engager autrement et ailleurs. Elle découvre de plus un sens renouvelé de sa valeur personnelle et la satisfaction de faire enfin ce qui lui plaît.

Un phénomène singulier se produit au moment où une femme décide de ne plus avoir d'enfants, quel que soit son âge : «Une créativité nouvelle s'instaure en elle [...], écrit encore Sheehy. Elle se lance avec beaucoup plus d'enthousiasme dans ce qu'elle entreprend [...]. C'est toute la société qui bénéficie de cette énergie et de cette activité réservées jusque-là à la famille» (ib.). Cette expérience nouvelle de réalisation de soi est un facteur de première importance à ce stade dans le développement positif, sinon dans la redéfinition de la relation dans le couple. L'affirmation de soi et la capacité de transcender sa dépendance sont le fondement sur lequel se construit une relation d'égalité véritable, de respect, d'appréciation et d'admiration réciproque.

Pour l'homme, dont l'investissement parental a été en général moins accaparant, affectant peu ou pas sa carrière, l'adaptation passe par la prise de conscience que quelque chose de neuf est en train de se produire en lui et autour de lui. Alors que, chez la femme, c'est l'expérience de la liberté nouvelle et son expression dans de nouvelles activités qui entraînent une transformation de «l'être ensemble», chez l'homme, c'est la montée d'une nouvelle perception de lui-même, résultant de son propre mûrissement intérieur et de la transformation de son environnement humain immédiat, qui déclenche la réorientation de son mariage. La possibilité et le désir d'investir dans des buts plus personnels seront souvent chez lui la conséquence plutôt que la cause d'une relation conjugale redéfinie et devenue source de gratifications nouvelles. La plupart des hommes prennent alors conscience que le sens de leurs valeurs dépend moins de leur travail que de la qualité de leur rôle d'époux, de pères ou de grands-pères.

Un autre phénomène permet en même temps au couple de faire un pas de plus sur le long chemin de la maturité de l'amour : celui de l'altérité. C'est à cette étape que le mariage, au-delà du rêve de l'unité perdue et de la fusion, devient le lieu où l'altérité joue à fond. À ce stade en effet, les conjoints ont appris à mieux accepter leurs différences. Un nouvel équilibre libérateur et fécond se met alors en place entre autonomie et communion, qui est l'autre nom de l'altérité. Celle-ci consiste dans un au-delà de l'altérité devenue accueil inconditionnel et rencontre intime de l'autre au cœur même de la différence acceptée, dépassée et même célébrée. Elle s'appuie sur l'émergence d'une plus grande confiance en soi et sur l'accès à l'intériorité. La tentation de vouloir rendre l'autre semblable à soi est en train de s'estomper. La capacité s'est développée de l'accueillir telle qu'elle est, tel qu'il est. C'est la victoire remportée sur le combat inhérent à l'être ensemble. Victoire dont on connaît par contre la fragilité car «dans la suite des jours et des années se joue une partie impossible à esquiver, celle de l'épreuve de la différence qui est révélation de l'autre dans une reconnaissance toujours à recommencer» (Beirnaert, 1987).

Il n'est donc pas permis pour autant de croire que la résistance à la tentation narcissique ne s'impose plus aux conjoints. L'amour authentique est un combat qui renvoie non seulement au long processus de maturation de l'individu mais aussi à la vision et aux valeurs qui l'inspirent et le soutiennent. Au fond, le développement du couple et son épanouissement constituent une aventure spirituelle où viennent se concilier autonomie et communion à travers la prise de conscience que la première sans la seconde «finit par nous rendre étrangers les uns aux autres» (Grand'Maison, 1989).

◆ *Sur la route du voyage intérieur*

Seuls accèdent à l'altérité véritable et à la créativité renouvelée les conjoints qui, arrivés au mitan de la vie, progressent dans le voyage intérieur, c'est-à-dire qui acceptent de vivre cette étape troublante de «modifications fondamentales de l'âme» (Jung, 1976). Jusqu'à maintenant, chacun a mené sa vie au gré des forces extérieures, celles des institutions, des systèmes, des règles, de la société; l'autorité n'était pas en lui. Avec l'approfondissement de sa conscience, dorénavant, il puise en lui-même son autorité. Le point de repère premier et fondamental de ses choix et de ses engagements se trouve en lui-même. Le recours à sa conscience est le dernier ressort dans la conduite de sa vie.

On connaît bien la peur qui paralyse tellement de femmes et surtout d'hommes; peur qui se transforme en refus de se remettre en question et qui amène à se cramponner de façon obstinée et rigide à des principes moraux et à des convictions empruntées. Bien des individus ont peur d'accéder à la conscience personnelle parce que la démarche risque d'ébranler tout l'édifice. Ils refusent du même coup de laisser émerger les richesses enfouies de leur être. Ils retiennent la naissance de nouveaux intérêts susceptibles de donner un sens renouvelé à ce qui devrait être une nouvelle page de leur vie, risquant d'entraver du même coup l'instauration de relations plus riches dans le couple, au moment où justement elles s'imposent.

Quelle route emprunte ce voyage intérieur? Celle de l'expérience religieuse. Mais disons-le tout de suite, pas n'importe laquelle. Pour Jung (1953), il ne s'agit pas du recours à une religion ou à un dogme particulier, mais de l'attitude religieuse fondamentale de l'humain «qui est une fonction psychique d'importance inestimable». Il souligne en effet le risque que représentent toutes les religions lorsqu'elles se substituent à la conscience. Elles entraînent selon lui une espèce de fixation de la pensée et la création d'un édifice mental austère et complexe, alors qu'elles devraient être vécues comme une interpellation à un renouvellement jamais terminé de sa vision et un appel à la liberté responsable. Au contraire, la religion dont il parle est celle qui s'exprime dans la relation subjective de l'être humain avec le Tout-Autre. Elle est une expérience directe et originelle (Bonnette, 1986).

Dans le judaïsme, le christianisme et l'islam, il s'agit de la relation de l'individu à Dieu, d'une relation personnelle et inédite, bref, d'une véritable aventure spirituelle. C'est au cœur de cette expérience qu'il est donné à chacun de découvrir sa place dans l'univers, de centrer sa vie autour des valeurs universelles, de définir son rapport au monde et aux autres. Pour les conjoints, cette démarche devient un point d'appui précieux à l'heure d'une réorganisation susceptible d'affecter la totalité de leur vie, impliquant, entre autres, la redéfinition de leur mariage.

On le sait bien, cette transition demande, en même temps que l'ouverture de l'esprit et du cœur, beaucoup de courage. Les forces d'inertie conjuguées au refus du changement en soi, plus encore qu'autour de soi, pèsent toujours lourd en chacun. «Le courage chez les êtres humains est nécessaire pour être quelqu'un et le devenir encore plus, écrit Rollo May (1975, 4). L'assertion de soi et l'engagement sont essentiels pour donner à l'individu sa pleine stature de femme ou d'homme.»

Un dilemme incontournable

Si «l'amour a besoin de soins constants», il faut lui porter une attention toute particulière au stade des «retrouvailles»

(Dreikurs, 1981, 215). Cela est d'autant plus important que peu de conjoints évitent le dilemme auquel ils sont alors confrontés : investir dans le mariage ou investir dans les projets personnels. Pour certains, la tendance va dans le sens d'un réinvestissement dans leur vie de couple. Pour d'autres, la liberté nouvelle déclenche des énergies pour faire enfin ce que l'on veut dans la ligne de ses goûts et de sa compétence.

Ces deux tendances peuvent être vécues sur un mode d'opposition. C'est le cas de la femme qui, pour reconquérir l'amour de son époux, pense devoir se mettre davantage à son service et sacrifie du même coup les nouveaux espaces de créativité que la conjoncture nouvelle lui ouvre. Cette démarche est piégée. Les deux tendances peuvent aussi être conciliées à l'intérieur d'une perception renouvelée de l'amour, alliée à l'accueil positif de la créativité.

Cette conjugaison de l'autonomie créatrice et de la communion entre les êtres constitue le meilleur indicateur du passage à la maturité de l'amour. Contrairement à l'amour inachevé qui s'exprime dans le «Je t'aime parce que j'ai besoin de toi», l'amour accompli dit : «J'ai besoin de toi parce que je t'aime», écrit Fromm (1968, 59). Je t'aime parce que tu es ce que tu es, dans ta différence au cœur de tes choix et de tes projets. Le dilemme n'est pas évité pour autant, mais il est dépassé pour être vécu sur le mode de la conjonction. Il ouvre sur la construction d'un nouvel équilibre relationnel où la qualité des «je» constitue une fois de plus, autrement, et à un autre moment de la vie, le fondement de la richesse du «nous». C'est lorsqu'ils ont atteint cette qualité dans l'amour réciproque que «l'homme et la femme renaissent» (id., 52).

Performance sexuelle et désir

Si la solution du dilemme qui caractérise la transition vers la maturité de l'amour dans le couple suppose l'évolution spirituelle des conjoints, elle implique du même coup la prise de conscience souvent troublante de ses peurs face à sa sexualité et au pouvoir qu'on y attache. Pourtant, l'acceptation progressive et lucide de la réalité est la condition même de son épanouissement. L'expérience individuelle confirmée par la recherche laisse peu de place à l'illusion de ce côté : l'incidence et la fréquence des rapports sexuels changent au cours de la vie du couple. On sait aussi que l'âge est le facteur associé le plus étroitement à la performance sexuelle suivi de l'affection (Call *et al.*, 1995). Le couple qui avance en âge est en quelque sorte forcé d'en prendre conscience. Or, ceci est troublant.

La sexualité, en effet, est le terrain où se jouent les peurs les plus fortes et les plus secrètes à ce stade de la vie, et ses répercussions sur le couple sont importantes. Femmes et hommes l'expérimentent chacun à sa manière. Chez la femme, la peur est liée essentiellement à l'apparence physique. Elle associe la réduction de sa fraîcheur au déclin de son attrait sexuel ou de sa capacité de séduction. Cette crainte est d'autant plus forte que, libérée des contraintes de la contraception et des enfants, dégagée des inhibitions et des exigences de son rôle de reproductrice, elle jouit d'un renouveau du désir sexuel qui risque d'être frustré.

Les craintes de la femme sont renforcées de surcroît par les stéréotypes sociaux dont on ne saurait occulter la nocivité. Les enquêtes, en effet, continuent à confirmer que les hommes attachent plus d'importance à l'apparence physique, au poids et à la ligne, alors que les femmes sont davantage attirées par la personnalité, la chaleur humaine et la fidélité de l'individu. Il semble bien que «le déclin de l'apparence physique normalement associé à l'avancement en âge affecte davantage la réaction sexuelle des époux que celle des épouses. L'homme perd l'intérêt, se sent insatisfait et est davantage enclin à l'infidélité». Bref, «les hommes réagissent plus que les femmes à l'attrait physique de leur partenaire» (Margolin & White, 1987).

Chez l'homme, par contre, la peur de vieillir tient moins à la perte de la beauté de sa jeunesse qu'à la réduction de ses performances sexuelles. Il est inquiet de la réduction de ses potentialités. Avec les autres bouleversements auxquels il doit faire face à cette période de la vie, il est facilement envahi par le sentiment que sa virilité est amoindrie. Pour parer à l'angoisse de l'impuissance, dont il se sent menacé, il tente de se protéger en utilisant des subterfuges vis-à-vis sa femme. Lui qui a toujours eu moins d'inhibitions commence maintenant à en avoir, avec le résultat qu'il ne sait plus trop lui-même si «l'absence de désir sexuel», au cours de cette période en principe transitoire, est le résultat de la peur de faillir à la tâche ou de la pauvreté de l'investissement dans l'intimité. Dans cette conjoncture, on comprend que, pour se rassurer, la tentation des aventures extramaritales puisse se faire persistante.

L'enjeu subtil du pouvoir sur l'autre risque aussi de faire du terrain de la sexualité son lieu privilégié. Il n'est pas facile pour l'homme de passer d'une vie de domination sexuelle à une attitude et à un comportement où l'affection et la tendresse l'emportent dans l'acceptation d'une certaine dépendance dans le fonctionnement de la sexualité. Chez la plupart des couples qui intègrent positivement leur sexualité à cette étape, on constate assez souvent un véritable renversement des rôles.

Enfin, un autre facteur susceptible de troubler le processus d'intégration de la sexualité, est celui de la revanche. L'expérience clinique révèle en effet que derrière la boutade bien connue du «Je suis trop fatiguée» ou du «J'ai mal à la tête» de la femme réagissant aux avances de son époux, se cache facilement un autre désir plus ou moins conscient, celui d'affirmer son pouvoir : «Il contrôle tout ici. Le moins que je puisse faire c'est de contrôler la chambre à coucher!»

De la performance à l'intimité et à la tendresse

Au cours de ce long stade dans la vie du couple, la sexualité est appelée à être vécue de plus en plus sur le mode de la tendresse. Le regain de désir chez la femme vient se conjuguer à une attitude plus sereine de l'homme. Les études médicales indiquent en effet que les hommes sont capables d'avoir une activité sexuelle jusqu'à un âge très avancé. Le problème n'en est donc pas un d'hormones mais bien d'attitudes, ce qui veut dire que passée la période d'anxiété au cours de laquelle l'homme s'inquiète de ne plus être jeune, il peut apprécier sa puissance sexuelle parvenue à maturité. Une sexualité qui emprunte dorénavant le chemin de l'intimité et de la tendresse.

Un des risques sérieux qui guette les couples à cette étape est de négliger le temps nécessaire à l'intimité, notamment sur le plan de la communication, alors que justement il faut savoir planifier et se donner des rituels. À partir d'un choix conscient, il s'agit concrètement de se réserver du temps pour soi, d'exclure les autres préoccupations afin de consacrer toute son attention à l'un et à l'autre. C'est le temps réservé à la communication renouée et intensifiée, c'est le temps réservé à la tendresse à travers les attitudes et les gestes qui permet aux conjoints de connaître un nouveau printemps. «C'est le temps que tu as perdu pour ta rose qui fait ta rose si importante [...]. Je suis responsable de ma rose [...] répéta le petit Prince, afin de se souvenir» (Saint-Exupéry, 1943, 87-88).

Pour le couple qui a atteint vingt-cinq ou trente ans de mariage, l'avenir est à la tendresse, qui est une forme exquise du bonheur partagé en même temps qu'elle en est une source délicate jaillissant de l'harmonie qui s'instaure lentement en chaque être.

> La tendresse, c'est un chemin qui s'offre à moi, qui s'offre à toi. Elle est avant toute chose, un regard et plus encore une qualité du regard qui se développe en contact, en échange, en partage. La tendresse est gratuite. Elle est abandon et confiance. Elle se dit avec les multiples langages du corps. Elle est dans le toucher qui ne prend rien, qui n'exige rien, qui ouvre à la confiance, à l'agrandissement de soi. La tendresse s'invente et s'amplifie avec la volonté de s'aimer. Elle féconde l'amour
> (Revue *Notre Temps*, 1987).

Pour les conjoints qui se retrouvent face à face dans le second versant de la vie, l'avenir est aussi au bonheur. Non parce qu'ils ne l'ont pas poursuivi et goûté jusque-là, mais parce que maintenant chacun est prêt à y travailler davantage. Ils s'expriment à travers de nouvelles harmonies intérieures qui en sont en même temps les conditions :

— « L'harmonie avec son moi profond, qui suppose l'ouverture à ses propres besoins, désirs et pulsions ;

— L'harmonie avec les autres, qui suppose le respect des besoins et des désirs des autres ;

— L'harmonie avec l'Univers, qui suppose respect, responsabilité et créativité ;

— Enfin, une recherche soutenue du transcendant, qui suppose une volonté d'aller au-delà des apparences » (Hone, 1983).

Bref, si l'avenir est à la sérénité et au bonheur pour les conjoints au stade de la maturité de l'amour, c'est que chacun a atteint une profondeur qui lui permet, à travers les dépassements exigés par la vie et même les souffrances inévitables, de goûter à ce bonheur en étant davantage capable de le donner.

De la joie d'être grands-parents

À ce stade du cycle de la vie familiale, la plupart des couples assument le rôle de grands-parents. Devenir parent, donner la vie, est une des grandes joies de l'existence, sans doute l'expérience la plus forte d'affirmation de soi. Qui a éprouvé la fierté bouleversante et sereine d'être mère ou d'être père ne l'oubliera jamais. Il semble bien que l'arrivée d'un petit-enfant entraîne une expérience similaire chez ceux qui deviennent grands-parents. Comme si le désir d'enfants, enfoui profondément en tout être humain, remontait à la surface et déclenchait cette fois, par parents interposés, l'émotion merveilleuse de tendresse, de pouvoir et de continuité liée au fait d'avoir engendré la vie.

Récemment, sociologues et psychologues ont entrepris de faire des recherches systématiques sur les grands-parents. On s'est arrêté à l'âge auquel se produit la transition, à sa signification pour la femme et pour l'homme, à la perception que l'on se fait du rôle de grand-mère et de grand-père ainsi qu'à l'impact du rôle du grand-parent sur l'enfant (Hagestaed et Lang, 1986).

Avec l'allongement de l'espérance de vie, cette expérience se prolonge de plus en plus, par rapport à la situation démographique du tournant du siècle précédent, avec le résultat que «être grands-parents constitue présentement un stade distinct et généralisé dans le cycle de la vie de la famille» (Cherlin & Furstenberg, 1986, 24). En ce qui a trait à la signification de l'événement, on s'aperçoit que les relations mère-fille et père-fils sont profondément modifiées, ce qui s'exprime par l'établissement sur une autre base de rapports de collaboration et de respect réciproques.

Si le statut de grands-parents est source de bonheur pour ceux qui y accèdent, qu'en est-il de l'exercice du rôle de grand-parent? Si quelques-uns ne désirent pas supporter les inconvénients rattachés à la tâche, il semble que la grande majorité se trouvent affectivement tout près de leurs petits-enfants et qu'ils en sont ravis, délimitant eux-mêmes leur rôle, notamment en refusant de se substituer aux parents. Ils sont là pour cajoler, donner et recevoir de l'affection, stimuler dans divers apprentissages et, à l'occasion, assumer le rôle de gardien (Foothick & Salholz, 1981).

Bien des grands-parents reconnaissent qu'ils réussissent mieux maintenant auprès des petits qu'au moment où ils étaient parents. «Grands-parents et petits-enfants, concluent les deux chercheurs, n'ont besoin de rien faire pour être heureux; leur bonheur vient tout simplement du fait d'être ensemble.»

Cette expérience a aussi des répercussions positives sur les grands-parents en tant que conjoints. Même s'ils sont actifs, ce qui est le cas pour la plupart, une nouvelle raison de vivre et de partager une tâche commune leur est donnée. Elle contribue à renforcer les liens entre eux. Cette expérience se transforme en source rafraîchissante de communication et d'union. Être grands-parents est une raison de plus de regarder ensemble dans la même direction et de partager la joie de vivre. Telles sont les conclusions auxquelles arrivent l'ensemble des études faites auprès des grands-parents qui s'occupent régulièrement de leurs petits-enfants. Cette activité a un impact positif sur l'ensemble de leur vie (Jendrek, 1993; Norris & Tindale, 1994).

Pour ce qui est de l'impact auprès des petits-enfants qui ont profité d'un surcroît d'attention et d'affection, il semble hors de doute qu'il est aussi positif. L'affection n'est-elle pas une force merveilleuse de croissance? L'influence probablement plus grande qu'autrefois, en raison de l'allongement de la durée des relations entre enfants et grands-parents et d'une certaine exclusivité, semble bien constituer une contribution précieuse (Theilheimer, 1994). Les grands-parents, c'est la mémoire du passé. « Un pont s'est établi entre grands-parents et petits-enfants qui passe parfois par-dessus la génération des "baby-boomers", écrivent Solange Lefebvre et Jacques Grand' Maison (1994). Les grands-parents représentent une véritable courroie de transmission souterraine qui permet à plusieurs petits-enfants de recevoir un certain nombre de valeurs, un lot d'héritage culturel et social, chansons, folklore, foi, rituels chrétiens, etc. »

Il faut ajouter enfin que le rôle des grands-parents a pris une nouvelle importance dont on ne mesure pas encore l'impact non seulement auprès des enfants, mais aussi auprès des parents et de la famille totale, dans le contexte actuel d'instabilité. Il est hors de doute que « les grands-parents contribuent de façon significative à réduire l'impact négatif des ruptures familiales » (Denham et Smith, 1989, 345). Un des problèmes complexes actuels a trait aux droits des grands-parents par rapport à leurs petits-enfants. « Il ne se passe pas une semaine sans que je ne reçoive un appel d'une grand-mère ou d'un grand-père bouleversé ou désemparé, à qui on a coupé les liens avec ses petits-enfants», écrit l'avocat canadien Michael Cochrane (1994). Au cours des quinze dernières années, de nouvelles lois ont été adoptées dans tous les États américains donnant aux grands-parents la possibilité d'obtenir de la Cour le droit de visiter leurs petits-enfants (Aldous, 1995). On se trouve devant une situation douloureuse dont finalement les enfants font les frais.

Enfin, qu'en est-il des attentes des parents vis-à-vis des grands-parents? Les transformations actuelles qui prévalent au sujet du petit nombre d'enfants, du rôle de la femme et des situations de travail laissent la question entière. L'inclusion des grands-parents dans la nouvelle famille n'est plus une évidence. On fera appel à eux dans les domaines où on les juge habiles ou compétents, résistant facilement à tout ce qui peut paraître une intrusion. La façon dont on a vécu la relation avec eux au cours de l'enfance et de l'adolescence va définir pour une large part le genre de relations désiré entre eux et ses propres enfants (Hanson & Bozett, 1987). Malgré cette remise en question normale, il semble bien que les parents apprécient beaucoup l'attention et la tendresse des grands-parents pour leurs enfants.

L'adaptation aux événements de l'existence

Une des caractéristiques de la vie familiale au stade du départ des enfants et des retrouvailles est «son continuel mouvement de va-et-vient» (Morval, 1985, 122). Les enfants quittent le foyer, s'en vont, on célèbre des mariages, d'autres partenaires arrivent, des petits-enfants naissent, les grands-parents de l'ancienne génération meurent. Le couple demeuré seul est confronté à des ajustements constants, certains heureux, d'autres douloureux, amenant tous des exigences nouvelles.

C'est au sein de cette réalité humaine complexe marquée par l'évolution que les conjoints sont appelés à resserrer leurs liens. À mesure que la vie avance, ils apprennent à goûter au bonheur avec une conscience toujours plus vive de ses exigences et de sa fragilité : «Si vous voulez tenir quelque chose d'important dans la vie, dit un proverbe bouddhique, alors tenez-le avec délicatesse, comme vous tenez de l'eau dans la paume de vos mains. »

RÉSUMÉ

Dans le cycle de la vie familiale, le stade du «nid vide» est en train de devenir le plus long. Dernier rempart contre le sentiment du vieillissement et du défi du face à face, on comprend que la séparation d'avec les enfants est particulièrement difficile. Pourtant, elle est l'occasion d'un nouveau départ. Pour l'épouse, il passe par l'affirmation à la fois forte et sereine de soi. Pour l'époux, il passe par l'accès à l'intériorité. Pour les deux, il emprunte la route de la communication et de l'intimité. Enfin, pour la majorité des couples, le nouvel espace de liberté amené par le départ des enfants se traduit par la créativité et la capacité d'accueillir le bonheur. Ainsi se prépare sans trop de heurts le passage à la retraite.

Chapitre 10

Vieillir à deux – le couple à la retraite (Stade 5)

L'amour consiste à prendre soin de l'autre, à s'inquiéter de lui, à le respecter et à essayer sans cesse de le connaître davantage.

E. Fromm

Vous resterez ensemble quand les blanches ailes de la mort disperseront vos jours.
Oui, vous serez ensemble jusque dans la silencieuse mémoire de Dieu.

Le Prophète, Khalil Gibran

Ce n'est pas parce que l'on prend de l'âge que la vie s'arrête. Ce n'est pas non plus parce que l'heure de la retraite a sonné que l'intérêt de vivre disparaît même si certains l'appréhendent. Au contraire, pour des milliers de couples, cette époque est le commencement d'une nouvelle vie, l'accès à des activités auxquelles les obligations familiales et professionnelles n'avaient pas permis jusque-là de s'adonner. C'est l'arrivée d'une autre saison, qui libère une créativité souvent insoupçonnée, qui permet à son tour un nouvel épanouissement de la personne en plus de convier le couple à une expérience d'intimité plus profonde.

Cela ne veut pas dire que le troisième âge est sans problèmes. «On a aussi peur de devenir vieux que l'on a peur de ne pas vivre assez longtemps pour atteindre cet âge!», écrit la psychologue Froma Walsh (1980). Tel est le paradoxe dans lequel nous sommes tous enfermés. Le troisième âge, c'est la saison de la vie au cours de laquelle il n'est plus possible d'esquiver le questionnement face au mystère de l'aventure humaine et par suite, d'éviter d'être partagé entre l'angoisse et l'espérance.

En 1994, le Canada comptait près de 3 millions et demi de personnes de plus de 65 ans sur une population totale de 29 millions, soit 12 % de sa population totale. On prévoit que cette proportion doublera au cours des trois prochaines décennies. Selon le scénario prospectif le plus plausible à la suite des études du Conseil économique du Canada (1989) et de Statistique Canada (McKie, 1993), l'augmentation serait de l'ordre de 25 % en l'an 2021. Le phénomène du vieillissement de la population saute aux yeux si on remonte dans le temps. En 1961, 35 % de la population canadienne était composée d'enfants de moins de 15 ans, alors que l'on comptait 8 % seulement de personnes ayant 65 ans et plus.

Les statistiques indiquent par ailleurs que près des deux tiers des personnes âgées de plus de 65 ans, soit la majorité des personnes âgées, vivent avec leur conjoint jusqu'à 74 ans. Dans les années qui suivent, les femmes se retrouvent davantage seules, à cause de leur plus grande longévité. C'est ainsi qu'entre 75 et 79 ans, 53,8 % des femmes sont veuves contre 14,6 % chez les hommes (Statistique Canada, 1995, Cat. 91-543). On note toutefois que si les femmes vivent plus longtemps, leur état de santé dégénère plus rapidement (Paré, 1991).

Vieillissement et vieillesse

On ne doit pas confondre le phénomène du vieillissement et celui de la vieillesse. Le premier est un processus engagé depuis la naissance, alors que le second est un état en même temps qu'un moment éminemment significatif de la vie. Selon l'expression de Gisèle Richard (1988), «la vieillesse n'est pas une maladie, pas plus que l'enfance ou la jeunesse». Elle est, pour la grande majorité des individus et des couples, un espace privilégié de liberté et de gratuité rendu possible par le prolongement de la vie, la bonne santé et l'autonomie financière. Elle est en même temps pour chaque personne «l'occasion d'une rencontre décisive avec elle-même» (Guillaumin, 1982).

Une définition de la vieillesse

La vieillesse est caractérisée par une vulnérabilité particulière qui tient à la précarité de l'existence humaine. Elle est l'expérience faite par chacun de la diminution des performances physiques, professionnelles et sexuelles. C'est l'âge d'une sensibilité de plus en plus fine qui s'exprime dans les subtilités de l'humour et de la tendresse. Enfin, la vieillesse constitue une catégorie sociale qui possède son pouvoir propre, celui exercé par l'entremise de tous ces regroupements et associations qui permettent aux aînés d'exprimer leur vision des choses et leurs besoins en tant qu'individus, en tant que couple, et en tant que groupe. Soulignons, en effet, que même si le vieillissement s'accompagne d'une réduction des forces physiques, le cerveau par contre ne cesse de penser et d'analyser en toute lucidité, en fonction d'une longue expérience et d'une sagesse acquise.

Des études récentes indiquent justement que le cerveau n'est pas nécessairement victime d'un fonctionnement défectueux avec l'âge. Il ne perd pas sa capacité de raisonner. Bref, «le corps vieillit, mais le cerveau résiste» (Kolata, 1991). Un autre fait mis en lumière par les études en gérontologie qu'il importe de souligner, c'est que le déclin prononcé des capacités physiques ne se fait sentir que vers 76-78 ans en moyenne (Rowan, 1991). Prendre sa retraite à 65 ans c'est entrer dans une période particulièrement pleine de promesses d'avenir et de possibilités inédites. C'est donc de multiples façons que la vieillesse apporte sa contribution aux générations plus jeunes et à la société en général et cela, malgré le fait que la société industrielle avancée tend fortement à réduire ses membres du troisième âge à l'inactivité et à les priver de tout rôle (Shanas, 1980).

L'homme et la femme vivent cette étape de la vie de façon différente. L'attitude profonde face au rôle social, à la retraite, aux enfants, à l'apparence physique n'est pas la même pour chacun. Les fortes appréhensions de la plupart des hommes face à la retraite sont bien connues. L'homme dont l'image de soi est essentiellement axée sur le travail, le revenu, la fonction, est particulièrement perturbé au moment où il ferme son coffre à outils et reçoit la montre en or de son entreprise. La plus grande implication des hommes dans les tâches familiales atténuera-t-elle cette peur dans l'avenir?

Par contre, les femmes, de plus en plus nombreuses à faire carrière ou à aller sur le marché du travail, connaîtront-elles des tensions similaires? Dans les deux cas, il est trop tôt pour l'affirmer. Ce que l'on sait par ailleurs, c'est que les tensions éprouvées par les femmes face au vieillissement et à la retraite sont surtout liées aux enfants. C'est en pensant à eux qu'elles peuvent parfois avoir l'impression d'être inutiles, isolées et abandonnées. Les femmes sont aussi plus sensibles à la détérioration de leur apparence physique alors que les hommes, eux, sont davantage préoccupés par la réduction de leurs performances.

Les tâches du troisième âge

Même si l'on peut entrer dans la vieillesse sans trop de heurts, il n'en demeure pas moins que l'arrivée du premier chèque de «pension des vieux» et l'avènement de la retraite marquent un tournant décisif dans la vie de l'individu et du couple. C'est comme si tout changeait: situation économique, rôles ménagers, insertion sociale, relations parentales et conjugales, activités physiques, etc. Sous plusieurs aspects, le couple est confronté à une transition radicale. Comment vivre cette dernière étape comme un temps de développement? La réponse, on la retrouve dans l'attitude de tous ces conjoints qui ont décidé de vivre autrement mais non moins intensément cette période de l'existence (Laforest, 1989). On peut ramener à trois enjeux principaux le défi à relever: l'adaptation à la nouvelle situation socio-économique; le resserrement des liens entre les conjoints; l'adaptation au déclin de ses forces et l'acceptation de la mort.

Une nouvelle situation socio-économique

On assiste, en cette fin de XXe siècle, au plus important accroissement de longévité de l'histoire humaine. L'individu et le couple, dont l'espérance de vie est plus longue, sont appelés à préparer à l'avance le moment de la retraite. Une des préoccupations essentielles consiste à créer un plan de retraite bien équilibré compte tenu que, dans les pays industrialisés, l'aide des enfants ne saurait être d'ordre économique et que le soutien assumé par l'État suffit à peine (Laksham, 1991). On peut se réjouir de l'instauration au Canada, depuis 1940, de la pension de sécurité de la vieillesse sur une base universelle et de l'ajout d'un supplément prévu pour les personnes sans autres revenus, à quoi s'ajoutent les services médicaux gratuits.

Ce progrès n'est toutefois pas sans faille. Les personnes âgées ne forment pas un groupe homogène. En effet, une forte proportion des personnes de plus de 65 ans vivent sous le seuil de la pauvreté, surtout parmi les femmes seules. Selon les statistiques disponibles, six femmes sur dix, âgées de plus de 65 ans, sont pauvres. Concernant le logement, le risque de ségrégation sociale des plus âgés n'est pas complètement éliminé. Trop d'aînés, même avant d'avoir atteint l'âge de la dépendance, sont plus ou moins «internés» dans des institutions qui favorisent peu leur intégration active dans le milieu.

Une charte des droits des personnes âgées

La Charte des droits et libertés de la personne âgée dépendante, promulguée en France en 1988, marque une étape significative dans le soutien à assurer au troisième âge. On peut espérer que le Canada emboîte le pas et que d'autres pays s'en inspirent également dans l'instauration de politiques sociales appropriées. En voici quelques extraits. Le préambule affirme :

— «La vieillesse est une étape de l'existence pendant laquelle chacun doit pouvoir poursuivre son épanouissement.» ;

— «La majorité des personnes âgées restent autonomes et lucides jusqu'au dernier moment de la vie. L'apparition de la dépendance, quand elle survient, se fait à un âge de plus en plus tardif.» ;

— «Même dépendantes, les personnes âgées doivent pouvoir continuer à exercer leurs droits et libertés de citoyens.» ;

— «Elles doivent aussi pouvoir garder leur place dans la cité, au contact des autres générations.»

On lit à l'article 1 sur la liberté de choix :

— «La personne âgée en perte d'autonomie garde la liberté de choisir son mode de vie.» ;

— «Elle doit pouvoir mener une vie indépendante si elle le désire, même au prix d'un certain risque pour elle.»

L'article 2 traite du domicile et de l'environnement :

— «La personne âgée à autonomie réduite réside le plus souvent dans son domicile personnel. Des aménagements doivent être faits pour lui permettre de rester chez elle le plus longtemps possible, dans les meilleures conditions.» ;

— «Lorsque le soutien au domicile atteint ses limites, la personne âgée dépendante doit pouvoir choisir d'être hébergée dans la famille d'accueil ou l'institution qui deviendra son nouveau domicile et sera à son service.»

L'article 5 traite de communication, de déplacement et de vie sociale :

— «Les urbanistes doivent prendre en compte le vieillissement de la population pour l'aménagement de la cité.» ;

— «Les lieux publics et les transports en commun doivent être aménagés pour être accessibles aux personnes âgées, et faciliter leur participation à la vie sociale et culturelle.»

Le soutien irremplaçable des enfants

Le rôle des familles, notamment des enfants et des petits-enfants, dont la Charte affirme l'importance primordiale à l'article 3, force à réfléchir à nouveau à la conjoncture socio-économique actuelle. Bénéficier du soutien de ses enfants est encore vécu par les vieux parents comme une bénédiction. De nombreuses recherches viennent toujours le confirmer. Sans doute est-il bon que les enfants qui en portent le poids inévitable se souviennent que, selon l'antique sagesse, leur attention généreuse est aussi pour eux source de bénédiction.

Le soutien des enfants est particulièrement précieux pour prolonger le maintien à domicile. Notons au passage que la volonté des gouvernements de prolonger au maximum les soins à domicile a de quoi réjouir tout le monde (Eisner, 1995). On sait le drame que représente la rupture du départ pour le couple ou le conjoint demeuré seul. Le souhait le plus cher de la personne âgée n'est-il pas de rester chez elle le plus longtemps possible? Une recherche américaine sur les relations entre les plus jeunes et les personnes âgées a mis en lumière que pour ces dernières, après la santé, la capacité de répondre à ses propres besoins dans sa propre maison, avec un soutien approprié, est ce qu'elles considèrent comme le plus précieux (Lee, 1988).

La contribution des enfants permet souvent aux vieux parents de maintenir leur autonomie pendant de nombreuses années; elle retarde l'entrée dans les centres d'hébergement, réduit la dépendance des services publics et le recours à des étrangers. Bref, l'aide directe des enfants et leurs interventions pour assurer les soutiens extérieurs opportuns (assistance ménagère, repas à domicile, services d'infirmière, accompagnement médical) sont précieuses et souvent irremplaçables (Garant & Bolduc, 1990; Walker *et al.*, 1995).

Une étude sur les relations entre la mère âgée et sa fille vient de confirmer que le soutien apporté avec respect et affection a un double effet : un niveau plus élevé de sérénité et de satisfaction chez la mère, plus de satisfaction pour la fille aussi, qui ne perçoit pas les services rendus comme un fardeau (Walker *et al.*, 1990). Une autre recherche a confirmé ce que l'expérience nous avait déjà appris, à savoir que l'affection est le motif le plus fort qui porte la fille à prendre soin de sa mère. Chez le garçon, c'est le sens de l'obligation filiale qui est le motif le plus fort, à quoi peut s'ajouter une volonté de légitimer l'héritage attendu (Silverstein *et al.*, 1995).

Fardeau financier : une attitude alarmiste

La proportion croissante de personnes âgées par rapport à la population totale place les pays fortement industrialisés devant une réalité inédite qui suscite des questions graves et complexes. La principale est d'ordre économique : où trouver l'argent pour les soutenir ? Ne risque-t-on pas de grever indûment les budgets de l'État et de surcharger les classes actives ? On parle de plus en plus du fardeau du vieillissement pour la société. « Faut-il achever les vieux ? », titrait un article, dans le but évident d'alerter l'opinion face à un sentiment ambigu contre lequel sans doute plusieurs ont à se défendre (Chavagne, 1990). Bref, la nouveauté du phénomène et le matérialisme de la société rendent inévitable l'émergence de courants alarmistes. Qu'en est-il dans les faits au Canada ?

Tout indique que la population vieillit sans pour autant constituer une charge insupportable pour les classes au travail, ne serait-ce que parce que la majorité des gens âgés demeurent actifs et cela, de plus en plus longtemps. Une étude récente vient de révéler, entre autres, que seulement 5 % des personnes de plus de 65 ans ont des problèmes graves de santé (Schwartz, 1990). À la question : « La société canadienne sera-t-elle encore capable, en l'an 2036, de s'acquitter de ses obligations à l'endroit des personnes âgées sans s'imposer des privations excessives ? », la réponse est : « Oui ! » En projetant les tendances actuelles sur les cinq prochaines décennies, il ressort que les dépenses publiques au chapitre de la santé et de la retraite pourraient représenter approximativement le même fardeau qu'aujourd'hui, selon le statisticien en chef du Canada, Ivan Felligi. Une recherche menée par le Conseil canadien du développement social arrive à peu près à la même conclusion. Rejetant l'idée que «le vieillissement de notre population va nous mener à la banqueroute», l'auteur conclut : «Le processus de vieillissement ne risque pas d'avoir d'effet dramatique au moins avant l'an 2025» (Robichaud, 1989). Enfin, il reste à noter que d'autres organismes, telle l'Organisation de coopération et de développement économique (OCDE), arrivent à des conclusions qui s'éloignent quelque peu de celles-ci à partir de projections différentes. Selon ces études, la proportion plus élevée de personnes dépendantes ne peut se solver autrement que par un accroissement du fardeau financier qui reposera sur les travailleurs (Chawla, 1991 ; Burke, 1991).

Les multiples facettes de la contribution des aînés

Même si la contribution sociale des personnes âgées ne passe plus par le créneau de la production industrielle, commerciale ou autre, on ne saurait oublier que ces millions de femmes et d'hommes continuent largement, et jusqu'à un âge de plus en plus avancé, à être des membres actifs et productifs de la société (Whyte, H.V., 1991). Leur implication continue, de façons multiples, dans le domaine politique et social est précieuse. Que l'on songe, par exemple, au «Conseil des anciens» auquel les sociétés ont toujours fait appel sous une forme ou une autre. De même, leur participation à la vie de la famille dans l'exercice de leur rôle de grands-parents, leurs nombreuses activités dans le champ du bénévolat, sans parler de leur contribution à l'économie (37 % des voyages de loisirs en avion sont organisés pour les gens du troisième âge) constituent un apport évident à la vie et à la prospérité du milieu.

L'avenir des aînés réside dans la reconnaissance par la famille, le milieu environnant et la société en général du rôle irremplaçable qu'ils peuvent tenir. L'image qu'ils se font d'eux-mêmes est étroitement dépendante de cette reconnaissance. Plusieurs indices permettent de croire que nous allons dans ce sens, ce dont il faut se réjouir. Notre civilisation ne peut en effet se payer le luxe de perdre ce que représentent ces personnes comme ressource économique et source précieuse de savoir-faire et surtout de savoir-être.

Un des facteurs significatifs du changement actuel de mentalité est l'évolution de la perception de la retraite. Non seulement l'idée de retraite-couperet est une chose du passé, mais la peur d'être rangé dans la catégorie des membres inutiles de la société est aussi en train de disparaître. Et cela, malgré les sursauts occasionnels qui s'inscrivent plus ou moins dans le sens contraire, telle la position délibérément ambiguë prise par la Cour suprême du Canada en décembre 1990, à savoir que la retraite obligatoire ne lèse pas les droits de la personne tels qu'enchâssés dans la Charte des droits et libertés de la personne.

Dans un rapport publié à Washington, la «Société sur l'avenir du monde» prévoit même que prendre sa retraite pourrait tomber en désuétude. Nombreuses sont les personnes qui reprendront le travail après une ou plusieurs périodes sabbatiques, pour entamer une deuxième et une troisième carrière, et utiliser diversement leur énergie (Schroeder, 1990). Il y aurait intérêt à consulter la recherche effectuée dans cette perspective par Morris et Bass (1988).

Il ne faut pas oublier par ailleurs que bien des personnes ont hâte de voir arriver la retraite et que plusieurs en sont fort heureuses. De toute manière, la flexibilité quant au temps d'accès à la retraite et l'adoption d'une attitude positive à son endroit sont autant d'indicateurs d'une évolution sociale qui permet aux aînés de mieux s'adapter à une situation dont le contrôle ne leur échappe pas totalement. «Les sujets qui vieilliront avec le plus de satisfaction, écrit Jean-Luc Hétu (1988), seront ceux qui auront le mieux réussi à faire le deuil de leur rôle de producteur et de travailleur pour redécouvrir d'autres dimensions de leur moi.»

Le resserrement des liens entre conjoints

«Aimer, c'est faire exister l'autre.» Cette vieille sagesse s'impose avec plus d'évidence à deux moments particuliers de la vie : la petite enfance et le troisième âge. L'expérience, confirmée par la recherche, a montré que le petit enfant privé d'affection accuse du retard dans son développement sur tous les plans. Dans les cas graves, cela peut entraîner des traumatismes psychiques qui le marqueront pour toute la vie. À l'inverse, l'enfant aimé s'épanouit. La même réalité joue pour le couple à la fin de la vie. Ici encore, c'est en observant les personnes privées d'amour qu'on en voit les effets douloureux.

Qui, en effet, ne connaît de ces cas où la mort de l'un est suivie de près par la mort de l'autre? Le conjoint ne survit pas au départ de l'être aimé. Il perd sa dernière raison d'être. Cette réalité fait apparaître l'intensité du lien affectif et la forte dépendance des conjoints arrivés au troisième âge. On a pu noter en effet que les vieux couples sont d'autant plus vulnérables au vide affectif qu'ils se retrouvent davantage seuls, ce qui est le lot de la plupart à un moment ou l'autre. D'où l'importance de cultiver, à l'approche de la retraite et dans les années qui suivent, l'amour qui les fera vivre.

Réinventer l'amour

La perte de l'identité professionnelle qu'entraîne la retraite force à modifier l'image que chacun se fait de soi. La diminution physique, économique et sociale de son fonctionnement, jointe au malaise affectant son apparence, désorganise l'existence. Ces pertes inévitables nécessitent une compensation qui jaillira de la capacité des conjoints à aller plus loin sur la route de l'intimité. Le temps est venu pour eux d'assumer d'une autre façon une tâche jamais terminée, celle, au déclin de la vie, de réinventer l'amour.

L'amour est aussi merveilleux qu'imprévisible : il est source de sécurité et de paix en dépit des incertitudes; il stimule l'intimité sexuelle qui peut se prolonger et être gratifiante jusqu'à un âge très avancé ; il facilite, dans le respect et l'attention réciproque, le partage des rôles ménagers et des responsabilités en accord avec les forces de chacun ; enfin, il est source de confiance en soi au-delà des illusions perdues. On avait rêvé au départ du grand amour dont l'ardeur ne connaîtrait pas de faille. La vie nous a appris qu'il y a des remises en question inévitables, des tournants qui ne vont pas sans souffrance. Mais arrivés à cette étape, les conjoints sont conscients aussi que l'on peut toujours croire en l'amour. « Ce n'est pas parce qu'un rêve ne s'est pas réalisé qu'on avait tort de l'entretenir » (Bourgeault, 1989).

Se rapprocher ou stagner

Si, après la santé, l'amour est le facteur le plus étroitement lié à la joie de vivre, pourquoi tant de difficultés dans les retrouvailles du couple lors du départ des enfants ? Pourquoi ces difficultés se prolongent-elles dans les années qui suivent et pourquoi se posent-elles souvent comme un enjeu exigeant à l'heure de la retraite ?

On s'est aperçu que deux forces antagonistes s'affrontent jusqu'à la fin : la première, positive, consiste dans l'approfondissement de la relation d'intimité et du soutien mutuel ; la seconde, à l'opposé, s'inscrit dans le sens de l'éloignement, dans l'incompréhension et l'incapacité de s'ouvrir. Il s'agirait selon les experts d'une tension inévitable qui est liée à la situation limite propre au couple à ce stade de la vie (Irving et Suzanne Sarnoff, 1989).

D'un côté, les couples à la retraite ont une occasion merveilleuse d'approfondir leur relation et cela, malgré les craintes de la maladie et la pensée de la mort qui habitent dorénavant leurs esprits. Toutes les conditions sont présentes pour qu'ils puissent goûter à une certaine sérénité et être heureux. En partageant toutes sortes d'activités, les couples peuvent décider de se consacrer l'un à l'autre et de s'aimer intensément durant le temps qu'il leur reste. Le cœur, on le sait, ne prend pas de retraite. Ils peuvent, dans un souci d'interdépendance réaliste et respectueuse, s'employer à bien gérer ensemble la situation économique et sociale présente mais aussi à prévoir le jour où l'un ou l'autre se retrouvera seul. Enfin, ils peuvent améliorer les relations avec leurs enfants et en atténuer les tensions.

Par contre, de l'autre côté, pour la plupart des couples, ces objectifs sont souvent menacés par la peur commune de la mort, doublée d'une anxiété secrète liée à l'inconnu concernant celui qui partira le premier. Selon les Sarnoff, la crainte de trop dépendre d'un autre, qui partira peut-être avant soi, peut causer aussi bien l'éloignement que le rapprochement. À moins qu'ils ne prennent conscience de la dialectique de leur relation, tendue entre le besoin d'aimer et d'être aimé et, à l'opposé, la peur de l'amour, les conjoints risquent de dériver chacun de son côté en se blâmant l'un l'autre. Ils risquent de gaspiller leur énergie dans des conflits quotidiens qui camouflent l'enjeu profond dont ils sont victimes, aussi longtemps qu'ils n'ont pas réussi à le clarifier ou à s'en parler. Finalement, ce n'est que dans la mesure où les conjoints comprennent et acceptent la réalité, si ambiguë soit-elle, que les mécanismes de défense et la peur tombent, et que la sérénité l'emporte.

Faire du conjoint son confident

L'âge mûr, pour un couple, c'est l'occasion d'aller plus loin sur les chemins de l'amitié, de la confiance réciproque et de la sérénité. Au moment où la vie, plus que les paroles, a rendu les conjoints transparents l'un à l'autre, ils sont prêts à se rencontrer dans la profondeur du mystère de leur être. Cette expérience de mutualité s'avère un facteur déterminant de leur bonheur. On s'est aperçu, en effet, au terme d'une vaste étude portant sur l'intimité chez des personnes à l'âge de la retraite, que les conjoints qui ont fait de leur partenaire leur confident principal sont nettement plus heureux que les autres. À l'inverse, l'époux ou l'épouse dont le confident est une autre personne que le conjoint se retrouve peu satisfait en termes d'ajustement et de bonheur, ce qui, selon cette recherche, serait malheureusement le cas de la majorité (Lee, 1988).

Confirmer l'image de soi de son conjoint

Croire en la dignité de sa vie, la défendre et la maintenir jusqu'à la fin constitue un des défis majeurs du troisième âge. À mesure qu'il avance en âge, l'individu est partagé entre la sérénité que procure un certain détachement et, à l'opposé, l'anxiété ou le désespoir. Selon Erikson (1968, 139), «l'individu est alors soumis à une ultime vérification à savoir ce qu'est l'existence de l'homme.» Époux et épouse ont besoin l'un de l'autre pour confirmer leur image : une image parfois imprécise et fragile, comme leur être même.

Avoir un réseau relationnel équilibré

Si les conjoints ont besoin de resserrer les liens entre eux, ils ont aussi besoin d'un réseau humain plus large d'intérêt et d'affection. Ils ont besoin d'être entourés de personnes avec qui ils peuvent communiquer. Mais avec la vie qui avance, cette démarche n'est pas simple. Comment en effet entretenir un réseau relationnel significatif qui ne devienne ni accaparement ni béquille affective? Il n'existe évidemment pas de modèle à suivre pour éviter tous les risques. Comme dans les autres domaines, c'est dans la prise de conscience des risques liés à leur expérience que les couples apprennent à éviter les pièges et à retirer les avantages.

On sait que l'interaction amicale a une influence positive sur les personnes âgées comme sur tout autre individu. Les recherches récentes qui ont voulu en mesurer l'impact sont parvenues à la conclusion qu'elle contribue au bien-être des aînés, d'abord et avant tout parce qu'elle les rassure. L'interaction constante confirme leur place et leur importance dans la société et les empêche de sombrer dans l'isolement. Mais cette interaction avec l'entourage ne va pas sans la volonté d'entretenir un réseau de relations, ce qui suppose le développement continu de sa propre compétence. Selon deux psychologues américains, Robert Hanson et Bruce Carpenter (1994), les difficultés surviennent lorsque l'individu devient trop faible et fragile aussi bien sur le plan physique que mental.

On a aussi fait une découverte étonnante à première vue. Les personnes âgées trouvent plus de joie à fréquenter leurs amis qu'à fréquenter leurs enfants, en raison, semble-t-il, de la gratuité de l'interaction. Le rapport aux enfants, au contraire, est en quelque sorte un rapport obligé, chargé d'antécédents dont certains peuvent être davantage évocateurs de peines que de joies. De plus, on s'inquiète de leur santé, de leur situation financière, de leurs succès, de leurs échecs; surtout, «ils n'ont pas les mêmes attitudes et comportements que nous», «ils n'élèvent pas leurs enfants de la même manière!». La sagesse commande de conserver une certaine distance.

Par contre, les vieux couples qui ont des enfants sont en général plus heureux que ceux qui n'en ont pas (Lee, 1988b). De plus, l'interaction avec les petits-enfants est une source de bonheur supplémentaire qui vient renforcer l'impression que leur vie n'a pas été inutile, mais au contraire, qu'elle a été assez féconde pour que la chaîne de la vie ne soit pas interrompue (Umberson et Gove, 1989).

À mesure que les parents retraités deviennent plus fragiles, l'évolution de la relation avec leurs enfants se fait plus délicate. Du côté des enfants, elle est appelée à passer d'une attitude amicale et libérante à une relation filiale faite d'attention affectueuse et de respect. Tôt ou tard vient le moment de soutenir et d'aider son père ou sa mère tout en évitant de les surprotéger. Du côté des parents, elle suppose l'acceptation de ses limites et l'ouverture à l'exercice du nouveau rôle des enfants. Il semble hors de doute que leur joie de vivre est étroitement liée à cette évolution (Brody, 1985; Mancini & Blieszner, 1989).

Le déclin des forces et la préparation à la mort

La crainte de perdre ses capacités physiques ou mentales, la crainte d'être atteint par la maladie ou de devenir invalide sont des préoccupations inévitables. Tôt ou tard, elles viennent hanter l'esprit. La pensée de la mort se fait plus pressante car, dorénavant, il ne s'agit plus seulement de la mort des autres mais vraiment de la sienne. Personne n'évite d'être ébranlé au fond de son être par la confrontation inéluctable au mystère de la vie et de la mort en tant que passage obligé de l'aventure humaine.

Avancer sur «le chemin de tout le monde» comporte quelque chose de dramatique. À mesure que les années passent, tout change. Alors que les forces diminuent, les conjoints s'accrochent en quelque sorte davantage l'un à l'autre. Le rapport aux enfants se révèle fragile, même s'il évolue dans le sens de la relation filiale. Les parents ne veulent pas être un fardeau. Ils tiennent à leur autonomie d'autant plus qu'ils sentent leur dignité et leur identité menacées. De leur côté, les enfants veulent soutenir et aider, mais ils doivent le faire en tenant compte des exigences familiales et professionnelles qui les retiennent. Cette période est toujours délicate et peut peser très lourd. Heureusement, dans la majorité des cas, le problème tend à devenir moins aigu du fait que les personnes âgées sont davantage autosuffisantes.

Une recherche effectuée au Canada révèle que neuf couples sur dix se suffisent à eux-mêmes (Hagey, 1989). On a observé qu'aussi longtemps que les deux conjoints sont vivants, leur besoin d'aide extérieure est presque inexistant. On sait aussi que l'un des deux conjoints assume la totalité des tâches lorsque l'autre devient malade ou trop fragile. Une autre donnée précise qu'un peu plus de 80 % des conjoints seuls n'ont besoin d'aucune aide pour effectuer les tâches quotidiennes simples, comme la préparation des repas, la gestion de l'argent, les soins personnels et les petits travaux ménagers. Par contre, près de la moitié des personnes de 75 ans et plus vivant seules dans leur logis ont recours à une aide extérieure pour les gros travaux ménagers. La contribution des enfants conjuguée ou non à d'autres services est donc susceptible de fluctuer, accordée à l'évolution des situations. Par contre, sous une forme ou l'autre, elle demeure précieuse, sinon irremplaçable tout au long de cette période.

L'hébergement

Un passage particulièrement chargé de tension pour une proportion importante de vieillards, qu'ils soient en couple ou seuls, est l'entrée dans un centre d'hébergement. On devine le déracinement douloureux éprouvé par le couple ou par l'aîné au moment où il s'apprête à quitter son logement pour entrer dans le lieu où il va vraisemblablement finir ses jours. Comment être étonné de leur entêtement à repousser ce moment redouté? On prend conscience dans cette conjoncture de l'urgence à repenser le concept même d'hébergement. En 1985, on estimait à 226 000 le nombre de personnes âgées résidant dans ces établissements au Canada. Selon la courbe d'accroissement des années précédentes, elles seraient environ 235 000 en 1990. Quarante-cinq pour cent ont plus de 85 ans. Autre donnée significative, les femmes constituent 70 % de la population totale de ces centres (Strike, 1989).

Dans plus de 70 % des cas, les enfants sont impliqués dans ce passage du domicile à l'hébergement (Hanson *et al.*, 1990). Eux aussi sont tiraillés face à une décision toujours douloureuse en même temps qu'inévitable dans la grande majorité des cas. Que de tact s'impose dans l'indispensable dialogue avec l'être aimé qui s'approche du passage ultime. Il faut faire preuve d'attention jusque dans les moindres détails, pour lui permettre d'exercer au maximum son autonomie dans les choix à faire. Malheureusement, il semble bien, si l'on s'en remet aux résultats d'une étude récente, qu'il y a beaucoup plus qu'on ne le pense de personnes âgées qui sont négligées et qui souffrent d'abus sous une forme ou une autre (Schlesinger, 1989).

La mort du conjoint

Un autre événement inéluctable se présente tôt ou tard, la mort du conjoint. C'est la dernière phase du cycle familial.

Quant au conjoint qui demeure, il acquiert un nouveau statut, celui de veuf ou de veuve.

Le départ d'une personne âgée, même s'il est accepté et parfois attendu par les membres de la famille, n'en est pas moins bouleversant. On n'apprivoise jamais totalement la mort. Par contre, l'événement douloureux peut être un facteur de croissance, en particulier pour les petits-enfants, qui souvent sont ainsi placés devant leur première expérience de la mort. «La façon de vivre le deuil, écrit Elaine Brody (1982), les réactions et l'adaptation de la famille ont des implications dans le développement psychologique des plus jeunes; ils apprennent comment envisager la mort et à leur tour comment faire face aux pertes et aux séparations inhérentes à la condition humaine.»

La génération du milieu se retrouve, quant à elle, face à sa propre mort du fait qu'elle devient la génération la plus âgée. Le conjoint qui survit est confronté à la douloureuse expérience de la solitude, en plus d'être menacé de perdre le goût de vivre, surtout s'il est avancé en âge.

Faire le deuil de son époux ou de son épouse lorsqu'on a 60 ans, 70 ans ou 80 ans est une expérience qui se situe à la limite des forces humaines. Une étude qui n'a rien perdu de sa pertinence, même si elle remonte à quelques années, décrit les trois tâches successives qu'il faut alors assumer. La première consiste à accepter le fait de la mort de l'être aimé pour laisser monter à la mémoire les expériences partagées durant la vie commune; la deuxième, qui arrive normalement dans les mois qui suivent le décès, consiste dans la ressaisie des tâches quotidiennes, de l'entretien de soi et du fonctionnement normal, tout en s'adaptant à l'absence physique de l'autre; enfin, la troisième consiste à entreprendre de nouvelles activités et à envisager de nouveaux projets à la mesure de ses possibilités (Lopata, 1975).

Se préparer au dernier passage

Vieillir, voir venir l'heure de la dépendance et la vivre, faire le deuil de son conjoint, accueillir l'éventualité de sa propre mort et conserver à travers tout cela une image positive de soi et la sérénité, suppose et commande un approfondissement incessant de l'intériorité. En ce sens, le temps de la retraite est inévitablement un temps de dépouillement en même temps que d'enrichissement par la centration sur l'essentiel. C'est le temps où s'affine le regard intérieur et où le sens de l'existence apparaît plus nettement en s'ouvrant sur l'au-delà, qui, pour mystérieux qu'il soit, n'en demeure pas moins ce qui nourrit l'espérance de l'immense cortège des croyants. C'est sans doute à cette étape qu'apparaît avec le plus d'évidence le rôle des grandes religions du monde dont le propos consiste essentiellement à lever le voile qui entoure le mystère de l'existence humaine.

Bref, une spiritualité profonde est indispensable pour alléger la menace de dépression qui surgit inévitablement à un moment ou l'autre sur une route qui ne comporte de voies d'évitement pour personne (Brubaker, 1983). C'est sans doute parce qu'à la limite, l'expérience d'intériorité est difficile et que la proportion de personnes qui n'y sont pas entraînées est en hausse que le nombre de suicides des personnes de 65 ans et plus a augmenté de 25 % depuis 1980 en Amérique (*U.S. News & World Report*, 1989). Les statistiques révèlent que 17 % de tous les suicides rapportés se retrouvent dans cette catégorie d'âge.

Dans cette perspective, on sait bien que l'individu ne s'approche pas de la mort de la même façon selon qu'il achoppe au néant ou qu'au contraire il s'ouvre sur un «après» et un «autrement» de la vie, même si ces lieux de l'attente humaine sont chargés de mystère. En définitive, si paradoxal que cela puisse paraître, l'humain ne trouve de sens à la vie que dans l'ouverture à la transcendance qui, par définition, le dépasse.

Le croyant chrétien, pour sa part, sait que si la foi projette une certaine lumière sur l'aventure humaine, et ce, jusque dans son mystère ultime, celui de la souffrance et de la mort, elle ne donne pas de solution. Par contre, elle place devant la réalité inéluctable et donne la force de l'affronter. C'est sans doute à partir de cette conviction qu'Elizabeth Kübler-Ross affirme que l'acceptation de la mort constitue la dernière étape de la croissance. André Frossard, dans une entrevue accordée au *Devoir*, disait de la mort qu'«elle est l'attente obstinée de l'apparition du visage de Dieu, comme l'attente de l'amoureux dans la gare» (24 septembre 1984). Françoise Dolto, quelques heures avant de mourir en août 1988, chuchotait à ses enfants : «Ce n'est rien de grave, je suis paisible. C'est juste une fin de vie qui se déroule.»

Avec la mort du dernier conjoint, une génération s'éteint, le cycle d'un couple se termine, mais la vie continue dans un recommencement perpétuel.

RÉSUMÉ

La retraite représente une étape à la fois précieuse et cruciale de la vie. Grâce à une bonne santé, ce qui est le cas du plus grand nombre, à un logement convenable, au soutien et à la sécurité du revenu, le troisième âge peut être une période gratifiante de la vie pour la plupart des couples. Souvent, ils continuent jusqu'à un âge avancé à être des membres bien portants, actifs et productifs de la société.

Par ailleurs, si l'on s'arrête à la situation de chacun des conjoints, il faut reconnaître que tôt ou tard, l'un et l'autre est confronté à l'expérience douloureuse de la diminution de ses forces, de la maladie, de la perte de son compagnon ou de sa compagne de vie, et de la mort. Telle est la trajectoire humaine. Pour le vieillard, cette expérience est une route d'intériorité et d'ouverture à un au-delà dont l'espérance est solidement chevillée dans l'esprit humain. Cette attente qui vient donner un sens ultime à l'aventure humaine est aussi une route de croissance pour celles et ceux qui restent. C'est à travers cette vision globale de l'aventure humaine que sont transmis de génération en génération le savoir-être, le savoir-vivre et le savoir-mourir sur lesquels repose toute civilisation. «Des enfants bien portants ne craindront pas la vie si leurs parents ont assez d'intégrité pour ne pas craindre la mort» (Erikson, 1966, 180).

Bibliographie

Abbey, A., Andrews, F., Halman, J. (1994). « Psychosocial Predictors of Life Quality ». *Journal of Family Issues*, 15(2), p. 253-271.

Adams, O., Nagnur, D. (1989). « Le Mariage et le divorce au Canada ». *Tendances sociales canadiennes*, (13), p. 24-27.

Ahrons, C. (1983). « Divorce ». McCubbin & Figley (eds.), *Stress and the Family*, vol. 1 : *Coping with Normative Transitions*. Brunner Mazel, New York.

Ahrons, C., Rogers, R. (1987) *Divorced Families : A Multidisciplinary Developmental View*, Norton, New York.

Alberoni, F. (1987, mai). « L'Érotisme ». *Psychologie*, (43), p. 13.

Alberoni, F. (1995). *L'Amitié*, Pocket, Paris.

Albrecht, S. (1980). « Reactions and Adjustments to Divorce : Differences in the Experiences of Males and Females ». *Family Relations*, vol. 29, p. 59-68. Voir aussi Doherty, W., Su, S., Needle, R. (1989). « Marital Disruption and Psychological Well-Being ». *Journal of Family Issues*, 10(1), p. 72-25.

Aldous, J. (1978). *Family Careers*. Wiley, New York.

Aldous, J. (1990). « Family Development and the Life Course : Two Perspectives on Family Changes ». *Journal of Marriage and the Family*, 52(3), p. 571-583.

Aldous, J. (1995). « New Views of Grandparents in Intergenerational Context ». *Journal of Family Issues*, 16(1), p. 104-122.

Allgeir, A., Allgeir, E. (1988) *Sexual Interactions*, Heath & Co., Lexington, D.C.

Amato, P. (1991). « The "Child of Divorce" as a Person Prototype ». *Journal of Marriage and the Family*, 53(l), p. 59-69.

Amato, P. (1993). « Children's Adjustment to Divorce : Theories, Hypothesis and Empirical Support ». *Journal of Marriage and the Family*, 55(1), p. 243-38.

Amato, P. (1994). «Father-Child Relations, Mother-Child Relations, and Offspring Psychological Well-Being in Early Adulthood». *Journal of Marriage and the Family*, 56(4), p. 1031-1042.

American Chicle Youth Poll (1987). «Youth Adjust to Family Turbulence». *American Family*, 4, p. 6.

American Family (1979). 12(9), p. 23.

American Family (1989). «Cost of Raising a Child». 12(3), p. 5. Source : U.S. Department of Agriculture.

Anatrella, T. (1988). *Interminables Adolescences – Les 12/30 ans*. Cerf, Paris.

Anderson, S. (1988). Parental Stress and Coping During the Leaving Home Transition». *Family Relations*, 37(2), p. 160-165.

Anderson, S., Russell, C., Schumm, W. (1983). «Perceived Marital Quality and Family Life-Cycle Categories : A Further Analysis. *Journal of Marriage and the Family*, 45(1), p. 127-139.

Antonovsky, A. (1979). *Health, Stress and Coping*. Jossey-Bass, San Francisco.

Aquilino, W. (1994). «Later Life Parental Divorce and Widowhood : Impact on Young Adults' Assessment of Parent-Child Relations». *Journal of Marriage and the Family*, 56(4), p.908-922.

Arafat, I., Yorburg, B. (1973). «On Living Together Without Marriage». *Journal of Sex Research*, 9, p. 21-29.

Arendell, T. (1995). *Fathers and Divorce*. Sage Publications, Beverley Hills, California.

Aries, P. (1973). *L'Enfant et la Vie familiale sous l'Ancien Régime*. Seuil, Paris.

Arseneault, M., Beaulieu, C., Boutin, B., Germain, G.-H., Sauvé, M.-B. (1989). «Sondage : Les Valeurs des jeunes». *L'Actualité*, juin, p. 28-47.

Artaud, G. (1982). «Le Concept de non-directivité en éducation : son apport et ses limites». *Canadian Journal of Education*, 7(4).

Artaud, G. (1985a). *L'Adulte en quête de son identité*. Presse de l'Université d'Ottawa, p. 14.

Artaud, G. (1985b). «Une Approche holistique du développement moral». *Revue des Sciences de l'éducation*, 1(3), p. 404.

Artaud, G. (1989). *L'Intervention éducative. Au-delà de l'autoritarisme et du laisser-faire.* Presses de l'Université d'Ottawa.

Artaud, G., Michaud, C. (1993). *Croissances et Valeurs.* Ministère de l'Éducation. Ontario.

Arven, L. (1988, 6 novembre). «Vivre à deux pour la vie?» *Témoignage chrétien*, Paris, p. 14.

Atkinson, M., Blackwelder, S. (1993). «Fathering in the 20th Century». *Journal of Marriage and the Family*, 55(4), p. 975-986.

Audet, I. (1995. nov.). «Une idée folle». *Présence Magazine*, 4(30), p. 32.

Avery, C. (1989). «Intimacy Image of Divorce». *Psychology Today*, May, p. 27-31.

Bach, R. (1984). *The Bridge Across Forever.* Dell Publishing, New York, p. 231-236.

Bader, E. (1983). *The Critical First Year of Marriage. Manuscript.* Department of Family and Community Medicine, University of Toronto.

Badinter, E. (1980). *L'Amour en plus.* Flammarion, Paris.

Beaujot, R. (1995). «Situation familiale des personnes d'âge moyen». *La Famille au long de la vie*, Statistique Canada, Cat. 91-543F.

Bédard, R. (1983). «Crise et transition chez l'adulte dans les recherches de Daniel Levinson et de Bernice Neugarten». *Revue des Sciences de l'éducation*, IX(1), p. 107-127.

Bégin, B. (1988). «La dimension sociologique dans la pastorale du divorce». *Sciences pastorales*, 7, p. 31-56.

Bégin, B. (1994). *Éthique chrétienne du divorce.* Bellarmin, Montréal.

Beirnaert, L. (1987). «L'Indissolubilité du couple». *Aux frontières de l'acte analytique*, Seuil, Paris, p. 152.

Belle, M., McQuillan, K. (1994). «Les Naissances hors mariage: Un Choix de plus en plus fréquent». *Tendances sociales canadiennes*, n° 33, p. 14-17.

Belsky, J., Pensky, E. (1988). «Marital Change Across the Transition to Parenthood». *Marriage and Family Review*, 12(3,4), p. 139, 141.

Benin, M.H., Agostinelli, J. (1988). «Husbands and Wives Satisfaction with the Division of Labor». *Journal of Marriage and the Family*, 50(2), p. 349-361.

Beraudy, R. (1985). *Sacrement de mariage et culture centemporaine*. Desclee, Paris.

Bergen, E. (1991). The Economic Context of Labor Allocation». *Journal of Family Issues*, 12(2), p. 140-157.

Bertoia, C., Drakich, J. (1993). The Fathers'Rights Movement. Contradictions in Rhetoric and Practice». *Journal of Family Issues*, 14(4), p. 592-615.

Bird, G., Bird, G. (1987). «In Pursuit of Academic Careers : Observations and Reflexions of a Dual-Career Couple». *Family Relations*, 36(1), p. 98.

Blondin, R. (1994). *Le Guerrier désarmé*. Boréal, Montréal.

Bloom, B., Hodges, W. (1988-January). «Healing the Wounds of Divorce». *Psychology Today, p. 70.*

Bly, R. (1989). *Iron John : A Book about Men*. Addison-Wesley, New York.

Bohannan, P. (1970). «The Six Stations of Divorce». *Divorce and After*, Doubleday, New York, p. 29-55.

Bombardier, D., Saint-Laurent, C. (1989). *Le Mal de l'âme*. Robert Laffont, Paris.

Bonnette, L. (1986). *Le Fondement religieux de la pensée de Jung*. Fides, Montréal.

Booth, A., Johnson, D. (1988). «Premarital Cohabitation and Marital Success». *Journal of Family Issues*, 9(2), p. 255-272.

Booth, A., Johnson, D., White, L., Edwards, J. (1985). «Predicting Divorce and Permanent Separation». *Journal of Family Issues*, 6(3), p. 331-346.

Booth, A., Johnson, D., White, L., Edwards, J. (1986). «Divorce and Marital Instability over the Life Course». *Journal of Family Issues*, 7(4), p. 421-442.

Booth, A., Johnson, D., Branaman, A., Sica, A. (1995). «Belief and Behavior : Does Religion Matter in Today's Marriage?» *Journal of Marriage and the Family*, 57(3), p. 661-671.

Bourassa, R. (1988). Interview dans *Le Devoir économique*, décembre, p. 16.

Bourgault, P. (1989). *Moi je m'en souviens*. Stanké, Montréal.

Bourguignon, O. (1986). *Du divorce et des enfants*. Publication de l'INED (Institut national d'études démographiques), cahier nº 111, PUF, Paris.

Bowen, G. (1988). «Family Life Satisfaction : A Value-Based Approach». *Family Relations*, 37(4), p. 458-462.

Boyd, M., Pryor, E. (1988). «Les Jeunes Adultes vivant avec leurs parents». *Tendances sociales canadiennes*, nº 13, p. 1720.

Boyer, J.-C. (1988). *Les États d'identité chez les adolescents du secondaire 2 et 3 ayant les caractéristiques de l'hyperactivité*. Thèse de maîtrise en éducation. Manuscrit, Université d'Ottawa.

Boyer, J.-C. (1995). *Les États d'identité et les stratégies utilisées par les élèves du secondaire pour résoudre un problème lié à l'identité*. Manuscrit, Thèse de doctorat déposée à l'Université d'Ottawa.

Boyum, L., Parke, R. (1995). «The Role of Family Emotional Expressiveness in the Development of Children's Social Competence». *Journal of Marriage and the Family*, 57(3), p. 593-608.

Bozon, M. (1991). «La Nouvelle Place de la sexualité dans la constitution du couple». *Sciences sociales et santé*, 9(4).

Braver, S., Fitzpatrick, P., Bay, C. (1991). «Noncustodial Parent's Report of Child Support Payments». *Family Relations*, 40(2), p. 180-185.

Brechon, P. (1976). *La Famille, idées traditionnelles, idées nouvelles*. Centurion, Paris, p. 186.

Brie, A. (1989). *Le Retour du silencieux*. Boréal, Montréal.

Brière, P. (1989). *Attention : parents fragiles. Parce que les enfants changent le monde*. Boréal, Montréal.

Brisebois, M. (1989). «La Liberté de création et la quête de sens». *Le Devoir*, 14 octobre, p. A9.

Brock, L., Jennings, G. (1993). «What Daughters in their 30s Wish their Mothers Had Told Them». *Family Relations*, 42(1), p. 61-65.

Brod, H. ed. (1994). *Theorizing Masculinities*. Sage Publications, Beverley Hills, California.

Brody, E. (1982). «Aging and Personality: a Developmental View». Altman & Jaffe (ed.) Reading in *Adult Psychology*, Harper & Row, New York, p. 403.

Brody, E. (1985). «Parent Care as a Normative Stress. *Gerontologist*, 25, p. 19-29.

Brooks, D. (1988). «Évaluation auprès d'une population canadienne d'un programme de formation parentale (STEP)». *Santé mentale au Canada*, 36(4), p. 2-6.

Brown, M., Agostinelli, J. (1988). «Husbands' and Wives' Satisfaction with the Division of Labor». *Journal of Marriage and the Family*, 50(2), p. 359.

Brubaker, T.H. (1983). *Family Relationships in Later Life*. Sage Publications, Newbury Park, California.

Bruckner, P. (1989). Cité par Sylvie Halpern dans *Châtelaine*, avril, p. 196.

Buck, N., Scott, J., (1993). «She's Leaving Home: But Why? An Analysis of Young People Leaving the Parental Home». *Journal of Marriage and the Family*, 55(3), p. 863-874.

Buehler, C. (1987). «Initiator Status and the Divorce Transition». *Family Relations*, 36(1), p. 82-86.

Burke, M.A. (1991). *Conséquences du vieillissement démographique. Tendances sociales canadiennes*. (20). Statistique Canada, p. 6-8.

Burnett, M., Sims, J. (1994). «Adolescent Adjustment and Stepparenting Styles». *Family Relations*, 43(4), p. 349-399.

Call, V., Sprecher, S., Schwartz, P. (1995). «The Incidence and Frequency of Marital Sex in a National Sample». *Journal of Marriage and the Family*, 57(3), p. 639-652.

Campbell, A., Converse, P.E., Rodgers, W. (1976). *The Quality of American Life: Perceptions, Evaluations and Satisfactions*. Russell Sage Foundation, New York.

Carmel, M. (1990). *Ces femmes qui n'en veulent pas*. Éditions Saint-Martin, Montréal.

Carter, E., McGoldrick, M. (1980). *The Family Life Cycle: A Framework for Family Therapy*. Gardner Press, New York.

Cauchon, P. (1989). «L'Emploi demeure la principale préoccupation des jeunes». *Le Devoir*, 26 octobre.

Census Bureau (1987). *Report on Vital Statistic*, Washington, DC.

Chabot, P.-E. (1984, juillet-août). «Le Couple : le divorce boom». *Revue Notre-Dame*, (7), p. 3.

Chafetz, J. (1988). The Gender Division of Labor and the Reproduction of Female Disadvantage». *Journal of Family Issues*, 9(1), p. 108-131.

Champagne-Gilbert, M. (1987). «Il faut que l'Esprit souffle sur la glaise». Conférence Internationale Famille et Culture (4-5 décembre). Siège de l'UNESCO, Paris.

Champagne-Gilbert, M. (1980). *La Famille et l'homme à délivrer du pouvoir*. Leméac. Montréal.

Champagne-Gilbert, M. (1991). *L'Homme têtard : Une fiction sur le monde masculin*. Québec/Amérique, Montréal.

Chapleau, J. (1989). *La Passion d'être père*. Stanké, Montréal, p. 54.

Chapman, S. (1991). «Attachment and Adolescent Adjustment to Parental Remarriage». *Family Relations*, 40(2), p. 232-237.

Chavagne, Y. (1990). «Faut-il achever les vieux?» *Témoignage chrétien*, 22 janvier, Paris, p. 10-11.

Chawla, R. (1991). «Rapports de dépendance». *Tendances sociales canadiennes*, n° 20, p. 3-5.

Cherlin, A., Furstenberg (1986). *The New American Grandparent : A Place in the Family, a Life Apart*. Basic Books, New York.

Cherlin, A.J. (1981). *Marriage, Divorce, Remarriage*. Harvard Union Press, Cambridge.

Chidley, J. (1995). «Is Dating Dead?» *Maclean's*, Feb. 20.

Chilman, C. (1980). «Parents Satisfaction, Concerns and Goal for their Children». *Family Relations*, 29(3), p. 339.

Clark, C., Worthington, E., Dansen, D. (1988). «The Transmission of Religious Beliefs and Practices from Parents to Firstborn Early Adolescents». *Journal of Marriage and the Family*, 50(2), p. 463-472.

Clark, J., Barber, B. (1994). «Adolescent s in Postdivorce and Always-Married Families : Self-Esteem and Perception of Fathers' Interest». *Journal of Marriage and the Family*, 56(3), p. 608-614.

Clawar, S., Rivlin, B. (1991). *Children Held Hostage*. American Bar Association, Chicago.

Cloutier, R., Groleau, G. (1987). «La Communication parents-adolescents». *Interface*, mai-juin, p. 27-30, Université Laval, Québec.

Cochran, J., Beegley, L. (1991). The Influence of Religion on Attitudes Toward Non-Marital Sexuality : A Preliminary Assessment of Reference Group Theory». *Journal for the Scientific Study of Religion*, 30(1), p. 45-62.

Cochrane, M. (1994). «Nous avons aussi des droits. Les grands-parents et leurs petits-enfants face au divorce et au démantèlement de la famille». *Transition. IVF*, 24(3), p. 12-13.

Cohen, T. (1987). «Remaking Men. *Journal of Family Issues*, 8(1), p. 65.

Cohler, B.J. (1984). «Parenthood, Psychopathology and Child Care». Cité par Morval, M. (1985). *Psychologie de la famille*, P.U.M., Montréal, p. 112.

Colarusso, C.A., Nemiroff, R.A. (1981). *Adult Development : A New Dimension in Psychodynamic in Theory and Practice*. Plenum Press, New York.

Coleman, D. (1985). «Affairs of the Heart : Change Occurs as Relationships Bloom». *Kansas City Times*, September 12, p. B-5, B-7.

Coleman, M.J. (1988). «The Division of Household Labo»r. *Journal of Family Issues*, 9(1), p. 132-148.

Collange, C. (1985). *Moi ta mère*. Fayard, Paris.

Collins, G. (1979, June 17). «A New Look at Life With Father». *New York Times Magazine*. Cité par McCubbin, H., Dahl, B. (1985). *Marriage and Family*. John Wiley & Sons, New York, p. 232.

Colloque «Les Droits de l'enfant» (1986). Rapport publié dans *La Vie*, 25 février 1987, p. 11, Paris.

Conseil consultatif canadien sur la situation de la femme (1985). *Le Droit de la famille au Canada : Nouvelles orientations*. Ottawa. Voir en particulier p. 174-204.

Conseil économique du Canada (1989). «Le Vieillissement et l'environnement». *Au Courant*, 10(2), p. 8.

Cooney, T. (1994). «Young Adults' Relations with Parents : The Influence of Recent Parental Divorce». *Journal of Marriage and the Family*, 56(1), p. 45-56.

Cooper, P., Cumber, B., Hartner, R. (1978, February). Decision-Making Patterns and Post-Decision Adjustment of Child-Free Husbands and Wives». *Alternate Lifestyles*, p. 71ss.

Cordero, C. (1995). *La Famille – Choix ou mutation*. Paris, Marabout.

Cordes, H. (1994-sept.- oct.). There's No Such Thing as a Mothering Instinct». *Utne Reader*.

Coverman, S., Sheley, J. (1986). «Change in Men's Housework and Child-Care Time». *Journal of Marriage and the Family*, 48(2), p. 413-422.

Cowan, C. Cowan, P. (1995). «Interventions to Ease the Transition to Parenthood». *Family Relations*, 44(4), p. 412-423.

Cowan, C., Cowan, P. (1988). «Who Does What When Partners Become Parents : Implications for Men, Women and Marriage». *Marriage and Family Review*, 12(3,4), p. 105-131.

Cowan, P., Cowan, C. (1986). «Changes in Marriage During the Transition to Parenthood : Must we Blame the Baby». Transition to parenthood : *Current Theory and Research*, Michael, G., & Goldberg, W. (ed.), Cambridge University Press, Cambridge.

Cox, M. (1985). «Progress and Continued Challenges in Understanding the Transition to Parenthood. *Journal of Family Issues*, 6(4), p. 405.

Crosby, J.F. (1976). *Illusion and Disillusion : The Self in Love and Marriage*. Wadsworth, Belmont, California.

Cross, P. (1982). *Adults as Learners*. Jossey-Bass, San Fransisco.

Cuerrier, J., Provost, S. (1988). *De l'amour-passion au plein amour*. Stanké, Montréal.

Daly, K. (1993). «Reshaping Fatherhood». *Journal of Family Issues*, 14(4), p. 510-530.

Darling-Fisher, C., Tiedje, L. (1990). The Impact of Material Employment Characteristics on Fathers' Participation in Child Care». *Family Relations*, 39(1), p. 20.

Datan, N. (1980). «Midas and Other Mid-Life Crisis». *Mid-Life, Developmental and Clinical Issues*, Norman, W., Scaramella, J. (ed.), Brunner/Mazel Inc., New York.

Davis, K. (1985, February). «Friendship and Love Composed». *Psychology Today*, p. 22-30.

De Grace, G.R., Joshi, P. (1986). *Les Crises de la vie adulte*. Décarie éditeur, Montréal, p. 361.

DeMaris, A., Leslie, G. (1984). «Cohabitation with the Future Spouse : Its Influence upon Marital Satisfaction and Communication». *Journal of Marriage and the Family*, 46(1), p. 77-84.

Demo, D., Alcock, A. (1988). «The Impact of Divorce on Children». *Journal of Marriage and the Family*, 50(3), p. 619-648.

Demo, D., Small, S., Ritch, S.-V. (1987). «Family Relations and the Self-Esteem of Adolescents and their Parents. *Journal of Marriage and the Family*, 49(4), p. 705-715.

Demoustier, C. (1988). «La Pilule sur le divan». Cité par Galtier, P. dans *Témoignage chrétien*, 23 octobre, Paris, p. 15.

Denham, T., Smith, C. (1989). «The Influences of Grandparents and Grandchildren». *Family Relations*, 38(3), p. 345-350.

Desjardins, A. (1985). *Pour une vie réussie, un amour réussi*. La Table Ronde, Paris, p. 174-176.

DeVries, P. (1985). *Marriage and Family*. Cité par McCubbin, H., Dahl, B. Wiley & Sons, New York, p. 225.

Dolto, F. (1988). Interview à la télévision française à l'occasion de la publication de son livre : *Quand les parents se séparent*. Seuil, Paris.

Donval, A. (1988). *Sur quoi fonder la durée*. Cahiern° 19, Institut des sciences de la famille, Université de Lyon, p. 19.

Dorais, M. (1986). *Les Lendemains de la révolution sexuelle*. Prétexte, Montréal.

Dorais, M. (1995). *La Mémoire du désir*. vlb éditeur, Montréal.

Dreikurs, R. (1981). Le Défi du mariage. Éditions Un Monde Différent, Montréal.

Druet, P.-P. (1988). «Tu m'aimes? Je te préfère». *Témoignage chrétien*, 23 octobre, p. 16, Paris.

Dulac, G. (1994). «Pères, prenez votre place». *Revue Notre-Dame*, n° 7, juillet-août.

Dupuis, P. *et al.* (1987). *Le Mitan de la vie et le travail*. Centre de recherche en administration des organismes d'éducation. Université de Montréal.

Duvall, E. (1957). *Family Development*. J.B. Lippincott Junior, Philadelphia.

Duvall, E. (1977). *Marriage and Family Development*. Lippincott, Philadelphia.

Edwards, J., Johnson, D., Booth, A. (1987). «Coming Apart : A Prognostic Instrument of Marital Breakbup». *Family Relations*, 36(2), p. 168-170.

Eid, G. (1995). «La Relation adulte-adolescent au sein de la famille aujourd'hui». *Pastorale Familiale*, 95(3), doc. 644.

Eisner, K. (1995). «Vous songez aux soins à domicile?» *Transition. IVF*, 25(2), p. 7.

Elder, G., Rockwell, R. (1976). Marital Timing in Women's Life Patterns». *Journal of Family History*, 1(1), p. 34-53e.

Emery, R. (1995). «Divorce Mediation : Negotiating Agreements and Renegotiating Relationships». *Family Relations*, 44(4), p. 377-383.

Emery, R., Dillon P. (1994). «Renegotiating Boundaries of Intimacy and Power in the Divorced Family System». *Family Relations*, 43(4), p. 374-379.

Erikson, E. (1959). *Identity and the Life Cycle*. W.W. Norton & Co., New York.

Erikson, E. (1964). *Insight and Responsibility*. W.W. Norton & Co., New York.

Erikson, E. (1966). *Enfance et Société*. Les Éditions Delachaux & Niestlé, Neuchatel.

Erikson, E. (1968a). *Identity, Youth and Crisis*. W.W. Norton & Co., New York.

Erikson, E. (1968b). *Generativity and Ego Integrity. Middle Age and Aging*. Neugarten B. (Ed.) University of Chicago Press, Chicago.

Erikson, E. (1971). *Éthique et Psychanalyse*. Flammarion, Paris.

Erikson, E. (1982). *The Life Cycle Completed : A Review*. W.W. Norton & Co., New York.

Farow, M. (1989, October 12). «Fast Change the 90s Test : Economist». *The Financial Post*, p. 5.

Fawcett, J. (1988). «The Value of Children and the Transition to Parenthood». *Marriage and Family Review*, 12(3,4).

Fermez, F. (1980). «Entretien avec Élisabeth Badinter». *Le Nouvel Observateur*, 2 juin, p. 15.

Ferrat, J. (1995). «Le Troubadour politicien». Interview avec Normand Baillargeon, *Le Devoir*, 27 novembre.

Ferree, M. (1991). «The Gender Division of Labor in Two-Earner Marriages». *Journal of Family Issues*, 12(2), p. 158-180.

Fincham, F., Bradbury, T. eds. (1990). *The Psychology of Marriage : Basic Issues and Applications.* Guilford, New York.

Fine, M., Fine D. (1994). «An Examination and Evaluation of Recent Changes in Divorce Laws in Five Western Countries : The Critical Role of Values». *Journal of Marriage and the Family*, 56(2), p. 249-263.

Fitoussi, M. (1987). *Le Ras-le-bol des superwomen.* Calmann-Lévy, Paris.

Foothick, J., Salholz, E. (1981). «Bringing Back Grandma». *Newsweek*, May 11, p. 76.

Ford, E., Englund, S. (1982). *Pour s'aimer toujours.* Novalis, Ottawa.

Forehand, R., Neighbors, B., Devine, D., Armistead, L. (1994). «The Individual, Relative, and Interactive Effects on Adolescents Across Four Years». *Family Relations*, 43(4), p. 387-393.

Frankl, V. (1973). *Un Psychiatre déporté témoigne.* Chalet, Lyon, p. 170.

Franklin, C. (1988). *The Changing Definition of Masculinity.* Plenum Publ. Corp., New York.

Freeman, R. (1989). «Le Divorce et les enfants : expérience de transition». *Transition IVF*, 19(3), p. 8-11.

Freud, S. (1905). *Trois essais sur la théorie de la sexualité.* Gallimard, Paris. Traduction française 1962, p. 132.

Friedan, B. (1981). *The Second Stage.* Summit Book, New York.

Friedan, B. (1982). «Le Nouveau Féminisme». *Transition*, Institut Vanier de la famille, septembre, Ottawa.

Friedan, B. (1983). *The Feminine Mystique.* W.W. Norton & Co., New York.

Fromm, E. (1950). *Psychoanalysis and Religion.* Yale University Press, New Haven.

Fromm, E. (1968). *L'Art d'aimer.* Epi, Paris.

Furstenberg, F., Teitler, J. (1994). «Reconsidering the Effects of Marital Disruption». *Journal of Family Issues*, 15(2), p. 173-190.

Galbraith, J.K. (1958). *The Affluent Society*. Houghton Mifflin, Boston.

Garant L., Bolduc, M. (1990). *L'Aide par les proches : mythes et réalités*. Québec, Ministère de la Santé et des Services sociaux.

Gauchet, M. (1985). *Le Désenchantement du monde*. N.R.F., Paris, 1985, p. 302.

Gest, J., Minesbrook, S. (1988). *What Should Be Done*. United States News and World Report, August 22, p. 54-55.

Gibran, K. (1956). *Le Prophète*. Casterman, Paris.

Glenn, N. (1991). «The Recent Trend in Marital Success in the United States». *Journal of Marriage and the Family*, 53(2), p. 261-270.

Glick, P., Norton, A. (1977). Marrying, Divorcing and Living Together». *U.S. Population Bulletin*, 32(5), Washington, DC.

Glick, P.C. (1955). «The Life Cycle of the Family». *Marriage & Family Living*, 17(3).

Glick, P.C. (1977). «Updating the Life Cycle of the Family». *Journal of Marriage and the Family*, 39(5).

Glossop, R. (1994). «La Société soutient-elle la paternité active». *Transition*, 24(1), Institut Vanier de la famille, Ottawa.

Goetting, A. (1986). «Parental Satisfaction, a Review of Research». *Journal of Family Issues*, 7(1), p. 83-109.

Goldscheider, F., Goldscheider, C. (1989). «Family Structure and Conflict : Nest-Leaving Expectations of Young Adults and their Parents». *Journal of Marriage and the Family*, 51(1), p. 87-97.

Gordon, T. (1976). *Parents efficaces*. Éditions du Jour, Montréal.

Gottman, J.M. (1994). *What Predicts Divorce? – The Relationship Between Marital Processes and Marital Outcomes*. Lawrence Erlbaum. Hillsdale, New Jersey.

Gould, R. (1978). *Transformations – Growth and Change in Adult Life*. Simon & Schuster, New York, p. 22-29.

Gould, R. (1980). «Transformations During Early and Middle Adult Years». Smelser & Erikson (eds.). *Themes of Work and Love in Adulthood*, Harvard University Press, Cambridge, p. 213-237.

Gould, R. (1981). «Transformational Tasks in Adulthood». Greenshan & Pollock (eds.). *The Course of Life : Psychoanalytic Contributions Toward Understanding Personality Development*, vol. III, p. 55-90.

Gould, R. (1982). «The Phases of Adult Life : A Study in Developmental Psychology». Allman & Jaffe (eds.), *Reading in Adult Psychology*, Harper & Row, New York, p. 22-29.

Gouvernement du Québec (1984). *Livre vert pour les familles québecoises*. Élaboration et rédaction du document : Jacques Fortin et Maurice Champagne-Gilbert, Québec.

Gove, W., Style, C., Hughes, M. (1990). «The Effect of Marriage on the Well-Being of Adults». *Journal of Family Issues*, 2(1), p. 4-35.

Grand'Maison, J. (1989). «À l'aube de l'an 2000». Interview dans *Revue Notre-Dame* (2), février, p. 16.

Green, S., Sollie, D. (1989). «Long-Term Effects of a Church-Based Sex Education Program on Adolescent Communication». *Family Relations*, 38(2), p. 152-156.

Greenstein, T. (1995). «Are the "Most-Advantaged" Children Truly Disadvantaged by Early Maternal Employment?» *Journal of Family Issues*, 16(2), p. 149-169.

Greer, G. (1984). *Sexe et Destinée*. Grasset, Paris.

Grenier, L. (1987). *À la croisée de ma vie. Programme de prévention et de promotion de la santé globale*. Santé mentale au Canada, décembre, p. 15.

Grimm, R. (1984). *L'Institution du mariage*. Cerf, Paris, p. 295.

Grotevant, H.P. (1983). «The Contribution of the Family to the Facilitation of Identity Formation in Early Adolescence». *Journal of Early Adolescence*, 3(3), p. 225-237.

Guidubaldi, J., Perry, J. (1985). «Divorce and Mental Health Sequence for Children : A Two-Year follow-up of a Nationwide Sample». *Journal of the American Academy of Child Psychiatry*, 24, p. 531-537.

Guillaumin, J. (1982). Le Temps et l'âge. Réflexions psychanalytiques sur le vieillir». *Chronique sociale Le Temps et la Vie*, Lyon, p. 133.

Guitouni, M. (1991). «Femmes, si vous disiez la vérité». Éd. de la Sroh. Montréal. Reprenant la pensée de l'auteur, la première citation est de Louise Deschâtelets; la seconde de Louise-Josée Mondoux. *Le Devoir*, 22 mai.

Gutheim, F. (Ed.) (1948). *Houses for Family Living*. The Women's Foundation, New York.

Gutman, D. (1980). «The Post-Parental Years: Clinical Problems and Developmental Possibilities». Norman & Scaromella, *Mid-Life: Developmental and Clinical Issues*. Brunner/Mazel Inc., New York, p. 51.

Guttman, J. (1989). «The Divorced Father: A Review of the Issues and the Research». *Journal of Comparative Family Studies*, 20(2), p. 247-261.

Guy, M. (1993). «L'Arrivée du premier enfant dans le couple: la naissance d'une famille». *Amour et Famille*, n° 202, p. 1-17.

Hagestaed, G., Lang, M. (1986). «The Transition to Grand-parenthood». *Family Issues*, 7(2), p. 115-130.

Hagey, J. (1989). «Aide à domicile: le soutien aux personnes âgées». *Tendances sociales canadiennes*, (14), Statistique Canada.

Hall, E. (1983). «A Conversation With Erik Erikson». *Psychology Today*, June, p. 25.

Halpern, S. (1988). «Tu restes chez tes parents?» *L'Actualité*, novembre, Montréal, p. 121.

Hanson, S., Bozett, F. (1987). «Fatherhood: A Review and Ressources». *Family Relations*, 36(3), p. 333-340.

Hanson, R., Nelson E., *et al.* (1990). «Adult Children With Frail Elderly Parents: When to Intervene?» *Family Relations*, 39(2), p. 153-158.

Hanson, R., Carpenter, B., (1994). *Relationships in Old Age: Coping with the Challenge of Transitions*. Guilford Press, New York.

Havigurst, R. (1972). *Developmental Tasks and Education*. David McKay, New York.

Hawkins, A., Christiansen, S., Sargent, K., Hill, J. (1993). «Rethinking Fathers'Involvement in Child Care». *Journal of Family Issues*, 14(4), p. 531-549.

Hawkins, A., Marshall, C., Meiners, K. (1995). «Exploring Wives' Sense of Fairness About Family Work. *Journal of Family Issues*, 16(6), p. 693-721.

Hendrix, L., Pearson, W. (1995). «Spousal Interdependence, Female Power and Divorce : A Cross-Cultural Examination». *Journal of Comparative Family Studies*, 26(2), p. 217-232.

Henripin, J. (1989). *Le Défi d'une politique nataliste*. Institut québécois de recherche sur la culture, Québec.

Henry, C., Lovelace, S. (1995). «Family Resouces and Adolescent Family Life Satisfaction in Remarried Family Households». *Journal of Family Issues*, 16(6), p. 765-786.

Hermany-Vieille, C. (1985). *L'Infidèle*. Gallimard, Paris. Cité par Roger, R., *Le Devoir*, 4 janvier, 1986.

Hétu, J.-L. (1980). *Croissance humaine et instinct spirituel*. Leméac, Montréal.

Hétu, J.-L. (1988). *Psychologie du vieillissement*. Éditions du Méridien, Montréal, p. 282.

Heuvel, A.V. (1988). «The Timing of Parenthood and Intergenerational Relations». *Journal of Marriage & The Family*, 50(2), p. 483-491.

Hill, R. (1964). «The Developmental Approach». H.J. Christensen (Ed.), *Handbook of Marriage and Family*. Rand McNally Inc., New York.

Hill, R. (1965). «Decision Making and the Family Life Cycle». Allman & Jaffe (Eds.), Readings in *Adult Psychology : Contemporary Perspectives*. Harper & Row, New York, 1982, (21).

Hill, R. (1986). «Life Cycle Stages for Types of Single Parent Families : Of Family Development Theory». *Family Relations*, 35(1), p. 19-29.

Hiller, D., Dyehouse, J. (1987). «A Case for Banishing "Dual-Career Marriages" from the Research Literature». *Journal of Marriage and the Family*, 49(4), p. 787-795.

Hobbs, D., Cole, S. (1976). «Transition to Parenthood : A Decade Replication». *Journal of Marriage and the Family*, (38), p. 723.

Hone, G. (1983). *La Tolérance au bonheur*. Sciences pastorales, Université St. Paul, 2, p. 115-135.

Hone, G., Mercure, J. (1993). *Les Saisons du couple*. Novalis. Ottawa, p. 17.

Houde, R. (1986). *Les Temps de la vie – Le Développement psychosocial de l'adulte selon la perspective du cycle de la vie.* Gaëtan Morin éditeur, Chicoutimi, p. 220-221.

Houle, J., Kiely, M. (1984). «L'Intimité : un stade de développement méconnu». *Santé mentale au Canada,* 32(1), p. 2-6.

Hovell, M., Sipan, C., Blumberg, E., Atkins, C., Hofstetter, R., Kreitner, S. (1994). «Family Influences on Latino and Anglo Adolescents' Sexual Behavior». *Journal of Marriage and the Family,* 56(4), p. 973-986.

Howlett, S. (1986). *A Lesser Life : The Myth of Women's liberation in America.* William Morrow Co. Inc., New York.

Hunt, R., King, M. (1978). «Religiosity and Marriage». *Journal for the Scientific Study of Religion,* 17, p. 399-406.

Ichtchananski, N. (1988). *Tu ne craindras pas le mal.* Grasset, Paris.

INED (Institut national d'études démographiques) (1986). *Du divorce et des enfants.* Travaux et documents, Cahier n° 111, PUF, Paris.

INED (1994). Rapport d'enquête dans *Amour et Famille,* n° 209 (février 1995), p. 13.

Institut Vanier de la famille (1987). «Mais où donc sont passés les enfants? Et pourquoi?» *Transition,* vol. 17, n° 3, p.4-5.

Isabella, R., Belsky, J. (1986). «Marital Change Across the Transition to Parenthood and Security of Infant-Parent Attachment». *Journal of Family Issues,* (7), p. 505-522.

Jacobi, Y. (1964). *La Psychologie de C.G. Jung.* Éditions du Mont Blanc, Genève.

Jacobi, Y. (1968). *The Psychology of C.G. Jung.* Yale University Press, New Haven, p. 106ss.

Jacquard, A. (1986). *L'Héritage de la liberté.* Seuil, Paris.

Jardin, A. (1990). *Fanfan.* Flammarion, Paris.

Jaurard, S. (1981). Cited in Lamanna & Riedman, *Marriage and Families.* Wadsworth, Belmont, California, p. 223.

Jendrek, M. (1993). «Grandparents Who Parent Their Grandchildren : Effects on Lifestyle». *Journal of Marriage and the Family,* 55(3), p. 609-621.

Jenkins, M., Folk, K. (1994). «Class, Couples, and Conflict : Effects of the Division of Labor on Assessments of Marriage in Dual-Earner Families». *Journal of Marriage and the Family*, 56(1), p. 165-180.

Jésus de Nazareth, dans Évangile selon Jean, ch. 12, verset 24.

Jung, C.G. (1976) (Version originale 1953). *La Guerre psychologique.* Georg, Genève, p. 121.

Jung, C.S. (1962) (Version originale 1943). *L'Homme à la découverte de son âme*, Payot, Paris.

Kaufmann, J.-C. (1993) *Sociologie du couple.* PUF. Paris, p. 71 et 83.

Kerstern, K. (1990). «The Process of Marital Dissatisfaction : Interventions at Various Stages». *Family Relations*, 39(3), p. 257-265.

Kitson, G., Babri, K., Roach, M. (1985). «Who Divorces and Why». *Journal of Family Issues*, 6(3), p. 255-293.

Kitson, G., Morgan, L. (1990). «The Multiple Consequences of Divorce : A Decade Review». *Journal of Marriage and the Family*, 52(4), p. 913-924.

Kitzinger, S. (1985). *Birth over Thirty.* Penguin, New York, p. 172.

Kline, M., Johnston, J., Tschann, J. (1991). «The Long Shadow of Marital Conflict : A Model of Children's Postdivorce Adjustment». *Journal of Marriage and the Family*, 53(2), p. 297-309.

Kolata, G. (1991). «Le Corps vieillit, mais le cerveau résiste». *Le Devoir*, 23 avril.

Kreppner, K. (1988). «Changes in Parent-Child Relationships With the Birth of the Second Child». *Marriage and Family Review*, 2(3,4), p. 157-181.

Kundera, M. (1979). *Le Livre du rire et de l'oubli.* Gallimard, Paris, p. 210.

Kuntz, M. (1994). «Work and Family Life. Findings from International Research and Suggestions for Future Study». *Family Issues*, 15(3), p. 490-506.

Kurdek, L. (1995). «Predicting Change in Marital Satisfaction from Husbands' and Wives' Conflict Resolution Styles». *Journal of Marriage and the Family*, 57(1), p. 153-164.

Lachance, M. (1979). *Les Enfants du divorce.* Éditions de l'Homme, Montréal.

Lacroix, X. (1994). «Il n'y a pas de couple idéal». *La Vie,* n° 2549.

Lacy, W.B., Hendricks, J. (1980). «Developmental Models of Adult Life : Myth or Reality». *International Journal of Aging and Human Development,* 11(2), p. 89-110.

Laforest, J. (1989). *Introduction à la gérontologie, croissance et déclin.* Hurtubise/HMH, Montréal.

Laksham, C. (1991). «Retirement : The Have and the Have-Not». *Financial Post,* March 22.

Lamana, M., Riedmann, A. (1981). *Marriages and Families.* Wadsworth, Belmont-California.

Lamana, M.A. (1977). «The Value of Children to Natural and Adoptive Parents». *Marriages and Families,* Lamana & Riedman (eds) (1981), Wadsworth, Belmont, p. 254.

La Novara, P. (1993). «La Famille en évolution». *Tendances sociales Canadiennes,* n° 29, p.12-14.

La Rossa, R. (1988). «Fatherhood and Social Change». *Family Relations,* 37(4), p. 451-457.

La Rossa, R., Wolf, J. (1985). «On Qualitative Family Research». *Journal of Marriage and the Family,* 47(3), p. 531-541.

Larson, J., Lowe, W. (1990). Family Cohesion and Personal Space in Families With Adolescents». *Journal of Family Issues,* 11(1), p. 101-108.

Lasch, C. (1977). *Haven in a Heartless World – The Family Besieged.* Basic Books, New York.

Lasch, C. (1979). *The Culture of Narcissism.* W.W. Norton & Co., New York.

Lauer, R. Lauer, J. (1986). «Factors in Long-Term Marriages». *Journal of Family Issues,* 7(4), p. 382-390.

Leather, D., Hutchinson, K., Cooney, T. (1995) «Surviving the Breakup? Predictors of Parent-Adult Child Relations after Parental Divorce». *Family Relations,* 44(2), p. 153-161.

Lebovici, S. (1992). *L'Enfance retrouvée.* Flammarion, Paris.

443

Leclerc, J.-C. (1989). «La Violence chez les jeunes – L'Image inquiétante d'une société en voie de décomposition». *Le Devoir*, 30 mars, Éditorial, p. 8.

Ledingham, J., Crambie, G. (1988). «La Promotion de la santé mentale chez les enfants et les adolescents». *Santé mentale au Canada*, mars, Ministère de la Santé et du Bien-être social.

Lee, G. (1987). «Aging and Intergenerational Relations». *Journal of Family Issues*, 8(4), p. 448-450.

Lee, G. (1988a). «Marital Intimacy Among Older Persons – The Spouse as Confidant». *Journal of Family Issues*, 9(2), p. 273-284.

Lee, G. (1988b). «Marital Satisfaction in Later Life : The Effects of Nonmarital Roles». *Journal of Marriage and the Family*, 50(3), p. 775-783.

Lefebvre, P. (1995). «Les Politiques familiales au Québec et au Canada». *Interface*, 16(2), p. 15-27.

Lefebvre, S., Grand'Maison, J. (1994). *La Part des aînés*. Fides, Montréal.

Lemaire, J.G. (1979). *Le Couple : Sa vie, sa mort – La Structuration du couple humain*. Payot, Paris, p. 43.

Le Masters, E. (1977). *Parent in Modern America*. Dorsey, Homewood, IL, p. 18.

Lessard, J.-M. (1994). *Le Couple d'une étape à l'autre*. Montréal, Éditions Paulines, Montréal.

Levine, A. (1990). «The Second Time Around : Realities of Remarriage». *U.S. News & World Report*, 29 janvier, p. 50-51.

Levinson, D. (1978a). *The Seasons of a Man's Life*. Alfred A. Knopf Inc., New York.

Levinson, D. (1978b). «Growing up With the Dream». *Psychology Today*, January.

Lewis, M. (1987, May). «You've Come a Long Way Baby». Cited by Trotter, R., *Psychology Today*, p. 45.

Lewis, R., Freneau, P., Roberts, C. (1979). «Fathers and the Post-Parental Transition». *Family Coordinator*, 238, p. 514-520.

Lewis, R.A., Spanier, G.B., Atkinson, V.L., LeHecka, C.F. (1977). «Commitment in Married and Unmarried Cohabitation». *Sociological Focus*, (10), p. 367-373.

Lidz, T. (1980). «Phases of Adult Life». Norman, W., Scaramella, J. (edS), *Mid-Life, Developmental and Clinical Issues*. Brunner/Mazel Inc., New York, p. 24.

Livi-Bacci, M. (1978). *Le Changement démographique et le cycle de vie des femmes*. Le fait féminin, Fayard, Paris.

Loevinger, J. (1966). «The Meaning and Measurement of Ego Development». *American Psychologist*, 21, p. 195-206.

Loevinger, J. (1976). *Ego Development*. Jossey-Bass, San Francisco.

Loevinger, J. (1983). «On Ego Development and the Structure of Personality». *Developmental Review*, 3, p. 339-350.

Logan, R., Belliveau, J.-A. (1995). «Les Mères qui travaillent». *Tendances sociales canadiennes*, n° 36, p. 24-29.

Loomis L., Booth, A. (1995). «Multigenerational Caregiving and Well-Being : The Myth of the Beleaguered Sandwich Generation». *Journal of Family Issues*, 16(2), p. 131-148.

Lopata, H. (1975). «Couple Companiate Relationships in Marriage and Widowhood». Malbin (ed.) *Old Family/New Family*, Van Nostrand Leinhold, New York.

Lovel, Y., McCubbin, H., Olson, D. (1987). «The Effect of Stressful Life Events and Transitions on Family Functioning and Well-Being». *Journal of Marriage and the Family*, 49(4), p. 857-873.

Luthman, S. (1972). *Intimacy : The Essence of Male and Female*. Mehetabelt Co., San Rafael, California, p. 126-143.

MacCoby, E.M., Martin, J.A. (1983). «Socialization in the Context of the Family : Parent-Child Interactions». Mussen, P.H. (ed.), *Handbook of Child Psychology*, IV(1), p. 1-102.

MacKay, G. (1984). Life With Less Sex». *Maclean's Magazine*, April, p. 34-41.

Maddock, J. (1989). «Healthy Family Sexuality : Positive Principles for Education and Clinicians». *Family Relations*, 38(2), p. 132.

Mancini, J., Blieszner, R. (1989). «Aging Parents and Adult Children : Research Themes in Intergenerational Relations». *Journal of Marriage and the Family*, 51(2), p. 275-290.

Mann, C. (1980). «Mid-Life and the Family's Strain Challenges and Options of the Midlife Years». Norman and Scaramella (eds), *Mid-Life : Developmental and Clinical Issues*, Brunner/Mazel Inc., New York, p. 142.

Margolin, L., White, L. (1987). «The Continuing Role of Physical Attractiveness in Marriage». *Journal of Marriage and the Family*, 49(1), p. 21-27.

Marks, N. (1995). «Midlife Marital Status Differences in Social Support Relationships With Adult Children and Psychological Well-Being». *Journal of Family Issues*, 16(1), p. 5-28.

Markus, E. (1990). «Does it Pay for a Woman to Work Outside Her Home?» *Journal of Comparative Family Studies*, 21(3), p. 397-411.

Marshall, K. (1990). «Les Travaux ménagers». *Tendances sociales canadiennes*, (16), Statistique Canada, Ottawa, p. 18-19.

Marsiglio, W. (ed).(1995). *Fatherhood. Contemporay Theory, Research and Social policy*. Sage Publications, Newbury Park, California.

Mashester, F. (1991). «Postdivorce Relashionships Between Ex-Spouses: The Roles of Attachement and Interpersonal Conflict». *Journal of Marriage and the Family*, 53(1), p. 103-110.

Maslow, A. (1970). *Religious Values, and Peak-Experiences*. Penguin Books, New York.

Maslow, A. (1971). *The Farther Reaches of Human Nature*. Viking Press, New York.

Maslow, A. (1972). *Vers une psychologie de l'élève*. Fayard, Paris, p. 189-190.

Mason, A. (1988). Rapport du Colloque «Être mère dans une société en évolution». *Transition*, septembre, Institut Vanier de la Famille, Ottawa.

Mastekaasa, A. (1994). «Psychological Well-Being and Marital Dissolution». *Jounal of Family Issues*, 15(2), p. 208-228.

May, R. (1975). *The Courage to Create*. Bantam Books, New York, p. 4.

McCoy, V. (1978). *The Adult Life Cycle: Training Manual and Readers*. University of Kansas, Lawrence.

McCubbin, H., Dahl, B. (1985). *Marriage and Family – Individuals and Life Cycle*. Wiley & Sons, New York.

McCullough, P. (1980). «Launching Children and Moving on the Family Cycle». Carter, E., McGoldrick, M. (eds), *The Family Life Cycle – A Framework for Family Therapy*. Gardner Press, New York.

McHale, S.M., Huston, T.L. (1985). «The Effect of the Transition to Parenthood on the Marriage Relationship». *Journal of Family Issues*, 6(4), p. 422.

McKie, C. (1993). «Le Vieillissement de la population : la génération du baby boom et le XXIᵉ siècle». *Tendances sociales canadiennes*, n° 29, p. 2-6.

Mead, M. (1949). *Male and Female : A Study of the Sexes in a Changing World*. William Morrow Co. Inc., New York.

Michaud, C. (1985). *La Famille à la recherche d'un nouveau souffle*. Fides, Montréal, p. 103.

Michaud, C. (1988). *Le Profil psychosexuel de l'enfant et de l'adolescent. Vie familiale et éducation sexuelle*. Centre franco-ontarien de ressources pédagogiques, Ottawa.

Michaud, C. (1995). *Le Mariage, une institution en quête de sens – Ce que révèle une enquête*. Manuscrit. Communication à la Société pour l'étude scientifique de la religion. Sociétés Savantes, UQAM, juin.

Montaigne, (1588). *Essais*. Livre 1, chapitre XXX. Cité par Roussel, (1989), *La Famille incertaine*. ÉditionS Odile Jacob, Paris, p. 33.

Moody, F. (1990). «Divorce : Sometimes a Bad Notion». *Utne Reader*, n° 42, p. 70-78.

Moreau, P. (1988). «L'Institution du mariage – Réflexion philosophique sur le sens du mariage dans sa dimension sociale. Pourquoi se marier». *Les Cahiers de l'Institut catholique de Lyon*, n° 19.

Morgan, L. (1989). «Economic Well-Being Following Marital Termination». *Family Issues*, 10(1), p. 86-101.

Morgan, L. (1991). *After Marriage Ends*. Sage Publications, Newbury Park, California.

Morris, R., Bass, S. (1988). *Retirement Reconsidered – Economic and Social Roles for Older Peoples*. Springer, New York.

Morrisson, D., Cherlin, A. (1995). «The Divorce Process and Young Children' Well-Being : A Propective Analysis». *Journal of Marriage and the Family*, 57(3), p. 800-812.

Morval, M. (1985). *Psychologie de la famille*. Presses de l'Université de Montréal.

Morval, M. (1986). «L'Adolescence, une étape du cycle de vie familiale». *Le groupe familial*, 113, octobre, Montréal, p. 25-29.

Murstein, B. (1986). *Paths to Marriage.* Sage Publications, Beverly
Hills, California.

Nadeau, C. (1993). «Concilier travail et famille : une mission possible ?» *La Gazette des femmes*, 15(4), p.13-21.

Napier, A. (1988). *The Fragile Bond.* Harper & Row, New York.

National Center for Health Statistics (1994, February). *Monthly Vital
Statistics Report.* Washington, DC.

Naud, A. (1985). *La Recherche des valeurs chrétiennes.* Fides, Montréal,
p. 38.

Nault, F., Bélanger, A., Park E. (1995). *Le Déclin du mariage légal au
Canada 1981-1991.* Communication manuscrite. Division des
statistiques de la Santé. Statistique Canada.

Neal, A., Groatt, T., Wicks, J. (1989). «Attitudes About Having
Children : A Study of 600 Couples in the Early Years of Marriage». *Journal of Marriage and the Family*, 51(2), p. 313-328.

Neal, J. (1983). «Children's Understanding of Their Parents' Divorce». Kurdek (ed.), *Children and Divorce*, Jossey-Bass, San
Francisco.

Neighbors, H., Jackson, J., Bowman, P., Gwin, G. (1983). Stress,
Coping and Black Mental Health : Preliminary Findings from a
National Survey». *Prevention in Human Services*, 2, p. 4-29.

Neugarten, B. (1979). «Time, Age and the Life Cycle». *American
Journal of Psychiatry*, 136(7), p. 887-894.

Neugarten, B. (1987). «The Changing Meanings of Ages». *Psychology
Today*, May, p. 29.

Newman, P., Newman, B. (1988). «Parenthood and Adult Development». *Marriage and Family Review*, 12(3,4), p. 336.

Nock, S. (1995). «A Comparison of Marriage and Cohabiting Relationships». *Journal of Family Issues*, 16(1), p. 53-76

Norman, W., Scaramella, J. (ed.) (1980). *Mid-Life, Development and
Clinical Issues.* Brunner/Mazel Inc., New York.

Norris, J., Tindale, J., (1994). «Les Grands-parents donnent et
reçoivent». *Transition. IVF*, 24(3), p. 14-17.

Norval, G., McLanahan, S. (1981). «The Effects of Offspring on the Psychological Well-Being of Older Adults». *Journal of Marriage and the Family*, 43(2), p. 409-421.

Norvez, A., Court, M., Vingt-trois, A. (1979). *Cohabitation juvénile – Des jeunes face au mariage*. Chalet, Lyon.

Norwood, R. (1986). *Ces femmes qui aiment trop*. Alain Stanké, Montréal.

Notman, M. (1980). «Changing Roles for Women at Mid-Life». Norman, W., Scaramella, J. (eds) *Mid-Life, Developmental and Clinical Issues*. Brunner/Mazel Inc., New York, p. 48.

Nugent, J.K., (1991). «Cultural and Psychological Influences on the Father's Role in Infant Development». *Journal of Marriage and the Family*, 53(2), p. 475-485.

Olson, D., McCubbin, H. et al. (1983). *Families, What Makes Them Work*. Sage Publications, Beverly Hills, California.

O'Neil, N. (1980). *Les Nouvelles Bases du mariage*. Select, Montréal.

O'Neil, N., & G. (1972). *Open Marriage*. Avon Books, New York.

Oz, A. (1988). *La Boîte noire*. Calmann-Lévy, Paris.

Palkovich, M. (1988). «Caretaking and the Values of Connection. Partners in Learning». *Newsletter*, 12, p. 2. Minnesota State Board of Vocational Technical Education, St. Paul, Minnesota.

Palm, G., Palkovitz, R. (1988). «The Challenge of Working With New Fathers: Implication for Support Providers». *Marriage & Family Review*, 12(3,4), p. 369.

Papalia, D., Olds, S. (version française par David et Sylvie Bélanger [1979)].) *Développement de la personne*. Les Éditions HRW ltée, Montréal.

Papineau, J.-M. (1990). «Élever un enfant, un coût minimum de 120 000 $». *Le Devoir*, 30 mars, Spécial planification financière, p. 3.

Paré, I. (1990). «La Situation des familles monoparentales se détériore». *Le Devoir*, 1er octobre.

Paré, I. (1991). «Les Femmes vivent plus vieilles mais en moins bonne santé». *Le Devoir*, 4 mars.

Paré, J. et al. (1995). «Politiciens, crise de confiance». *L'Actualité*, 1er décembre.

Parsons, M. (1990). «Lone Parent Canadian Families and the Socio-economic Achievemens of Children as Adults». *Journal of Comparative family Studies*, 21 (3), p. 353-367.

Peck, S. (1987). *Le Chemin le moins fréquenté*. Laffont, Paris, p. 207.

Pepin, R. (1991). «La Garderie et le développement social des enfants». *Interface*, 12(1), Université Laval, Québec, p. 30-31.

Peplau, L., Gordon, S. (1985). «Women and Men in Love : Gender Differences in Close Heterosexual Relationships». O'Leary et al. (eds) *Women, Gender and Social Psychology*, Erlbaum, Hillsdale – New Jersey, p. 257.

Petrowski, N. (1995a). *Maman last call*. Boréal, Montréal.

Petrowski, N. (1995b). «Race de mère». *La Presse*, 22 octobre, p. A-5.

Pett, M., Vaughan, B., Wampold, B. (1994). «Maternal Employment and Perceived Stress». *Family Relations*, 43(2), p. 151-158.

Pietopinto & Simenauer (1979). *Husbands and Wives*. Times Books, New York.

Pilon, F. (1995). «Papa à l'écart. Des pères divorcés et séparés veulent être reconnus comme parents». *Le Droit*, 13 avril, Section A-1.

Pina, D., Bengston, V. (1993). «The Division of Household Labor and Wives' Happiness : Ideology, Employment, and Perceptions of Support». *Journal of Marriage and the Family*, 55(4), p. 901-912.

Pittman, F. (1995). «How to Manage your Kids». *Psychology Today*, 28(3), p. 42ss.

Pleck, J. (1985). *Working Wives/Working Husbands*. Sage Publications, Beverly Hills, California.

Prager, K.J. (1977). *The Relationship Between Identity Status, Intimacy Status, Self Esteem and Psychological Androgyny in College Women*. Doctoral thesis, University of Texas. (Cité par Houle & Kiely, 1984).

Pronovost, J. et al. (1990). *Étude épidémiologique des comportements de suicidaires chez les adolescents de niveau secondaire*. Santé mentale au Canada, 38(1), p. 10-16.

Publications du Québec (1995). *Les Québécoises déchiffrées, Portrait statistique*.

Rajulton, R., Ravanera, Z. (1995). «Trajectoire de vie des familles canadiennes au XXe siècle : Changements, tendances et inter-actions». *La Famille au long de la vie*, Statistique Canada, Cat. 91-543.

Rapoport, R. (1963). «Normal Crisis, Family Structure and Mental Health». *Family Process*, 2(1).

Ravanera, Z. (1995). «Portrait de la vie familiale des jeunes adultes». *La Famille au long de la vie*, Statistique Canada, Cat. 91-543. Hors série, p. 9-39.

Reby, A.M. (1986). «Lorsque l'enfant paraît». *Parents*, n° 206, avril, Paris.

Revillion, B. (1988). «Les 20-30 ans : qui sont-ils?». *Amour et Famille*, n° 172, décembre, p. 5-14, Paris.

Revue Notre Temps (1987). n° 209, p. 6-12.

Rexroat, C., Shehan, C. (1987). «The Family Life Cycle and Spouses' Time in Housework». *Journal of Marriage and the Family*, 49(4), p. 737-750.

Richard, G. (1988). *La Richesse du bénévolat. Défis de la retraite.* Novalis, Ottawa, p. E-36.

Rindfuss, R., Morgan, P., Swicegood, G. (1988). *First Births in America : Changes in the Timing of Parenthood.* University of California Press, Berkeley.

Robichaud, J.-B. (1989). «Les Responsabilités étatiques face au vieillissement de la population». *Perception*, 13(2). Conseil canadien de développement social, p. 51-54.

Robinson L., Blanton, P. (1993). «Marital Strengths in Enduring Marriages». *Family Relations*, 42(1), p. 38-45.

Robitaille, D. (1987). «Il est temps que l'on dise aux parents de cesser d'avoir peur». *Revue Notre-Dame*, n° 8, Québec.

Rodgers, R.H. (1973). *Family Interaction and Transaction. The Developmental Approach.* Prentice-Hall, Englewood, Cliffs, New Jersey.

Rogers, C. (1972). *Réinventer le couple.* Laffont, Paris, p. 242-293.

Rogers, N. (1987). *Émergence du féminin.* Gaëtan Morin, Chicoutimi. (Version française de *Emerging Women*, 1980), p. 36.

Rollins, B., Cannon, K. (1974). «Marital Satisfaction Over the Family Lifecycle». *Journal of Marriage and the Family*, 36(2), p. 271-282.

Rollins, B., Feldman, H. (1970). «Marital Satisfaction Over the Family Lifecycle». *Journal of Marriage and the Family*, 32(1), p. 20-28.

Roosa, M. (1988). «The Effect of Age in the Transition to Parenthood: Are Delayed Childbearers a Unique Group». *Family Relations*, 37(3), p. 322-327.

Rosenstock, M., Rosenstock, J. (1988). *Journey Through Divorce – Five Stages Toward Recovery*. Sage Publications, Beverly Hills, California.

Ross, M. (1986). *Le Prix à payer pour être mère*. Les Éditions du Remue-ménage, Montréal.

Rossi, A. (1980). «Aging and Parenthood in the Middle Years». Balter P., & Brim, O. (eds.) *Life Span Development and Behavior*. Academic Press, New York, p. 138-205.

Rossi, A. (1982). «Transition to Parenthood». Readings in *Adult Psychology*, Allman & Jaffe (ed.), Harper & Row, New York, p. 263ss.

Roussel, L. (1987). «Données démographiques et structures familiales». *L'Année sociologique*, n° 37, p. 49.

Roussel, L. (1989). *La Famille incertaine*. Éditions Odile Jacob, Paris.

Roussel, L., Bourguignon, O. (1978). *Générations nouvelles et mariage traditionnel*. Institut national d'études démographiques, P.U.F. Paris.

Rowan, R. (1991). «Accepter de changer, éviter de vieillir». *Le Devoir*, 16 mai.

Rowan, R. (1985). «Les Enfants terribles». *Le Devoir*, 11 mai, p. 23.

Rowe, D., (1994). *The Limits of Family Influence : Genes, Experience, and Behavior*. Guilford Press, New York.

Rubin, L. (1979). *Women of a Certain Age : The Mid-Life Search of Self*. Harper & Row, New York, p. 109.

Safransky, S.(1990). «The Shadow and the Light : Musing on Marriage». *Utne Reader*, n° 42, p. 79-81.

Sages, C., Kaplan, H. et al. (1971). «The Mariage Contract». Allman & Jaffe (ed.) (1982) Readings in *Adult Psychology*, Harper & Row, New York, p. 172.

Saint-Exupéry, A. (1931). *Citadelle*. Gallimard, Paris, p. 58.

Saint-Exupéry, A. (1943). *Le Petit Prince*. Harcourt, Brace & World Inc., New York.

Saint-Laurent, C. (1987). *Le Point*, n° 776.

Sammans, D. (1977). *The Marriage Option – Why it Remains the Best Alternative*. Beacon, Boston.

Sanoff, A. (1983). «Marriage: It's Back in Style». *U.S. News and World Report*, June 20, p. 44.

Scanzoni, J., Arnett, C. (1987). «Enlarging the Understanding of Marital Commitment Via Religious Devoutness, Gender Role Preferences and Locus of Marital Control». *Journal of Family Issues*, 8(1), p. 136-156.

Schlesinger, B. (1989). «Les Familles d'âge moyen soumises au stress: une génération "sandwich"». *Santé mentale au Canada*, 37(3), septembre, p. 12-16.

Schlesinger, R., Schlesinger, B. (1989). «Canadian Input into Elder Abuse: A Review». *Pastoral Sciences*, 8, p. 55-62.

Schoen, R., Weinick, R. (1995). «Partner Choice in Marriage and Cohabitation». *Journal of Marriage and the Family*, 55(2), p. 408-414.

Schroeder, D. (1990). «Les Futurologues s'en donnent à cœur joie». *Le Devoir*, 4 janvier.

Schwartz, S. (1990). «People First». *The Gazette*, Section C, November 5, Montréal.

Service d'orientation des foyers (1989). «Sondage auprès des familles». *Le Devoir*, 7 octobre.

Shanas, E. (1980). «Older People and Their Families: The New Pioneers». *Journal of Marriage and the Family*, 42(1), p. 9-15.

Sheehy, G. (1977). *Passages: les crises prévisibles de l'âge adulte*. Select, Montréal.

Sheehy, G. (1979). «Introducing the Postponing Generation: The Truth About Today's Young Men». *Esquire*, October.

Sheehy, G. (1982). *Franchir les obstacles de la vie*. Belfond, Paris.

Silverstein, M., Parrott, T., Bengtson, V. (1995). «Factors that Predispose Middle-Aged Sons and Daughters to Provide Social Support to Older Parents». *Journal of Marriage and the Family*, 57(2), p. 465-475.

Simmons, R., Blyth, D. (1987). *Moving into Adolescence*. De Gruyter, New York.

Simons, R., Beaman, J., Conger, R., Chao, W. (1993). «Childhood Experience, Conceptions of Parenting, and Attitudes of Spouse as Determinants of Parental Behavior». *Journal of Marriage and the Family*, 55(1), p. 91-106.

Singley, F. (1992). «La Famille : Transformations récentes». *Problèmes politiques et sociaux*, n° 685, août.

Smith, T. (1990). «Parental Separation and the Academic Self-Concepts of Adolescents : An Effort to Solve the Puzzle of Separation Effects». *Journal of Marriage and the Family*, 52(1), p. 107-118.

Snarey, J., Kohlberg, L., Noam, G. (1983). «Ego Development in Perspective : Structural Stage, Functional Phase and Cultural Age Period Models». *Developmental Review*, 3, 303-338.

Snowden, L., Schott, T., Awalt, S., Knox, J. (1988). «Marital Satisfaction in Pregnancy : Stability and Change». *Journal of Marriage and the Family*, 50(2), p. 325-333.

Solomon, M. (1973). «A Developmental Conceptual Premise for Family Therapy». *Family Process*, 12(2), p. 183.

South, S. (1995). «Do You Need to Shop Around? Age at Marriage, Spousal Alternatives, and Marital Dissolution». *Journal of Family Issues*, 16(4), p. 432-449.

Spanier, G. (1976). «Measuring Dyadic Adjustment : New Scale for Assessing the Quality of Marriage and Similar Dyads». *Journal of Marriage and the Family*, 38(1), p. 15-28.

Spitze, G., Logan, J., Deane, G., Zerger, S. (1994). «Adult Children's Divorce and Intergenerational Relationships». *Journal of Marriage and the Family*, 56(2), p. 279-293.

Sprecher, S., Mets, S., Burleson, B., Hatfield, E., Thompson, A. (1995). «Domains of Expressive Interaction in Intimate Relationships». *Family Relations*, 44(2), p. 177-183.

Statistique Canada (1975 et 1985). *Statistique de l'état civil,* Cat. 84-205.

Statistique Canada (1985). *Mariages et divorces,* Cat. 84-205.

Statistique Canada (1986). *La Conjoncture démographique,* Cat. 91-209.

Statistique Canada (1987). *La Conjoncture démographique,* Cat. 91-209.

Statistique Canada (1988). *Tendances sociales canadiennes,* n°s 10, 11 et 13.

Statistique Canada (1989). Centre de consultation à Ottawa. Dernières données disponibles fournies par Madhera Surinder, juin.

Statistique Canada (1989). *La Famille au Canada,* Cat. 89-509, p. 47.

Statistique Canada (1994). *L'Emploi et le revenu en perspective,* Cat. 75-001.

Statistique Canada (1994). Cat. 75-507.

Statistique Canada (1995). *Divorces 1993,* Cat. 84-213. Annuel.

Statistique Canada (1995a). *La Famille au long de la vie. La Conjoncture démographique,* Cat. 91-543. Hors série.

Statistique Canada (1995b). *Le Portrait de la famille de l'an 2020.*

Steinberd, D. (1987). Cité en éditorial. *Psychology Today,* May, p. 25.

Steinberg, L., Silverbery, S. (1987). «Influences on Marital Satisfaction During the Middle Stages of the Family Life Cycle». *Journal of Marriage and the Family,* 49(4), p. 751-760.

Steinberg, R.J. (1986). «A Triangular Story of Love». *Psychological Review,* n° 93, p. 119ss.

Stephan, B. (1988a). «Les Mutations du couple». *Témoignage chrétien,* 16 octobre, Paris.

Stephan, B. (1988b). «Le Mariage a-t-il fait son temps?» *Témoignage chrétien,* 16 octobre, Paris.

Sternberg, R. (1986). «The Three Faces of Love». Theory presented by Trotter, R. *Psychology Today,* September, p. 48.

Stewart, E. (1995). «Marriage Throught the Eyes of a Child». *Globe and Mail,* November 10, p. A-22.

Stewart, R. (1990). *The Second Child.* Sage Publications, New York.

Strike, C. (1989). «Les Soins aux bénéficiaires internes». *Tendances sociales canadiennes*, (14), Statistique Canada.

Sugarman, S., Kay, H. (1990). *Divorce Reform at the Crossroads*. Yale University Press, New Haven.

Sutton & Sprenkle (1985). «Critères de réussite d'un divorce». Sprenkle, D. (éd.) *Divorce Therapy*. Haworth Press Inc., New York.

Swenson, C., Eskew, R., Kohlhepp, K. (1981). «Stage of Family Life Cycle, Epa Development, and the Marriage Relationship». *Journal of Marriage and The Family*, 43(4), p. 841, 853.

Theilheimer, I. (1989). «Donner naissance n'est qu'un début». *Transition. IVF*, 19(4), p. 3.

Theilheimer, I. (1994). «Le Vrai Monde des grand-parents». *Transition. IVF*, 24(3), p. 6.

Thompson, L., (1991). «Family Work». *Journal of Family Issues*, 12(2), p. 181-196.

Thornton, A., Orbuch, T., Axinn, W. (1995). «Parent-Child Relationships During the Transition to Adulthood». *Journal of Family Issues*, 16(5), p. 538-564.

Thurer, S. (1994). *The Myths of Motherhood*. Hougton Mifflin, New York.

Tillich, P. (1967). *Le Courage d'être*. Casterman, Tournai.

Tourigny, M., (1995). «Adolescence». *Le Devoir*, 28 juillet.

Transition IVF (1995). «Nouvelles Statistiques sur la famille». Septembre, p. 3.

Trapet, M.-D. (1989). *Le Couple face à l'échec*. Centurion, Paris.

Trent, K., South, S. (1989). «Structural Determinants of the Divorce Rate: A Cross-Societal Analysis». *Journal of Marriage and the Family*, 51(2), p. 391-404.

Trost, I. (1975). «Married and Unmarried Cohabitation: The Case of Sweden, with Some Comparisons». *Journal of Marriage and the Family*, 37, p. 677-682.

Trotter, R. (1987). «You've Come a Long Way Baby». *Psychology Today*, May, p. 34.

Trovata, F. (1987). «A Longitudinal Analysis of Divorce and Suicide in Canada». *Journal of Marriage and the Family*, 49(1), p. 193-203.

Ulbrich, P. (1988). «The Determination of Depression in Two Income Marriages». *Journal of Marriage and the Family*, 50(1), p. 121-131.

Umberson, D., Gove, W. (1989). «Parenthood and Psychological Well-Being». *Journal of Family Issues*, 10(4), p. 440-462.

U.S. News & World Report (1989). December 11, p. 35.

Utne, E. (1993). «Putting the Vive Back in la Différence». *Utne Reader*, n° 55, p. 2.

Vaillant, G. (1977). *Adaptation to Life*. Little & Brown, Boston.

Vaillant, G., Milofsky (1980). «Empirical Evidence for Erikson's Model of the Life Cycle». *American Journal of Psychiatry*, 137(11), p. 1348-1359.

Vaillant, C., Vaillant, G. (1993). «Is the U-Curve of Marital Satisfaction an Illusion? A 40 Year Study of Marriage». *Journal of Marriage and the Family*, 55(1), p. 230-239.

Van den Broucke, S., Vertommen, H., Vandereycken, W. (1995). «Construction and Validation of a Marital Intimacy Questionnaire». *Family Relations*, 44(3), p. 285-290.

Vanden Heuvel, A. (1988). «The Timing of Parenthood and Intergenerational Relations». *Journal of Marriage and the Family*, 50(2), p. 483-491.

Van Gennep, A. (1960). *The Rites of Passage. A Classical Study of Cultural Celebration*. University of Chicago Press, p. 116-117.

Vauhgan, D. (1986). *Uncoupling – How Relationships Come Apart*. Oxford Union Press, New York.

Veevers, J. (1980). *Childless by Choice*. Butterworth, Toronto.

Vemer, E., Coleman, M., Ganong, L., Cooper, H. (1989). «Marital Satisfaction in Remarriage : A Meta-Analysis». *Journal of Marriage and the Family*, 51(3), p. 713-725.

Volling, B., Belsky, J. (1991). «Multiple Determinants of Father Involvement During Infancy in Dual-Earner and Single-Earner Families». *Journal of Marriage and the Family*, 53(2), p. 461-474.

Wade Offir, C. (1982). *Human Sexuality.* Harcourt Brace, New York, p. 348.

Walker, A., Pratt, C., Shin, H., Jones, L. (1990). «Motives for Parental Caregiving and Relationship Quality». *Family Relations,* 39(1), p. 51-56.

Walker, A., Pratt, C., Eddy, L. (1995). «Informal Caregiving to Aging Family Members. A Critical Review». *Family Relations,* 44(4), p. 402-411.

Waller, W., Hill, R. (1951). *The Family: A Dynamic Interpretation.* Dryden Press, New York.

Wallerstein, J. (1984). «Children of Divorce : Preliminary Report of a Ten-Year Follow-Up of Young Children». *American Journal of Orthopsychiatry,* 54, p. 444-458.

Wallerstein, J., Kelly, J. (1989). *Pour dépasser la crise du divorce.* Éditions Privat, Toulouse.

Walsh, F. (1980). «The Family in Later Life». Carter & McGoldrick (eds). *The Family Life Cycle : A Framework for Family Therapy.* Gardner Press, New York, p. 197.

Walter, C.A. (1986). *The Timing of Motherhood.* Lexington Books, Lexington, Massachussetts.

Ward, A. (1980). «Ward's Words of Wisdom for Husbands and Wives». *Atlantic Monthly Magazine,* August, p. 75.

Ward, A. (1993). «Marital Happiness and Household Equity in Later Life». *Journal of Marriage and the Family,* 55(2), p. 427-438.

Watson, M., Protinsky, H. (1988). «Black Adolescent Identity Development : Effects of Perceived Family Structure». *Family Relations,* 37(3), p. 288-292.

Watson, R., DeMea, P. (1987). «Premarital Cohabitation vs. Traditional Courtship and Subsequent Marital Adjustment : A Replication and Follow-Up». *Family Relations,* 36(2), p. 193-197.

Weber S., & J.-C. (1993). «La Naissance d'un premier enfant : quelles répercussions sur la vie d'un couple ?» *Amour et Famille,* nº 202, p. 27-30.

Weitzman, L. (1985). *The Divorce Revolution.* Free Press, New York.

Wells, G. (1984). *Choices in Marriage and Family.* Piedmont Press, Jackson, Massachussetts.

Whitbeck, L., Gecas, V. (1988). «Value Attributions and Value Transmission Between Parents and Children». *Journal of Marriage and the Family*, 50(3), p. 829-840.

White, L. (1990). «Determinants of Divorce : A Review of Research in the Eighties». *Journal of Marriage and the Family*, 52(4), p. 904-912.

White, L., Booth, A., Edwards, J. (1986). «Children and Marital Happiness – Why the Negative Correlation». *Journal of Family Issues*, 7(2).

Whyte, H.V. (1991). «Banking Industry Changes to Focus on Senior Market». *Financial Post*, March 19.

Wineberg, H. (1994). «Marital Reconciliation in the United-States : Which Couples are Succesful ?» *Journal of Marriage and the Family*, 56(1), p. 80-88.

Worthington, E., Buston, B. (1986). «The Marriage Relationship During the Transition to Parenthood». *Journal of Family Issues*, 7(4), p. 443-473.

Wright, L. (1993). «Women and Men. Can We Get Along ?. Should We Even Try ?». *Utne Reader*, February, p. 53.

Wrightsman, L. (1988). *Personality Development in Adulthood*. Sage Publications, Beverly Hills, California, p. 205.

Wu, Z., Balakrishnan, T. (1994). «Cohabitation After Marital Disruption in Canada». *Journal of Marriage and the Family*, 56(3), p. 723-734.

Zacks, H. (1980, April). «Self-Actualization : A Mid-Life Problem». *Journal of Contemporary Social Work*, p. 223-233.

Zvonkoviv, A., Schmiege, C., Hall, L. (1994). «Influence Strategies Used When Couples Make Work-Family Decisions and their Importance for Marital Satisfaction». *Family Relations*, 43(2), p. 182-188.

Table des matières

Première partie
ASPECTS DU DÉVELOPPEMENT

Chapitre 1

Chapitre 2

Deuxième partie
LES RISQUES DE LA VIE À DEUX

Chapitre 5

Troisième partie
LES CHANCES DU DÉVELOPPEMENT

Chapitre 6
LA FORMATION DU COUPLE, LE MARIAGE ET LES TÂCHES DE LA VIE À DEUX (Stade 1)

AGMV
MARQUIS
Québec, Canada
1997

155.645   FR.21,732
M622s MICHAUD, CLAUDE
  LES SAISONS DE LA VIE
29,95$bd

155.645   FR.21,732
M622s MICHAUD, CLAUDE
  LES SAISONS DE LA VIE
29,95$bd

Date Due

FEB 20			
MAR 27			
APR 24			
MAY 01			
MAY 22			
JUN 05			
JUL 09			
JUL 30			
DEC 09			